suhrkamp taschenbuch
wissenschaft 1285

Im März 1997 jährt sich Wilhelm Reichs Geburtstag zum hundertsten Mal. Die Herausgeber des Bandes, der Wissenschaftshistoriker und Psychologe Karl Fallend und der Psychoanalytiker Bernd Nitzschke, haben dieses Datum zum Anlaß genommen, eine Reihe von Autoren – Psychoanalytiker, Soziologen, Politologen – aufzufordern, noch einmal über das Werk jenes Mannes nachzudenken, der am Ende der Weimarer Republik als einer der wenigen damaligen Psychoanalytiker versucht hatte, die nationalsozialistische Ideologie und den braunen Terror unter Berufung auf psychoanalytische Erkenntnisse zu bekämpfen. Als knapp Dreißigjähriger war Wilhelm Reich Leiter des »Technischen Seminars« der Wiener Psychoanalytischen Vereinigung geworden. Freud hatte in ihm zunächst einen seiner begabtesten Schüler gesehen, bevor er sich, nachdem Reich Psychoanalyse und Marxismus zu verbinden versucht hatte, zunehmend von ihm distanzierte.

1934 wurde Reich aus der Internationalen Psychoanalytischen Vereinigung ausgeschlossen. Die Hintergründe dieses für die Geschichte der Psychoanalyse im Hitler-Deutschland bedeutsamen Ereignisses werden anhand unbekannter Dokumente rekonstruiert, die bis heute andauernden Folgen analysiert. Reichs sexualpolitisches und körpertherapeutisches Erbe werden einer kritischen Würdigung unterzogen.

Der »Fall« Wilhelm Reich

Beiträge zum Verhältnis von Psychoanalyse und Politik

Herausgegeben von
Karl Fallend und Bernd Nitzschke

Suhrkamp

Die Deutsche Bibliothek – CIP-Einheitsaufnahme
Der »Fall« Wilhelm Reich :
Beiträge zum Verhältnis von Psychoanalyse
und Politik /
hrsg. von Karl Fallend und Bernd Nitzschke.
1. Aufl. – Frankfurt am Main :
Suhrkamp, 1997
(Suhrkamp-Taschenbuch Wissenschaft ; 1285)
ISBN 3-518-28885-7
NE: Fallend, Karl [Hrsg.]; GT

suhrkamp taschenbuch wissenschaft 1285
Erste Auflage 1997

Satz und Druck: Wagner GmbH, Nördlingen
Printed in Germany
Umschlag nach Entwürfen von
Willy Fleckhaus und Rolf Staudt

1 2 3 4 5 6 – 02 01 00 99 98 97

Inhalt

Anhang

Vorwort

1997 jährt sich Wilhelm Reichs Geburtstag (24. März 1897) zum 100. Mal, sein Todestag (3. November 1957) zum 40. Mal. Das war der Anlaß für die Autoren und Autorinnen des vorliegenden Bandes zur kritischen Würdigung eines Mannes, dessen Leben so widersprüchlich war, wie es sein Werk ist.

Reich hatte Anfang der zwanziger Jahre im Kreis um Freud mit der Arbeit als Psychoanalytiker begonnen. Später versuchte er, Psychoanalyse und Marxismus zu verbinden. Er engagierte sich in Wien und Berlin in Sexualberatungsstellen, die vor allem für Jugendliche und Frauen aus dem Proletariat Hilfe anboten. Nach Hitlers Regierungsübernahme floh Reich nach Skandinavien. Von dort aus setzte er mit der von ihm herausgegebenen *Zeitschrift für politische Psychologie und Sexualökonomie* den Kampf gegen das nationalsozialistische System fort. Im Sommer 1939 emigrierte er in die USA.

Reich hatte sich vom ›real existierenden‹ stalinistischen Sozialismus inzwischen abgewandt. Schon in seiner 1933 erschienenen Arbeit über »Die Massenpsychologie des Faschismus« hatte er der Parteidoktrin widersprochen, wonach Hitlers Regierungsübernahme als der letzte Anstoß für den nunmehr erwarteten Aufstand der Arbeiterklasse zu interpretieren war. Nach Auffassung der kommunistischen Parteibürokratie sollte das Proletariat weitgehend immun gegenüber der Propaganda des Hitler-Faschismus sein. Reich hatte diese Annahme mit Hinweis auf die Folgen der Verinnerlichung der Sexualunterdrückung zurückgewiesen beziehungsweise die Unfähigkeit großer Teile der Arbeiterklasse zur kritischen Distanzierung gegenüber den illusionären Erlösungshoffnungen aufgezeigt, die von den faschistischen Führern aufgegriffen und erfolgreich manipuliert werden konnten. Wegen seiner unorthodoxen Standpunkte wurde Reich Ende 1933 aus der *Kommunistischen Partei* ausgeschlossen.

Infolge der Distanzierung Reichs gegenüber dem Parteimarxismus und aufgrund der politischen Verhältnisse nach dem Ende des Zweiten Weltkriegs (›Kalter Krieg‹) gerieten Reichs (sexual-)politische Schriften weitgehend in Vergessenheit. Erst die 68er Bewegung hat diese Schriften wiederentdeckt und als Anregung für das

Programm einer antiautoritär-libertären sexuellen Befreiung zu nutzen versucht. Inzwischen sind die politisch engagierten Schriften Reichs abermals in Vergessenheit geraten, während im Zuge der seit Beginn der achtziger Jahre zu beobachtenden Entpolitisierung und des damit verbundenen Vordringens von Psycho-Sekten Reichs späte Arbeiten zur ›Orgon‹-Theorie – auf die im vorliegenden Band kaum (und wenn, dann kritisch) eingegangen wird, an Popularität gewonnen haben.

Anliegen des vorliegenden Bandes ist es deshalb in erster Linie, noch einmal an jene Zeit zu erinnern, in der Reich zu den wenigen Psychoanalytikern gehörte, die – in Büchern, Zeitschriften, Beratungsstellen und politischen Versammlungen – *öffentlich* gegen den Faschismus antraten.

Reich hatte frühzeitig der von Freud ausgegebenen Direktive widersprochen, wonach die Psychoanalyse als ›un‹-politische Wissenschaft zu definieren sei. Zudem hatte er sich nicht an das nach 1933 erlassene politische Abstinenzgebot gehalten, das die *Deutsche Psychoanalytische Gesellschaft* und die *Wiener Psychoanalytische Vereinigung* ihren Mitgliedern auferlegten. Die psychoanalytischen Verbandsfunktionäre warfen Reich deshalb vor, er vertrete nicht mehr die ›reine‹ wissenschaftliche Position, vielmehr ein ›Gemisch‹ aus Psychoanalyse und Politik, das mit der Freudschen Lehre unvereinbar sei. Hintergrund für diese Vorwürfe waren nicht nur theoretische und ›weltanschauliche‹ Differenzen, die zwischen Freud und Reich bestanden; vielmehr lag ihnen auch ein tagespolitisch motiviertes Anliegen zugrunde: Die Funktionäre der Psychoanalyse versuchten, die psychoanalytischen Institutionen im NS-Staat durch Kompromisse vor einem Verbot zu bewahren. Zu diesem Zweck mußten sie sich von Reichs politischer Interpretation der Psychoanalyse distanzieren.

Reich hatte jede Kompromißbereitschaft gegenüber dem NS-Regime bekämpft und schon 1933 für die Selbstauflösung der *Deutschen Psychoanalytischen Gesellschaft* plädiert. Damit sollte eine Kooperation der Psychoanalytiker mit den NS-Machthabern von vornherein ausgeschlossen werden. Reichs Vorschlag wurde abgelehnt. Die Funktionäre der deutschen und der internationalen Psychoanalyse versuchten statt dessen, ihre Institutionen mit Hilfe von allerlei Kompromissen, die sie mit dem NS-System eingingen, über die Zeit zu ›retten‹. Der Ausschluß Reichs aus der *Deutschen Psychoanalytischen Gesellschaft* (1933) und aus der

Internationalen Psychoanalytischen Vereinigung (1934) war die logische Konsequenz dieser Politik, die schließlich zur schrittweisen Selbstliquidation der Psychoanalyse in Hitler-Deutschland führte. Also ist der ›Fall‹ Reich auch als ein Exempel zu verstehen, das eindringlich demonstriert, daß eine vermeintlich interessefreie Wissenschaft angesichts realen politischen Terrors nichts zum Widerstand beitragen kann.

Im ersten Teil des Bandes geht es um die Rekonstruktion dieser Ereignisse sowie um die Analyse der Folgen für die psychoanalytische Bewegung, die bis zum heutigen Tag andauern. Karl Fallend zeichnet die persönlichen, wissenschaftlichen und politischen Beziehungen zwischen Wilhelm Reich und Otto Fenichel und damit das Schicksal der ›Linksfreudianer‹ nach, die 1933/34 mit ihrem Versuch scheiterten, die bürgerliche Mehrheit der Psychoanalytiker für eine offen antifaschistische Politik zu gewinnen. Bernd Nitzschke rekonstruiert die Hintergründe des Ausschlusses Reichs aus den psychoanalytischen Organisationen und dokumentiert die anhaltenden Versuche, diesen Ausschluß nachträglich in einen ›freiwilligen‹ Austritt Reichs umzudeuten. Johannes Cremerius interpretiert die Strategie der Pathologisierung des wissenschaftlichen Gegners – im konkreten Fall die Denunziation Wilhelm Reichs als ›Bolschewist‹ und ›verrückter‹ Psychoanalytiker – im Kontext der Abwehr ›dissidenter‹ Meinungen, die zur autoritären Tradition der psychoanalytischen Bewegung gehört. Helmut Dahmer, der infolge der von ihm in der psychoanalytischen Fachzeitschrift *Psyche* ausgelösten Kontroverse um die Geschichte der Psychoanalyse in Hitler-Deutschland Anfang der neunziger Jahre seinen Posten als leitender Redakteur verlor, demonstriert anhand eines Beispiels aus der neueren psychoanalytischen Geschichtsschreibung die theorielose Hilflosigkeit, die die politischen Auseinandersetzungen während der Zeit des Hitler-Faschismus im Sinne ›gruppendynamischer‹ Konfliktanalysen aufzuarbeiten und zu ›bewältigen‹ versucht.
Im zweiten Teil des Bandes werden Reichs Beitrag zur Körpertherapie, sein Konzept der ›sexuellen Revolution‹, sein historisch-politischer Standort, seine Bedeutung für die 68er Revolte und sein Vermächtnis für die mögliche Zukunft einer politisch engagierten Psychoanalyse aufgezeigt.
Ulfried Geuter und Norbert Schrauth gehen der Frage nach, in-

wieweit Reichs körpertherapeutisches Vermächtnis noch gültig ist. Sie zeigen, daß Reich – ebenso wie Ferenczi – seinerzeit methodisch experimentieren *mußte*, weil die klassische Psychoanalyse für bestimmte Patientengruppen keine ausreichenden Behandlungsmöglichkeiten zur Verfügung stellen konnte. Nach heutiger Auffassung litten viele der Patienten Reichs an ›frühen‹ Störungen. Sie verfügten demgemäß nur über unzureichende Fähigkeiten zur Symbolisierung und waren deshalb in manchen Behandlungsphasen mit Hilfe nonverbaler therapeutischer Techniken besser zu erreichen. Die Entwicklung und Erprobung solcher Techniken führten zu Reichs körpertherapeutischem Konzept, das Ausgangspunkt für eine Anzahl heutiger Körpertherapien war. Reichs diesbezügliches Konzept war mit bestimmten Auffassungen vom ›natürlichen‹ Körper und von einer ›natürlich‹ freien Sexualität verbunden. Sebastian Hartmann und Siegfried Zepf kritisieren diese Vorstellungen Reichs von einer ›naturwüchsig‹ freien Gesellschaft, die hinter Freuds Kritik an jeder historisch vorfindbaren ›Kultur‹ wieder zurückfallen. Reichs mythisch, nämlich geschichtslos konzipierte Urgesellschaft spiegelt nach Auffassung der beiden Autoren eine *Wunsch*-Welt, eine in die Moderne projizierte, als freie ›Arbeiterdemokratie‹ scheinbar erneut realisierbare Naturidylle. Anna Bergmann setzt diese Kritik an Reich fort, indem sie dessen Sicht einer ›sexuellen Revolution‹ und die von Reich vertretene Fetischisierung des ›genitalen Charakters‹ in zeitbedingte – und damit keineswegs ›freie‹ – Diskurse über Sexualität und Fortpflanzung einordnet. Sie zeigt, daß Reich mit seiner Zivilisationskritik das Unbehagen an der Kultur zwar thematisiert hat, daß er dabei aber unerkannt – und deshalb unreflektiert – das Leiden, das er abschaffen wollte, noch einmal bestätigte, indem er, zum Beispiel im Kontext einer Erziehung der Massen zur ›sexuellen Gesundheit‹, kritiklos Methoden der patriarchalen Naturbeherrschung propagierte. Ulrike Körbitz verteidigt demgegenüber das sexualpolitische Erbe Reichs, das sie – in modifizierter Form – auch heute, im ›postsexuellen Zeitalter‹, für geeignet hält, um die sexualpolitische Aufklärung voranzubringen.

Zwei Beiträge, die den Gehalt des politischen Vermächtnisses Reichs für die Zukunft ausloten, beenden die kritische Würdigung eines Mannes, der sich stets darum bemühte, die Befreiung von destruktiver Aggressivität zu denken, und der glaubte, die ›natur-

wissenschaftlichen‹ und historischen ›Gesetze‹ einer befreiten Gesellschaft formuliert zu haben. Wolfgang Dreßen weist darauf hin, daß die sexualpolitischen Schriften Reichs eine Vielzahl von Lesarten zulassen. Schon die 68er kannten eine marxistisch-dogmatische und eine antiautoritär-subversive Interpretation des Reichschen Vermächtnisses. Dreßen, der ebenso zu dieser Generation gehört wie Emilio Modena, empfiehlt, halbwegs unzeitgemäß, eine neue, politisch-subversive Reich-Lektüre. Und auch Modena beschreibt in seinem – streckenweise autobiographischen – Beitrag noch einmal die Faszination, die Reich auf die 68er ausübte. Er geht dabei insbesondere auf die Auseinandersetzungen zwischen einer anpassungsbereiten, gesellschaftskonformen, ›medizinalisierten‹ Psychoanalyse und einer nach demokratischen Organisationsstrukturen suchenden und bewußt ›politischen‹ Psychoanalyse in den siebziger und achtziger Jahren in Zürich ein. Sein Beitrag schließt ab mit einem Ausblick auf die Möglichkeiten einer Neuen Linken, die trotz des weltweit herrschenden kapitalistischen Systems die Suche nach Alternativen zum ›Real-Existierenden‹ nicht aufgegeben hat.
Die Sexualpolitik und das damit verbundene politische Engagement des Psychoanalytikers Wilhelm Reich sind der gemeinsame Bezugspunkt der Beiträge dieses Bandes. Wie die kurze Übersicht zeigt, geht es darin nicht um eine kritiklose Hommage. Vielmehr geht es um Auseinandersetzung – vor allem mit jener Phase im Leben Reichs, in der er, in Selbstwidersprüchen und illusionären Hoffnungen befangen, als politisch denkender und handelnder Psychoanalytiker den herrschenden Verhältnissen innerhalb und außerhalb der psychoanalytischen Organisationen zu widersprechen versucht hatte. Also geht es darum, im kritischen Rückblick einem gewiß schwierigen, vielfach Anstoß erregenden, schließlich verfolgten, geschmähten und verleumdeten Psychoanalytiker doch noch ein Stück Gerechtigkeit widerfahren zu lassen.

Wien, Düsseldorf im März 1996
Karl Fallend, Bernd Nitzschke

Karl Fallend
Otto Fenichel und Wilhelm Reich
Wege einer politischen und wissenschaftlichen Freundschaft zweier ›Linksfreudianer‹

In memoriam Antonio Grieco (1930-1996)

Im Januar 1919 kursierte an der Wiener Universität ein Flugblatt mit folgendem Text:

»Ich gedenke, im Rahmen des akad. Vereins jüdischer Mediziner ein Seminar für Sexuologie zu eröffnen. Das wird keine Stätte für Diskussionen, sondern für wissenschaftliches Arbeiten sein. Ich wende mich an alle diejenigen Kollegen und Kolleginnen, die gewillt sind, eine der schwersten Lücken des medizinischen Lehrplanes durch eigene Initiative auszufüllen. Wer Lust, Zeit und genügendes Interesse für den Gegenstand hat (gewisse Fundamentalkenntnisse müssen natürlich vorausgesetzt werden) wird willkommen sein, Mediziner, eventuell auch Nichtmediziner. Wir werden uns mit führenden Fachleuten in Verbindung setzen, um sie zu bitten, uns mit ihrem Rat beizustehen. Im Allgemeinen aber wollen wir versuchen, im Seminar nicht nur zu lernen, sondern mehr aktive Forschungsarbeit zu betreiben.
Erste Besprechung: Samstag, den 1. Febr, 11 Uhr vormittags im Lokal des akad. Vereines jüdischer Mediziner, VIII. Alserstr. 9«[1]

Gezeichnet: Otto Fenichel. Fenichel war damals Medizinstudent im 7. Semester. Seine Eltern waren Emilie Fenichel und der Hof- und Gerichtsadvokat Dr. Leo Fenichel; Otto hatte noch zwei ältere Geschwister. Otto Fenichel wurde ob seiner Belesenheit und seiner wissenschaftlichen Arbeiten von vielen Kommilitonen bewundert. Unter den Bewunderern war auch Wilhelm Reich, ein Kriegsheimkehrer gleichen Alters – beide Jahrgang 1897 –, ein damals mittelloser junger Mann vom Lande aus dem entfernten Bukowina, der gerade sein Medizinstudium aufgenommen hatte. Über das »Seminar für Sexuologie« lernten sich Otto Fenichel und Wilhelm Reich kennen und schätzen – »ich wollte alles aufs

1 Nach Fenichel waren an der Gründung 20 Studenten und Studentinnen beteiligt: 16 Mediziner, zwei Juristen, ein Philosoph und eine Gymnasiastin. Siegfried Bernfeld Archiv, Library of Congress, Manuscript Division, Washington D. C. Siehe auch Fallend (1988, S. 28 ff.).

beste erledigen, wegen Otto, den ich sehr liebe«, schrieb Reich in sein Tagebuch über sein Engagement in Fenichels Seminar (Reich 1994, S. 157). Damals begann eine 15jährige Freundschaft, die nicht nur von den unterschiedlichen Temperamenten und Charakterstrukturen Reichs und Fenichels deutlich geprägt wurde, sondern die auch untrennbar mit der Geschichte der Psychoanalyse und den politischen Ereignissen verwoben ist. Eine persönliche Beziehung im Zeitspiegel des Untergangs einer Monarchie, die sechs Jahrhunderte überdauert hatte, revolutionärer und republikanischer Umbrüche bis hin zum Nationalsozialismus, der beide ins Exil trieb. Parallele wissenschaftliche und politische Biographien mit unterschiedlichen Ausgangslagen.

Otto Fenichel war in einer assimilierten jüdischen Familie des Wiener Bürgertums aufgewachsen. Als Schüler des Akademischen Gymnasiums wurde Fenichel zum Mitstreiter der revolutionären Wiener Jugendbewegung, die von seinem Freund Siegfried Bernfeld intellektuell und organisatorisch geführt wurde (vgl. Fallend 1992). »Trotz seines unangenehmen Aussehens«, berichtete die Zeitgenossin Käthe Leichter[2], war Otto Fenichel »schon wegen seines psychoanalytischen Könnens im Mittelpunkt« dieser Jugendbewegung, die originelle Köpfe wie Rudolf Dreikurs, Elfriede, Gerhard und Hanns Eisler, Karl Frank, Hilde Geiringer, Ernst Krenek, Paul Lazarsfeld und viele andere zusammenführte (Steiner (Hg.) 1973, S. 333 f.). Sie alle, und eine große Zahl namenlos Gebliebener, waren höhere Schüler und Studenten des jüdischen Bürgertums, die die Konfrontation mit Schule und Elternhaus suchten und sich selbstbewußt in neuen Lebensweisen probierten. ›Jugendkultur‹ geriet zum Schlagwort in der Vielzahl von Aktivitäten, die selbst aus heutiger Sicht einzigartig anmuten. 1913 schuf Bernfeld mit dem »Akademischen Comité für Schulreform« (A. C. S.) und mit der Einrichtung von »Sprechsälen« ein Propaganda- und Diskussionsforum mit breiter Themenwahl: freie Liebe, Prostitution, Suffragettenbewegung, Schulgemeinden, oder – vor dem Hintergrund der Schülerselbstmorde – die Gründung einer Schülerberatungsstelle »Grüner Anker«. Im Generationenkonflikt war durch dieses selbstbewußte Auftreten der Eklat vorprogrammiert. 1914 kam es zum polizeilichen Verbot von A. C. S. und Sprechsälen.

2 Zur Biographie Käthe Leichters: Hauch (1992).

Bernfeld und seine Anhänger kreierten nicht nur eine Protest- und Diskussionskultur, sondern versuchten selbständig, ihren Lebensabschnitt in einem »Archiv für Jugendkultur« wissenschaftlich zu fundieren und zu dokumentieren – der Beginn der modernen Jugendforschung. Hierin war Otto Fenichel federführend. Seine ausgeprägte Leidenschaft für das Katalogisieren und Sammeln führte zu interessanten Ergebnissen. So erstellte er eine Statistik über sexuelle Aufklärung – was ihm beinahe den Schulausschluß einbrachte (Fenichel 1920, S. 37) – oder eine Sammlung von Märchenmotiven, um Einsicht in das Verhältnis der Motive zueinander zu erhalten, wobei er plante, sein Unternehmen auf chinesische, plattdeutsche und arabische Märchen auszudehnen[3]; oder die Errichtung einer Bibliothek für Jugendbewegungsliteratur. Bald brachte die Lektüre psychoanalytischer Literatur theoretische Unterstützung und Argumentationshilfen. Im ersten Semester seines Medizinstudiums (Wintersemester 1915/16) gehörte Fenichel zu jenen zwölf Inskribierten der Vorlesung »Einführung in die Psychoanalyse«, die Sigmund Freud jeden Samstag von 7 bis 9 Uhr abends im Hörsaal der Psychiatrischen Klinik abhielt.[4] Und an Bernfeld schrieb er im März 1917: »Heute vormittag las ich Freuds Aufsatz ›Die kulturelle Sexualmoral und die moderne Nervosität‹ in den kleinen Schriften, jetzt hab' ich wieder etwas, mich zu begeistern. Gruß Otto F.«[5] Wenig später (2. Februar 1919) wurde Fenichel als Gast in den »Protokollen der Wiener Psychoanalytischen Vereinigung« angeführt.

So konnte Otto Fenichel im Januar 1919, als er mit seinem Flugblatt Interessierte für sein Seminar für Sexuologie suchte, auf eine bewegte Jugendzeit zurückblicken[6], die ihm eine weitschweifende

3 Otto Fenichel an Siegfried Bernfeld im August 1917. Siegfried Bernfeld Archiv, a.a.O.

4 Im Quästurbuch sind 11 Studenten namentlich ausgewiesen: zwei Männer, neun Frauen. Im Inskriptionsbogen ist bemerkenswert, daß Fenichel ausdrücklich schreibt: a. o. Prof. Freud, dabei das a. o. kräftig zweimal unterstreicht. Statistik über die Vorlesungen Sigmund Freuds, Sigmund Freud Archiv, Library of Congress, Manuscript Division, Washington D. C.

5 Siegfried Bernfeld Archiv, a.a.O.

6 Erste intellektuelle Schreibversuche sind archivarisch erhalten: »Die Erwachsenen und die Jugendkulturbewegung« (1916), in: YIVO-Institut, New York; »Der Begriff der ›Realität‹ und seine Entstehung durch die

intellektuelle Herausforderung geboten hatte. Radikal begann er seine wissenschaftliche Auseinandersetzung. An Bernfeld schrieb er:

»Ich war bei Moll und Bloch – kennst Du diese *prinzipielle Problemlosigkeit*, dieses: Sexuologe für das große Publikum, diese Kunst viel Worte zu machen ohne jeden Inhalt unter dem Scheine der Gelehrsamkeit – und über die naheliegenden Probleme hinwegzusehen, weil man beschreiben muß (immer dasselbe ›Pathologische‹ beschreiben muß), und also keine Zeit hat, nach Ursachen zu fragen. Das ist die SPD des Geistes, seien wir seine KP! Nur Selbsthilfe bleibt. Möge mein Wiener Seminar der Anfang dazu sein.«[7]

Für Wilhelm Reich stellte sich zu diesem Zeitpunkt (1919) ein anderer Rückblick: Als älterer von zwei Söhnen wuchs Reich auf dem väterlichen Landgut in der Bukowina auf. Abseits vom Großstadtrummel und wohlbehütet bis zu seinem 13. Lebensjahr, als sich ein traumatischer Vorfall ereignete. Reichs Mutter beging Selbstmord, nachdem er seinem Vater das Liebesverhältnis zwischen ihr und einem seiner Hauslehrer verraten hatte. Ein Erlebnis, über das er sein ganzes Leben nicht hinweggekommen zu sein scheint.[8] Auch in Fenichels Seminar wurde darüber gesprochen, was zu einer schriftlichen, selbstanalytischen Verarbeitung führte: »Über einen Fall von Durchbruch der Inzestschranke in der Pubertät« (Reich 1920 b). 1914 starb auch der Vater. Auf sich allein gestellt, mußte der 17jährige Reich kurzfristig die Leitung des Landgutes übernehmen, bis der Erste Weltkrieg ausbrach und er als Einjährig-Freiwilliger an die Isonzofront kommandiert wurde. Nicht verwundet, aber an einer schweren chronischen Schuppenflechte leidend[9], kam Reich im Juni 1918 ins Allgemeine Krankenhaus nach Wien, wo er bis zum Kriegsende in Behandlung war. Das Landgut ging verloren, und Reich blieb mit seinem Bruder Robert in Wien, auf verwandtschaftliche Almosen angewiesen. Unter diesen tristen Voraussetzungen traf Reich auf eine selbstbe-

Projektion« (1917); »Esoterik« (1918); beide in: Siegfried Bernfeld Archiv, a.a.O.

7 Otto Fenichel an Siegfried Bernfeld im November 1919. Siegfried Bernfeld Archiv, a.a.O.

8 Reichs dritte Frau, Ilse Ollendorff-Reich, war der Ansicht: »Die Tatsache, daß Reich nicht imstande war, dieses Problem zu lösen, ist vermutlich ein Grund dafür, warum er niemals erfolgreich seine eigene Analyse beenden konnte« (Ollendorff-Reich 1975, S. 25).

9 Psoriasis vulgaris, an der Reich zeitlebens zu leiden hatte.

wußte Studentengruppe unter der intellektuellen Führung von Otto Fenichel. Reich war Außenseiter. Autobiographisch hielt er fest:

»Die meisten lebten in wärmenden, nach außen ausgeglichenen Familien. Das störte mich, denn ich war neidisch. Ich fror, und niemand sorgte für mich (...) Geistreichsein war ein besonderer Sport der Elite der bürgerlichen, besonders der jüdischen Jugend (...) Ich gestehe, daß ich nicht mitkam, obgleich ich nicht dumm war«,

und charakterisierte sich bezeichnend: »Zuerst im Hintergrunde, kam ich nur langsam hervor. Doch wenn ich eine Position erarbeitet hatte, dann siegte sie« (Reich 1994, S. 97ff.). So war es Reich bald gelungen, neben Fenichel zu reüssieren.[10] Als Fenichel 1920 kurzzeitig für ein psychiatrisches Praktikum nach Berlin reiste, wurde Reich die Leitung des Seminars übertragen. Es waren Fenichel und Reich, die die Auseinandersetzungen mit den lokalen Wissenschaftsgrößen suchten und die Wiener Gruppe der Psychoanalytiker bevorzugten. Neben Isidor Sadger, Theodor Reik und Eduard Hitschmann war z. B. auch Alfred Adler zur Diskussion geladen, worüber Otto Fenichel am 15. Mai 1920 Siegfried Bernfeld berichtete:

»Das letztemal fuhr Alfred Adler mit schwerem Geschütz, d. h. mit allen seinen Individualpsychologen auf und verriet in fast fünfstündiger Diskussion, in der fast nur sie sprachen, weil ich und Willy Reich uns noch verständigt hatten, daß planmäßiger Widerspruch hier sinnlos sei, sich ganz, indem er sämtliche von Freud als ›Widerstand‹ beschriebene Symptome der Reihe nach zeigte (...) Nie mehr wieder! – Übrigens gehe ich endlich in eine Analyse.«[11]

Otto Fenichel und Wilhelm Reich wurden die Exponenten einer neuen Psychoanalytikergeneration; willkommener frischer Wind in der Altherrenriege.[12]

10 Der Reich-Biograph Myron Sharaf hatte die Gelegenheit, Grete Bibring und Lia Lasky – beide Freundinnen Reichs zu jener Zeit – zu interviewen. Beide waren fasziniert ob seiner Vitalität und Wißbegier, aber auch abgestoßen von seinem Drang zu dominieren (Sharaf 1994, S. 80f.).

11 Siegfried Bernfeld Archiv, a.a.O.

12 Nostalgisch erinnerte sich Anna Freud: »Nach dem Ersten Weltkrieg und besonders in den frühen zwanziger Jahren war die Psychoanalyse vielfach eine Angelegenheit der Jugend, in Harmonie mit ihrem revolutionären Streben nach Befreiung von den gesellschaftlichen Schran-

Die Wiener Psychoanalytiker hatten sich gewaltig umzustellen. Noch wenige Monate zuvor – Ende September 1918 – im Kriege unter dem Wappen der Habsburger-Monarchie, konnten sie ihre erste öffentliche Anerkennung erleben. In der Behandlung von Kriegsneurotikern und Kriegszitterern waren sie der klassischen Psychiatrie überlegen und weckten damit das Interesse der Militärs. Auf dem *Internationalen Psychoanalytischen Kongreß* in Budapest waren folglich hohe militärische Würdenträger aus Ungarn, Deutschland und Österreich anwesend, die sich ernsthaft mit der Schaffung eigener psychoanalytischer Stationen in ihren Armeen beschäftigten. Nur das eintretende Kriegsende hatte die Verwirklichung dieser Absicht verhindert (Reichmayr 1983). Solche Erfolgserlebnisse und die radikalen gesellschaftlichen Veränderungen ließen die Psychoanalyse eine Art »zweiter Geburt« erleben und schlugen sich – im Vergleich zu den ersten Anhängern der »Mittwoch-Gesellschaft« – in unterschiedlicher Motivlage und divergierendem Engagement der Analytiker nieder. Psychoanalyse als Beruf wurde zur konkreten Vorstellung und prägte die wissenschaftliche und institutionelle Entwicklung der folgenden Jahre. Die Gründung eines eigenen wissenschaftlichen Verlages (1919) sowie die Errichtung eines Psychoanalytischen Ambulatoriums (1922) in einer Atmosphäre fortschrittlich-moderner Gesundheits- und Sozialpolitik des »Roten Wien« waren erste Schritte in diese Richtung. Interessierte, junge Kräfte wurden unterstützt und waren gerne gesehen für den weiteren internationalen Ausbau der wachsenden wissenschaftlichen Gemeinschaft. Man tat sich aber noch schwer im Generationenwechsel. Als Otto Fenichel am 2. Juni 1920 die Freud-Gemeinde mit seinem Antrittsvortrag über die »Sexualfrage in der Jugendbewegung« konfrontierte, wurde folgende charakteristische Diskussionsbemerkung notiert: »Prof. Freud fühlt sich Problemen dieser Zeit sehr entrückt. Meint daß innerhalb der heutigen Gesellschaftsordnung nicht zu helfen: Abstinenz, aber unter Protest! Fordert Toleranz!« (zit. n. Protokoll, abgedruckt bei Fallend 1995, S. 200f.).

Toleranz war auch in anderer Hinsicht gefordert. Die jungen, angehenden Analytiker[13] – zumeist noch Universitätsstudenten –

ken, von der bürgerlichen Moral, nach sexuellem Verständnis, in der mißverstandenen Hoffnung auf sexuelles Ausleben« (1968, S. 2490).

13 Neben Otto Fenichel und Wilhelm Reich sind zu nennen: Eduard

übten sich selbstbewußt in ihrem neuen Aufgabenbereich. Freud selbst hatte ihnen Patienten überwiesen, wobei ihre analytische Praxis von jugendlicher Leichtfertigkeit geprägt war. Übertragung und Gegenübertragung waren mehr theoretisch als praktisch erkannt. Verspätet bekam Sándor Ferenczi ein lehranalytisches Novum zu Gehör. In einem geheimen Komitee-Rundbrief berichtete Ferenczi seinen Freunden am 1. März 1923:

»Ich konnte mich in Kaschau überzeugen, dass Stuchlik zwar ein theoretischer Freund der Psychoanalyse ist, aber seit Jahren unsere Entwicklung nicht mitmacht (...) allerdings beschäftigt er einen jungen ungarischen Doktor auf seiner Abteilung, der in Wien von Dr. Reich etwas Analyse lernte (indem er im Bette versteckt eine durch Reich durchgeführte Analyse systematisch belauschen durfte!!!).«[14]

Solch praktizierte Anarchie in der Psychoanalyse-Ausbildung war dem Komitee neu. Reich mußte zum Rapport und Abbitte leisten. Die Jugendsünde wurde ihm verziehen. Freud an Ferenczi am 19. März 1923: »(...) Dr. Reich hat seine Verirrung ohne Zögern zugestanden, geltend gemacht, dass es vor 4 Jahren geschah, als er noch nicht Mitglied war, u da er sonst tüchtig eifrig u anständig scheint, habe ich ihm den Jugendstreich erlassen.«[15]

Der Einstieg in die psychoanalytische Praxis ging rasch vonstatten. Angefangen hatte er im Februar 1919 in Fenichels Seminar für Sexuologie; am 15. September 1919 findet sich bereits folgende Tagebucheintragung Reichs: »Erste Analyse: psychische Homosexualität. Zwangshandlung: rasch gehen müssen. Furcht zu versäumen« (Reich 1994, S. 124). Im Winter dann die zweite Patientin. Sie war ebenfalls Teilnehmerin in Fenichels Seminar. Eine 19jährige ›lebhafte‹, ›kluge‹ Kindergärtnerin namens Lore Kahn, in die sich Reich verliebte. Es entwickelte sich eine Beziehung, die mit ihrem Tod im November 1920 endete. Sie starb an Sepsis, schrieb Reich. An einer illegalen Abtreibung, vermuteten die Bekannten.[16]

Bibring, Edith Buxbaum, Willi Hoffer, Erwin Kohn, Grete Lehner (Bibring), Annie Pink (Reich), Jenny Pollak (Wälder), Otto Sperling und Robert Wälder.

14 Sándor Ferenczi an die Komiteemitglieder am 1. März 1923. Otto Rank Collection, Columbia University, New York.

15 Freud/Ferenczi Briefe. Sigmund Freud Museum. London.

16 So Grete Bibring und Lia Lasky im Gespräch mit Myron Sharaf (1994, S. 82). Möglicherweise in memoriam wird die zweite Tochter von Annie und Wilhelm Reich Lore genannt. (Für die aufmerksame Lektüre

Reichs vierte Patientin war die 18jährige Medizinstudentin Annie Pink, die er über Otto Fenichel kennengelernt hatte. Nach einem halben Jahr war die Analyse beendet, und nach einem weiteren Halbjahr, im März 1922, wurde geheiratet.
Die Töchter Eva und Lore kamen 1924 bzw. 1928 zur Welt.
Nach dieser analytischen Sturm-und-Drang-Periode begann für Otto Fenichel und Wilhelm Reich eine steile Karriere innerhalb der Psychoanalytischen Bewegung. Sie galten als Protagonisten in theoretischer Arbeit und analytischer Ausbildung und wurden zu Leitfiguren für eine immer größer werdende Zahl angehender Analytikerinnen und Analytiker. Fenichel übersiedelte gleich nach seiner Promotion, im Oktober 1921, nach Berlin, und Siegfried Bernfeld folgte ihm 1925.
In Berlin traf Fenichel auf eine rege Atmosphäre innerhalb der dortigen Psychoanalytischen Gesellschaft.[17] Kaum ein Jahr zuvor hatte die Berliner Gruppe, unter der Federführung von Max Eitingon und Karl Abraham, die erste Psychoanalytische Poliklinik gegründet, um mittellosen Bevölkerungsschichten Therapien anbieten zu können. Die Berliner Poliklinik entwickelte sich zu einem Hort systematischer Psychoanalyse-Ausbildung. Stetig wachsendes Kursangebot, immer stringenter werdende Ausbildungsrichtlinien sowie die ersten deutlichen Hierarchisierungsschritte wurden kennzeichnend für das Berliner Psychoanalytische Institut.[18] Bevor sich Fenichel einen fixen Platz im

danke ich Ulrike Körbitz.) Die Affäre war sicher mit ein Grund für Bernfelds Antipathie gegenüber Reich. Lore Kahn war eine Mitarbeiterin in seinem Erziehungsprojekt: Kinderheim Baumgarten.

17 Der eigentliche Grund für die Übersiedlung nach Berlin dürfte wohl privaten Ursprungs gewesen sein – eine Liebesbeziehung aus der Jugendbewegung. Die aus Berlin stammende Claire Nathanson sollte Fenichels erste Ehefrau werden. Sie war die Schwester von Hans Gert Nathanson, der nach seinem Abitur in Wien studierte und neben Bernfeld eine führende Rolle in der Wiener Jugendkulturbewegung spielte.

18 So wurde der Wiener Hanns Sachs nach Berlin eingeladen, um sich als erster offizieller Lehranalytiker auf die Ausbildung von bereits etablierten Therapeuten und Anfängern zu konzentrieren. Siegfried Bernfeld erinnerte sich an die wachsende Reglementierung der Ausbildung, v. a. ab dem Zeitpunkt, als Freuds Krebserkrankung bekannt wurde (1923): »Einige der anderen wurden sehr ängstlich wegen des drohenden Verlusts und waren auf einmal eifrig damit beschäftigt, einen soliden Wall gegen die Heterodoxie zu errichten, da sie sich nun

Lehrkörper der Poliklinik sichern konnte, arbeitete er dort als Volontärassistent, studierte Neurologie und Psychiatrie bei Bonhoeffer und unternahm eine Lehranalyse bei Sandor Radó (Gschwendtner 1991, S. 87f.). Ab 1925 war Fenichel als Kursleiter und Lehranalytiker engagiert und geschätzt. Psychoanalytischer Unterricht war Fenichels Passion; sein didaktisches Stilmerkmal – akribisch, ins Detail verliebt – blieb vielen in Erinnerung: »Er war immer enthusiastisch und wir mußten wirklich jede Zeile und jedes Detail verstehen, bevor wir zum nächsten Absatz übergingen«, schrieb Martin Grotjahn (Gschwendtner 1991, S. 90).

Selten blieb ein psychoanalytisches Werk von Fenichel ungelesen und unkommentiert. Er entwickelte dabei eine Rezensionskultur, die ihresgleichen sucht. Allein in der *Internationalen Zeitschrift für Psychoanalyse* (über die Jahre 1924 bis 1941) sind 360 Buchreferate bzw. Rezensionen mit seinem Namen gezeichnet. Höhepunkt: die Jahre 1939 und 1941 mit 54 bzw. 51 Buchvorstellungen. In der *Imago* sind auch noch über 60 von ihm verfaßte Rezensionen zu finden. Zu Recht verliehen ihm Nahestehende das Attribut: »Enzyklopädist der Psychoanalyse«.[19]

Von Wien her durch jugendlichen Sprechsaal, sexuologisches Seminar und psychoanalytische »Mittwochsitzungen« an wissenschaftliche Diskurse gewöhnt, ging Fenichel in Berlin rasch an die Gründung eines Diskussionszirkels: das »Kinderseminar«. Gemeinsam mit Harald Schultz-Hencke gelang es Fenichel, ab November 1924 eine kontinuierliche Psychoanalytiker-Runde zu bilden, die in unregelmäßigen Abständen in den Privatwohnungen der Teilnehmer zusammentraf. Es waren vor allem junge Ausbildungskandidaten, die versuchten, außerhalb des vorgegebenen institutionellen Rahmens ungestört Themen der freien Wahl gemeinsam zu reflektieren und so dem hemmenden generativen Unterschied im Institut auszuweichen. Dazu zählten u. a.: Francis Deri, Erich Fromm, George Gerö, Edith Glück, Nic Hoel, Edith Jacobsohn, Barbara Lantos-Schneider und Käthe Misch. Ab 1930

für die Zukunft der Psychoanalyse verantwortlich fühlten (...) Die irrationalen Motive der Xenophobie und des Schuldgefühls gaben unserer Ausbildung einen melancholischen Zug. Das stimmte ganz mit dem preußischen Geist überein, dem die Gründer des Berliner Instituts doch mehr oder weniger anhingen (1952/1984, S. 446).

19 Z. B. sein Analysand Ralph Greenson (1966).

stießen Annie und Wilhelm Reich dazu. Penibel notierte Fenichel bis 1933 insgesamt 168 Treffen mit einer Teilnehmerzahl zwischen fünf und zwanzig Personen (Jacoby 1985, S. 89).
Fenichels markante Eigenheiten lagen im leidenschaftlichen Unterricht, schier unbegrenzter Lesekapazität, Systematisierungs- und Sammeldrang sowie lexikalischem Wissen. Diese Tugenden vereinten sich 1931 in seiner inzwischen zum Klassiker gewordenen »Psychoanalytischen speziellen Neurosenlehre«[20] in zwei Bänden, die Fenichel (1931 a, S. 9 f.) selbst explizit nicht als Lehrbücher der Psychoanalyse, sondern einer psychoanalytischen Disziplin verstanden wissen wollte. Trotz klinisch-theoretischer Systematik sollte den sozialen und politischen Fragestellungen nicht der Weg versperrt bzw. den psychologistischen Ansätzen der Neurosenätiologie entgegengetreten werden.

»Denn es ist die jeweils herrschende *Moral*, die sich in der Einzelseele gegen die Triebe richtet, und die Moral ist eine *relative* Größe, abhängig von der Gesellschaftsstruktur. Hier ist die Stelle, wo der Psychologe seine Inkompetenz eingestehen und zugeben muß, daß die Neurosenätiologie keine rein individuell-medizinische Angelegenheit ist, sondern einer soziologischen Ergänzung bedarf (...) Die Frage der Neurosenprophylaxe der Massen ist ein Problem, das des Nachdenkens der Psychoanalytiker schon wert wäre« (ebd.).

1930 sollte Fenichel in Wilhelm Reich einen streitbaren Bündnispartner finden, der diesbezüglich in theoretischer, praktischer und auch politischer Hinsicht inzwischen reichlich Erfahrungen gesammelt hatte.
Als Otto Fenichel 1921 von Wien nach Berlin übersiedelte, war Wilhelm Reich mit seinem Vortrag »Der Libidokonflikt in ›Peer Gynt‹« als Mitglied in die *Wiener Psychoanalytische Vereinigung* (WPV) aufgenommen worden. Im Jahre 1922 hatte Reich – frisch vermählt und promoviert – sich jene bürgerliche Existenz geschaffen, die er nach Kriegsende vermißt hatte. Nach einer Facharztausbildung bei Julius Wagner-Jauregg, analytischen Erfahrungen bei Isidor Sadger und Paul Federn, war Reich zentral in das Vereinsleben der WPV eingebunden. Mit der Gründung des Psychoanalytischen Ambulatoriums (1922) fand er sogleich ein interessantes Betätigungsfeld mit Karrieremöglichkeiten: vom Assistenzarzt zum stellvertretenden Direktor.

20 Eine hymnische Besprechung verfaßte Eduard Hitschmann (1934).

Sigmund Freud war mißtrauisch gegenüber dieser Einrichtung. Wissenschaftliche Grundlagen- und seriöse Öffentlichkeitsarbeit durch den eigenen Psychoanalytischen Verlag lagen ihm näher als die Ambulatoriumsidee: »Sie taugt nicht für Wien, ein Rabe soll kein weisses Hemd anziehen!« schrieb Freud an Sándor Ferenczi am 31. Oktober 1920.[21] Außerdem traten Führungsschwächen unter den Wiener Analytikern zutage, die Reichs Position als anerkannte Autorität für die studierenden Kandidaten entgegenkamen. Unzufrieden mit der Leitung Hitschmanns – »die vollkommen mangelnde Anregung der jüngeren Arbeitskräfte zu erhöhter Leistung«[22] –, trat 1924 Siegfried Bernfeld vertraulich an Sándor Ferenczi heran, ob dieser nicht die Direktion des Ambulatoriums übernehmen möge. Freud war dieser Idee nicht abgeneigt, konnte jedoch schlecht den Initiator entmachten: »Was Ihnen Bernfeld über Hitschmann gesagt hat, ist durchaus zutreffend, die Opposition gegen ihn ist allgemein und es besteht keine Aussicht, dass das Institut es unter seiner Leitung zu etwas bringt.«[23] Unter diesen Umständen hatte Reich die Chance wahrgenommen, informell eine Führungsrolle in Lehre und Forschung aufzubauen. Wie Fenichel hatte sich Reich bald für institutions-organisatorische Veränderungen eingesetzt, die ebenfalls auf Störungen, begründet im Generationenunterschied, verweisen. Auf seine Anregung wurde ein »Technisches Seminar« gegründet, um den Ausbildungskandidaten abseits der regelmäßigen Vereinsabende eine Möglichkeit zu bieten, durch systematisches Studium von Krankheitsfällen das behandlungstechnische Handwerk zu erlernen (Lobner 1978). Zunächst unter der Leitung von Eduard Hitschmann (der kurz von Hermann Nunberg abgelöst wurde), stand das Seminar von 1924 bis 1930 unter der Obhut von Wilhelm Reich. Didaktisch und inhaltlich war dieses Seminar von Reich geprägt und hinterließ bei den Teilnehmern bleibende Erinnerungen. Edward Kronold – erster Lehranalysand Reichs – erzählte mir, wie Reich es verstand, die von Seminarteilnehmern vorgetragenen Fälle zusammenzufassen, »so daß sie auf den Beinen standen«, und gleichzeitig eine zwanglose Atmosphäre zu schaffen –

21 Sigmund Freud Museum, London.
22 Ferenczi zitierte Bernfeld in einem Brief an Freud vom 25. Mai 1924. Sigmund Freud Museum, London.
23 Freud an Ferenczi am 26. Mai 1924. Sigmund Freud Museum, London.

»er war nicht von der alten Schule«.[24] Oder Richard Sterba: »Wilhelm Reich hatte den größten Einfluß auf meine Entwicklung zum psychoanalytischen Therapeuten. Er war eine eindrucksvolle Persönlichkeit, voll jugendlicher Intensität (...) Seine klinische Erfassung, seine technische Geschicklichkeit, vereint mit der Begabung, sich sprachlich plastisch auszudrücken, machten ihn zu einem vorzüglichen Lehrer« (1985, S. 37).[25]

Reichs Unterricht stand unter der Prämisse: aus Mißerfolgen lernen. Er verstand es, den Kandidaten die Scheu zu nehmen, begangene Fehler vor einem größeren Forum systematisch darzustellen (Reich 1927 d, S. 242). Widerstandsanalyse und negative Übertragung – Schlüsselbegriffe in Reichs Forschungsarbeiten – bestimmten auch die Diskussionen im therapeutisch-technischen Seminar. Seine beiden klinischen Bücher »Der triebhafte Charakter. Eine psychoanalytische Studie zur Pathologie des Ich« (1925 a)[26] und »Die Funktion des Orgasmus. Zur Psychopathologie und zur Soziologie des Geschlechtslebens« (1927)[27] wurden inhaltliche Richtschnur. Das war zuviel des Guten. Als nicht nur

24 Interview mit Edward Kronold. New York am 13. Mai 1983.

25 Auch Reichs therapeutische Qualitäten waren im Vergleich bevorzugt. Siegfried Bernfeld vermerkte in einer zusammenfassenden Darstellung eines Interviews mit Annie Angel-Katan vom 12. August 1952: »Her first analysis was with Eitingon for about nine months and very unsuccessful. Then she went to Theodor Reik; did not get along with him and as she puts it, was sent back to him for betterment. She had two years with Reik. After that she had a long analysis with Wilhelm Reich, the only one that helped her, as Reich at that time was free from his psychosis« (Siegfried Bernfeld Archiv, a.a.O.).

26 In diesem Buch werden Grundsteine seiner späteren Arbeiten zur Charakteranalyse gelegt. Im Einklang mit Karl Abraham fordert Reich, die Symptomanalyse zu einer Charakteranalyse zu erweitern, die systematische Charakterlehre auf psychoanalytischer Basis.

27 Die zentralen Aussagen: Es gibt keine Neurosen ohne Störungen der Genitalfunktion. Die Störung der Genitalität ist nicht ein, sondern *das* Symptom der Neurose. Reich führte den Begriff der ›orgastischen Potenz‹ als Kriterium der Heilung ein und verstand darunter die Fähigkeit, zu einer Befriedigung zu gelangen, die der jeweiligen Libidostauung adäquat ist; entscheidend sei, ob ein Orgasmus wirklich Endlust bringt oder noch gewisse Quantitäten von Sexualerregung unerledigt bleiben. Bleibt die Befriedigung aus, so kommt es zur Erregungsstauung, die die Neurose nicht inhaltlich, jedoch energetisch speist.

persönliche Sympathien, klinisches und rhetorisches Geschick, sondern eigene theoretische Ergebnisse die Kandidaten beeinflußten, wurde es unruhig in der *Wiener Psychoanalytischen Vereinigung*. Kritische Attacken gegen Reich – vor allem durch Paul Federn – wurden von Freud abgewehrt, Reichs Elan gezügelt. Freud an Reich:

»Ich habe die volle Schätzung für Ihren Enthusiasmus, Ihre Energie und Ihre Arbeit u Sie würden wahrscheinlich erstaunt sein zu hören, dass Ihre ›Feinde‹ dasselbe anerkennen. Auch dass Sie ein ›Neuerer‹ sind oder sein wollen kann Ihnen in meinen Augen nicht schaden. Neuern Sie nur immer zu, was Sie neu bringen wird Gegenstand der Diskussion werden, das Schicksal der Annahme oder der Ablehnung – total oder partiell haben.
Es handelt sich doch um etwas anderes. Sie sind mit der Aufgabe betraut, die analytischen Kindlein in der Ausübung der Analyse zu unterrichten. Das allgemeine Urteil lautet niemand in Wien kann es besser machen. Aber Sie sind mit der Neigung zur ausschließenden Konzentration – vielleicht bis zur Aufzucht von Steckenpferden – behaftet. Das mag sein, ist eine Art zu arbeiten, die Vorzugsobjekte können einander doch ablösen. Doch ist eine berechtigte Forderung, dass Sie Ihre persönliche Arbeit und Ihren Unterricht auseinanderhalten und den Jungen das geben, was bereits Gemeingut ist, u Sie noch nicht für Ihre Neuigkeiten engagieren.«[28]

Diesen Brief von Freud erhielt Reich im Jahre 1927, ein Jahr mit bedeutsamen Erlebnissen, die sein Leben verändern sollten. Reich erkrankte an Tuberkulose, was ihn zu einem mehrmonatigen Sanatoriumsaufenthalt in Davos zwang. Physisch und psychisch bedeutete das für ihn einen schweren Schicksalsschlag, denn es war nicht nur Reichs Vater im Jahre 1914 der Tuberkulose erlegen, sondern auch sein Bruder Robert, kaum ein Jahr zuvor, im Alter von 26 Jahren an dieser Krankheit gestorben. Tuberkulose galt lange Zeit als *die* Todeskrankheit. Allein in Wien starben daran im Jahre 1927 über 3800 Menschen.[29]
Von Davos zurückgekehrt, wurde Reich Zeuge der bis dahin schärfsten politischen Auseinandersetzung in der Nachkriegsgeschichte Österreichs. Am 15. Juli 1927 kam es in Wien zu einer spontanen Demonstration, nachdem am Vortag Angehörige einer faschistischen Frontkämpferorganisation, die im Januar des Jahres

28 Sigmund Freud an Wilhelm Reich am 27. Juli 1927. Sigmund Freud Archiv, a.a.O.

29 Magistratsabteilung für Statistik (Hg.): Statistisches Jahrbuch der Stadt Wien 1929/1930.

bei einer sozialdemokratischen Kundgebung einen Hilfsarbeiter und einen Buben erschossen hatten, freigesprochen worden waren. Der Justizpalast wurde in Flammen gesetzt. Die Demonstration endete mit mehr als 80 Toten und 1000 Verletzten. Die Spitze der Sozialdemokratie war nicht in der Lage, diesen Aufstand der Empörung zu führen. Reich befand sich unter den etwa 200 000 Demonstranten und war nachhaltig beeindruckt. Es war der Beginn seines politischen Engagements, seiner bewußt parteipolitischen Orientierung sowie seiner Auseinandersetzung mit dem Marxismus.

Persönliche Bekanntschaften hatten Reich zunächst auf sexualpolitische Bahnen geführt. Der Berliner Arzt Max Hodann (1894-1946) führte Mitte der zwanziger Jahre in Wien erfolgreich Aufklärungsveranstaltungen durch und wurde daraufhin mit einem Einreiseverbot belegt. Durch seine einfach formulierten Ausführungen gelang es ihm, Massen von Jugendlichen für Sexualprobleme zu interessieren; so wurde er beispielgebend für Reichs sexualpolitische Aktivitäten.[30]

In der kommunistischen Schriftstellerin und Hautärztin Marie Frischauf-Pappenheim (1882-1966) traf Reich eine kongeniale Partnerin (Fallend 1996). Sie war in der linken Szene Wiens eine bekannte Persönlichkeit, für viele vertrauliche Ansprechpartnerin in allen Lebenslagen und politische Wegweiserin zugleich. Sie war es auch, die Reich ins Umfeld der KPÖ führte. Gemeinsam gründeten sie Ende 1928 die »Sozialistische Gesellschaft für Sexualberatung und Sexualforschung« und eröffneten mehrere Sexualberatungsstellen in den Räumen von Privatpraxen, die wöchentlich für eine Stunde geöffnet waren.[31]

Die Gesellschaft organisierte zahlreiche Vortragsveranstaltungen und veröffentlichte in einer eigenen Schriftenreihe in hoher Auflage zwei populärwissenschaftliche Aufklärungsbroschüren. Ne-

30 Zur Biographie Hodanns s. Wilfried Wolff (1992). Auch Max Hodanns Aufklärungsschriften hatten für Reich Vorbildcharakter. Etwa: »Bub und Mädel. Gespräche unter Kameraden über die Geschlechterfrage« (1924); »Woher die Kinder kommen. Ein Lehrbuch für Kinder lesbar« (1926).

31 Zu den Mitarbeitern zählten der Jurist Eduard Fliegel, der Frauenarzt Isidor Fassler, die Lehrerin Lia Swarowsky sowie die Psychoanalytiker Annie Angel, Edith Buxbaum, Edmund Bergler, Eduard Kronengold und Annie Reich.

ben Wilhelm Reichs Aufklärungsschrift für Jugendliche über Sexualnot und bürgerliche Sexualmoral, Empfängnisverhütung etc. – »Sexualerregung und Sexualbefriedigung« (Reich 1929 a) – erschien 1930 von Marie Frischauf und Annie Reich die Broschüre »Ist Abtreibung schädlich?« Darin folgten sie dem Vorbild der Sexualpolitik in der damaligen Sowjetunion und nahmen gegen die religiösen, ethischen und medizinischen Argumente der Abtreibungsgegner Stellung. Sie setzten sich für die vollkommene Freigabe der Abtreibung bis zur zwölften Woche, für eine Propagierung von Sexualaufklärung und Verhütungsmitteln, für Schwangerschaftsurlaub und Stillgelder ein.

1929 waren für Wilhelm Reich die politischen Weichen gestellt: Es war nun nur noch ein kurzer Weg vom passiven Mitglied der österreichischen Sozialdemokratie zur Hauptstimme im Chor der Parteikritik. Seit dem 15. Juli 1927 mehrten sich die politischen Niederlagen der Sozialisten, die mit ihrer Rückzugs- und Kompromißpolitik die Radikalisierung am linken Parteiflügel forciert hatten. Die kleine KPÖ begab sich erfolgreich auf Stimmenfang. Mit Wilhelm Reich, dem angesehenen Arzt und Psychoanalytiker, theoretisch versiert (seine Schrift »Dialektischer Materialismus und Psychoanalyse« war eben erschienen) und mit der »rhetorischen Wirkung eines Robespierre« (Kurt R. Eissler), war bald ein idealer Mann für diese Aufgabe gefunden. Reich begann sein kommunistisches Parteiengagement in einer Zeit, als viele Genossinnen und Genossen in Österreich wegen autoritär-stalinistischer Tendenzen bereits aus der Partei austraten, respektive ausgeschlossen wurden[32]; die Komintern-Führung hatte damals mit der Proklamierung der verhängnisvollen Sozialfaschismustheorie den Höhepunkt des linken Parteienzwists eingeleitet. Es entstand ein aggressives Klima zwischen den diversen linken Parteigängern, das in die Privat- und Berufssphären hineinwirkte, und zwar auch unter den Psychoanalytikern, wobei in diesem Spannungsfeld wiederum der Generationsunterschied zum Tragen kam.[33] Viele von ihnen waren politisch links orientiert und

32 So auch sein Jugendfreund Willi Schlamm, leitender Redakteur der *Roten Fahne*, oder Raissa Adler, die Ehefrau des Begründers der Individualpsychologie (Fallend, 1988, S. 173 und S. 234).

33 Unter der älteren Generation in Wien ist mir kein kommunistischer Analytiker aufgefallen (Ernst Federn nennt Ludwig Jekels), während sich eine Vielzahl der Jüngeren politisch radikal links orientierten: An-

organisiert. Wilhelm Reich war jedoch der einzige, der als Kommunist die tagespolitische Bühne betreten und in der Öffentlichkeit für Schlagzeilen sorgen sollte. Als politischer Agitator und gewiefter Oppositionsführer bewies er, wie schnell er das politische Handwerk gelernt hatte.
Eine Episode soll dies verdeutlichen: In seiner Sexualberatungsstelle traf Wilhelm Reich auf den jungen, arbeitslosen Hilfsarbeiter und Sozialdemokraten Franz Hrach. Er war einer der vielen, die mit der sozialdemokratischen Parteispitze unzufrieden waren. Gemeinsam mit dem Eisendreher Rudolf Schurk und dem Bäkkergehilfen Johann Lipp planten Hrach und Reich für den 13. Dezember 1929 eine Protestversammlung gegen die Politik der SP-Führung und gründeten das »Komitee revolutionärer Sozialdemokraten«. Auch eine eigene Zeitschrift, *Der revolutionäre Sozialdemokrat*, wurde mit Reichs finanzieller Hilfe ins Leben gerufen. Beobachter von rechts und links teilten die Meinung der *Arbeiter-Zeitung*: Sie bezeichneten die Gruppe als von Reich geführte »kommunistische Schwindler«. Josef Frey – führender Kopf der KPÖ-Opposition – berichtete Leo Trotzki: »Der Initiator Reich ist in Wirklichkeit Werkzeug des Stalin ZK, welches versucht eine oppositionelle Bewegung in der SP mittels Geld zu organisieren.«[34]
Schurk, Hrach und Reich einigten sich bei einer Vorbesprechung auf die politische Linie der geplanten Veranstaltung im Sinne des radikal-sozialdemokratischen Linzer Parteiprogramms, wonach keine Zusammenarbeit mit Kommunisten erfolgen durfte. Reich war nach Vorlage das Hauptreferat anvertraut, das 1500 Arbeiter hören wollten. Die Polizei protokollierte mit. Reich vermochte die aufgeheizte Stimmung an sich zu reißen. Er kritisierte die Parteispitze, beschwor das Ende der parlamentarischen Demokratie und versuchte – entgegen den Abmachungen – mit kommunistischen Losungen zu überzeugen. »Der Bürgerkrieg ist unvermeidlich«, so Reich in seiner Rede. »Das Bürgertum soll doch sehen, dass es denn nicht eine quatschige Masse vor sich hat, sondern soll sehen, dass es eine Masse gibt, welche sich nicht ohne weiters den

nie Angel, Edmund Bergler, Edith Buxbaum, Eduard Kronengold, Annie Reich u. a.

34 Josef Frey an Leo Trotzki am 7. Januar 1930. Leo Trotzki Archiv, Houghton Library, Harvard University, Boston.

Rücken brechen lässt. Wir sind bereit zum Kampf mit allen Mitteln, auch mit denen der Gewalt.«[35]

Neben Schurk und Hrach erkannten viele Zuhörer, daß hier eine kommunistische Veranstaltung im Gange war. Lautstarke Proteste steigerten sich zu einer Massenrauferei, die von der Polizei aufgelöst werden mußte. Schurk und Hrach fühlten sich von Reich mißbraucht und distanzierten sich am nächsten Tag in einem Schreiben an die *Arbeiter-Zeitung*.[36] Vor dem Parteischiedsgericht kamen die drei Arbeiter mit einer Rüge davon. Wilhelm Reich wurde aus der Sozialdemokratischen Partei ausgeschlossen. Er setzte noch mehrere Monate den KPÖ-Werbefeldzug mit seinem Komitee fort.

Diese politische Episode gegen Ende der zwanziger Jahre ist in vielerlei Hinsicht von Interesse. Reich dokumentierte damit neben seinen rhetorischen und intellektuellen Qualitäten als einziger unter den Psychoanalytikern Engagement in kommunistischer Tagespolitik mit Öffentlichkeitswirkung. Charakteristische Züge seines sozialen Verhaltens werden offensichtlich. Markant ist sein rücksichtsloses Vorgehen zur Durchsetzung seiner Vorstellungen; er ist mit taktischen Winkelzügen ebenso vertraut wie mit der Bildung und Dominanz kleiner Oppositionsgruppen, die diszipliniert, autoritär-hierarchisch strukturiert waren. Mit diesen Erfahrungen war Reich für zukünftige Auseinandersetzungen gerüstet.

Im Herbst 1930 übersiedelte Wilhelm Reich nach Berlin. Ob dabei das sich abzeichnende Scheitern seiner Ehe mit Annie Reich oder die wachsenden Konflikte innerhalb der WPV eine Rolle spielten, ist zu vermuten, aber nicht zu entscheiden. Sicherlich waren politische Motive ausschlaggebend. Berlin bot einen fruchtbaren Boden für Reichs (sexual-)politisches Engagement, das er in Wien publikums- und parteiwirksam begonnen hatte. Die KPD war im Jahre 1930 die drittstärkste Fraktion in Deutschland; in Berlin war sie sogar die stimmenstärkste Partei.

In Berlin trafen die beiden alten Freunde, Otto Fenichel und Wilhelm Reich, wieder zusammen. Ihr Verhältnis zueinander hatte sich jedoch grundlegend verändert. Es war nicht mehr Otto Feni-

35 SD-Parteistellen. Karton 88. Verein für Geschichte der Arbeiterbewegung, Wien.

36 Ebd.

chel, der, wie in den Anfangszeiten der Jugendbewegung, intellektuell führte; es war nun Wilhelm Reich, der in vielerlei Hinsicht zu dominieren begann. Die ungleiche Freundschaft äußerte sich etwa in unterschiedlicher Wertschätzung der theoretischen Arbeit des jeweils anderen. Während Reich kein einziges Mal Publikationen Fenichels schriftlich diskutierte, zeigte Fenichel sein Interesse an Reichs theoretischer und praktischer Arbeit, indem er dessen Bücher rezensierte und ihnen so zu erhöhter Auflage verhalf. Selbst kleinere Beiträge Reichs zur Sexualpolitik wurden durch Fenichel der an Psychoanalyse interessierten Leserschaft nahegelegt. Auch an das kaum beachtete Reich-Buch ›Die Funktion des Orgasmus‹ aus dem Jahre 1927 erinnerte Fenichel ausführlich (Fenichel 1930 a). Das waren gedruckte Sympathiekundgebungen, die noch nicht auf die späteren theoretischen Differenzen schließen ließen. Im Gegenteil: Nach der Ankunft Reichs in Berlin erschienen 1930/31 fünf (von insgesamt sieben) Besprechungen Reichscher Werke durch Fenichel, die eine Solidargemeinschaft dokumentierten. Mit Forderungen nach antibürgerlicher Sexualaufklärung, politisch verstandener Neurosenprophylaxe, Kritik an Kapitalismus und bürgerlicher Sexualmoral deklarierte sich Fenichel über seine zustimmenden Beiträge zu Reich als sozialistischer Psychoanalytiker.
In Berlin konnte Wilhelm Reich seine didaktischen Erfolge fortsetzen. Die jungen Kandidaten schätzten seine Systematik der kasuistischen Problembegegnung und seine ordnenden Ansätze charakteranalytischer Technik. Reichs Beiträge lagen auch im Trend der Zeit, in der soziale und politische Entwicklungen nach konkreten Antworten drängten. Theodor Reik kritisierte die strenge Systematik der therapeutischen Technik als »›Einjahresplan der Seelenwirtschaft‹« (1935, S. 90), der zur irrigen Meinung verleite, dank der Analyse alles über das Unbewußte zu wissen. »Es gibt keine Marschroute durch das Unbewußte«, warnte Reik (ebd., S. 87), der mit solcher Praxis einen Rückschritt zu den klassischen Methoden der Medizin befürchtete und daher seine jungen Kollegen kritisierte: »Was sich so rebellisch gebärdet, ist eher ein kühner Zug nach rückwärts. Hier marschiert der linke Flügel einer Bewegung, der eine wissenschaftliche Revolution zu danken ist, mit flatternden Fahnen ins Lager der Reaktion ein« (ebd., S. 99).

Der linke Flügel der psychoanalytischen Bewegung – im »Kinderseminar« sozial und im gesellschaftskritischen Diskurs vereint – entwickelte eine theoretische und praktische Eigenständigkeit, die von der Führung beobachtet wurde. Die politischen Entwicklungen – vor allem in Verbindung mit dem Aufkommen des Nationalsozialismus – prononcierten die unterschiedlichen Auffassungen über die Parteinahme des Psychoanalytikers im aktuellen Geschehen. Otto Fenichel brachte es auf den Punkt:

»Es ist verständlich, warum das Thema ›Psychoanalyse und Politik‹ heute in der Luft liegt. Die politischen und die mit ihnen verbundenen wirtschaftlichen Dinge können nicht mehr ignoriert werden, wenn sie mit so harter Hand jedem bemerkbar in das Leben jedes Einzelnen eingreifen. Dem Psychoanalytiker treten sie jeden Tag mit verstärkter Intensität im Leben seiner Patienten und in seinem eigenen entgegen« (Fenichel 1932, S. 256).

Darin waren sich Fenichel, Reich und ihre Gesinnungsfreunde einig: Der politischen Abstinenz, der wertneutralen wissenschaftlichen Arbeit, der Todestrieb-theoretischen Deutung sozialer Phänomene mußten wissenschaftliche Kontrapunkte entgegengesetzt werden. Diese oppositionelle Position störte jedoch den spätestens seit dem Budapester Kongreß, bei dem es um die Beachtung psychoanalytischer Ergebnisse durch die Militärs gegangen war, vorhandenen Wunsch nach gesellschaftlicher Anerkennung der Psychoanalyse. Widerstand gegen Fenichel und vor allem Reich, die bald als Rädelsführer ausgemacht waren, und die Gegnerschaft der Funktionäre der psychoanalytischen Bewegung gegen diese Rädelsführer waren die zwangsläufige Folge der unterschiedlichen Einschätzung der Rolle der Psychoanalyse in der Gesellschaft.

Am 1. Januar 1932 notierte Freud in seiner ›kürzesten Chronik‹: »Schritt gegen Reich« (Molnar (Hg.) 1996, S. 40 f.). Daß die Aufmerksamkeit primär Wilhelm Reich galt, verwundert nicht. Die Wirkung seiner Aura auf die Ausbildungskandidaten war schon in Wien registriert worden. In Berlin stand er als Psychoanalytiker in vorderster Reihe und im öffentlichen Rampenlicht des politischen Geschehens, war vor allem als kommunistischer Funktionär sexualpolitisch landesweit aktiv: eine schwer verträgliche Mischung bei den herrschenden politischen Verhältnissen, die Reich bis heute angelastet wird. Von Sektierertum bis Geisteskrankheit reicht die unreflektierte Disqualifikation. Andererseits bedarf auch Reichs egozentrische Autobiographik – 1968 zusätzlich mystifiziert – der Korrektur.[37]

Als Wilhelm Reich 1930 nach Berlin kam, fand er viele Möglichkeiten, seine sexualpolitischen Erfahrungen aus Wien im großen Maßstab fortzusetzen. Zu dieser Zeit ging die KPD daran, ihren Einfluß in der deutschen Sexualreformbewegung auszubauen und die SPD in ihrer Vorherrschaft abzulösen. Die zersplitterten Sexualreform-Organisationen sollten zu einem Einheitsverband zusammengeschlossen werden, um auf diese Weise neue Wählerschichten (vor allem Frauen) zu erreichen. Es war die kommunistische »Arbeitsgemeinschaft sozialpolitischer Organisationen«, die die größten deutschen Verbände[38] zusammenführte und die Gründung eines »Einheitsverbands für proletarische Sexualreform und Mutterschutz« plante. Die vom »Bund bewußter Sexualreformer« herausgegebene Zeitschrift *Die Warte* sollte als gemeinsames Kampforgan für proletarische Sexualpolitik und für die Herstellung der Einheit aller sexualpolitischen Organisationen geführt werden (Rackelmann 1992, S. 55). Am 14. Juni 1931 fand in Barmen eine große Einigungskonferenz statt, auf der Reich ein Grundsatzreferat hielt. Damit stellte er seinen Entwurf einer sexualpolitischen Plattform zur Diskussion. Reichs Vorschlag, den Zusammenschluß »Reichsverband für proletarische Sexualpolitik« zu nennen, wurde abgelehnt. Insgesamt scheiterten die großen Einigungsbestrebungen im üblichen parteipolitischen Hickhack um Führungsansprüche (ebd., S. 68 ff.). Reich konnte einmal mehr sein Talent als Organisator und Wahlwerber in zahlreichen Aufklärungsveranstaltungen sowie sexualpolitischen Arbeitsgruppen unter Beweis stellen. Seine inhaltlichen Beiträge waren sicher nicht ohne Einfluß; dennoch waren sie von der KPD-Führung mehr geduldet als akklamierte Programmatik. Seine in hoher

37 Marc Rackelmann hat Reichs sexualpolitische Aktivitäten in Berlin kritisch untersucht. U. a. zweifelt Rackelmann an Reichs primärer Stellung in dieser Bewegung (1992, S. 71 f.); und auch bezüglich der Größenordnung fand er widersprechende Hinweise. Während Reich landesweit 40 000 Mitglieder angab, schätzt Rackelmann die Zahl auf deutlich unter 10 000 (ebd., S. 54 f.).

38 »Liga für Mutterschutz«, »Reichsverband für Geburtenregelung«, »Arbeiterverband für Geburtenregelung«, »Freie Vereinigung für Sexualreform«, »Verein für Ehereform«.

Auflage erschienenen Schriften: »Der Einbruch der Sexualmoral« (1932 a) und »Der sexuelle Kampf der Jugend« (1932 b) sowie die Aufklärungsschriften von Annie Reich »Das Kreidedreieck« und »Wenn Dein Kind Dich fragt«, waren in der *Warte* (10/32) noch als »Literatur die Du brauchst« angepriesen worden. In Heft 11/32 fehlten sie dann plötzlich (ebd., S. 65). Reich scheiterte mit seinem Vorhaben, innerhalb der autoritären, straff hierarchisierten KPD-Organisation bleibende Akzente zu setzen. Eigentlich war im Herbst 1932 der Bruch mit der KPD vollzogen, der sich dann ein Jahr später mit Reichs Buch »Massenpsychologie des Faschismus« (1933) auch schriftlich manifestierte.[39]
Ungeachtet der realen Position innerhalb der sexualpolitischen Aktivitäten der KPD war es Reich gelungen, seine sexualpolitischen Auffassungen in Wort und Schrift massenhaft zu verbreiten. Die sozialen Errungenschaften in der Sowjetunion waren dabei oft beschworene Leitbilder. Schon 1929 zählte Reich zu den ›fellow-travellers‹, die in euphorischer Solidarität das Land des realen Sozialismus bereisten und parteiloyal beschrieben (Reich 1929 d). Otto Fenichel folgte wenig später mit seinem Reisebericht über die »Arbeitskolonie Bolschewo« (1931 c).
Durch Fenichel fand Reich weniger pragmatische als vielmehr theoretische und soziale Unterstützung. Fenichel war kein öffentlicher Mitstreiter, aber er war kommunistischer Genosse, der als Ausbilder, als Leitfigur im »Kinderseminar« und als Mitglied der Zeitschriftenredaktion die Entwicklungen der psychoanalytischen Bewegung genau verfolgte und Einfluß nehmen konnte. Penibel registrierte die psychoanalytische Chefetage diese sie störenden Aktivitäten der beiden Protagonisten der Linksopposition innerhalb der *Internationalen Psychoanalytischen Vereinigung* (IPV). Mit Zuspitzung der allgemeinen politischen Situation aufgrund des Massenerfolgs der Nationalsozialisten und ihrer Ideologie spitzten sich die Konflikte zwischen Fenichel und Reich

39 Während das Buch innerhalb der KP durchgängig auf heftige Ablehnung stieß, war die Ablehnung unter den Analytikern nicht ungeteilt. Ernst Simmel schrieb etwa an Fenichel: »In Paris traf ich auch mit Leuten zusammen, die mit zum Richterkollegium gehörten, die unsern Freund R. aus ihrer Partei ausgeschlossen haben. Sein Buch ›Massenpsychologie des Faschismus‹ habe ich auf der Reise gelesen. Es gefällt mir sehr gut. Vieles genau so, wie ich es mir dachte. – Parteileute sind hoffnungslose Idioten« (Fenichel-Rundbrief IV, 5. Juni 1934, S. 9).

einerseits, den IPV-Funktionären andererseits immer mehr zu. Es waren zunächst zwei Ereignisse der Jahre 1931/32, die die sich verhärtenden Fronten innerhalb der IPV erkennen ließen.

Freud war nach der Lektüre der Fahnen von Reichs Aufsatz »Der masochistische Charakter« empört und wollte die Arbeit nur mit einer distanzierenden Fußnote[40] versehen publiziert wissen. Daraufhin berief Otto Fenichel die Gesinnungsgenossen aus dem »Kinderseminar« – dazu zählten u. a. Erich Fromm, George Gerö, Edith Glück[41], Nic Hoel, Edith Jacobsohn, Barbara Lantos-Schneider, Käthe Misch und Annie Reich – zu einer Krisensitzung ein, um die weitere Vorgehensweise zu verhandeln. Reich war nicht geneigt, Veränderungen an seiner Publikation zuzustimmen. Freud verzichtete dann aber doch auf die Fußnote, nachdem sich Bernfeld (1932) bereiterklärt hatte, einen Gegenartikel zu schreiben, der weniger als wissenschaftliche, denn als politische Kampfansage ausfiel. Hierin lag das Dilemma: Man sprach von der Unvereinbarkeit von Politik und Wissenschaft; entzog sich der offenen politischen Diskussion, die dann aber doch über die vermeintlich wissenschaftliche Auseinandersetzung wieder zurückkehrte. Die gegenseitige Durchdringung beider Diskursebenen blieb im Interesse der ›Sache‹ unreflektiert und prägte die weitere Vereinspolitik (siehe den Beitrag von Bernd Nitzschke in diesem Band).

Freud an Max Eitingon am 19. Januar 1932:

»Drittens in der Reichaffaire: Ihre Bedenken blieben nicht die einzigen, Jekels hier, Bernfeld von Berlin her haben mir ähnliche Schwierigkeiten vorgeführt u des letzteren Argument, dass wir den Sowjets nicht mit einer Kriegserklärung zuvorkommen sollen, mir Eindruck gemacht. Ich habe also beschlossen, den Aufsatz von Reich vorläufig überhaupt zurückzustellen. Das ist keine endgiltige Lösung, ich warte auf eine solche. Dass ich

40 Den genauen Text der Fußnote zitiert Bernd Nitzschke in seinem Beitrag in diesem Band.

41 Wertvolle biographische Hinweise finden sich bei Schröter (1995). Ergänzend dazu sei noch vermerkt, daß Edith Ludowyk-Gyömröi auch im Exil in Ceylon politisch aktiv war, sich in der trotzkistischen Lanka Sama Samaja Party (LSSP) engagierte. Außerdem gründete sie eine Webereischule für Mädchen in Menikdiwela, die heute noch existiert. (Schriftliche Mitteilungen von Ian Goonetileke, Oruwela, und Percy Colin-Thomé, Colombo; für den Brückenschlag nach Sri Lanka danke ich Barbara Preitler.)

den Aufsatz ohne Abwehrreaktion erscheinen lasse, bleibt ausgeschlossen.«[42]

Wenig später erschien das Heft »Psychoanalyse und Politik« der Zeitschrift *Die psychoanalytische Bewegung*. Für die Linksfreudianer war dies ein weiteres markantes Zeichen der offiziellen wissenschaftspolitischen Trendwende in der psychoanalytischen Bewegung.[43] Eine zweite Krisensitzung des »Kinderseminars« wurde einberufen, die die Formierung einer marxistischen Opposition innerhalb der IPV zur Folge hatte. In regelmäßigen privaten Treffen wurden bewegungspolitische Fragen und marxistisch-analytische Themen diskutiert, wobei laut Fenichel »die Fehler der üblich ›bürgerlich-analytischen Auffassung‹« geklärt werden mußten.[44] Im Vordergrund stand die Erarbeitung einer gemeinsamen theoretischen Basis, um die Auseinandersetzung über »Psychoanalyse und Politik« nicht der konservativen Mehrheit der Analytiker zu überlassen. Anliegen der Linksopposition war die Verteidigung der Psychoanalyse als dialektisch-materialistische Naturwissenschaft mit sozialen und politischen Konsequenzen gegen eine metaphysisch gewendete Todestrieblehre, die ein soziologisches Verständnis psychischen Leidens verhindere. Primärer Ausgangspunkt für die Theoriediskussion der marxistischen Opposition war Reichs Arbeit von 1929: »Dialektischer

42 Sigmund Freud Museum, London.

43 Darunter die Beiträge von Felix Schottländer: »Aggressionstrieb und Abrüstung«, von René Laforgue: »Schuldgefühl und Nationalcharakter« sowie von Fritz Wittels über »Politischer Radikalismus«, der die aktuelle politische Auseinandersetzung auf triebhafte Grundlagen reduzierte: »(...) leidenschaftlicher Radikalismus, dessen tiefste soziale Wurzel im Ödipuskomplex, dessen biologische Wurzel im Destruktionstrieb, infolgedessen auch im Strafbedürfnis steckt. Noch andere triebhafte Gesichtspunkte kommen in jedem Einzelfall dazu. Der Menschenkenner weiß das wohl und wundert sich nicht, wenn der radikale Hakenkreuzler zum Sowjetstern übergeht und umgekehrt« (Wittels 1931, S. 435).

44 Otto Fenichel-Rundbrief LXXII, 25. November 1940. – Ich danke Janis Osolin (Stroemfeld Verlag; Basel und Frankfurt am Main) für die Bereitstellung des umfangreichen Archivmaterials. Der Verlag plant für 1997 eine Gesamtausgabe der Fenichel-Rundbriefe (hg. von Elke Mühlleitner/Johannes Reichmayr). Im folgenden sind die Briefe mit den von Fenichel chronologisch versehenen römischen Ziffern, Datum, Seitenzahl zitiert.

Materialismus und Psychoanalyse« (1929 b).[45] Tendenziell lag Reichs Schwerpunktsetzung in der sexualpolitischen Aufgabe der Neurosenprophylaxe und darin, die Psychoanalyse als theoretische Waffe der politischen Linken zu verstehen. Fenichel plädierte vorwiegend für die Ausarbeitung von Möglichkeiten und Methoden einer »marxistischen Analyse« für soziologische Fragestellungen. Beiden galt die Psychoanalyse als eine antiideologische Naturwissenschaft, bei strikter Trennung von Psyche und sozialer Umwelt sowie konsequenter Kompetenzverteilung zwischen Psychologie und Soziologie (Dahmer 1982, S. 292 ff.). Theoretische Meinungsverschiedenheiten zwischen Fenichel und Reich waren zu Beginn der dreißiger Jahre noch nicht virulent. Die rasanten politischen Entwicklungen und die damit eingetretenen existentiell bedrohenden Bedingungen verhinderten eine Atmosphäre der differenzierten Auseinandersetzung mit den anstehenden Fragen. Erst im Zwist zwischen Fenichel und Reich um die unterschiedliche Oppositionsstrategie innerhalb der IPV kamen dann die Differenzen im Detail zum Ausbruch. Zunächst herrschte Einigkeit und Zusammenhalt im klandestinen Widerstand gegen die konservative Vereinsführung und die Todestriebtheoretiker.

Otto Fenichel im theoretischen und politischen Schulterschluß mit Reich und gleichzeitig in der Zeitschriftenredaktion zu wissen, war vielen IPV-Funktionären, aber auch Freud ein Dorn im Auge. Am 14. Dezember 1931 beklagte sich Freud bei Max Eitingon:

»Seit Fenichel die Redaktion übernommen, häufen sich in *Imago* z.B. Referate von gehässig-hämisch-überlegenem Ton gegen unsere eigenen Mitglieder, dass man wirklich als Herausgeber Einspruch erheben muss (...) Ich bitte Sie, Fenichel mit ein paar Worten zurechtzuruecken, ehe ich es thun muss, was doch schmerzhafter wäre.«

Und wenige Wochen später schreibt er am 9. Januar 1932:

»Bald der, bald jener stellt sich als unbrauchbar oder unlenkbar heraus. Ferenczi's Beharren bei seiner bedenklichen Technik Reich's und Fenichel's Versuch die Zeitschriften für bolschw. Propaganda zu misbrauchen, allerlei Dinge über Berlin, die Ihnen sehr genau bekannt sein müssen, über

45 Ich verzichte auf eine Diskussion der theoretischen Auseinandersetzungen und Kombinationsversuche von Psychoanalyse und Marxismus. Sie wurde ausführlich von Helmut Dahmer (1982) geleistet.

die ich entsetzt bin – alles zeigt, dass unter dem anätzenden Einfluss dieser Zeiten sich die Charaktere rasch zersetzen.«[46]

Selbst aus New York regte sich Protest gegen Otto Fenichel, und so war es nur eine Frage der Zeit, bis er von seiner Position als Zeitschriftenredakteur durch Wiener Kollegen abgelöst wurde. Am 10. Februar 1932 schrieb Fritz Wittels an Paul Federn:

»Sie wissen, daß ich ihn (Fenichel; K. F.) nicht leiden kann. Aber das verbietet mir nicht, Sie, der Sie an verantwortungsvoller Stelle stehen, auf diese zwangsneurotischen Grausamkeiten, begangen an der Sprache Goethes, aufmerksam zu machen. Dabei ist er der Hauptschriftleiter unserer Zeitschriften. Daß er sich dortselbst herabsetzt und die Entgleisungen seines Freundes Reich höchst lesenswert findet und anpreist, kann den Schaden nicht gut machen, den er zweifellos verursacht.«[47]

Private Korrespondenzen zeugen von Kritik und Widerstand gegen Fenichel und Reich. Verstärkt durch die politischen und sozialen Verhältnisse, die sich ab 1933 radikal, ja traumatisch veränderten, fand eine offene inhaltliche Auseinandersetzung nicht statt.
Ende Januar wurde Hitler von Hindenburg zum Reichskanzler ernannt. – Reich floh Anfang März nach Wien. Ihm wurde nahegelegt, aus der IPV auszutreten, seine Kompetenz als Lehranalytiker wurde angezweifelt.[48] – Am 15. März wurde das österreichische Parlament aufgelöst. Der klerikale Austrofaschismus unter Engelbert Dollfuß kam an die Macht. – Die Leitung des *Internationalen Psychoanalytischen Verlags* lehnte es nun aus politischen Gründen ab, Reichs »Charakteranalyse« zu veröffentlichen. Das Buch erschien deshalb im Selbstverlag. Anna Freud an Ernest Jones:

»Reich dagegen hat in der Vorstandssitzung (21. April 1933; K. F.) mir offen zugegeben, daß es ihm wichtiger erscheint, daß in der nächsten Zeit zwei Publikationen von ihm gedruckt werden, als ob die Berliner Vereinigung samt Lehrinstitut geschlossen wird oder nicht.«[49]

46 Sigmund Freud Museum, London.
47 Paul Federn Archiv, Library of Congress, Manuscript Division, Washington D. C.
48 Siehe den Briefwechsel zwischen Wilhelm Reich, Ernest Jones und Anna Freud (Steiner 1994).
49 27. April 1933, zit. n. Friedrich (1990).

Reich trennte sich endgültig von seiner Frau Annie, die über Wien nach Prag emigrierte. – Am 1. Mai trifft Reich in Kopenhagen ein. – Am 10. Mai nationalsozialistische Bücherverbrennung in Deutschland. – Im Herbst 1933 floh Otto Fenichel nach Oslo. Zur gleichen Zeit erschien Reichs ›Massenpsychologie des Faschismus‹. Die politische Kluft zwischen Reich und dem psychoanalytischen Establishment war nun größer denn je. Reich stellt zur Einschätzung seines Buches über den Faschismus durch die Mehrheit seiner Psychoanalytiker-Kollegen fest:

»Sollte die politische Reaktion sich für den Inhalt dieser Schrift an der Psychoanalyse oder ihren Vertretern revanchieren wollen, so würde sie fehlgreifen. Freud und die Mehrheit seiner Schüler lehnen die soziologischen Konsequenzen der Psychoanalyse ab und bemühen sich sehr, den Rahmen der bürgerlichen Gesellschaft nicht zu überschreiten (...) Im Übrigen ist daran zu erinnern, dass nach dem berühmten Wort die Waffe der Kritik die Kritik der Waffen nicht ersetzen kann. Wenn diese Schrift den schwierigen Weg zur Kritik der Waffen abzukürzen in der Lage ist, wird ihr Zweck erfüllt sein« (Reich 1933 b, S. 11).

Reichs Tage in der Kommunistischen Partei waren gezählt. Er suchte neue Bündnispartner und kontaktierte auch Leo Trotzki (Fallend 1987). – In Kopenhagen erschien in dänischer Übersetzung Reichs Aufsatz »Wohin führt Nackterziehung?«, der bereits 1928 in der *Zeitschrift für psychoanalytische Pädagogik* erschienen war. Der Redakteur der dänischen Zeitschrift, in der der Beitrag lediglich nachgedruckt worden war, wurde wegen Pornographie zu mehreren Wochen Gefängnis verurteilt. Dänische Psychoanalytiker baten Freud um eine Bestätigung, daß der Artikel keine Pornographie sei. Freud weigerte sich, eine Stellungnahme zur Verteidigung Reichs abzugeben (Fenichel VI, 8. August 1934, S. 3). – Am 1. Dezember 1933 mußte Reich nach öffentlichen Protesten Kopenhagen verlassen. Er übersiedelte nach Malmö. – Im Februar 1934 wurde der bewaffnete antifaschistische Aufstand österreichischer Arbeiter blutig niedergeschlagen. Über tausend Tote.
Die Ereignisse des Jahres 1933 hatten deutlich gemacht, daß Reich seit seiner »Masochismusarbeit« als einziger die offene Auseinandersetzung mit der Führung der psychoanalytischen Vereinigung – namentlich Freud – suchte, während andere Mitglieder der Linksopposition diese Auseinandersetzung nur informell und privatim geführt hatten. Fenichel litt an den zerbrochenen Sozialstrukturen und verlorenen Diskussionszirkeln. Von Oslo aus

wollte er die versprengten Freunde schriftlich zusammenhalten, die marxistische Opposition weiter organisieren. Für ihn ging es um den Fortbestand der psychoanalytischen Bewegung, die von innen und außen bedroht war. Im März 1934 verschickte Fenichel den ersten seiner geheimen Rundbriefe[50]:

»Liebe Kollegen![51] Wir sind alle davon überzeugt, in der Psychoanalyse Freuds den Keim der zukünftigen dialektisch-materialistischen Psychologie zu erkennen und dass deshalb Pflege und Ausbau dieser Wissenschaft dringend nottun. Glaubten wir das nicht, so wären wir nicht Psychoanalytiker von Beruf (...) Bei besonders schweren Lebensverhältnissen kehren neurotische Haltungen auch nach geglückter, noch leichter nach missglückter Analyse wieder. Und mit alten neurotischen Haltungen tauchen natürlich auch alle alten Widerstände wieder auf. Nur so ist die wissenschaftliche Widerspiegelung der grossen politischen Vorgänge in der I.P.V. zu erklären. Die Unsicherheit der Existenz und die Angst vor der Gefährdung durch die revolutionären Folgen der Lehre bringen die Analytiker zu Rezidiven und alten Widerständen, die sie ihr analytisches Wissen ebenso wieder vergessen lassen, wie es seinerzeit bei Rank geschah« (Fenichel 1, März 1934, S. 1).[52]

»Die wissenschaftliche Widerspiegelung der großen politischen Vorgänge in der I. P.V.« war von Fenichel mehrmals konstatiert worden. Die vertraulichen Berichte aus den Zweigvereinigungen waren ihm Bestätigung für seine Einschätzungen und geben uns

50 Insgesamt wurden daraus 119 mit einem Umfang von über 2000 Typoskriptseiten. Sie gehören zu den eindrucksvollsten Dokumenten der Geschichte der Psychoanalyse, die über einen Zeitraum von 1934 bis 1945 nicht nur spannende Berichte zur internationalen Lage der Psychoanalyse, zur Zeitgeschichte, persönliche Eindrücke und Konfliktlagen nachvollziehen lassen, sondern auch eine kontinuierliche, kritisch kommentierte Bibliographie Fenichels liefern. Ein intellektueller Streifzug durch die theoretische Entwicklung der Psychoanalyse über diesen Zeitraum.

51 Der erste Rundbrief war noch an einen weiteren Kreis gerichtet: Bers, Deri, Fromm, Schmidt, Gerö, Glück, Hoel, Jacobsohn, Misch, Reich, Annie Reich, Schneider-Lantos, Spielrein.

52 Ich spare hier die vereinspolitischen Ereignisse innerhalb von DPG und IPV aus. Sie sind im Beitrag von Bernd Nitzschke in diesem Band ausführlich dargestellt. Ich beschränke mich im folgenden auf die weitere Entwicklung der im Exil verstreuten marxistischen Opposition und auf die Freundschaftsbeziehung zwischen Otto Fenichel und Wilhelm Reich.

heute Auskunft über vorherrschende Stimmungslagen: Die psychoanalytische Bewegung schien vom Zerfall bedroht zu sein.
In Deutschland buhlte man bei den Nationalsozialisten um Anerkennung der psychoanalytischen Arbeit. Im klerikal-faschistischen Österreich war man bemüht, sich durch Unauffälligkeit der politischen Auseinandersetzung zu entziehen. Die vermeintlich »wertneutrale« Haltung äußerte sich am deutlichsten in der Veröffentlichungspolitik der Zeitschriftenredaktion. Während beispielsweise Fenichels Arbeit über den Bereicherungstrieb mehrmals zurückgewiesen wurde (Ende 1934 geschrieben, erschien sie erst 1938 im *Psychoanalytic Quarterly*), kamen verstärkt politisch unverfängliche Autoren zum Zuge. »Auf die Frage, warum die ›Imago‹ Redaktion dann derartige Arbeiten in derart überwiegender Zahl drucke, bekam ich keine bessere Antwort zu hören als die, dass ich ja den Dreck den sie nicht drucken, nicht zu Gesicht bekäme«[53] (Fenichel XI, 12. Februar 1935). In England begann – durch die mächtige Rückendeckung von Ernest Jones – die für viele überraschende Karriere von Melanie Klein, an der später auch Anna Freud verzweifeln sollte (King/Steiner 1991).[54] Aus Budapest bekam Fenichel u. a. zu hören: »Es herrscht hier ein

53 »Im Sommer erzählten mir Wälder und Kris, Roheim hätte ihnen ein Referat über Reichs ›Einbruch der Sexual-Moral‹ zugeschickt, das derart unsachlich und gespickt mit Schimpfworten sei, dass sie es nicht abdrucken könnten. Sie wüssten noch nicht, wen sie statt dessen mit einem Referat beauftragen sollten. Offenbar sind inzwischen in der grossen Welt Dinge eingetreten, die es Wälder und Kris opportun erscheinen lassen, das zuerst Abgelehnte doch abzudrucken« (Fenichel I, März 1934).

54 Über die Atmosphäre in London wurde Fenichel u. a. berichtet: »Wenn ich die Analyse in London kennengelernt hätte, wäre ich nie Analytiker geworden (...) Die Sitzungen, die zweimal im Monat tagen, unterscheiden sich in erster Linie von den Berliner Sitzungen durch Vorhandensein eines Präsidenten-Tisches, an dem Jones, Glover und der jeweilige Vortragende sitzen mit hohen viktorianischen Stühlen und Brokatdecke. Der Präsidententisch ist erhöht, die Zuhörer sitzen gegenüber auf Stühlen, die, wie in der Schule symmetrisch reihenweise angeordnet sind (...) Jones hat mir zugegeben dass es hier ganz unmöglich wäre, ein 23jähriges Mädchen, das in Analyse gehen will, zu fragen, ob sie schon Verkehr gehabt hat; das wäre wirklich eine grosse Beleidigung (...) Ich werde weiter versuchen, in das Melaniesische einzudringen« (Fenichel I, März 1934, S. 11 f.).

wissenschaftliches Niveau, gegen welches Berliner Anfänger-Seminare hoch qualifizierte Arbeitsgemeinschaften gewesen sind. Eine Klickenwirtschaft herrscht, nach Ferenczis Tod begann der Kampf um den Vorsitz« (ebd.). In Frankreich herrschte alles andere als eine fruchtbare wissenschaftliche Atmosphäre: »Es bedurfte anfangs des Eingreifens von Professor Freud, um die nach Paris eingewanderten deutschen Kollegen überhaupt zu den Sitzungen zuzulassen. Selbstverständlich blieb, dass ein deutsches Wort in der Vereinigung als gröbste Taktlosigkeit betrachtet wird« (Fenichel 1, März 1934, S. 12). In Holland spaltete sich die psychoanalytische Gruppe, da beschlossen wurde, Nichtärzten die Aufnahme als vollwertige Mitglieder zu verweigern. In der Sowjetunion herrschte Stalin. Die in den zwanziger Jahren oft bejubelte Internationalisierung der Psychoanalyse zeitigte nicht immer die erhoffte Bereicherung. Otto Fenichel: »Die ersten Veröffentlichungen aus Japan standen ungefähr auf folgendem Niveau: ein 23jähriges Mädchen erkrankt neurotisch; sie gibt zu, einmal Geschlechtsverkehr gehabt zu haben, heute behauptet sie, kein Verlangen danach zu empfinden. Die Analyse wies nach, dass der Koitus-Wunsch im Unbewussten vorhanden war und die Neurose verursacht hatte« (Fenichel 1, März 1934, S. 16). In Nordamerika prägten marktwirtschaftliche Gesichtspunkte den wissenschaftstheoretischen und -politischen Diskurs. Abspaltungstendenzen (mit Sandor Radó an der Spitze) kündigten sich an: Kampf gegen die Laienanalyse; Anpassung an die Universitätsmedizin; Propagierung von Schnelltherapien etc.

Diese trostlosen Berichte aus den internationalen Zweigvereinigungen bedingten eine Untergangsstimmung, die gleichzeitig den Zusammenhalt der Gruppe festigte. Die Rettung des Freudschen Werkes wurde zur Maxime. Als ›marxistische Opposition‹ wollte man die inhaltliche Richtung der Rettungsaktion mitbestimmen. Aber wie? Der für August 1934 angesetzte *13. Internationale Psychoanalytische Kongreß* in Luzern entwickelte sich für die Linksfreudianer zum entscheidenden Datum, an dem die Zukunftsweichen gestellt werden sollten. Sie sollten recht behalten. Nur: es kam alles anders, als von ihnen geplant.

Am 4. April 1934 trafen sich in Oslo Otto Fenichel, Wilhelm Reich, George Gerö, Nic Hoel und Edith Jacobsohn, um die weitere Vorgangsweise zu besprechen (Fenichel 11, April 1934). Bei diesem Treffen kündigten sich alle Meinungsverschiedenheiten und vor allem die aufreibenden Folgen der unterschiedlichen Temperamente und Charaktere der Protagonisten Fenichel und Reich an, die später zur Trennung der beiden führten. Stellvertretend, weil typisch[55], möchte ich die Erinnerungen der Norwegerin Nic Hoel (Waal) zitieren, die Fenichel und Reich auch als Therapeuten erlebt hat, Fenichel ob seiner »schlimmen Orthodoxie« kritisierte, Zweifel an Reichs »mitleidloser und durchdringender Technik« äußerte und beiden ungelöste neurotische Charakterzüge attestierte (Waal 1979 b, S. 142 ff.). Ihre stereotypen Erinnerungen treffen sicherlich wesentliche Züge der seit der Jugendzeit währenden differenten Freundschaftsbande zwischen Fenichel und Reich. Psychodynamische Momente des schwelenden Konflikts rücken ins Blickfeld:

»Reich war eine sehr dynamische Persönlichkeit mit viel Intuition und Phantasie, verbunden mit einer sehr gründlichen Ausbildung und einem lebhaften, schöpferischen Geist. Er war sehr temperamentvoll und dominierend (...) äußerst anregend und liebenswert, manchmal aber auch schrecklich und hoffnungslos widerwärtig (...) er war nur unzureichend zur Kooperation fähig (...) Fenichel, so wie ich ihn im Gedächtnis habe, war äußerst intellektuell, etwas obsessiv, perfektionistisch, zurückhaltend und ironisch. Seine Stärke lag mehr auf logischem und formalem Gebiet. Er hatte ein gewisses Einfühlungsvermögen und so etwas wie eine typisch österreichische Friedfertigkeit (...) Es schien, daß Fenichel nicht nur ein friedfertiger wissenschaftlicher Theoretiker war, sondern daß er Reich um dessen Dominanz und soziale Kontaktfähigkeit beneidete. Fenichels Aggressionen gegen Reich wurden manchmal so unkontrolliert wie Reichs Temperamentausbrüche« (Waal 1979 a, S. 63 ff.).

Reich war die zentrale Figur der linksoppositionellen Gruppe; er gab Tempo und Richtung vor. Die anderen vermochten anfänglich nur zu reagieren und bemühten sich, Reichs Dominanz in Grenzen zu halten. Politische Schulung und Erfahrung in Oppositionsarbeit ließen Reich vorerst den Vorteil. Fenichel als Initiator und Koordinator der Gruppe war sicherlich der einzige, der Reich an theoretischer Kenntnis Paroli bieten konnte. Er rang mit ihm um die Führungsposition. Das Osloer Treffen legte die Widersprüche offen. Reich legte den Anwesenden ein Diskussionspapier vor,

55 Über Fenichel existieren nur wenige persönliche Erinnerungen, z. B. Greenson (1966), Simmel (1946), während über Reich zahlreiche Berichte vorliegen: u. a. Neill (1981, 1982); Ollendorff-Reich (1975); Sharaf (1994); Sterba (1985); Waal (1979 a, 1979 b).

das ihn als wissenschaftlichen und politischen Führer deklarierte. Er teilte Fenichels Einschätzung von der internationalen Krise der psychoanalytischen Forschung und Bewegung und plädierte für eine theoretische Plattform, von der aus die dialektisch-materialistische Kritik geführt werden sollte. Reich kritisierte Fenichel, Freud aus dem Konflikt heraushalten zu wollen, sah er doch bei Freud sämtliche »wissenschaftliche Sünden der Roheim, Laforgue, Jones, Klein, Deutsch etc.« angelegt.

»Das Thema ›Freud kontra Freud‹ ist das zentrale Thema unserer kritischen Arbeit. Wir dürfen keinen Augenblick die Rücksicht auf Freud der Rücksicht auf die Zukunft der Psychoanalyse vorziehen (...) Ich fühle mich für den heute so akut gewordenen Konflikt in der Hauptsache verantwortlich, denn ich stand bereits mitten in der Auseinandersetzung mit Freud, als noch meine besten Freunde nichts anderes wahrhaben wollten, als dass alles in Ordnung wäre, ›wenn ich nicht so aggressiv wäre‹ (...) ich musste erst lernen zu begreifen, um was es ging, als die Analytiker die Rolle der Genitalität in der Neurosentherapie oder die Bedeutung der negativen Übertragung etc. leugneten (...) Der heutige Stand der Dinge wäre etwa nicht in diesem Ausmasse möglich, wenn nicht Freud die reaktionären Strömungen gestützt und die marxistische scharf bekämpft hätte (...) Ihr müsst begreifen, dass ich meine Arbeit schützen muss, nicht aus Gekränktheit, sondern weil ich glaube, die Psychoanalyse in die konsequenteste Richtung weitergeführt zu haben (...) Ihr wisst im grossen und ganzen, wohin mich der Ausbau der analytischen Theorie geführt hat: Zur Begründung eines wissenschaftlichen Gebietes, das ich Sexualökonomie und politische Psychologie zu nennen vorschlug. So sehr ich mich Psychoanalytiker im besten Sinne des Wortes fühle, so sehr gehöre ich heute einer neuen Disziplin, die aus dem Grenzgebiete zwischen marxscher Soziologie und Methode einerseits, der psychoanalytischen Klinik und Psychologie andererseits herauswuchs« (Fenichel 11, April 1934, S. 4 f.).

Vor diesem Hintergrund sah Reich noch Möglichkeiten des gemeinsamen Handelns mit konkreten Zielvorstellungen: 1) Neben selbständiger Forschung scharfe, sachliche und unpersönliche Kritik der Gegner; 2) organisatorischer Zusammenschluß der dialektisch-materialistischen Psychoanalytiker innerhalb der IPV; 3) Um- und Ausbau der Ausbildung: Einrichtung einer Schule für marxistische Politiker und Sexualökonomen (ebd., S. 6).
Reich war der Opposition voraus. Diese rang um Schadensbegrenzung und Einigkeit, die nach hitziger Diskussion in folgenden Punkten erreicht wurde:

»1) Es ist nötig, sowohl positive Arbeit als auch Oppositionsarbeit zu leisten. 2) Beide sind so lange wie irgend möglich *innerhalb* der IPV zu leisten. 3.) Die Kritik sei jederzeit *immanent psychoanalytisch* d.h. sie argumentiere naturwissenschaftlich und bleibe auf dem Boden der Psa. (...) Die bewegungspolitische Kritik sei, soweit sie innerhalb der IPV, öffentlich betrieben werde, ›demokratisch‹. (Forschungsfreiheit, Gerechtigkeit innerhalb der Zeitschriften u. dgl.)« (ebd.).

Die Mitglieder der Opposition bemühten sich, nicht in Reichs Sog zu geraten, der sich kompromißlos am Rand der Gruppe postierte, seine Fahne hißte und um Bannerträger warb. Fenichel begrüßte Reichs Forderung nach einer gemeinsamen Plattform. Diese sollte jedoch nicht Reichsche Lehrsätze enthalten, an die man dogmatisch zu glauben hätte, sondern einer breiten Auffassung – als »Einheitsfront von Reich bis Eitingon« – über die wissenschaftsgeschichtliche Bedeutung der Psychoanalyse, ihrer Forschungsmethode und ihrer naturwissenschaftlichen Grundprinzipien Platz bieten (ebd., S. 7). Reichs Analysand George Gerö wurde mit der Abfassung eines Entwurfes beauftragt.[56]
Brisant wurde die Diskussion über das Vorgehen in bezug auf die deutsche Vereinigung. Reich bekräftigte seinen Standpunkt, daß es Aufgabe der marxistischen Analytiker gewesen wäre, die Auf-

56 Nach mehreren Entwürfen wurde im August 1934 eine von George Gerö formulierte Plattform angenommen. U. a. hieß es darin: »Die ursprüngliche Formel: Neurosen entstehen unter dem Zusammenprall der kindlichen Triebhaftigkeit mit den hemmenden Mächten der Gesellschaft, wird verlassen; an ihre Stelle treten Theorien über Todestrieb, Strafbedürfnis, über die Schwäche des kindlichen Ichs u. dgl. Die Oppositionsgruppe will die naturwissenschaftliche Psychoanalyse, die von empirischen Beobachtungen ausgeht und die in der Libidotheorie ihren klarsten Ausdruck findet, vor metaphysischen Abweichungen schützen und sie weiter konsequent ausbauen. – Ferner findet die Oppositionsgruppe, dass die Psychoanalyse ihre kulturkritische und kulturkämpferische Aufgabe nicht mehr erfüllt (...) Ausserdem wird in der IPV ein Kampf gegen solche Verstösse gegen den wahren Geist der Psa. immer mehr unmöglich gemacht, woraus sich die bewegungspolitischen Aufgaben der Opposition ergeben. In den letzten Jahren wird die freie Meinungsäusserung in den psychoanalytischen Zeitschriften wie in den Vereinigungen immer mehr erschwert (...) Es handelt sich also um das Recht der freien Meinungsäusserung. Darin muss auch die Möglichkeit enthalten sein, auch gewisse Freudsche Thesen kritisieren zu dürfen« (Fenichel VII, 20. August 1934, S. 14 f.).

lösung der deutschen Vereinigung zu fordern, um die Widersprüche zwischen Psychoanalyse und Faschismus offen vor aller Welt zu dokumentieren. Fenichel und Jacobsohn widersprachen. Die Arbeit der noch verbliebenen Kollegen sollte nicht gefährdet werden. Die Kollegen außerhalb Deutschlands sollten mit einer Protestresolution an das Präsidium der IPV herantreten. Meines Erachtens war dieser Beschluß – Klandestinität und interne Kritik versus offener politischer Protest – die entscheidende Weichenstellung in der Entwicklung der marxistischen Opposition. Viele Geschichten wären anders geschrieben worden, hätte sich damals die gesamte Opposition Reichs Forderung angeschlossen. Angesichts der deutschen Verhältnisse mußte Fenichel 1937 seine Ansicht revidieren:

»Dass es im Interesse der Analyse, wie wir es verstehen, am besten gewesen wäre, Institut und Vereinigung im Frühjahr 1933 freiwillig aufzulösen, kann heute wohl keinem Zweifel mehr unterliegen. Ich muss gestehen, dass ich und E. J. (Edith Jacobsohn; K. F.) im Gegensatz zu Reich damals den entgegengesetzten Standpunkt vertraten« (Fenichel XXXVI, 1. Juni 1937, S. 8).

In Oslo sah sich Reich mit großen Widerständen konfrontiert. Eine breite Gefolgschaft war vor allem durch Fenichel gefährdet. Reich öffnete sich eine Hintertür und erklärte, »dass er seine Sexpol. Arbeit höher einschätze als die Oppositionsarbeit in der IPV, dass er sich also vorbehalten müsse, ev. im Interesse der von ihm vertretenen Sexpol. gegen unsere Beschlüsse zu handeln« (ebd.). Damit überließ Reich Otto Fenichel die Führung der Opposition. Seinem radikalen Weg sollte nur Nic Hoel folgen, während George Gerö am längsten versuchte, die Brücke zwischen den Freunden aufrechtzuerhalten.[57] Doch zunächst stand noch Einigkeit im Vordergrund. Der Luzerner Kongreß (26.-31. August 1934) wollte vorbereitet sein, und das verlangte ein einheitliches Vorgehen der Linksopposition, also auch eine gemeinsam getragene scharfe Kritik an der Politik, die die *Deutsche Psychoanalytische Gesellschaft* gegenüber Hitler-Deutschland betrieb.

57 George Gerös autobiographische Aufzeichnungen (1994) sind vor allem durch das interessant, was sie nicht enthalten. Sein aktives Engagement in Fenichels Linksopposition findet keine Erwähnung. Auch in einem persönlichen Gespräch, das ich mit George Gerö am 9. Mai 1983 in New York führen konnte, traf ich auf keine Bereitschaft darüber zu sprechen.

Bald nach der Sitzung in Oslo erschien die erste Nummer von Reichs *Zeitschrift für politische Psychologie und Sexualökonomie*. Fenichel begrüßte die eigenständige Initiative und erhoffte sich – obwohl er festhielt, daß die Opposition innerhalb der IPV mit der Zeitschrift nichts zu tun haben wolle – konstruktive Zusammenarbeit. Fenichel nutzte die neue Publikationsmöglichkeit, sich als Führungsfigur theoretisch auszuweisen, und publizierte den programmatischen Artikel: »Die Psychoanalyse als Keim einer zukünftigen dialektisch-materialistischen Psychologie«, der die eigentliche theoretische Plattform der Opposition darstellen sollte. Im Grunde ging Fenichels Arbeit mit Reichs Ansichten konform, sich von einem psychoanalytischen Psychologismus auf der Basis einer streng naturwissenschaftlich aufgefaßten Triebtheorie abzugrenzen. Erst nach dem Luzerner Kongreß sollte Fenichel in einem internen Diskussionspapier die Differenzen mit Reich en detail explizit formulieren, nachdem ihn Reich bereits im Sommer 1933 darum gebeten hatte.

Die Vorbereitungen für den Luzerner Kongreß liefen auf Hochtouren. Die marxistische Opposition plante, in Luzern auf zwei Ebenen aufzutreten: durch wissenschaftliche Vorträge sowie kritische Anfragen an den Vorstand der IPV und durch Überreichung einer Unterschriften-Resolution, die vor allem die Entwicklungen in der DPG und IPV betrafen. Inzwischen sorgte Reichs Emigranten-Schicksal in Schweden für Aufregung. Durch eine Denunziation schwedischer Psychiater war ihm der weitere Aufenthalt in Schweden verweigert worden. Eine Gruppe von Sympathisanten wandte sich mit einem Rundschreiben an Freud, Einstein, Bohr und Malinowski, um solidarische Unterstützung für Reich anzufordern. Freud lehnte ab: »Ich kann mich Ihrem Protest in Sachen des Dr. W. R. nicht anschliessen« (Fenichel IV, 5. Juni 1934, S. 1). In dieser Weigerung Freuds, den Emigranten Reich zu unterstützen, sah Reich einen Eklat mit symbolischer Bedeutung, der zur Vorsicht im Umgang mit der IPV-Leitung mahnte. Reich drängte auf die politische Deklarierung der Opposition:

»Es geht hier um ein wesentliches Stück des Kampfes zwischen Reaktion und Revolution (...) um die kulturpolitische Stellung der Psa. in der heutigen Welt (...) Die marxistischen Analytiker müssen darauf gefasst sein, dass die diplomatisch äusserst geschickte Leitung der IPV alles vorbereiten wird, um sie praktisch auszuschalten. Ich meine, wir müssen alles notwendige tun und vorbereiten, um noch grösseren Einfluss zu gewinnen, indem wir in absolut sachlicher, ruhiger Form dem Kongress klarmachen, um welche Ziele gerungen wird: um die Erhaltung, Sicherung, Fortführung der psychoanalytischen Forschung und Bewegung (...) dass *wir* die wirklichen Vertreter der Freudschen Grundansicht sind, dass die Psa nicht nur eine medizinische Disziplin ist, sondern darüber hinaus geschichtliche Bedeutung hat. Es kommt jetzt darauf an, zu zeigen, *weshalb* die Psa diese Bedeutung hat und *worin*, *warum* sie *nur* im Lager der politischen Linken und nie im Lager der Rechten ihre Funktion erfüllen kann« (ebd., S. 2).

Dies führte zur weiteren Marginalisierung Reichs. Alle anderen Mitglieder der Opposition waren sich einig, daß Reich mit zu scharfem Geschütz vorgehe. Wußte Freud überhaupt, warum Reich der Aufenthalt in Schweden verweigert wurde? Waren es nicht mehr politische als wissenschaftliche Gründe? War Freuds Standpunkt nicht klar genug, daß er politische Tätigkeiten nicht mit seinem Namen decken wollte? Vor allem Reichs politische Standortbestimmung der Psychoanalyse ließen bei Fenichel die Alarmglocken läuten. Für ihn war es unakzeptabel, daß die Psychoanalyse »nur im Lager der Linken« ihre Funktion erfüllen könne. Dies widerspräche der Abmachung, mit allen Mitteln zu versuchen, soweit wie möglich innerhalb der IPV zu arbeiten. Im Sinne einer Einheitsfront-Politik könne das öffentliche Auftreten nur bürgerlich-liberal sein, meinte Fenichel: wissenschaftliche Ehrlichkeit, Toleranz, Solidarität. Die Positionen seien in sachlicher wissenschaftlicher Arbeit aufzuzeigen (ebd., S. 3).
Auch die unterschiedlichen Affektlagen unterstrichen die Auffassungsunterschiede. Reich an Fenichel:

»Du musst wissen, dass einem manchmal die Wut packt, wenn man all die dreckige Borniertheit ringsherum sieht; dann hat man Lust loszuschlagen. Ich weiss noch gar nicht, ob ich es mir nicht überlege. Deine Argumente leuchten mir ein, bis auf eines: Ich kann nicht zugeben, dass die ganze ›Opposition‹ einen Wert hat, wenn man sie auf die Dauer nicht nur vor der Weltöffentlichkeit sondern sogar vor der kleinen Öffentlichkeit der IPV versteckt.«
Fenichel meinte, darauf sei »sehr leicht zu antworten: Eben um die faktische sachliche Oppositionsarbeit nicht zu verstecken, sondern zu ermöglichen, ist es nötig, zu verstecken, wie diese Arbeit sich organisiert und mit welchen Methoden sie vorgeht« (ebd., S. 6).

Die Auseinandersetzung zwischen Fenichel und Reich war von Affekten dominiert, die heute kaum noch zu entflechten sind.[58]

58 Die Rundbriefe Fenichels als Quellenmaterial sind vor allem in bezug

Fenichel unterschätzte seine eigene Hypothese, wonach sich politische Weltvorgänge in wissenschaftlichen Bewegungen und persönlich-organisatorischen Streitigkeiten widerspiegeln sollten. Die Beziehung zwischen Fenichel und Reich rieb sich auf im existentiellen, wissenschaftlichen und politischen Überlebenskampf. Die Opposition zerfiel; sie war zu schwach, um eine realistische wissenschaftspolitische Alternative anbieten zu können. Die Niederlage der Opposition hatte sich schon vor dem Luzerner Kongreß abgezeichnet.

Bei den letzten Zusammenkünften vor dem Luzerner Kongreß, am 1. und 8. Juli, versuchte die marxistische Opposition krampfhaft, die unversöhnlichen Widersprüche zu überbrücken. Reich sah – z. T. durch Gerö unterstützt – in der Opposition eine linksbürgerliche, reformistische Gruppe, die mit dem Sozialismus bloß sympathisiere; dagegen warf Fenichel Reich mangelnde Realitätseinschätzung vor, weil der »überall seine Endziele kompromißlos hinausschreie« (ebd., S. 2). Ähnlich seiner Ende der zwanziger Jahre verfolgten Strategie im »Komitee revolutionärer Sozialdemokraten« hoffte Reich, durch sukzessives Abspalten einzelner Mitglieder aus der IPV eine Kettenreaktion auslösen zu können und die Kräfteverhältnisse zugunsten einer politischen Wende zu ändern, ja gar die Führung in der IPV zu erobern. Fenichel: »Diese Meinung zeigt, dass Reich keine Ahnung hat, wie die Stimmung in der IPV ist und wie das Gros über ihn denkt« (ebd., S. 5). Eine Harmonisierung wurde u. a. dadurch erreicht, daß sich Reich selbst in den Hintergrund rückte: »Reich erklärte, in der Geschäftssitzung am Kongress möglichst überhaupt nicht das Wort ergreifen zu wollen, um unsere Absichten nicht zu stören; er müsse sich nur vorbehalten, falls er angegriffen werde oder die Diskussion eine unerwartete Wendung nehme, dennoch zu reden« (ebd., S. 8).

Man blieb bei dem Plan, auf zwei Ebenen am Kongreß aufzutre-

auf das Verhältnis zu Wilhelm Reich mit großer Vorsicht zu betrachten. Fenichels emotional geführte Feder ähnelt der Wilhelm Reichs in seinen autobiographischen Erinnerungen. Seltsam genug, wenn man als Forscher von Fenichel gar explizit darauf hingewiesen wird: »Reich phantasiert sich offenbar einen zukünftigen Historiker der psychoanalytischen Bewegung, der diese Dokumente studieren und den Lenin-Reich gegenüber dem wankelmütigen Opportunisten Fenichel anerkennen wird« (Fenichel VII, 20. August 1934, S. 5).

ten. Inhaltliche Kritik durch wissenschaftliche Vorträge gegen den psychoanalytischen Psychologismus[59]; Sammlung von Unterschriften für eine Protestresolution, die dem IPV-Vorstand übergeben werden sollte. Darin waren jene restriktiven Vorkommnisse aufgelistet, die in den letzten Jahren für Aufregung gesorgt hatten: Fenichels Abzug aus der Redaktion; die Ereignisse um Reichs Artikel »Der masochistische Charakter«; die unsachlichen Widerstände gegen die Aufnahme Annie Reichs in die deutsche Vereinigung Ende 1932[60]; das Verhalten der französischen Gruppe gegenüber den Emigranten; die Ablehnung der Publikation von Reichs »Charakteranalyse« durch den Verlag; die Kopenhagener »Pornographieaffäre«; die Gleichschaltung des deutschen Instituts. Sollte die Resolution durch 15 Unterschriften getragen werden, würde sie dem Kongreß vorgelegt werden (Fenichel VI, 8. August 1934, S. 1 ff.).

Zum Abschluß des letzten Rundbriefes vor dem Luzerner Kongreß informierte Fenichel seine Freunde, nach der »Rückkehr vom Kongress ein Referat ›über meine wissenschaftlichen Differenzen gegenüber Reich‹ für unseren ›Hausgebrauch‹ niederzuschreiben« (Fenichel VII, 20. August 1934, S. 23). Fenichel spürte, daß die persönlichen Differenzen mit Reich nach einer klareren inhaltlichen Distanzierung drängten, wenn er sich endgültig die Führung der Opposition sichern wollte. Aber all das sollte erst nach dem entscheidenden Luzerner Kongreß geschehen.

Reichs Prognose bezüglich der »diplomatisch äußerst geschickten Leitung der IPV«, die alles daransetzen werde, um die marxistische Opposition auszuschalten, sollten sich mit einigen unerwarteten Wendungen bewahrheiten. Der »kalte« Ausschluß Reichs aus der deutschen Vereinigung, die seinen Namen kommentarlos aus der Mitgliederliste entfernt hatte, war nur ein taktisches Vor-

59 Im Kongreßprogramm fanden sich folgende Beiträge: Otto Fenichel: »Über Angstabwehr, insbesondere durch Libidinisierung«; Käthe Misch: »Die biologischen Grundlagen der Freudschen Angsttheorie«; Wilhelm Reich: »Weitere Probleme und einige Konsequenzen der Charakteranalyse«; George Gerö: »Zur Theorie und Technik der Charakteranalyse«; Edith Jacobsohn: »Zum Heilungsproblem in der Kinderanalyse«.

60 Über die Hintergründe dieses Vorfalls konnte ich bislang nichts in Erfahrung bringen.

spiel, um Reich als linksoppositionellen Rädelsführer aus der IPV zu entfernen. (Siehe den Beitrag von Bernd Nitzschke in diesem Band.)

26.-31. August 1934: Die Ereignisse am Luzerner psychoanalytischen Kongreß überstürzten sich. Die Opposition zeigte sich überfordert. Den »perfiden«, »geheimdiplomatischen Methoden« von Jones (Fenichel) hatte die Opposition nichts entgegenzusetzen. Schon die geplante Resolution war eine Schlappe. Es fand sich nur ein einziger Unterzeichner außerhalb des engeren Kreises der Opposition, und selbst innerhalb der Gruppe war einer (wahrscheinlich Reich) nicht zur Unterschrift bereit. Der allgemeine Tenor lautete, daß ein paar Schweinereien, die z. T. schon Jahre zurücklägen, die Leitung der IPV nicht interessieren würden (Fenichel VIII, 14. September 1934, S. 1).[61] Die Resolution konnte nicht eingebracht werden.

Auf Grund der taktischen Winkelzüge der IPV-Leitung fanden Reich und Fenichel – wie es sich bereits abzeichnete – keine Basis für gemeinsames Vorgehen. (Siehe den Beitrag von Bernd Nitzschke in diesem Band.)

Die Opposition erlitt eine große Niederlage. Als der Kongreß vorüber war, herrschte eine niedergeschlagene Stimmung. Reich beschrieb sie nachvollziehbar, auch angesichts der vielen Psychoanalytiker, die seine Ausbildung genossen, und seine Therapie als bereichernd erlebt hatten:

»Als niemand mehr an der Tatsache meines Ausschlusses zweifelte, entstand eine von merkwürdiger Achtung und Scheu gleichzeitig gefüllte tiefe Kluft um mich herum. Sie war fast körperlich spürbar. Alle anderen standen jenseits. Meine Freunde weinten, trösteten sich jedoch bald (...) Am vierten Tage des Kongresses hielt ich meinen Vortrag (...) Ich leitete ihn mit den Worten ein: ›Nach 14-jähriger Mitgliedschaft spreche ich zum ersten Mal als Gast des Kongresses (...)‹ Mir wurde Aufmerksamkeit zuteil wie nie zuvor. Die gleiche Stimmung wie die in der Komiteesitzung (›beherrscht von stiller Erregung‹; K. F.) herrschte im Saal. Der Ausspruch eines Kongreßteilnehmers, daß dieser Kongreß in meinem Zeichen gestanden hätte, war korrekt« (Reich 1982, S. 222 ff.).

61 In der Darstellung dieser Ereignisse schrieb Fenichel gar nur von zehn Unterschriften (gegenüber 15 im VI. Rundbrief), um die Resolution einzubringen (Fenichel VIII, 14. September 1934, S. 1).

Die Ereignisse in Luzern wurden von nun an mit dem Mantel des Schweigens belegt und sollten Reich bestätigen.[62]
Für Reich war Fenichel der Verräter. Reich für Fenichel ein kompromißloser, uneinsichtiger Querulant. Daß Fenichel nach dem Kongreß sein Versprechen einlöste und ein 38 Seiten dickes Papier »Über einige Differenzen zwischen mir und Reich in analytischen Auffassungen – nur für den Hausgebrauch« formulierte, stand mehr im Zeichen des alleinigen Führungsanspruchs als einer Annäherung. Es ist an dieser Stelle von großem Interesse, da es explizit jene Meinungsverschiedenheiten aufzeigt, die seit Jahren implizit die Diskussionen geprägt haben dürften. Reich war daran nur mäßig interessiert. Er war isoliert und gezwungen, seine Eigenständigkeit zu unterstreichen, sich im Alleingang zu profilieren. »Ich beschloß von nun an folgende Haltung zu bewahren: 1) Immer die historischen und sachlichen Gemeinsamkeiten der Psychoanalyse und der Sexualökonomie zu betonen. 2) Die vorhandenen Gegensätze in der Sexualtheorie und Angstauffassung streng hervorzuheben. 3) Das kommende Neue ebenso streng als Eigengut zu reklamieren« (ebd., S. 224).
Fenichels Arbeitspapier war übersichtlich formuliert. Er unterteilte seine Darstellung in fünf Kapitel (1. Todestrieb; 2. Angst; 3. Die Notwendigkeit der Triebunterdrückung; 4. Technik; 5. Wissenschaftliche Systematik), wobei er jedes Kapitel diffizil in Freud, Reich und ICH unterteilte. Ich halte mich im folgenden an Fenichels pointierte Differenzierung, die er nach ausgiebiger Diskussion – es wirkt wie ein Schulungspapier für seine Oppositionsfreunde – in markanter Form zusammenfaßte[63]:

62 Z. B. bekam Fenichel kurz nach dem Kongreß folgende prognostische Mitteilung aus Budapest: »In der Vereinigung referierte Hollos über den Kongress mit unerhörtem Wohlwollen über jeden blödesten Vortrag, die Reichsache versuchte er so nebenbei mitzuteilen, diskret, mit kleinen Nebenbemerkungen, wurde aber von Balint dauernd korrigiert. Lilly Rotter sagte mir: ›Man wird nun nie mehr ein vernünftiges Wort sagen können, da alles, was an Reich erinnert, von nun an sinnlos sein wird‹« (Fenichel x, 4. Dezember 1934, S. 5).

63 Es fehlt hier der Platz für eine ausführliche Darstellung der Differenzen. Ein gewisser Schematismus ist daher unvermeidlich. Ich verweise auf die bevorstehende Veröffentlichung der Rundbriefe Otto Fenichels (Stroemfeld Verlag) und auf Fenichels: »Über einige Differenzen zwi-

I. Todestrieblehre:
»a) Ich bin dagegen, aus der ›Bekenntnisfrage‹ nach dem Todestrieb allein das entscheidende Schiboleth zu machen.
b) Man soll über einem Schema nicht die mannigfaltigen Komplikationen der Wirklichkeit vergessen« (S. 12).
II. Angst:
»a) Er sieht scharfe Gegensätze zu Freud, wo in Wirklichkeit nur Ausgestaltung und Kommentierung Freudscher Ansichten vorliegen.
b) Der von ihm abgelehnte Begriff des Angstsignals scheint mir ein heuristisch wertvoller Begriff, der dem Verständnis des psychologischen Geschehens gute Dienste leistet« (S. 20 f.).
III. Notwendigkeit der Triebunterdrückung:
»Mein Einwand lautet: Die ›vereinfachende‹ Schematisierung Reichs geht hier zu weit, da er das Faktum leugnet, dass menschliches Zusammenleben an und für sich unausgesetztes mannigfaltiges Triebunterdrücken bedeutet. Er scheint mir an vielen Stellen tatsächlich zu der früher karikierten Auffassung zu neigen: ›Der Mensch ist gut und wird nur durch die Umwelt schlecht‹. Hier findet sich bei ihm *viel Romantik* an Stelle von nüchterner Wirklichkeitsanalyse« (S. 26).
IV. Technik:
»Ich habe den Eindruck, dass Reich in der Absicht ›nur konsequent den Punkt zu bearbeiten, um den sich im Moment alles dreht‹ häufig Material beiseite lässt, dessen Beachtung ihm gerade zum Verständnis dieses einen Punktes helfen könnte. Insbesondere habe ich diesen Eindruck oft bei den ›weggelassenen Traum-Analysen‹. – Bei der freien Assoziation gilt ein merkwürdiger Satz, auf den Freud aufmerksam gemacht hat: Was ein Pat. sagt, wird erst durch das Nachfolgende verständlich. Deshalb, meine ich, kann man, bevor das Nachfolgende nachgefolgt ist, noch gar nicht wissen, welches Material man ›beiseite zu lassen‹ habe (...) Prinzipiell, sagte ich, bin ich einverstanden; praktisch nicht immer. Es kommt jetzt darauf an, wie diese Prinzipien angewendet werden. Das wird natürlich bei jedem Fall verschieden sein, es wird aber auch insbesondere je nach der Persönlichkeit des Analytikers verschieden sein (...) die *Allmählichkeit* des Abbaus der bisherigen insuffizienten Konfliktlösungen das Ziel ist, das wir anstreben müssen, dass es unsere Aufgabe ist, eine ›Panzerzertrümmerung‹ nur dann vorzunehmen, wenn es uns gleichzeitig gelingt, ›Ventile‹ für die befreite Libido des Pat. zu schaffen (...) Reich rühmt sich, dass er durch richtige Dosierung seiner Methodik Depressionen bei seinen Patienten vermeidet (obwohl ich immer noch meine, die Provozierung

schen mir und Reich in analytischen Auffassungen. Nur für den Hausgebrauch« aus dem Archivmaterial des Stroemfeld Verlags. Ich danke Janis Osolin für die Bereitstellung. Bei folgenden Zitaten sind die Seitenzahlen dieses Papiers in Klammern angegeben.

solcher sei die Hauptgefahr seiner Methodik), zu häufig habe ich aber bereits Depressionen seiner Schüler gesehen, um nicht darüber nachzudenken, ob und wie Reichs Art, seine Technik darzustellen, daran Schuld haben könnte (...) Der richtigen Handhabung der Übertragung in Lehranalysen ist die Sehnsucht, von der Richtigkeit und Einzigartigkeit der ausgeübten Methodik zu überzeugen und Anhänger zu gewinnen, nicht gerade die beste Situation« (S. 32 ff.).
v. Wissenschaftliche Systematik:
»›Ökonomik‹ ist eine *Betrachtungsmethode* und keine Wissenschaft. ›Sexualökonomie‹ ist, meine ich, nichts anderes als die Anwendung dieser Betrachtungsmethode auf die Sexualwissenschaft. Innerhalb der Sexualpsychologie werden wir, die wir Psychoanalytiker sind, diejenige ›Sexualökonomik‹ für die richtige halten, die die Betrachtungsweisen der Ökonomik auf die psychoanalytische Sexualwissenschaft anwendet. Innerhalb der Sexualsoziologie, werden wir, die wir Marxisten sind, diejenige Sexualökonomie für die richtige halten, die die Betrachtungsweisen der Ökonomik auf die marxistische Sexualwissenschaft anwendet. Die Betrachtungsweise ›Sexualökonomie‹ bringt *neue Gesichtspunkte*. Sie ist eine neue Art, Wissenschaft zu machen, aber keinesfalls eine neue Wissenschaft« (S. 38).

Zusammengefaßt ist mit Fenichel zu sagen, daß er zwar in allen Einzelpunkten Reich widersprach, jedoch im Grundsatz mit ihm übereinstimmte. Dieser Widerspruch galt

»(...) vor allem dem *Schematisieren* Reichs, das schliesslich so weit geht, dass vor lauter Ziehung des Rahmens, in dem die Phänomene erfasst werden sollen, die konkreten Phänomene selbst zu kurz kommen. Über die sogenannten ›grossen Linien‹ werden die kleinen Wirklichkeiten vernachlässigt. Mit dieser sogenannten Schematisierung ist aber – mit der Zeit immer deutlicher werdend – eine gewisse *undialektische* Denkweise verbunden, die widersprechende wissenschaftliche Meinungen nicht als auseinander hervorgegangen oder miteinander in Verbindung stehend sehen kann, sondern überall bemüht ist, scharfe kontradiktorische Fronten zu ziehen, die zueinander in mechanistischem Gegensatz stehen« (S. 1 f.).

Die Mitglieder der Opposition stellten sich (mit Ausnahme von Nic Hoel) voll hinter Fenichel, lobten seine Arbeit. Von Reich kam jedoch die Schelte:

»Heute kam Deine ›Kritik‹. Ich las sie sofort durch; sie brachte mir keine Überraschungen und entspricht vielmehr vollkommen dem Bilde, das ich mir von Deiner Stellung zu meiner Arbeit machte. Ich halte es nicht für fruchtbar, die Diskussion heimlich zu führen. Da ich keinen Nutzen davon hätte, möchte ich, da ich verdammt wenig Zeit habe, nur antworten, wenn Du in der Öffentlichkeit diskutieren willst; sonst lassen wir lieber die weitere Entwicklung entscheiden. Charakteristisch ist, dass Du im technischen Kapitel die deutsche Frage: Orgasmus/ökonom. Moment, ausgelassen d. h. vergessen hast. Und gerade an dieser Stelle begann meine selbständige Arbeit, die Begründung eines eigenen Wissenschaftszweiges, ganz wie die Entdeckung des Radiums war.[64] *Die Orgasmuslehre*. Dies wirst du nun wieder nicht zugeben, und das ganze bleibt ein starker Prestigestreit, der dich nun zu weiteren ubw. Manifestationen à la Referat über meinen Kongressvortrag im letzten Rundbrief veranlassen wird. Ich will jedoch Ruhe für meine Arbeit haben, und hoffe, dass Du in 10 Jahren anders denken wirst. Produktive Arbeit ist gesünder als Tüftelei darüber, was alles schon in Nebensätzen beim alten Freud steht« (Fenichel IX, 29. Oktober 1934, S. 1).

Die Wege der beiden schienen endgültig getrennt, hätten nicht die Zeitereignisse sie im Exil in Oslo zusammengeführt. Am selben Ort lebten und arbeiteten die Zerstrittenen und buhlten um Sympathien innerhalb der norwegischen Psychoanalytiker-Gruppe, in der sie regelmäßig aufeinandertrafen. Beide verharrten in ihren festgeschriebenen Positionen: Fenichel, als klandestiner marxistischer Oppositionsführer und gleichzeitig offizieller Vertreter der IPV. Reich, als isoliertes und ausgestoßenes »enfant terrible«, Forscher, Lehrtherapeut mit wachsender Klientel und Führungsqualitäten sowie taktischem Geschick. Der Konflikt geriet zur Widerwärtigkeit.
Am 15. Dezember 1934 trafen sich die Mitglieder der norwegischen psychoanalytischen Vereinigung mit Reich, um seinen Wiedereintritt in die IPV auf dem Umweg über die Aufnahme in die norwegische Zweigvereinigung zu beraten. Reich legte dem Vorsitzenden Harald Schjelderup sein Antragsschreiben zur Diskussion vor, in dem er gleichzeitig vor den Konsequenzen einer solchen Aufnahme warnte. Reichs Position war konsequent geblieben, bis auf den Wunsch, doch wieder in die Gemeinschaft der IPV aufgenommen zu werden – »Dass ich mich selbst als konsequenten, psa. Kliniker empfinde und meinen Platz, sowie die Arbeit eine gemeinsame ist, innerhalb der IPV, brauche ich nicht zu versichern (...)« –, was eher als taktisches Manöver interpretiert werden kann. Denn die Konsequenzen einer möglichen Aufnahme Reichs in die norwegische Gruppe lagen offen zutage: Der Ausschluß der norwegischen Gruppe aus der IPV, die eben erst in Luzern mit größten Schwierigkeiten als Ortsgruppe aner-

64 An dieser Stelle notiert Fenichel eine handschriftliche Fußnote: »auch nur ein *Stück* der Physik«.

kannt worden war, wäre die Konsequenz gewesen. Reich wäre in diesem Fall die Führung der dann ausgeschlossenen Gruppe sicher gewesen. Die Interpretation der Opposition, Reichs Vorgehen sei bloß ein taktisches Manöver, für seine Anschauungen Gefolgsleute zu finden, erscheint deshalb plausibel. Die Taktik erinnert sehr an die parteipolitischen Wiener Zeiten. Reich distanzierte sich von einer solchen Sichtweise in einem Schreiben vom 16. Dezember 1934 und meinte u. a.[65]: »Da mir an der formalen Mitgliedschaft nichts, dagegen an der Weckung und Sicherung des sachlichen Interesses alles lag, dachte ich keinen Augenblick, mich harmlos in die IPV einzuschleichen, wie es von meinen Gegnern als Argument gegen mich im Geheimen benutzt und von vielen meiner Freunde allzu gutmuetig geglaubt wurde« (S. 2). Reich legte aber in seinem Antrittsschreiben alle anderen Karten offen: Er warnte vor den möglichen Konsequenzen; er bliebe im wissenschaftlichen Kampf gegen die Todestrieblehre; er bestünde auf der Verbreitung seiner charakteranalytischen Anschauungen und seiner klinischen Orgasmuslehre; er könne sich nicht dazu verpflichten, seine Arbeit außerhalb der Vereinigung als Sexualpolitiker einzustellen.

Reich scheiterte mit seinem Vorhaben und geriet in Streit mit Fenichel, der die Position der IPV übernahm und den Ausschluß Reichs in einen Abschied mit Reichs Zustimmung umfunktionieren wollte (vgl. den Beitrag von Bernd Nitzschke). Nochmals wandte sich Reich entschieden gegen diese Version:

»Ich hielt in voller Klarheit ueber die Absichten dieses Verfahrens, die Sache tot zu schweigen, an meinem Standpunkt fest, nie selbst auszutreten, es vielmehr auf einen Ausschluss ankommen zu lassen, um dadurch die Aussprache vor der IPV Mitgliedschaft zu erzwingen. In der bewussten Sitzung erklaerte ich, dass ich zwar den bereits vollzogenen Ausschluss vom Standpunkt der Todestriebtheoretiker verstaendlich finde, denn meine Anschauungen haetten sich in einer Weise von den heutigen offiziellen Lehrmeinungen so weit entfernt, dass ein gegenseitiges Verstehen nicht mehr moeglich sei; ich erklaerte aber gleichzeitig, dass ich mich als den konsequentesten Vertreter und Fortsetzer der urspruenglichen klinisch naturwissenschaftlichen Psychoanalyse betrachte und von diesem Standpunkt aus den Ausschluss nicht anerkennen koenne. Da aber

65 Reich an »Liebe Kollegen« vom 16. Dezember 1934. Dieser Brief ist Bestandteil des Archivmaterials des Stroemfeld Verlags. Ich danke Janis Osolin für die Bereitstellung.

die Nichtanerkennung durch mich kein organisatorisches Gewicht habe, muesste ich darauf bestehen und darum ersuchen, dass die Gruende meines Ausschlusses in der Zeitschrift publiziert werden. Dies wurde zugesagt, aber der Ausschluss war vollzogene Tatsache« (S. 3).

Reich fand für seine Position keine Mehrheit in der norwegischen Gruppe. Daß die IPV-Leitung ihr Versprechen nicht einhielt und den Ausschluß Reichs im Kongreßbericht verheimlichte, erschwerte gleichzeitig die Situation Fenichels in Oslo. Die Atmosphäre war vergiftet. Wilhelm Reich:

»Nun fand sich ein Mann, der von einem Mitglied zum anderen ging, um gegen meine Aufnahme zu agitieren. Zu einem dieser Mitglieder sagte er, ich wäre geisteskrank geworden. Dieses Gerücht kommt von ihm. Dieser Mann war der ›Führer der marxistischen Psychoanalytiker‹, Otto Fenichel. Diese Tat, die überall Abscheu weckte, kostete ihn viel. Im Sommer mußte er Oslo verlassen, weil er hier nicht mehr existieren konnte. Ich betone, daß ich gegen sein Auftreten nichts unternommen hatte« (Reich 1982, S. 227).

Die Betonung macht stutzig. Laut Fenichel hatte ihm Reich Patienten abgeworben und sie für die Neuerungen der Charakteranalyse begeistert (Fenichel xi, 12. Februar 1935, S. 5). Es bildete sich eine Schüler-Gruppe um Reich – von manchen »Reichswehr« genannt –, die die Atmosphäre der wissenschaftlichen Auseinandersetzung bestimmten. Reich war in einer prekären Lage, vom wissenschaftlichen Erfolg abhängig und sozial isoliert. Autoritäres Verhalten, Guru- und Erlösermentalität begannen sich zu festigen, Haltungen, die später amerikanische Zeitzeugen verstärkt beobachten konnten (Ollendorff-Reich 1975, S. 152; Sharaf 1994, S. 46 f.). Zur Stimmung in Oslo gibt ein Schreiben von George Gerö Auskunft, der als Analysand Reichs am längsten versucht hatte, den Kontakt zwischen Opposition und Reich aufrechtzuerhalten. Gerö hielt im März 1935 in der norwegischen Vereinigung einen Vortrag zu einem Reichschen Thema: »Orgastische Potenz und Prägenitalität«. Dabei traf er auch auf Reich und dessen Schüler. Nach Kopenhagen zurückgekehrt, schrieb er ihnen einen empörten Brief:

»Lieber Dr. Reich, Philip, Jörgen Neergaard und Muster:
Bei unserem Zusammensein am 8. März bei Reich hat Philip an mich die Frage gestellt (sie war nicht ganz klar formuliert), wie ich zu Reich stehe. Ich habe damals diese Frage nicht klar beantwortet, möchte es aber jetzt tun. Ihr wisst, dass ich bis jetzt abgelehnt habe und weiter auch ablehnen

werde, einer organisatorischen Bindung, die unter Reich's Führung steht, mich anzuschliessen. Diese meine Abneigung hat sich in der letzten Zeit eher verschärft, und zwar deshalb, weil ich das Gefühl habe, dass durch eine solche Bindung meine Beziehung zu Reich sicher nur verschlechtert werden könnte. Ich bin trotzdem nicht Feind, sondern Freund. Es ist nur Eure fixe Idee, dass jeder, der nicht mitgehen will, Feind ist. Ich meine dagegen, und das ist zugleich die präzise Antwort auf Philips Frage, dass ich nichts anders tun kann als alles, war Ihr sagt und findet, mit bester Absicht und Offenheit anzuhören, mir es zu überlegen, dasjenige, was mir einleuchtet, was ich für richtig finde und bestätigen kann, mit genauer Angabe, woher ich die Weisheit habe, zu vertreten, oder zu sagen und zu begründen, womit ich nicht einverstanden bin, oder was mir als falsch erscheint. Dafür bin ich bereit, alles, was ich finde, Euch mitzuteilen.
Wozu ich nicht bereit bin, ist: Dauernde Versicherungen und Beteuerungen abzugeben, wie ich stehe und wohin ich gehöre, oder Schwüre zu leisten, denn das ist, was Ihr im Grund verlangt, die Zusicherung, ob ich etwa auf die Charakteranalyse oder die Sexualökonomie ›schwöre‹. Nein, ich schwöre weder auf die Charakteranalyse noch auf die Sexualökonomie, sondern denke darüber nach und setze mich damit auseinander. Allerdings hatte ich in Oslo den Eindruck, dass eine solche Auseinandersetzung mit Euch nicht mehr ganz leicht ist. Denn es scheint in Oslo eine Atmosphäre zu herrschen, in der eine wissenschaftliche Diskussion kaum mehr gedeihen kann. Der Gegner, und ein jeder ist Gegner, der nicht im voraus gläubig ist, wird ja gar nicht mehr richtig angehört, denn es steht im voraus fest, dass er Unrecht hat und niedergeknüppelt werden muss. Das ist offenbar die Einstellung Fenichel gegenüber. Wenn z. B. Schjelderup mit schlecht unterdrücktem Affekt in der Diskussion über meinen Vortrag Fenichel zuruft: ›Ich halte Fenichels Definition des Orgasmus für vollständig unzulänglich‹, wobei der arme Fenichel nicht einmal versucht hat, eine Definition des Orgasmus zu geben (...) Ich könnte noch lange fortsetzen, vor allem wäre noch viel über den für mein Gefühl unmöglichen Kampf gegen Fenichel zu sagen. Ich kann nur sagen, dass ich z. B. aus den Diskussionsbemerkungen von Fenichel viel gelernt habe, und dass ich finde, dass die hochmütige Art, wie Ihr ihm antwortet, nur gegen Euch spricht und ein sehr bedauerliches Zeichen ist, wie wenig Ihr zu einer sachlichen, affektfreien, wissenschaftlichen Zusammenarbeit fähig seid.
Zum Schluss noch eine persönliche Bemerkung: Ich fand es ausserordentlich merkwürdig, dass Reich die Frau x. darauf aufmerksam gemacht hat, dass, wenn sie zu mir in Analyse kommt, daraus Schwierigkeiten entstehen werden. Darf ich fragen welche? Ich will niemanden in die IPV oder in eine sonstige Organisation hineinanalysieren, sondern ich bemühe mich, wenn jemand zu mir kommt, ihn gut zu analysieren und ihm ansonsten

vollkommen freizulassen, wem er sich nach der Analyse anschliesst«[66] (Fenichel XIII, 4. April 1935, S. 1 ff.).

Von nun an war die Brücke abgebrochen. Im August 1935 wurde beschlossen, Reich und diejenigen, die ihm nahestanden (z. B. Nic Hoel), die geheimen Rundbriefe nicht mehr zukommen zu lassen. Für Fenichel war eine Existenz in Oslo unmöglich geworden. Im Sommer 1935 übersiedelte er nach Prag. Otto Fenichel war nun die alleinige treibende Kraft der marxistischen Opposition innerhalb der IPV. Er genoß den Aufbau einer neuen Arbeitsgemeinschaft in Prag[67], versorgte die anderen Mitglieder der Opposition mit internationalen Neuigkeiten, stritt sich schriftlich durch die psychoanalytische Welt. Fenichel las viel und bombardierte die psychoanalytische Redaktion mit kritischen Rezensionen, die nur zum Teil publiziert und dabei auch noch zensiert wurden. Bezeichnend ist, wie sehr man zur Verdrängung der Person Reichs gezwungen war. So schrieb Willi Hoffer, Redakteur der *Zeitschrift für psychoanalytische Pädagogik*, an Fenichel:

»Sie haben in den Korrekturen noch einige Zitate – so hat es mir der Herrichter im Verlag mitgeteilt – aus den Schriften Reichs angeführt; wir hoffen, Ihre Geduld verträgt noch, dass wir auch das weggelassen haben. Wäre R. noch bei uns, hätte ich bestimmt nichts einzuwenden, unter den jetzigen Umständen aber können gerade wir, die päd. Z. von der Seite her

66 Gerö hielt trotzdem noch länger Kontakt mit Reich und seiner Gruppe. An Fenichel schrieb er im Frühjar 1936: »Ueber Reichs Prophetentum und Messianismus bin ich mit Ihnen einer Meinung, umso weniger mit Fromms merkwürdiger Auffassung, dass er Reich nicht zitieren will, weil es ihm keine Freude macht! ... glaube ich, beurteilen Sie doch zu negativ Reichs jetzige Arbeiten. Es stimmt zwar, was seine literarischen Produktionen betrifft, aber ich habe wieder gesehen, wie glänzend er noch analytisch arbeitet« (Fenichel XXVI, 18. Mai 1936, S. 53).

67 Fenichels Intention war nicht mehr von Widerstand oder Opposition geprägt. Er konzentrierte sich auf eine intellektuelle Auseinandersetzung, den Aufbau einer zukünftigen marxistisch-psychoanalytischen Forschungsarbeit. Die Prager Arbeitsgemeinschaft sollte »nur aus wenigen, wirklich arbeitsbereiten Teilnehmern bestehen, und sich als Vorbereitung zu einer späteren systematischen Inangriffnahme des gewaltigen Fragenkomplexes ›der Mensch bei Marx und Engels‹ zunächst mit psychologischen, d. h. psychoanalytischen Augen mit dem ›deutschen Bauernkrieg‹ von Engels befassen« (Fenichel XXII, 27. Januar 1936, S. 27).

nichts riskieren, unser Titel, unser Inhalt ist Risiko genug. – Wir sind gerade jetzt Objekt wachsenden Interesses und möchten das Schicksal der ›Rivista‹ womöglich hinausschieben, wenn wir es schon nicht verhindern können« (Fenichel XVI, 30. Juni 1935, S. 9).

Fenichel protestierte: »(...) nicht aber finde ich es in der Ordnung, dass die Namen wissenschaftlicher Autoren, deren Ideen zitiert werden, nicht genannt werden sollen, sodass der Eindruck entstehe, als wolle sich der betreffende Autor mit fremden Federn schmücken« (ebd.).

Fenichel schluckte und behielt doch Durchstehvermögen. Immer mehr in die innere Emigration getrieben, verblieben ihm schließlich nur die Rundbriefe als Illusion einer zukünftigen marxistischen Psychoanalyse. Die IPV-Leitung erkannte seine Führungsrolle unter den linken Analytikern und wollte eine Wiederholung der Reich-Affäre unbedingt vermeiden. So schrieb Anna Freud am 4. September 1935 an Paul Federn: »Ich glaube, wir müssen sehr nett mit Fenichel sein, damit der Kontakt mit Prag auch weiter ein guter bleibt. Ich werde mich jedenfalls zusammennehmen.«[68]

Fenichel genoß die Werbung um ihn – daß er »vor Funktionär-, IUK- und Geschäftssitzung von den Wiener Vorstandsmitgliedern immer zu Besprechung zugezogen und als ›Bundesgenosse‹ behandelt wurde« (Fenichel XXIX, 6. September 1936, S. 3) –, sah aber gleichzeitig, daß er inhaltlich verloren hatte. Nach der Lektüre des Marienbader Kongreßberichts mußte er feststellen: »Wissen die Analytiker wirklich so wenig das Wesentliche von dem, was in der Analyse vor sich geht, von dem Unwesentlichen zu unterscheiden? Wie weit hat wieder einmal Reich recht! Jeder greift sich etwas heraus und verabsolutiert es! Von Sexualität ist fast nirgends, von der Bedeutung der Herstellung der normalen Befriedigungsfähigkeit nirgends die Rede« (Fenichel XXXVIII, 24. Juli 1937, S. 5).

Im Frühjahr 1938 – die deutschen Truppen waren in Österreich einmarschiert – beschloß Fenichel, nach Los Angeles zu emigrieren. Am 29. April 1938 hielt er vor der Prager Gruppe einen resignierten Abschiedsvortrag. Die eigentliche Hauptaufgabe der Psychoanalyse, »die sog. ›Anwendung‹ auf die Soziologie, d. h.

68 Paul Federn Nachlaß, Library of Congress, Manuscript Division, Washington D. C.

die Einordnung der psychoanalytischen Erkenntnisse in eine Gesamt-Konzeption vom Geschehen in der menschlichen Gesellschaft«, war endgültig zur Utopie geworden (Fenichel III, 25. Juni 1938, S. 67). »Durchhalten«, so lautete seine Parole, für möglicherweise kommende gesellschaftliche Verhältnisse, die dann das von ihm und seiner Gruppe Erhaltene gebrauchen könnten. Fenichel schloß mit ermutigenden Worten, an die er jedoch wahrscheinlich selbst kaum glauben konnte:

»Nicht darum geht es, dass dieser oder jener Neurotiker gesund gemacht werde, sondern darum, dass das Denken ueberhaupt auf die Erscheinungen des Seelenlebens angewendet werde. Nicht das grueblerisch zwangsneurotische Denken, das die Wirklichkeit durch Begriffe ersetzt, sondern das lebende Denken, das an der Fuelle der Wirklichkeit orientiert ist.
Und um dieses Denken steht es heute schlecht. Der Ratio ist der Krieg angesagt. Duester ist es geworden. Viele sind bedraengt, viele in Not, und gefaehrdet ist, wer denkt. In die Vernunft hat sich die rohe Dummheit eingemengt. Vorbei ist, was einst war. Der Fortinbras ist da.
Doch weil sich wahre Redlichkeit niemals besiegen laesst – wenn sie erpresst werden soll, so lernt sie daraus und steht nur umso fester –, so kann sie warten. Wo sie die Wahrheit hat, da wird sie sie bewahren, – und wenn sie dazu weit weg fahren muesste. Es gibt – in Trauer – Hoffnung in Amerika« (ebd., S. 68 f.).

Schon wenige Wochen später konnte sich Fenichel bei seiner Reise durch die USA überzeugen, daß die geheimen Berichte, die er über die dortige triste wissenschaftliche Situation bislang erhalten hatte, der Realität entsprachen. Er mußte seine Hoffnungen weiter in Trauer kleiden. In den USA dominierten Theoriefeindlichkeit, die Medizinalisierung der Psychoanalyse, der Kampf gegen die Laienanalyse, die Anlehnung an die positivistische Universitätspsychologie und ein verstärkter Trend, Kurzpsychotherapien durchzuführen.[69] Unter diesen Voraussetzungen verbiß sich Feni-

69 Sandor Radó galt als gefürchteter Diktator und anerkannte Führungspersönlichkeit der nordamerikanischen Psychoanalyse. Sein Einfluß war enorm, die geschwächte IPV gleichgültig. Um eine Spaltung zu verhindern, übersah man Radós theoretische Eskapaden, wonach sowohl die Freudsche Strukturlehre als auch die Libidotheorie als überholt angesehen wurden. Bezeichnendes Erlebnis Fenichels in New York: »Die Losung ist: ›Rado, der Praktiker, gegen Freud, den Theoretiker,‹ – Einer der Kollegen sagte in einer Debatte über analytischen Unterricht: ›Wir haben vor allem das zu lehren, was wir verstehen, und

chel in seinen Willen zum Durchhalten, in die Verteidigung seiner europäischen Erfahrungen, des wahren Freudschen Erbes. In Los Angeles brillierte er im Unterricht. Er engagierte sich für eine fehlerfreie englische Übersetzung des Freudschen Gesamtwerks und kämpfte für die Laienanalyse. Im Sommer 1945 entschloß sich Fenichel sogar, seine psychoanalytische Lehre und Praxis aufzugeben, um als Assistenzarzt am *Cedars of Lebanon Hospital* jenes Praktikum zu absolvieren, das ihm die amerikanische Anerkennung seines Medizinstudiums einbringen sollte. Für viele war dieser strapaziöse Schritt unverständlich, zumal er als Lehrer und Lehranalytiker in Los Angeles etabliert war (Greenson 1966, S. 448). Fenichel meinte dazu: »Fuer meine Praxis haette ich keiner Lizenz bedurft, mein Hauptmotiv ist, meinen Einfluss in der analytischen Bewegung nicht dadurch zu schwaechen dass ich Gegnern das einfache Argument biete, ›und er ist nicht einmal ein M. D.‹.«[70]

Im Dezember 1945 – wenige Wochen vor seinem plötzlichen Tod – konnte Fenichel sein wissenschaftliches Vermächtnis in Händen halten: »The Psychoanalytic Theory of Neurosis«. Ein analytisches Lehrbuch, »an dem Lehrer der Psychoanalyse nicht vorbeigehen koennen« (ebd.). Damit sollte Fenichel recht behalten. Ansonsten mußte Fenichel seinen Versuch, innerhalb der Psychoanalytischen Vereinigung seine oppositionellen Bestrebungen fortzuführen, schon längst als gescheitert ansehen. Bereits am 25. November 1940 mußte er in einem Rundbrief eingestehen:

»Ich habe bis jetzt unsere gegenwaertige Situation in Amerika mit der Lage unserer Gruppe beim Luzerner Kongreß verglichen. Wir waren zwar damals ›in Opposition‹, aber dennoch davon ueberzeugt, dass diese Opposition nur *innerhalb* der Organisation aussichtsreich sein koenne. Dasselbe hatte ich bisher fuer unser heutiges Verhaeltnis zur Am. Assn angenommen. Die Psychoanalyse, schien mir, steht immer noch so vereinsamt und verhasst in der Welt, dass sie ohne feste Organisation ihrer Anhaenger zerflattern und untergehen muesste. – Aber verschiedene Vorkommnisse der letzten Zeit haben mich nachdenklich gemacht. Ist es nicht vielleicht schon so, dass heute die Organisation mit ihrer starren ›medizi-

nicht Theorie.‹ Worauf ich erwiderte: ›Manche von uns verstehen Theorie‹« (Fenichel IIL, 25. Juni 1938, S. 8).

70 Otto Fenichel an Heinrich Winnik am 24. August 1945. Otto Fenichel Collection, Library of Congress, Manuscript Division, Washington D. C.

nischen‹ Orientierung die wissenschaftliche Entwicklung mehr blockt als der allgemeine Widerstand der Welt?« (Fenichel LXXII, S. 4 f.).

Die historischen Wurzeln waren verschüttet. Der amerikanische Zeitgeist verwehte ursprüngliche politisch-wissenschaftliche Motivlagen, die Fenichel durch persönliche Kontaktpflege vergeblich aufrechterhalten wollte. Am 14. Juli 1945 schrieb Fenichel seinen letzten und kürzesten Rundbrief. Er trug die Nummer 119. Darin erwähnte er seine Besuche bei mehreren Rundbriefempfängern in New York. »Ich war gespannt, ob irgend jemand ein Treffen unserer ›Fraktion‹ vorschlagen würde. Heimlich dachte ich, daß ein derartiger Vorschlag ein Zeichen dafür wäre, daß die ›Rundbriefe‹ noch einen Sinn haben (...) Niemand schlug ein Treffen vor.«
Für Otto Fenichel entwickelte sich der Aufbau einer systematischen – und in der IPV rezipierten – psychoanalytisch-marxistischen Forschungstradition zur Sisyphosarbeit. Sein institutionelles Oppositionsengagement wurde zum Kampf gegen Windmühlen. Als ›orthodoxer Freudianer‹ verschrien, blieb er bis zuletzt seiner Sache treu. Am 22. Januar 1946 starb er im Alter von 48 Jahren an einer Hirnaneurysma.
Der weitere Lebensweg Wilhelm Reichs verlief kompromißlos und konsequent, ganz im Stil seiner bisherigen Auseinandersetzungen. In sozialer und wissenschaftlicher Isolation im norwegischen Exil arbeitete Reich am Ausbau seines wissenschaftlichen Œuvres, das in klarer historischer Abgrenzung von der Psychoanalyse nur mehr mit seinem Namen in Verbindung gebracht werden sollte. Allein die Änderungen der therapeutischen Technik – nun Vegetotherapie genannt – bekräftigten das Streben nach Eigenständigkeit. Durch die Konzentration auf Störungen der Atmungsfunktionen und muskulären Verkrampfungen sollte der komplizierte Umweg über psychische Gebilde vermieden und durch körpertherapeutische Techniken (Atemübungen, Bauchpressen) der psychische Konflikt – der in jeder charakterlichen Panzerung enthalten ist – systematisch behandelt werden. Therapieziele: Erreichen des Orgasmusreflexes in der Therapie und das Erlangen der orgastischen Potenz beim Geschlechtsakt; die Befreiung sexueller Energien aus blockierten Abwehrstrukturen. (Zu Reichs körpertherapeutischem Vorgehen vgl. ausführlicher den Beitrag von Geuter und Schrauth in diesem Band.)
Parallel zur therapeutisch-technischen Weiterentwicklung begann

Reich seine Suche nach den biologischen Grundlagen der Lebensenergie durch bio-elektrische Experimente, die er nach seiner Emigration im Sommer 1939 in New York ungebrochen weiterverfolgte. »Bion« und »Orgon« gerieten zu Reizwörtern, die bis heute die wissenschaftlichen Geister scheiden.

Myron Sharaf hat als Patient und wissenschaftlicher Mitarbeiter Reichs dessen letzte Lebensjahre miterlebt und in einer mutigen und differenzierten Biographie beschrieben (Sharaf 1994). Als Zeitzeuge verfolgte er Wilhelm Reichs verbissenen Kampf um wissenschaftliche Reputation und Anerkennung. Ein steter Kampf, der Persönlichkeitszüge festschrieb, die von Anfang an die persönlichen und wissenschaftlichen Auseinandersetzungen Reichs mitbestimmt hatten. Zurückgezogen auf seiner selbst erschaffenen Forschungs-Enklave in Rangeley (Maine) verteidigte Reich sein Lebenswerk, wobei – laut Sharaf (1994, S. 425 ff.) – eine autoritäre Gruppenatmosphäre, ein Drang zur Kontrolle bis hin zu paranoiden Tendenzen, in den letzten Jahren Reichs Lebenswelt prägten.

Reich ersetzte sein marxistisches Politikverständnis durch ein Konzept von »Arbeitsdemokratie« – ein naturwüchsiger Prozeß von Liebe, Arbeit und Wissen. Sein Kampf gegen die »emotionale Pest« und gegen den »roten Faschismus« geriet zur Don Quichoterie, als die amerikanische Food and Drug Administration im Frühjahr 1954 gegen den Vertrieb von Orgon-Akkumulatoren gerichtlich vorging und im Juni 1956 Reichs Schriften verbrannte. Dem Mann, der aus einem Land geflohen war, in dem man Freuds Schriften verbrannt hatte, mußte dies als Menetekel erscheinen.

Wilhelm Reich wurde wegen Mißachtung einer gerichtlichen Verfügung zu zwei Jahren Gefängnis verurteilt. Am 3. November 1957 starb er an Herzversagen in der Bundesstrafanstalt von Lewisburg, Pennsylvania.

Otto Fenichel und Wilhelm Reich teilten das Schicksal vieler Zeitgenossen, die, mit ihrer Biographie den Bogen von der Habsburger Monarchie bis zum amerikanischen Exil schlagend, Zeugen einer rasenden Zeitgeschichte geworden waren – und die dabei oft ohne Möglichkeiten blieben, den durch die Emigration hervortretenden historisch-biographischen Bruch zu überwinden. Viele der alten persönlichen Beziehungen gingen in den Wirren der Zeit verloren. Um so fester hielten diese Emigranten – und das scheint nur auf den ersten Blick paradox zu sein – an einer Fortführung des Freudschen Werkes fest, das sie auf jeweils eigene Weise verstanden.

Literatur[71]

Bernfeld, Siegfried (1932), »Die kommunistische Diskussion um die Psychoanalyse und Reichs ›Widerlegung der Todestriebhypothese‹«, in: *Internationale Zeitschrift für Psychoanalyse* 18, S. 153-190.

– (1952), »Über die psychoanalytische Ausbildung«, in: *Psyche* 38 (1984), S. 437-459.

– Brecht, Karen et al. (Hg.) (1985), *»Hier geht das Leben auf eine sehr merkwürdige Weise weiter...« Zur Geschichte der Psychoanalyse in Deutschland*, Hamburg: Verlag Michael Kellner.

Dahmer, Helmut (1982²), *Libido und Gesellschaft. Studien über Freud und die Freudsche Linke*, Frankfurt am Main: Suhrkamp.

Fallend, Karl (1987), »Späte Kontakte. Reich-Trotzki-Briefe«, in: *Werkblatt. Zeitschrift für Psychoanalyse und Gesellschaftskritik* 4, 10/11, S. 75-84.

– (1988), *Wilhelm Reich in Wien. Psychoanalyse und Politik*, Wien/Salzburg: Geyer-Edition.

– (1992), »Von der Jugendbewegung zur Psychoanalyse«, in: Karl Fallend/Johannes Reichmayr, 1992, S. 48-69.

– (1995), *Sonderlinge, Träumer, Sensitive. Psychoanalyse auf dem Weg zur Institution und Profession. Protokolle der Wiener Psychoanalytischen Vereinigung und biographische Studien*, Wien: Edition Jugend & Volk.

– (1996), »›Ich wollte nicht als Lyrikerin durchs Leben wandern‹. Über die Schriftstellerin und Ärztin Marie Frischauf-Pappenheim«, in: *Literatur & Kritik* 31, Nr. 305/306, S. 103-107.

Fallend, Karl/Johannes Reichmayr (Hg.) (1992), *Siegfried Bernfeld oder Die Grenzen der Psychoanalyse*, Frankfurt am Main, Basel: Stroemfeld/Nexus.

Fenichel, Otto (1920), »Wedekind's Frühlings Erwachen. Aus einer Vorrede«, in: *Der Neue Anfang* 2, S. 34-41.

– (1925 a), Rez.: »Wilhelm Reich: Der psychogene Tic als Onanieäquivalent«, in: *Internationale Zeitschrift für Psychoanalyse* 11, S. 380.

– (1925 b), Rez.: »Wilhelm Reich: Der triebhafte Charakter«, in: *Internationale Zeitschrift für Psychoanalyse* 11, S. 381.

– (1930 a), Rez.: »Wilhelm Reich: Die Funktion des Orgasmus«, in: *Internationale Zeitschrift für Psychoanalyse* 16, S. 511-521.

– (1930 b), Rez.: »Wilhelm Reich: Sexualerregung und Sexualbefriedigung«, in: *Internationale Zeitschrift für Psychoanalyse* 16, S. 522.

71 In der Literaturliste sind nur die Arbeiten Wilhelm Reichs aufgeführt, die nach seinem Tode erschienen sind. Verweise auf Arbeiten, die zu Lebzeiten Reichs publiziert wurden, beziehen sich auf die chronologisch geordnete »Bibliographie der Schriften Wilhelm Reichs« im Anhang des vorliegenden Bandes.

– (1931 a), *Psychoanalytische spezielle Neurosenlehre I. Hysterien und Zwangsneurosen*, Wien: Internationaler Psychoanalytischer Verlag.
– (1931 b), *Psychoanalytische spezielle Neurosenlehre II. Perversionen, Psychosen, Charakterstörungen*, Wien: Internationaler Psychoanalytischer Verlag.
– (1931 c), »Die offene Arbeitskolonie Bolschewo«, in: *Imago* 17, S. 526-530.
– (1931 d), Rez.: »Wilhelm Reich: Dialektischer Materialismus und Psychoanalyse«, in: *Imago* 17, S. 132-137.
– (1931 e), Rez.: »Wilhelm Reich: Die Sexualnot der werktätigen Massen und die Schwierigkeiten der sexuellen Beratung«, in: *Internationale Zeitschrift für Psychoanalyse* 17, S. 408.
– (1931 f), Rez.: »Wilhelm Reich: Geschlechtsreife, Enthaltsamkeit, Ehemoral«, in: *Internationale Zeitschrift für Psychoanalyse* 17, S. 404-408.
– (1932), »Psychoanalyse der Politik. Eine Kritik«, in: *Die psychoanalytische Bewegung* 4, S. 255-268.
Freud, Anna (1968), »Schwierigkeiten der Psychoanalyse in Vergangenheit und Gegenwart«, in: dies., *Die Schriften der Anna Freud*, Frankfurt am Main: S. Fischer 1987, Bd. IX, S. 2481-2508.
Friedrich, Volker (1990), »Der 13. Internationale Psychoanalytische Kongreß 1934. Seine Bedeutung in der psychoanalytischen Bewegung«, in: Tim N. Gidal, *Die Freudianer. Auf dem 13. Internationalen Psychoanalytischen Kongreß 1934 in Luzern*, München, Wien: Verlag Internationale Psychoanalyse, S. 154-171.
Gerö, George (1994), »The Handwriting on the Wall«, in: Ludger M. Hermanns (Hg.), *Psychoanalyse in Selbstdarstellungen*, Bd. II, Tübingen: edition diskord, S. 199-230.
Greenson, Ralph (1966), »Otto Fenichel 1898-1946. The Encyclopedia of Psychoanalysis«, in: Franz Alexander et al. (Hg.), *Psychoanalytic Pioneers*, New York/London: Basic Books, S. 439-449.
Gschwendtner, Gabriele (1991), *Psychoanalyse, Institutionalisierung, Dissidententum. Untersucht anhand der Biographie und Theorieproduktion von Otto Fenichel*, Salzburg: Dissertation.
Harris, Benjamin/Adrian Brock (1992), »Freudian Psychopolitics: The Rivalry of Wilhelm Reich and Otto Fenichel, 1930-1935«, in: *Bulletin of the History of Medicine* 66, S. 578-612.
Hauch, Gabriella (1992), »Käthe Leichter, geb. Pick. Spuren eines Frauenlebens«, in: *Archiv. Jahrbuch des Vereins für Geschichte der Arbeiterbewegung* 8, S. 97-122.
Hitschmann, Eduard (1934), Rez.: »Otto Fenichel: Hysterien und Zwangsneurosen – Perversionen, Psychosen, Charakterstörungen«, in: *Internationale Zeitschrift für Psychoanalyse* 20, S. 267 f.
Jacoby, Russel (1985), *Die Verdrängung der Psychoanalyse oder Der Triumph des Konformismus*, Frankfurt am Main: S. Fischer.

King, Pearl/Riccardo Steiner (Hg.) (1991), *The Freud-Klein Controversies 1941-1945*, London: Routledge.
Lobner, Hans (1978), »Die behandlungstechnischen Diskussionen der Wiener Psychoanalytischen Vereinigung (1923-1924)«, in: *Jahrbuch der Psychoanalyse* 10, S. 169-204.
Molnar, Michael (Hg.) (1996), *Sigmund Freud. Tagebuch 1929-1939. Kürzeste Chronik*, Basel/Frankfurt am Main: Stroemfeld Verlag.
Neill, A.S. (1981), »Der Mensch Reich«, in: David Boadella, *Wilhelm Reich*, Bern, München: Scherz, S. 331-337.
– (1982), *Neill, Neill, Birnenstiel! Erinnerungen des großen Erziehers*, Reinbek: Rowohlt.
Ollendorff-Reich, Ilse (1975), *Wilhelm Reich. Das Leben des großen Psychoanalytikers und Forschers aufgezeichnet von seiner Frau und Mitarbeiterin*, München: Kindler.
Produktionsgemeinschaft Schrift, Ton und Bild (Hg.) (o. J.), *Wilhelm Reich über Sigmund Freud*, Schloß Dätzingen: Fantasia Druck.
Rackelmann, Marc (1992), *Der Konflikt des »Reichsverbandes für proletarische Sexualpolitik« (Sexpol) mit der KPD Anfang der dreißiger Jahre. Zur Rolle Wilhelm Reichs bei Entstehung und Arbeit des kommunistischen Sexualreformverbandes*, Berlin: Diplomarbeit.
Reich, Annie (1932 a): *Wenn dein Kind dich fragt ... Gespräche, Beispiele und Ratschläge zur Sexualerziehung*. Leipzig/Berlin/Wien: Verlag für Sexualpolitik.
– (1932 b): *Der Verein Das Kreide-Dreieck erforscht die Geheimnisse der Erwachsenen*, Leipzig/Berlin/Wien: Verlag für Sexualpolitik.
Reich, Wilhelm (1982), *Menschen im Staat*, Frankfurt am Main: Nexus.
– (1994), *Leidenschaft der Jugend. Eine Autobiographie 1897-1922*, Köln: Kiepenheuer & Witsch.
Reichmayr, Johannes (1983), »Psychoanalyse im Krieg. Zur Geschichte einer Illusion«, in: Peter Passett/Emilio Modena (Hg.), *Krieg und Frieden aus psychoanalytischer Sicht*, Frankfurt am Main: Stroemfeld/Roter Stern, S. 36-58.
Reik, Theodor (1935), *Der überraschte Psychologe. Über Erraten und Verstehen unbewußter Vorgänge*, Leiden: Sijthoff.
Schröter, Michael (1995), »Edith Gyömröi (1896-1987): Eine biographische Skizze«, in: *Luzifer-Amor* 8, S. 102-115.
Sharaf, Myron (1994), *Wilhelm Reich. Der heilige Zorn des Lebendigen. Die Biographie*, Berlin: Simon u. Leutner.
Simmel, Ernst (1946), »Nachruf Otto Fenichel«, in: *Luzifer-Amor* 8, 1995, S. 124-133.
Steiner, Herbert (Hg.) (1973), *Käthe Leichter. Leben und Werk*, Wien: Europaverlag.
Steiner, Riccardo (1994), »›Es ist eine neue Art von Diaspora ...‹«, in: *Psyche* 7, S. 583-652.

Sterba, Richard F. (1985), *Erinnerungen eines Wiener Psychoanalytikers*, Frankfurt am Main: S. Fischer.
Waal, Nic (1979 a), »Über Wilhelm Reich (1)«, in: *wilhelm reich blätter* 3/4, S. 60-72.
– (1979 b), »Über Wilhelm Reich (2)«, in: *wilhelm reich blätter* 5/6, S. 138-149.
Wittels, Fritz (1931), »Politischer Radikalismus«, in: *Psychoanalytische Bewegung* 5, S. 432-440.
Wolff, Wilfried (1992), *Max Hodann (1894-1946). Sozialist und Sexualreformer*, Hamburg: von Bockel.

Bernd Nitzschke

»Ich muß mich dagegen wehren, still kaltgestellt zu werden«

Voraussetzungen, Begleitumstände und Folgen des Ausschlusses Wilhelm Reichs aus der DPG/IPV in den Jahren 1933/34[1]

> »Man liebt es, uns Psychoanalytikern Intoleranz vorzuwerfen. Die einzige Äußerung dieser häßlichen Eigenschaft war eben die Trennung von Andersdenkenden. Sonst wurde ihnen nichts angetan (...)«
> Sigmund Freud (1933 a, S. 155)

1 Freuds Wunsch – Eitingons Konflikt

Am 17. April 1933, wenige Wochen nach Hitlers Regierungsantritt, schreibt Freud einen Brief an Eitingon, den damaligen, bis Herbst 1933 amtierenden Vorsitzenden der *Deutschen Psychoanalytischen Gesellschaft* (DPG). Freud geht darin auch auf den ins Exil geflüchteten Wilhelm Reich ein, der, wie es bei Freud heißt, »jetzt in Wien stänkert« (Freud 1933 b).[2] Dorthin war Reich ge-

1 Dem Text liegen Vorträge zugrunde, die von mir gehalten wurden: (1) beim Jour fixe der *Psychoanalytischen Arbeitsgemeinschaft Köln-Düsseldorf* (DPV), 6. 3. 1991; (2) bei den Schwarzenberger Herbstgesprächen, *Psychoanalytisches Seminar Vorarlberg*, 18.-20. 11. 1994; (3) am *Lehrinstitut für Psychoanalyse und Psychotherapie Hannover* (DPG), 3. 3. 1995. Für die Erlaubnis des Zitierens aus den *Rundbriefen* Fenichels danke ich dem Stroemfeld Verlag (Frankfurt am Main/Basel). Die Briefe werden dort unter dem Titel »Otto Fenichel: 119 Rundbriefe (1934-1945)«, hg. von Johannes Reichmayr und Elke Mühlleitner, 1997 erscheinen. Für Unterstützung bei der Suche nach Dokumenten und anregende Diskussionen danke ich Karl Fallend.

2 Vgl. dazu den Brief Anna Freuds an Jones vom 27. 4. 1933, in dem es heißt: »R. hat die Rücksichtslosigkeit begangen, bei seinem kurzen Aufenthalt hier (in Wien – B. N.) in kommunistischen Versammlungen

flohen, um sich der ihm wie anderen kommunistischen Funktionären nach dem Reichtagsbrand drohenden KZ-Haft zu entziehen.[3] Vor seiner Flucht war Reich noch vom DPG-Vorsitzenden Eitingon aufgefordert worden, »unsere Institutsräume nicht mehr (zu) betreten, damit, falls er verhaftet werden würde, dies nicht in unseren Räumen geschehen könne« (Boehm 1934, S. 99). Den Bericht, dem dieses Zitat entnommen ist, schrieb Boehm, der gemeinsam mit Müller-Braunschweig im November 1933 den Vorsitz der DPG übernommen hatte, an Jones, den Präsidenten der *Internationalen Psychoanalytischen Vereinigung* (IPV), der mit Hilfe dieses von Boehm (und in einem zweiten Bericht von Müller-Braunschweig) gelieferten Hintergrundwissens beim *13. Internationalen Psychoanalytischen Kongreß* 1934 in Luzern die Politik der neuen DPG-Führung gegen die Proteste der aus Deutschland emigrierten Psychoanalytiker verteidigen wollte.[4] Im eingangs erwähnten Brief Freuds an Eitingon, der unmittelbar

politische Reden mit psychologischem Anstrich zu halten« (zit. n. Friedrich 1990, S. 164).

3 Am 21. 3. 1933 berichten die *Münchner Neuesten Nachrichten*, in der Nähe Dachaus sei »das *erste Konzentrationslager* eröffnet« worden: »Hier werden die gesamten *kommunistischen* und – soweit notwendig – *Reichsbanner- und marxistischen Funktionäre*, die die Sicherheit des Staates gefährden, zusammengezogen (...)« (zit. n. Faksimile-Abdruck in: Richardi 1995, S. 37). Über die in diesem Lager begangenen Grausamkeiten (Prügelstrafen, Baumhängen, Totschlagen wehrloser Gefangener) wird die internationale Öffentlichkeit frühzeitig durch Häftlingsberichte informiert. Gestützt auf Dokumente heißt es beispielsweise in der Wiener *Arbeiter-Zeitung* vom 4. 1. 1934: »Fünfzig Ermordete in Dachau« (vgl. Faksimile-Abdruck in: Richardi 1995, S. 216).

4 Jones hatte Boehm rechtzeitig vor den »Schwierigkeiten« gewarnt, »auf die Sie beim Kongreß stoßen werden«. Und er fährt fort: »Wahrscheinlich wissen Sie nichts vom Sturm der Empörung und der Opposition, der zurzeit bestimmte Kreise aufwühlt, besonders unter den aus Deutschland ins Exil Geflohenen. Dies kann leicht die Form einer (...) Resolution (annehmen – B. N.), die Deutsche Gesellschaft aus der Internationalen Vereinigung auszuschließen« (zit. n. Steiner 1994, S. 611). Mit den von Jones als »bestimmte Kreise« umschriebenen Opponenten waren vor allem die Linksfreudianer um Reich und Fenichel gemeint, die die Politik der DPG-Führung auf dem Luzerner Kongreß kritisieren wollten.

nach einem Besuch Boehms in Wien geschrieben worden war, heißt es weiter, Boehm habe Freud mitgeteilt, daß die NS-Regierung künftig »keinen Juden« mehr im »Vorstand eines Vereins« (Freud 1933 b) dulden werde. Diese Auskunft als zutreffend voraussetzend[5] schrieb Freud an Eitingon: »Sie hätten aber erklärt, daß Sie nicht *freiwillig* zurücktreten, sondern nur einem Muß weichen wollten« (ebd. – Herv.: B. N.).[6]

Boehm bat Freud um Rat, wie man sich in Berlin verhalten solle, worauf Freud antwortete, es sei eine »Frage der lokalen Taktik«, ob und wann Eitingon von seinen DPG-Ämtern zurücktrete (ebd.). Aus der Ferne ließen sich keine Ratschläge erteilen. Dann aber gibt Freud doch einen Rat – und der entspricht genau der Erwartung, mit der Boehm nach Wien gereist ist: Es sei eine »Generalversammlung« der DPG einzuberufen, die über den künftigen Vorsitz entscheiden könne. »Boehm hält es für gesichert, daß die Majorität dieser Versammlung Sie zum Rücktritt auffordern wird. Das wäre dann die von Ihnen geforderte Gewalt, der Sie nachgeben können« (ebd.).

Diese von Boehm und Müller-Braunschweig angestrebte und von Freud nun unterstützte DPG-Vollversammlung fand am 6. Mai 1933 in Berlin statt. Die beiden Karrieristen hatten sich hinsichtlich der Mehrheitsverhältnisse in der DPG allerdings getäuscht:

5 Im Antwortschreiben vom 21.4. 1933 stellte Eitingon (1933 b) fest, daß die Forderung, jüdische Kollegen aus Vorständen und Ausschüssen zu entfernen, vorerst nur für ärztliche Standesorganisationen – und deshalb (noch) *nicht* für die DPG – gelte. Für sozialistische und kommunistische Ärzte sah die Situation im Frühjahr 1933 allerdings schon anders aus: »Bereits in den ersten Apriltagen waren die ›Säuberungen‹ in den Reihen der ärztlichen Spitzenverbände abgeschlossen (...) Gegen sozialistische und kommunistische Ärzte gab es nach dem April 1933 keine besonderen Maßnahmen mehr. Wahrscheinlich befanden sie sich in der Mehrzahl in Haft oder hatten das Land verlassen (...) Dagegen betrug der Anteil der ›nichtarischen‹ Ärzte an der Gesamtärzteschaft in den Großstädten im Jahr 1934 (...) noch 26 %, in Berlin sogar 43%« (Schmuhl 1992, S. 143 f.).

6 In diesem Freud-Brief vom April 1933 taucht im Zusammenhang mit dem in Hitler-Deutschland von einem DPG-Mitglied im Interesse der »Sache« (also der Psychoanalyse) geforderten Verzicht nach meiner bisherigen Kenntnis erstmals das Wort »freiwillig« auf, eine Umschreibung, die im Verlauf der Geschichte der DPG noch eine bedeutsame Rolle spielen sollte (s. im Text weiter unten).

Der Antrag auf Neubesetzung des DPG-Vorstands wurde mit den Stimmen fast aller jüdischen Mitglieder und mit den Stimmen einiger weniger ›Arier‹, darunter Schultz-Hencke, abgelehnt. Eitingon hatte damit im Mai 1933 die Solidarität der Mehrheit der DPG-Mitglieder noch einmal erhalten. Einige Monate zuvor, als er Reich auffordern ließ, die Räume des Berliner Instituts nicht mehr zu betreten, damit die erwartete Verhaftung des in Berlin als kommunistischer Agitator stadtbekannten Psychoanalytikers keine negativen Folgen für die DPG heraufbeschwören könne, hatte er sich selbst unsolidarisch verhalten.[7] Der Anpassungs- und Entsolidarisierungsprozeß innerhalb der DPG begann also bereits unter dem Vorsitz Eitingons. Dessen Aufforderung an Reich hatte denn auch symbolischen Charakter: In den folgenden Jahren wurden zwar die *Räume* des Berliner Instituts, nicht jedoch der Geist und schon gar nicht die Solidarität unter den DPG-Mitgliedern geschützt. Als Eitingon im Verlauf des Jahres 1933 dann zunehmend erkennen mußte, wohin der eingeschlagene Weg führte[8], geriet er in Konflikte. Ein Ausschnitt aus dem erwähnten Bericht Boehms an Jones illustriert diese Konfliktlage Eitingons deutlich:

»In einer Vorstandssitzung (im Sommer 1933 – B. N.) stellte Simmel den Antrag, Reich nicht mehr in der Mitgliederliste (der DPG – B. N.) zu führen (Fenichel war verreist und fehlte bei dieser Vorstandssitzung). Für den Antrag von Simmel stimmten ausser ihm selbst Müller-Br(aunschweig) und ich; im Prinzip auch Eitingon; er bat aber dringend darum, mit dieser ›Reinigungsaktion‹ zu warten, bis in der nächsten Generalver-

7 »Man distanzierte sich von den politisch aktiven, verfolgten und in ihrem Leben bedrohten linksorientierten Psychoanalytikern. In der Person von Wilhelm Reich geschah dies noch im Einverständnis mit den internationalen Kollegen, Freud eingeschlossen« (Friedrich 1987, S. 209).

8 Nach der Erinnerung von Fritz Perls, der zwischen 1928 und 1933 Ausbildungskandidat am Berliner Institut war (Lehranalysen u. a. in Frankfurt/M. bei Clara Happel und in Berlin bei Wilhelm Reich) und »in der extremen Linken politisch aktiv war und als Reichschüler galt« (Bocian 1994 a, S. 17), soll sich Eitingon im Frühjahr 1933 politisch sehr naiv geäußert haben. Perls, der nach seiner Emigration assoziiertes Mitglied der Society of Psychoanalysts in Holland geworden war, schreibt: »Im April 1933 (...) ging ich zu Eitingon, dem Vorsitzenden der Berliner Gesellschaft für Psychoanalyse, und sagte ihm, daß ich warnende Vorzeichen sähe. Er sagte, ›Sie orientieren sich nicht an der Realität. Sie laufen davon‹« (zit. n. Bocian 1994 b, S. 77).

sammlung Anfang Oktober[9] er von allen seinen Ämtern zurückgetreten sein würde. Der Beschluss, dieses Reich mitzuteilen, wurde nicht ausgeführt, weil wir es nicht für opportun hielten, mit Reich, welcher im Ausland weilte (sprich: vor dem KZ ins Ausland geflohen war – B. N.), in irgendeine Beziehung zu treten. Ich möchte hier gleich einschalten, dass wir in einer späteren Vorstandssitzung Anfang 34 Frau Jacobsohn gebeten haben, Reich diesen Beschluss während der Tagung in Oslo[10] mitzuteilen, was sie aber verabsäumt hat, zu tun. Auf diesen Beschluss des damaligen Vorstandes habe ich mich in späteren Sitzungen des Vorstandes und des erweiterten Unterrichts-Ausschusses[11] mehrfach bezogen, wobei dieser Beschluss vom Sommer einstimmig gutgeheissen worden ist« (Boehm 1934, S. 103).

Der von Boehm geschilderte ›kalte‹ Ausschluß Reichs aus der DPG im Sommer 1933 wurde dann auf dem Luzerner Kongreß

9 Tatsächlich fand diese Versammlung erst am 18. 11. 1933 statt.

10 Es handelt sich um eine Tagung skandinavischer Psychoanalytiker, die im April 1934 stattfand. Bei dieser Gelegenheit versuchten die Linksoppositionellen, zu denen auch Edith Jacobsohn gehörte, ein gemeinsames Vorgehen beim IPV-Kongreß im Sommer 1934 abzusprechen. Reich vertrat die maximale Position: Ihm ging es nicht nur um Kritik an der Politik der neuen DPG-Führung, sondern auch darum, die IPV insgesamt auf eine »linke« Position zu verpflichten. »Wenn wir den Kampf nicht aufnehmen, ist die IPV in 5 Jahren zu einer Puppe geworden« (Reich – zit. n. Fenichel 1935 a). Angesichts der Haltung Freuds und angesichts der Mehrheitsverhältnisse in der IPV war diese Zielsetzung provokativ und unrealistisch. Reich nahm den Bruch mit der IPV also bewußt in Kauf, wenn er seine politischen Forderungen ungeschmälert formulierte. Einer der Gründe für das Zerwürfnis zwischen Fenichel und Reich bestand denn auch in der unterschiedlichen Auffassung, wie angesichts des real existierenden Faschismus »linke« Positionen innerhalb (oder notfalls auch außerhalb) der IPV am wirkungsvollsten zu vertreten seien. Fenichel vertrat eine vergleichsweise moderate Position. Er wollte die Linksfreudianer vor dem Ausschluß aus der IPV bewahren. Aus diesem Grund wich er auf konspirative Mittel (die geheimen *Rundbriefe*) aus, anstatt, wie Reich, die öffentliche Konfrontation zu suchen (vgl. dazu den Beitrag von Karl Fallend in diesem Band).

11 Nach der Wahl des neuen DPG-Vorstands im November 1933 waren Edith Jacobsohn und Therese Benedek in den Unterrichtsausschuß kooptiert worden. Damit gehörten sie dem erweiterten DPG-Vorstand an, der zu diesem Zeitpunkt also noch nicht vollständig »arisiert« worden war.

im Sommer 1934 von der IPV-Führung bestätigt. Damit verlor der Emigrant Reich nach der DPG-Mitgliedschaft auch seine Mitgliedschaft in der IPV.

In diesem Zusammenhang lautet meine erste These: *Die im Zeitraum 1933/34 erfolgte administrative Ausgrenzung Reichs aus den psychoanalytischen Organisationen kann als Paradigma der Anpassungspolitik der DPG/IPV-Funktionäre gegenüber dem Hitler-Regime verstanden werden.*

Freud oder Reich? Das war zum damaligen Zeitpunkt im Bewußtsein aller am Konflikt mit Reich Beteiligten keine ›rein‹ wissenschaftliche Kontroverse mehr, auch wenn der Gegensatz zwischen Freud und Reich später (z. B. von Grunberger, Chasseguet-Smirgel 1979) in apologetischer Absicht oft als ›rein‹ wissenschaftliche Kontroverse dargestellt worden ist.

Die Meinungsverschiedenheiten zwischen Freud und Reich hatten allerdings bereits *vor* 1933 begonnen. Dabei ging es u. a. um die Frage, ob die Psychoanalyse eine besondere Affinität zu einer bestimmten (politischen) ›Weltanschauung‹ habe. Freud vertrat in diesem Zusammenhang die Ansicht, die Psychoanalyse sei eine ›un‹-politische, eigenständige Wissenschaft, während Reich sie dem Marxismus als Hilfswissenschaft zuordnen wollte. Nach Hitlers Regierungsantritt stellten Boehm und Müller-Braunschweig dann in Absprache mit Freud und Jones die ›un‹-politische (Freudsche) Psychoanalyse der vom Verbot bedrohten politischen (Reichschen) Psychoanalyse gegenüber. Von letzterer distanzierten sie sich. Unter Berufung auf die scheinbare politische Neutralität der Psychoanalyse schlossen sie sodann zahlreiche Kompromisse mit den Machthabern in Deutschland. Diese Kompromißpolitik war schließlich so ›erfolgreich‹, daß die Psychoanalyse im Hitler-Staat offiziell gar nicht mehr verboten werden mußte, da sie von den Psychoanalytikern in vorauseilendem Gehorsam bereits selbst liquidiert worden war.[12] Dieser

12 Tatsächlich arbeiteten die deutschen Psychoanalytiker, anerkannt durch ihre internationale Organisation (IPV), in Hitler-Deutschland weiter, bis sie ihre Organisation 1938 auflösten. So hatte Müller-Braunschweig bis April 1939 einen jüdischen Lehranalysanden. In einem Brief an Jones bat er um Anerkennung von dessen Ausbildung durch die IPV (vgl. Brecht et al. 1985, S. 168). Das DPG-Mitglied Fritz Riemann erhielt 1937 für eine klinisch-psychoanalytische Arbeit den Preis der *Britischen Psychoanalytischen Gesellschaft.* Mindestens bis

Anpassungskurs hatte seinen beschämenden Höhepunkt mit dem 1936 erfolgten Eintritt der DPG ins ›Göring‹-Institut erreicht.[13] Die Mitarbeiter dieses Instituts waren auf die NS-›Weltanschauung‹ verpflichtet worden. Bei der Eröffnung des Instituts hatte Mathias Göring, mit dem Jones einige Wochen später in Basel zusammentraf, um die weitere Zusammenarbeit des Instituts (bzw. der DPG) mit der IPV zu besprechen, die von Boehm und Müller-Braunschweig in Übereinstimmung mit Jones propagierte ›un‹-politische Psychoanalyse ausdrücklich gelobt. Er betonte dabei allerdings auch den Primat der NS-›Weltanschauung‹ gegenüber jeder psychotherapeutischen Schulrichtung:

»Leider hat niemand vor Freud die Erkenntnis des Unbewußten praktisch verwertet. Die Anwendungsmöglichkeit uns zu zeigen, ist das Verdienst Freuds. Seine Methode ist Allgemeingut aller Psychotherapeuten geworden. Viel wichtiger als die Methode ist aber die Weltanschauung« (Göring 1936, S. 292).

1939 erschienen Bücher in Deutschland, in denen psychoanalytische Termini und Konzepte dargestellt wurden (z. B. Greither 1939). Zwischen 1936 und 1945 legten zwölf Kandidaten das Examen als Psychoanalytiker ab. Am *Deutschen Institut für psychologische Forschung und Psychotherapie* lag auch weiterhin »die Ausbildung von Psychotherapeuten weitgehend in der Verantwortung der ›Berliner Psychoanalytiker‹. Zwar verloren sie nach den Ereignissen 1938 in Wien (nach der Auflösung der *Wiener Psychoanalytischen Vereinigung* – B. N.) einige offizielle Verantwortlichkeiten (...), sie konnten (...) ihre einflußreiche Position« aber auch nach der Selbstauflösung der DPG, nach der sie unter der Bezeichnung »Arbeitsgruppe A« am »Deutschen« Institut weiterarbeiteten, »erhalten und durch geschickte Personalpolitik ausbauen« (Brecht et al. 1985, S. 142 ff.). Ungeachtet dieser Fakten spricht Lockot pauschalierend von einem »Verbot der Psychoanalyse in Deutschland während der Nazizeit« (1994, S. 119). Es gelingt Lokkot allerdings auch, die Geschichte der DPG zwischen 1933 und 1951 »im Spiegel von Dokumenten und Zeitzeugen« (so der Untertitel ihres Buches) darzustellen, ohne den Ausschluß Reichs aus der DPG/IPV auch nur zu diskutieren (vgl. dazu den Beitrag von Dahmer in diesem Band). Ebenfalls elegant löst Gay in seiner Freud-Biographie (1989) den »Fall« Reich: Er erwähnt weder Reichs Ausschluß aus der DPG/IPV noch den Luzerner Kongreß.

13 Der Jargon-Ausdruck meint das von Mathias Göring, einem Vetter des Reichsmarschalls, geleitete *Deutsche Institut für psychologische Forschung und Psychotherapie*, das in den Räumen des Berliner DPG-Instituts etabliert worden war. Für den Eintritt der DPG ins »Deut-

Obgleich Jones diese Position kannte, akzeptierte er zwei Jahre nach dem Ausschluß Wilhelm Reichs aus der IPV Görings Forderung nach weiterer Zugehörigkeit der DPG zur IPV.[14] Beim kurze Zeit nach dem Gespräch mit Göring eröffneten Marienbader Kongreß behauptete Jones dann, die Freudsche Psychoanalyse sei im Hitler-Staat »neben anderen Richtungen der Psychotherapie« anerkannt. Auch habe sie noch immer »ihre Selbständigkeit hinsichtlich der wissenschaftlichen Arbeit und der Lehrtätigkeit bewahrt« (1937, S. 184).

sche« Institut zeigte Anna Freud in einem Brief an Jones vom 10.3. 1936 Verständnis. Sie beschreibt ihren Standpunkt nach einem Gespräch, das sie vor dem Eintritt der DPG ins »Deutsche« Institut mit Boehm in Brünn geführt hatte, wie folgt: »Mir scheint es sehr begreiflich, daß er diesen Versuch machen will. Gelingt es nicht, so hat die Analyse nichts dabei verloren. Dann ist uns eben eine Gruppe verloren gegangen, die unter diesen Bedingungen nicht zu halten war. Rettet er eine kleine Arbeitsgruppe in eine andere Zeit hinüber, so ist es gut« (zit. n. Lockot 1994, S. 47). In einem Privatgespräch soll Anna Freud 1982 »entschieden« bestritten haben, es hätte zwischen ihr und Boehm nach dem Treffen in Brünn 1936 »so etwas wie Übereinstimmung gegeben« (Brainin 1993 a, S. 12). Welche Art Zustimmung es damals tatsächlich gegeben hat, wissen wir aufgrund des soeben zitierten Briefs Anna Freuds an Jones. Absurd ist in diesem Zusammenhang die Mitteilung Brainins, Anna Freud habe gesagt, sie habe damals die Meinung vertreten: »Die deutschen Analytiker hätten so handeln sollen wie die Holländer«, sie hätten sich also »offiziell als Verein« auflösen sollen (1993 a, S. 14). Denjenigen, der diese Position damals als einziger vertrat, nämlich Reich (vgl. Fenichel 1934 b), hatte man u. a. aus diesem Grund aus der DPG und aus der IPV gejagt. Selbst Fenichel hatte 1933 Reichs Vorschlag, die DPG solle sich auflösen, um der Kollaboration mit den Faschisten zu entgehen, nicht akzeptiert. Erst Jahre später räumte Fenichel ein, damals falsch entschieden zu haben. Fenichel gab – anders als Anna Freud – seinen Fehler im nachhinein wenigstens zu.

14 Jones schreibt in seiner nach dem Zweiten Weltkrieg erschienenen Freud-Biographie: »(...) am 19. Juli 1936 traf ich Göring, Boehm und Müller-Braunschweig zu einer Besprechung in Basel« (1962, III, S. 224). Dieses Treffen war notwendig geworden, weil Boehm und Müller-Braunschweig geglaubt hatten, die Nationalsozialisten verlangten als Voraussetzung für den Eintritt der DPG in das *Deutsche Institut für psychologische Forschung und Psychotherapie* den Austritt der DPG aus der IPV. Sie hatten diesen Austritt bereits beschlossen,

Im Gegensatz zu der von Boehm und Müller-Braunschweig im Hitler-Staat propagierten und von Jones in Basel und in Marienbad legitimierten ›un‹-politischen Psychoanalyse vertrat Reich eine in der Fragestellung soziologisch orientierte und in ihren Anwendungen politisch engagierte Psychoanalyse. Hatten Boehm und Müller-Braunschweig die nationalsozialistische ›Weltanschauung‹ als Grundlage ihrer wissenschaftlichen Arbeit akzeptiert, so hatte Reich diese ›Weltanschauung‹ stets vehement bekämpft. Unter Berufung auf psychoanalytische Erkenntnisse war er in politischen Versammlungen aufgetreten. Und er hatte in Publikationen zur Auseinandersetzung mit dem Nationalsozialismus aufgefordert.[15]

die voreilige Rechnung allerdings ohne die Wirte gemacht. Sowohl Göring wie Jones waren zu diesem Zeitpunkt daran interessiert, die ins »Deutsche« Institut integrierte und jetzt vollständig »arisierte« DPG weiterhin als IPV-Zweigvereinigung zu erhalten. Dazu heißt es im *Rundbrief* Fenichels vom 6. 9. 1936: »Nachdem (...) die deutsche Vereinigung aus der IPV ausgetreten war (...), traf beim Zentralvorstand der IPV in London ein Schreiben der deutschen Psychotherapeutenfachschaft (Göring) ein, in dem mitgeteilt wurde, dass man in Deutschland (1936, im Jahr der Olympiade in Berlin! – B. N.) auf internationale wissenschaftliche Verbindungen Gewicht lege, und die deutsche psychoanalytische Vereinigung gerne in der IPV organisiert sähe« (Fenichel 1936). Daraufhin wurde die Rücknahme des voreilig beschlossenen Austritts der DPG aus der IPV zwischen Jones, Göring und den beiden DPG-Vorsitzenden abgesprochen.

15 Sollte Anna Freud später tatsächlich, wie Brainin (1993 a, S. 15) behauptet, die Auffassung geäußert haben, »zwischen 1933 und 1938« – also genau in der Zeit, in der alle wichtigen Absprachen zwischen der DPG- und der IPV-Führung im Hinblick auf die Kooperation mit dem NS-Staat getroffen wurden – habe man »den speziellen Charakter des Nationalsozialismus (...) nicht erkannt«, so mutet diese nach 1945 aufrechterhaltene Realitätsverleugnung tragisch an. 1933 wußte man jedenfalls genau, warum man sich von Reich distanzieren mußte. So hatte sich der *Internationale Psychoanalytische Verlag*, vertreten durch Martin Freud, geweigert, die Tatsachen beziehungsweise deren Beschreibung und Analyse durch Reich in »Die Massenpsychologie des Faschismus« (1933 a) zur Kenntnis zu nehmen. Man wollte dieses Buch keinesfalls verlegen. Dazu heißt es im Brief Anna Freuds vom 27. April 1933 an Jones: »Reich (...) hat in der Vorstandssitzung (der *Wiener Psychoanalytischen Vereinigung* – B. N.) mir offen zugegeben, daß es ihm wichtiger erscheint, daß in der nächsten Zeit zwei Publika-

In ausdrücklicher Abgrenzung gegen diese Reichschen Positionen dienten Boehm und Müller-Braunschweig den Nationalsozialisten eine von Politik (sprich: Marxismus; erweitert: Soziologie) ›gereinigte‹, ›un‹-politische, klinisch-therapeutisch effektive, die Anpassung des Individuums an die Volksgemeinschaft fördernde Psychoanalyse an. Bei diesem Bemühen beriefen sie sich ausdrücklich auf Freud, der die Psychoanalyse als ›reine‹ (Natur-) Wissenschaft, als »parteiloses Instrument«, vergleichbar der »Infinitesimalrechnung« (Freud 1927, S. 360), ausgewiesen habe.[16] An dieser Fiktion hielt Freud trotz – oder gerade wegen – der politischen Situation in Deutschland und Österreich in den dreißiger Jahren fest.[17] Im Unterschied hierzu vertrat Reich – gerade auch

tionen von ihm (Reich 1933 a, 1933 b – B. N.) gedruckt werden, als ob die Berliner Vereinigung samt Lehrinstitut geschlossen wird oder nicht. Das heißt, er gibt zu, es ist ihm gleich, ob ersteres das letztere herbeiführt oder nicht« (zit. n. Friedrich 1990, S. 164).

16 Im Gegensatz dazu hatte Freud zur Zeit des Nürnberger Kongresses (1910) in einem undatierten Brief Adler noch angeregt, »die Frage zu erörtern, ob die P(sycho)A(nalyse) mit jeder Weltanschauung verträglich ist, oder ob sie nicht vielmehr zu einer ganz bestimmten, freiheitlichen, in Erziehung, Staat u(nd) Religion reformerischen drängt, die notwendigerweise die Anhänger der P(sycho)A(nalyse) zum Anschluss an eine gewisse Partei im praktischen Leben auffordert« (zit. n. Wittenberger 1995, S. 49). Doch schon kurze Zeit später hatte Freud in einer Replik auf Putnam den Versuch zurückgewiesen, die Psychoanalyse mit einem bestimmten ethischen Programm zu verbinden: »Putnam hat (...) dem großen ethischen und philosophischen Bedürfnis seiner Natur allzusehr nachgegeben und an die Psychoanalyse die, wie ich meine, unerfüllbare Forderung gestellt, daß sie sich in den Dienst einer bestimmten sittlich-philosophischen Weltanschauung finden sollte (...)« (1914, S. 71).
Anfang der zwanziger Jahre propagierte Ferenczi dann in einem an die Mitglieder des »Geheimen Komitees« versandten Brief die hybride Idee, die Psychoanalyse als das »Krystallisationszentrum einer neuen Weltanschauung« aufzufassen, in der »alle naturwissenschaftlichen und geisteswissenschaftlichen Gebiete zu einer Einheit« finden könnten (zit. n. Wittenberger 1995, S. 170). Zwar ging auch Freud von der Fiktion der Einheitswissenschaft aus (vgl. Nitzschke 1994), er begriff die Psychoanalyse aber nicht als deren »Krystallisationszentrum«, verstand sie vielmehr als Teil des – »wissenschaftliche Weltanschauung« genannten – Ganzen.

17 Die These, daß die von Freud eingenommene wissenschaftliche

wegen der Zuspitzung der politischen Lage in Deutschland und Österreich – den Standpunkt noch entschiedener, die Psychoanalyse sei im Dienste einer den Grundlinien des Marxismus entsprechenden Politik einzusetzen.
Reich wollte mit Hilfe der psychoanalytischen Methode vor allem

Grundposition und die daraus resultierende »un«-politische Haltung ihren Teil zur fatalen Strategie der Neutralität gegenüber dem NS-Staat beitrugen, läßt sich durch Verweis auf eine unter Wissenschaftlern damals (und heute) verbreitete Haltung bekräftigen: »Verhängnisvoll wirkten sich (...) die Prinzipien des akademischen Berufsethos aus, die auch nach der Machtübernahme durch die Nationalsozialisten unangetastet blieben, deren Kern (...) die strikte ethische Neutralität der Vernunft gewesen war und der Primat der Rationalität über alle Faktoren, die sich störend auf den technisch-funktionalen Erfolg auswirken könnten. An den deutschen Universitäten wurde wie überall in der modernen westlichen Welt das Ideal einer wertfreien Wissenschaft kultiviert; Akademiker sollten der ›Mehrung des Wissens‹ dienen und alle dem wissenschaftlichen Zweck abträglichen Interessen ignorieren« (Bauman 1992, S. 140).
Selbst die Linksfreudianer huldigten – mit gewissen Einschränkungen – dem Credo der »reinen« Wissenschaft. Auch Reich sah in der Psychoanalyse eine reine Naturwissenschaft, meinte jedoch, sie ließe sich im Dienste einer fortschrittlichen Politik *anwenden*. Diese Verbindung von Marxismus und Positivismus war typisch für jene linken Sozialwissenschaftler, die sich in Wien Anfang 1930 an der von Rudolf Carnap geleiteten »Studiengruppe für wissenschaftliche Zusammenarbeit« beteiligten. Eine ähnliche Position vertrat auch Bernfeld (1927/28), dessen wichtigster Beitrag zum Thema »Psychoanalyse und Weltanschauung« 1927/28 in der *Zeitschrift für psychoanalytische Pädagogik* erschien. Aufgrund der Anfrage eines besorgten Schulrats war dort eine Debatte zur Bestimmung der »weltanschaulichen« Position der Psychoanalyse begonnen worden. Bernfeld vertrat die Auffassung, die Psychoanalyse sei *keine* »Weltanschauung«, doch seien deren Forschungsresultate und Anwendungen kaum neutral zur Kenntnis zu nehmen: »Denn allen Stücken der heutigen Kultur steht die Psychoanalyse als Zerstörerin gegenüber, wenn man sie nur hierzu verwenden will; aber will man sie überhaupt verwenden und nicht als reine Wissenschaft genießen, so wird sie zur Zerstörerin« (1927/28, S. 207). Aussagen dieser Art griffen konservative und faschistische Kritiker der Psychoanalyse immer wieder auf, wenn sie ihr »Zersetzung« vorwarfen. Dieser Vorwurf taucht zum Beispiel in der »Protesterklärung katholischer Erzieherinnen« auf, auf die Meng (1928/29) geantwortet hat.

die massenpsychologischen und individualpsychologischen Voraussetzungen und Folgen der zur Aufrechterhaltung der bürgerlich-kapitalistischen Ordnung notwendigen Formen der politischen und psychischen Unterdrückung klären. Dabei begriff er den Faschismus nicht als Gegensatz, vielmehr als die unter extremen Bedingungen eingetretene Zuspitzung der herrschenden Ordnung. Für Reich war die Psychoanalyse demnach eine Forschungsmethode, mit deren Hilfe die ›äußeren‹ (ideologischen) und ›inneren‹ (seelischen) Bedingungen und Konsequenzen der im Herrschaftsinteresse organisierten Zivilisations- und Sozialisationsprozesse erforscht werden konnten. Aufgrund so gewonnener Erkenntnisse ließen sich, wie Reich meinte, dann auch Leitsätze für eine nicht-repressive, ›freie‹ sexuelle Erziehung formulieren, deren pädagogische Umsetzung die Entwicklung ›freier‹, nicht autoritär gebundener Persönlichkeiten fördern würde. Den faschistischen und anderen totalitären Massenbewegungen (zu denen Reich nach seiner Abkehr von der KP auch die bolschewistische Form des ›Sozialismus‹ zählte) könnte man auf diesem Wege die Massenbasis entziehen, meinte Reich.

Außerdem war Reich ein entschiedener Gegner der damals von Heinz Hartmann vertretenen Richtung der Ich-Psychologie. Ebenso entschieden lehnte Reich die in den zwanziger Jahren von Freud eingeführte Theorie des Todestriebes ab. Er meinte, darin die Bereitschaft der Psychoanalytiker, Frieden mit der herrschenden Ordnung zu schließen, erkannt zu haben. Den seiner Einschätzung nach mit Hilfe der Konzepte der Ich-Anpassung und des Todestriebs nun auch theoretisch fundierten Konformismus der Psychoanalytiker bekämpfte Reich (vgl. Jacoby 1990).[18]

18 Der Aufstieg der Ich-Psychologie ging mit der Zurückdrängung oder doch zumindest mit einer erheblichen Modifikation der klassischen Triebtheorie einher (vgl. Nitzschke 1990). Dagegen polemisierte Reich, der sich als wahrer und legitimer Erbe des ursprünglich von Freud vertretenen triebtheoretischen Standpunkts verstand. Aus Reichs Sicht betonte die ursprüngliche Freudsche Triebtheorie den Konflikt zwischen Trieb und Außenwelt, die spätere Fassung der Triebtheorie hingegen einen innerpsychischen (somatisch-biologischen) Konflikt (zwischen Eros und Todestrieb). Der Freudschen Annahme einer biologischen Tendenz zur Selbstdestruktion, die durch Wendung der Aggression nach außen (Fremddestruktion) vorübergehend neutralisiert werden könne, widersprach Reich mit den Worten:

Freud wiederum widersetzte sich entschieden der seiner Ansicht nach von Reich angestrebten Politisierung der Psychoanalyse. Er wollte nach 1933 vor allem verhindern, daß die neuen Machthaber in Deutschland die Psychoanalyse mit den von Reich vertretenen Positionen verwechseln und aufgrund eines solchen Mißverständnisses verbieten würden. Freuds Auftrag an Boehm, Reich nunmehr aus der DPG auszuschließen, muß *in diesem Kontext* verstanden werden. In einem Brief Anna Freuds vom 27. 4. 1933 an Jones heißt es dazu:

»Der Ausspruch meines Vaters darüber ist: Wenn die Psychoanalyse verboten wird, so soll sie als Psa. verboten werden, aber nicht als das Gemisch von Politik und Analyse, das Reich vertritt« (zit. n. Friedrich 1990, S. 164).

Freuds Position, wonach die Psychoanalyse eine ›un‹-politische Wissenschaft sei, verlor allerdings in dem Augenblick an Geltung und Glaubwürdigkeit, in dem Boehm und dessen ›weltanschaulich‹ versierter Weggefährte Müller-Braunschweig erkennbar politisch zu agieren begannen, wobei sie sich ausdrücklich auf die Freudsche Position beriefen. Bei ihrem Versuch, die Psychoanalyse als ›un‹-politische Wissenschaft über die NS-Zeit hinwegzuretten, fanden sie denn auch die Unterstützung der Führungsgremien der IPV.

Freud war sich durchaus darüber im klaren, daß Reichs Ausschluß aus der DPG eine *politische* Komponente hatte. Im Brief vom 17. 4. 1933 hatte er an Eitingon geschrieben, Boehm habe ihm versichert, daß unter seinem künftigen und von Freud gebilligten DPG-Vorsitz

»Führt die Todestrieblehre (die Lehre von den biologischen Selbstvernichtungstrieben) zu einer Kulturphilosophie des menschlichen Leidens, wie etwa in ›Das Unbehagen in der Kultur‹ (...), so führt im Gegensatz dazu die ursprüngliche Formel über den psychischen Konflikt (Freuds erste Triebtheorie – B. N.) zur Kritik der sozialen Ordnung« (Reich 1933 b, S. 240).
Reichs Auffassung des Verhältnisses von innen und außen (Individuum und Gesellschaft/Familie) erinnern an manche Thesen von Otto Gross (1920). Dessen »Sexualanarchismus« (vgl. Nitzschke 1988) könnte ein Vorbild für Reichs Theorie der sexuellen Revolution gewesen sein. Eine Kritik an Reichs verdinglichtem Trieb-Begriff findet sich bei Dahmer (1973, S. 374 ff.).

»(...) Sch.(ultz)-Hencke nie in den Vorstand aufgenommen würde u sagte zu, Reich, der jetzt in Wien stänkert, ausschließen zu lassen. Ich wünsche es aus wissensch. Gründen, habe nichts dagegen, wenn es aus politischen geschieht, gönne ihm jede Märtyrerrolle« (ebd.).[19]

Der Skandal liegt dabei noch nicht einmal so sehr im Wunsch Freuds begründet, Reich aus der DPG (und damit aus der IPV) ausschließen zu lassen; er liegt vielmehr in den Umständen der Erfüllung dieses Wunsches begründet. Denn: der Ausschluß Reichs aus der DPG/IPV und die Anerkennung der Politik der neuen DPG-Führung gegenüber dem Hitler-Regime erfolgten *gleichzeitig*.[20] Das aber heißt: Im selben Augenblick, in dem man Reich eine unzulässige ›Vermischung‹ von Politik und Psychoanalyse vorwarf, akzeptierte und verteidigte man die von Boehm und Müller-Braunschweig praktizierte Vermischung von Psychoanalyse und (Anpassungs-)Politik!

19 Die hiermit übereinstimmende Passage im Bericht Boehms an Jones lautet: »Vor dem Fortgang sprach Freud zwei Wünsche für die Leitung der Gesellschaft (der DPG – B. N.) aus; erstens: Schultz-Hencke dürfe nie in den Vorstand unserer Gesellschaft gewählt werden. Ich gab mein Wort, dass ich niemals mit Sch.-H. in einem Vorstand zusammen sitzen würde. Und zweitens: ›befreien Sie mich von Reich‹« (1934, S. 101).

20 Eine Distanzierung der IPV gegenüber der DPG *während der NS-Zeit* wäre mit Hilfe der Suspendierung der IPV-Mitgliedschaft der DPG problemlos möglich gewesen. Ein hierfür geeigneter Passus war in Luzern in die Satzung der IPV aufgenommen worden: »Falls eine Zweigvereinigung durch ihr Verhalten das Ansehen oder die Interessen der I.P.V. schädigt, so kann sie der Zentralvorstand interimistisch suspendieren, der Kongreß kann sie aus dem Verband der I.P.V. ausschließen« (*Korrespondenzblatt* 1935, S. 143).
Diese in Luzern verabschiedete Statutenänderung war aber keineswegs im Hinblick auf die DPG konzipiert worden. Der zitierte Passus galt vielmehr der norwegischen Gruppe: Hätte man Reich (nach seinem Ausschluß aus der DPG) in diese Gruppe wieder aufgenommen, so wäre die IPV-Mitgliedschaft der norwegischen Gruppe suspendiert worden. Für diese Annahme sprechen zum einen die Befürchtungen, die in Fenichels *Rundbriefen* wiederholt auftauchen, dann aber auch das Verhalten der IPV-Führung *nach* 1945: Während die Wiederanerkennung der norwegischen Gruppe, die sich nach der Okkupation des Landes durch die NS-Truppen (im Unterschied zur deutschen Gruppe) aufgelöst hatte, um einer Kollaboration mit der »deutschen« Psychotherapie zu entgehen, wegen des auch nach 1945 noch immer spürbaren Einflusses Reichscher Ideen von der IPV-Führung bis 1975

In diesem Kontext lautet meine zweite These: *Hätten sich Freud und die Führungsgremien der IPV auf organisatorischer und ideologischer Ebene damals genauso entschieden gegenüber Boehm und Müller-Braunschweig wie gegenüber Reich abgegrenzt – so wären die Oppositionellen in der DPG unterstützt worden und die Geschichte der Psychoanalyse in Hitler-Deutschland wäre anders verlaufen.*[21]

Eitingon, gewiß kein Freund Reichs und auch kein Anhänger von dessen Positionen, hatte im Brief vom 21.4. 1933 Freud vor den Folgen gewarnt, mit denen zu rechnen sei, falls Boehm tatsächlich »den Auftrag« erhalten haben sollte, Reich aus der DPG »hinauszuwerfen« (Eitingon 1933 b). Boehm werde diesen Auftrag gewiß mit eben jenem »Takt« erfüllen, »der uns sicher die Freude an der vollzogenen Tatsache ganz verderben würde« (ebd.), heißt es in Eitingons Brief an Freud warnend. Und weiter:

hinausgezögert wurde, konnte die von Müller-Braunschweig 1950 gegründete *Deutsche Psychoanalytische Vereinigung* (DPV) schon 1951 wieder Mitglied der IPV werden, ohne daß irgendeine Debatte über Müller-Braunschweigs Kollaboration mit dem NS-Regime stattgefunden hatte.

21 Es scheint notwendig zu sein, an dieser Stelle einem möglichen, jedoch mutwilligen Mißverständnis zuvorzukommen. Demnach könnte diese Feststellung als Entschuld(ig)ung der DPG-Funktionäre Boehm und Müller-Braunschweig aufgefaßt werden. Das ist jedoch nicht meine Intention.

Anlaß für meine Bemerkung ist ein in einem anderen Zusammenhang von Vogt (im Anschluß an Broder) erhobener Vorwurf gegen Krippendorff, dessen Hinweis auf nicht ausreichenden kollektiven Widerstand der im NS-Staat verfolgten Juden, laut Vogt, »die Schlußfolgerung nahe(lege – B. N.), die jüdischen Deutschen seien an ihrer Ermordung selbst schuld« gewesen. Dieser von Vogt gegen Krippendorff erhobene Vorwurf entbehrt der Grundlage, da die Frage nach der »Schuld« nicht Gegenstand der Diskussion ist, ihr vielmehr unterstellt wird. Der »Mangel an historischem Wissen«, den Vogt (1995, S. 364) dabei gegen Krippendorff erhebt, ist Vogt anzulasten. Der scheint die von Hilberg (1982) geführte Diskussion nicht zu kennen. Hilberg hat die Kontroverse um die von ihm aufgestellte These, wonach »es so gut wie keinen jüdischen Widerstand« (1995, S. 110) gegen Hitler gab, neuerdings noch einmal diskutiert (und dabei insbesondere die von Lustiger gegen ihn erhobenen Vorwürfe als unsachlich zurückgewiesen). Zygmunt Bauman (1992) bekräftigte in einem Kapitel (»Die Kooperation der Opfer«) seines Buches Hilbergs Thesen. In diesem Zusammenhang ist

»Ich betonte freilich immer wieder, daß das, was wir unserer Sache schuldig sind, im jetzigen Moment gerade paradoxerweise nicht allzu sehr in Conflikt mit dem kommen kann, was wir unserem Judenthum schuldig sind, mit anderen Worten, daß wir bei aller Klugheit auch die Anständigkeit nicht vergessen dürfen; und das, was man takt- und geschmacklos macht, dürfte wohl auch kaum klug ausfallen. (Entschuldigen Sie diese Selbstverständlichkeiten!)« (ebd.).[22]

Dann folgt noch ein Hinweis auf die Signalwirkung, die die Ausgrenzung Reichs zum gegenwärtigen Zeitpunkt haben mußte: »Wir sollten Reich nicht gerade jetzt hinauswerfen« (ebd.) – *Jetzt*, unter den gegebenen politischen Bedingungen, mußte eine auf organisatorischer Ebene vorgenommene Distanzierung gegenüber Reich als *politisches* Signal verstanden werden. Und tatsächlich verstanden beide Seiten die Bedeutung des Ausschlusses Reichs: Die Nationalsozialisten konnten die von Reichschen Positionen gereinigte und zu weiteren politischen Kompromissen mit dem Regime bereite Psychoanalyse tolerieren. Und die Linksopposition in der IPV hatte mit Reichs Ausschluß eine letzte Warnung erhalten, das Gebot der politischen Abstinenz hinfort unbedingt einzuhalten.[23]

auch Pauckers Feststellung relevant, wonach diejenigen unter den von Hitler als Juden definierten Mitbürgern, die sich von Beginn an aktiv am politischen Widerstand gegen das NS-Regime beteiligten, fast ausschließlich jene waren, »die in der Weimarer Republik den linken politischen Parteien angehört hatten, die in ihrer großen Mehrzahl nie eigentlich ›jüdisch‹ gewesen und mit dem organisierten und religiösen Judentum zumeist nur nominell oder überhaupt nicht verbunden waren« (1995, S. 299). Krippendorffs Äußerungen bewegen sich im Rahmen dieses Diskurses. Sollten sie darüber hinaus dem von Vogt behaupteten Motiv der »unbewußten Schuldabwehr« (1995, S. 364, Anm. 10) entspringen, so wäre das nicht durch »wilde« Analyse zu unterstellen, sondern anhand einer genauen Text-Analyse nachzuweisen.

22 Eitingon wird an dieser Stelle deutlich. Vordergründig geht es um Kritik am taktlosen Verhalten jener Karrieristen, die die Gunst der Stunde zum eigenen Vorteil zu nutzen wußten; hintergründig ist aber auch Kritik am *taktischen* Verhalten Freuds spürbar. Warum sonst hätte sich Eitingon *Freud gegenüber* entschuldigen müssen, wenn er die »Selbstverständlichkeiten«, die er nannte, nicht auch Freud in Erinnerung rufen wollte?

23 Fenichel, obgleich wahrscheinlich selbst KP-Mitglied, beachtete das politische Abstinenzgebot nach außen hin. Er begründet im *Rundbrief* vom 12. 2. 1935 seine diesbezüglichen Differenzen mit Reich, wenn er

Freud hatte im Gespräch mit Boehm neben Reich aber noch einen zweiten mißliebigen Analytiker genannt: Schultz-Hencke, der mit Reich und Fenichel zum ›Kinderseminar‹ genannten Diskussionszirkel am Berliner Institut gehört hatte. Eitingon nimmt im Brief an Freud auch zu diesem Analytiker Stellung. Er schreibt, derzeit gehe »keine Gefahr« für den »Verein« von Schultz-Hencke aus (Eitingon 1933 b). Eitingon schließt zwar nicht aus, daß sich dies ändern könne[24], doch anders als Freud, der die für die Psychoanalyse in Deutschland prekäre Situation nunmehr dazu benutzte, gegen ihm mißliebige Kollegen vorzugehen, richtete Eitingon seine Aufmerksamkeit auf die scheinbar loyalen Kollegen.[25] Er warnte Freud vor Leuten vom Schlage Boehms und Müller-Braunschweigs, die von der ›Sache‹ redeten und dabei an die eigene Karriere dachten. Im Brief vom 24. 3. 1933 schreibt er an Freud: »Nicht den von Ihnen weiterhin zitierten Sch.(ultz)-H.(encke) befürchte ich, sondern die braven, nicht sehr klugen, dafür aber sehr langsam und subaltern denkenden Indifferenten« (Eitingon 1933 a).
Eitingons Warnungen blieben jedoch ohne Wirkung. Freud hatte sich für Boehm entschieden und bestand darauf, daß Eitingon sein Einverständnis für dessen Wahl gab. In der DPG-Vollversammlung vom November 1933 wurden dann auf Vorschlag Eitingons Boehm und Müller-Braunschweig zu den neuen Vorsitzenden der DPG gewählt.

argumentiert, »das Wichtigste, was ich für die psa. Bewegung jetzt zu tun habe, ist, mich nicht ausschliessen zu lassen« (1935 a).

24 Tatsächlich distanzierte sich Eitingon Ende 1933 auch von Schultz-Hencke, der inzwischen eine führende Position in der gleichgeschalteten NS-Fachschaft der Psychotherapeuten übernommen hatte.

25 Die innere Konfliktlage sowie die Anpassungsbereitschaft solcher »Indifferenten« hatte Reich in seiner Schrift »Die Massenpsychologie des Faschismus« (1933 a), die beim Luzerner Kongreß nicht mehr ausgelegt werden durfte (vgl. Reich 1982, S. 203), bereits analysiert.

2 »Eine Schande für die gesamte psychoanalytische Wissenschaft«

Der Ausschluß Wilhelm Reichs aus der DPG/IPV *zum damaligen Zeitpunkt* (1933/34) hatte aktuell politische Anlässe und diente entsprechenden Zwecken, nämlich der Anbiederung der DPG/IPV-Funktionäre an die NS-Machthaber. Vorausgegangen waren diesem Ausschluß jedoch *Auseinandersetzungen*, die auch in theoretisch-klinischen und ›weltanschaulichen‹ Differenzen zwischen Freud und Reich begründet waren. Diese Konflikte sind deshalb auch im übergreifenden Kontext der ›Weltanschauungs‹-Debatte zu würdigen, die insbesondere während der zwanziger Jahre geführt worden ist (vgl. Springer 1994). Im Verlauf dieser Debatte sollten u. a. der wissenschaftliche Status der Psychoanalyse sowie das Verhältnis von Psychoanalyse und Politik geklärt werden (vgl. Nitzschke 1991, 1992 a).

Freud vertrat dabei die »Formel«, die Psychoanalyse sei in politischer Hinsicht neutral; das heißt, er akzeptierte nur »›die‹ wissenschaftliche, nämlich eine anti-illusionäre ›Weltanschauung‹«. Dahmer kritisiert diesen Standpunkt, wenn er dazu weiter anmerkt: »Das Vertrauen«, das Freud

> »in diesem Zusammenhang in die wissenschaftlich-kritische Tradition setzte, steht in seltsamem Kontrast zu dem Schicksal, das der Psychoanalyse durch die etablierte Wissenschaft bereitet worden war. Abermals präsentierte sich die psychoanalytische kritische Theorie in einer Art Mimikry als science« (1973, S. 360).

Müller-Braunschweig (1930) hatte sich an der ›Weltanschauungs‹-Debatte vor 1933 ebenfalls beteiligt. Sein philosophischer Ehrgeiz und sein Karrierestreben verführten ihn nach 1933 zur Fortsetzung dieser Debatte. Jetzt verurteilte er Reichs Positionen als unvereinbar mit der Freudschen Psychoanalyse und propagierte – inspiriert vom Geist der nationalsozialistischen ›Weltanschauung‹ – zugleich die Psychoanalyse als Teil einer neuen ›deutschen‹ Psychotherapie.[26] Die Unterstützung, die Müller-Braunschweig (und

26 In einem 1935 verfaßten Papier zum Verhältnis von »Nationalsozialistische(r) Idee und Psychoanalyse« bekannte sich Müller-Braunschweig zum Aufbau einer »deutschen Psychotherapie« (1935, S. 167), zu welchem Zwecke die Psychoanalyse – auch mit Gewinn für sich selbst – künftig mit anderen psychotherapeutischen Schulen eng zu-

Boehm) beim Versuch, die Psychoanalyse auf diese Weise zu ›retten‹, durch die IPV-Führung erhielten, veranlaßte wiederum Fenichel, der zu diesem Zeitpunkt bereits erhebliche Meinungsverschiedenheiten mit Reich auszufechten hatte (vgl. den Beitrag von Karl Fallend in diesem Band), zu scharfen Angriffen gegen die IPV-Führung, die er allerdings ›geheim‹ hielt, das heißt, nur in den *Rundbriefen* an die mit ihm verbündeten Linksfreudianer[27] äußerte. So kritisiert er im *Rundbrief* vom 26.4. 1935 den im *Korrespondenzblatt* der *Internationalen Zeitschrift für Psychoanalyse* erschienenen Bericht über den Luzerner Kongreß:

sammenarbeiten solle: »Wir sind überzeugt, daß aus unserer Arbeit umso mehr Fruchtbares für den Bau einer deutschen Psychotherapie herausspringen würde, als durch den engeren organisatorischen Zusammenschluß die Möglichkeit gegenseitiger fruchtbarer Anregung mehr gewährleistet ist, als das früher möglich war« (1935, S. 167). Nach 1945 wird Müller-Braunschweig dann den Vorwurf der »Amalgamierung« der Freudschen Psychoanalyse mit anderen tiefenpsychologischen Schulen erfolgreich gegen Schultz-Hencke richten, um sich selbst als Vertreter der »reinen« Freudschen Psychoanalyse während der NS-Zeit zu stilisieren (vgl. den dritten Abschnitt der vorliegenden Arbeit).

27 Neben Fenichel gehörten zum engeren Kreis der Linksfreudianer (und damit zu den Empfängern der *Rundbriefe*): Wilhelm Reich, George Gerö, Edith Ludowyk Gyömröi (die zu dieser Zeit noch Edith Glück hieß), Nic Hoel, Edith Jacobsohn, Kate Friedländer, Annie Reich und Barbara Schneider-Lantos. Den ersten *Rundbrief* hatten u.a. auch noch Erich Fromm, Vera Schmidt und Sabina Spielrein erhalten. Die Konstituierung dieser oppositionellen Gruppe hatte mit Auseinandersetzungen zwischen Freud, Fenichel und Reich begonnen. Fenichel – damals Redakteur der *Internationalen Zeitschrift für Psychoanalyse* – hatte einen Aufsatz Reichs (1932 a) zur Veröffentlichung angenommen, in dem Freud eine parteimarxistische Stellungnahme zur Theorie des Todestriebes erkannt zu haben glaubte. In einem Brief Freuds an Eitingon heißt es, Fenichel beteilige sich am Mißbrauch der *Internationalen Zeitschrift für Psychoanalyse*, indem er diese »für bolschw. Propaganda« (Freud 1932) zur Verfügung stelle. Freud forderte, Reichs Artikel nur mit einer Fußnote versehen zu publizieren. Diese Fußnote sollte den folgenden Wortlaut haben:
»Besondere Verhältnisse zwingen den Herausgeber an dieser Stelle, die Leser an etwas zu mahnen, was sonst als selbstverständlich angenommen wird. Nämlich, daß diese Zeitschrift innerhalb des Rahmens der Psychoanalyse jedem Autor, der ihr einen Aufsatz zum Abdruck an-

»Der großen Schwierigkeit, die der Fall Reich bietet, hat man sich auf die einfache Weise entzogen, dass man diesen Fall, dessen Debatte im Mittelpunkt des Kongresses stand, überhaupt nicht erwähnt. Da in jener berühmten Kommissionssitzung Reich und mir versprochen worden war, eine ausführliche Begründung für den *Ausschluss Reichs* zu veröffentlichen[28], hatte ich in der Debatte um die Aufnahme Reichs in die norwegische Vereinigung mich oft darauf berufen, man möge vor Entscheidungen das Erscheinen des Kongressberichtes abwarten« (1935 b – Herv.: B. N.).

vertraut, das volle Recht der freien Meinungsäußerung einräumt und keinem die Verantwortlichkeit für diese Äußerung abnimmt. Im Falle des Herrn Dr. Reich soll aber der Leser davon verständigt werden, daß der Autor Mitglied der bolschewistischen Partei ist. Nun ist es bekannt, daß der Bolschewismus der Freiheit des wissenschaftlichen Forschens ähnliche Schranken setzt wie die kirchliche Organisation. Der Parteigehorsam fordert, daß alles verworfen wird, was den Voraussetzungen der eigenen Heilslehre widerspricht. Es bleibt dem Leser der Zeitschrift vorbehalten, den Verfasser dieses Aufsatzes von solchem Verdacht freizusprechen. Der Herausgeber hätte sich zu der gleichen Anmerkung entschlossen, wenn ihm eine Arbeit eines Mitgliedes der Societas Jesu vorgelegen wäre« (Freud – zit. n. Reich 1982, S. 172).
Die Veröffentlichung dieser Fußnote unterblieb dann jedoch, und zwar aufgrund des Einspruchs der Linksfreudianer. Freud begnügte sich mit einer Replik Bernfelds (1932), auf die Reich (1932 b) wiederum antwortete. Reich erkannte in Bernfelds Artikel zu Recht keinerlei inhaltlichen Bezug zu seinem eigenen Beitrag. Kurze Zeit nach dieser Kontroverse wurde Fenichel dann von seinem Posten als Redakteur abberufen.

28 Reich verzichtete auf einen Einspruch gegen seinen Ausschluß, nachdem man ihm die »Publikation der Gründe des Ausschlusses« versprochen hatte. Das Versprechen wurde »jedoch nie gehalten« (Reich 1982, S. 223). Die gegen Reich in Luzern vorgebrachten Einwände lauteten (nach Reichs Übermittlung): »Nicht meine wissenschaftlichen Anschauungen, auch nicht meine politische Gesinnung wären der Grund. Es gäbe in der IPV viele mit verschiedenen gesellschaftlichen Anschauungen und es gäbe viele Kommunisten. Was unvereinbar wäre mit der Mitgliedschaft in der IPV, wäre meine Eigenart aus *wissenschaftlichen Erkenntnissen soziale Konsequenzen* zu ziehen, also die aus der wissenschaftlichen Sexualökonomie hervorragende *Sexualpolitik*.« In diesem Zusammenhang wirft Reich den »ehrbaren ›unpolitischen Wissenschaftlern‹«, die in Luzern seinen Ausschluß durchsetzten, »extreme politisch-taktische Manöver« vor. Sie hätten sich nicht nur gegen

Als der Kongreßbericht dann erschienen und das gegebene Versprechen gebrochen war, sah sich Fenichel in eine schwierige Situation gebracht. »Die Art, *wie der (Kongreß-)Bericht nunmehr totschweigt und fälscht*«[29], mache ihm »die Sache in Oslo wieder (...) schwerer«[30], schreibt er weiter (ebd. – Herv.: B. N.).
Im offiziellen Kongreßbericht der IPV-Funktionäre wurde aber nicht nur die Begründung für Reichs DPG/IPV-Ausschluß unterschlagen. Auch die Tatsache des Ausschlusses wurde totgeschwiegen. Während die Namen aller, die nach Luzern aus Protest gegen die Politik Boehms und Müller-Braunschweigs aus der DPG ausgetreten waren, im *Korrespondenzblatt* veröffentlicht wurden, erschien Reichs Name in dieser Liste nicht.
Reichs Name wird letztmals in einem Gesamtverzeichnis der IPV genannt, das den Mitgliederstand der DPG vom Frühjahr 1933 wiedergibt (*Korrespondenzblatt* 1933, S. 293). Danach wird er nicht mehr erwähnt. Reich ist – weder als ausgetreten noch als ausgeschlossen verzeichnet – einfach verschwunden. Das heißt, es geschieht mit Reich auf symbolischer Ebene das, was mit Oppo-

Reich und gegen »ein Stück ehrlicher und ernster Wahrheitsforschung« gestellt, sondern auch das »geistige Elend« unterstützt, »das Europa« gerade damals zu bedrohen begann (ebd., S. 225). An anderer Stelle schreibt Reich über die »un«-politische Haltung seiner Gegner bitter: »Im Frühsommer 1938 mußte Freud (...) Wien verlassen und nach London flüchten. Die meisten Psychoanalytiker Wiens waren ›unpolitische Wissenschaftler‹ gewesen, die die Wissenschaft nicht mit Politik vermengen wollten« (ebd., S. 171). Ebenso blind gegenüber den politischen Realitäten verhielten sich Karl und Charlotte Bühler, Leiter des Wiener Psychologischen Instituts. Wie »viele deutsche Professoren« hätten sie sich nicht für Politik interessiert, schrieb Charlotte Bühler im Rückblick. Diese »politische Ignoranz« sei der Grund dafür gewesen, daß ihre Existenz nach dem Einmarsch der deutschen Truppen in Wien »in nicht zu erwartender Weise zusammenbrach«. Kritisch fügte sie hinzu: »Es war unsere Torheit, nicht vorauszusehen, was kommen würde« (Bühler 1972 – zit. n. Benetka 1995, S. 263).

29 Fenichel behauptet im *Rundbrief* vom 30. 8. 1935, Reich werde demnächst vermutlich ebenfalls »Fälschungen« verbreiten. Fenichel pariert damit präventiv die von ihm erwarteten Angriffe gegen sich selbst (Reich gab Fenichel die Hauptschuld am Scheitern der Linken in Luzern – vgl. den Beitrag von Karl Fallend in diesem Band).

30 Reich hatte nach dem Luzerner Kongreß einen Aufnahmeantrag an die norwegische Gruppe gestellt (vgl. *Rundbrief* vom 12. 2. 1935).

sitionellen in totalitären Regimen immer wieder real geschieht: Es gibt sie nicht mehr. Sie verschwinden, ohne eine Spur zu hinterlassen.

Bevor man sich zu dieser Art der symbolischen Vernichtung eines mißliebigen Kritikers entschloß, hatte man lange Zeit, wenngleich vergeblich, versucht, Reich zu einem schweigenden, politisch abstinenten DPG-Mitglied zu machen. Man hatte auch versucht, Reichs Einverständnis für ein ›freiwilliges‹ Verschwinden aus der Mitgliederliste der DPG zu erhalten. Reich hatte sich – anders als die jüdischen DPG-Mitglieder, die 1935 einer ähnlichen Zumutung nachgaben und ›freiwillig‹ aus der DPG austraten – jedoch hartnäckig geweigert, einem solchen Ansinnen zuzustimmen. Seine Weigerung entsprach dabei der unter den Linksoppositionellen abgesprochenen Strategie (vgl. Fenichel 1934 a), solange wie möglich in der DPG zu bleiben, um als DPG-Mitglieder der Politik Boehms und Müller-Braunschweigs widersprechen zu können. Ein ›freiwilliger‹ Verzicht auf die DPG-Mitgliedschaft hätte demgegenüber als indirekte Zustimmung zum politischen Kurs der DPG-Führung interpretiert werden können. Reich war aber einer der entschiedensten Kritiker eben dieser Politik. Durch seine Weigerung, ›freiwillig‹ aus der DPG zu verschwinden, wollte er die Funktionäre der IPV zwingen, in Luzern Farbe zu bekennen: Würden sie seinen Ausschluß billigen? Oder würden sie die Politik Boehms und Müller-Braunschweigs gegenüber dem NS-Regime mißbilligen? In einem ungezeichneten, jedoch von Reich selbst verfaßten Artikel, der 1935 in der von Reich herausgegebenen *Zeitschrift für politische Psychologie und Sexualökonomie* erschienen ist und den Ausschluß Reichs aus der DPG/IPV zum Gegenstand hat, wird wie folgt aus einem Brief zitiert, den Müller-Braunschweig als Vertreter des DPG-Vorstands kurz vor dem Luzerner Kongreß an Reich geschrieben hatte:

»Der (Internationale Psychoanalytische – B. N.) Verlag will zum Kongreß einen Kalender mit einem Mitgliederverzeichnis der Psychoanalytischen Vereinigung herausbringen. Die Situation läßt es nun dringend geboten erscheinen, daß Ihr Name im Verzeichnis der *Deutschen Psychoanalytischen Gesellschaft* nicht enthalten ist. Ich würde mich freuen, wenn Sie dem Gegebenen Verständnis entgegenbringen, die etwaige persönliche Empfindlichkeit *im Interesse unserer psychoanalytischen Sache in Deutschland*[31] zurückstellen und sich mit dieser Maßnahme einverstanden erklären würden. Sie sind als wissenschaftliche und schriftstellerische Potenz in der internationalen psychoanalytischen Gelehrtenwelt zu bekannt, als daß Ihnen, wie einem Neuling etwa, durch diesen Fortfall der geringste Schaden erwachsen könnte. Und überdies wird mit der Anerkennung der Skandinavier-Gruppe auf dem Kongreß und Ihrem zukünftigen Erscheinen in der Liste dieser neuen Gruppe das jetzige Problem gegenstandslos werden (...)« (zit. n. *Der Ausschluß* 1935, S. 55 – Herv.: B. N.).

Reichs Reaktion auf diesen Brief war eindeutig. Er verweigerte die Zustimmung zur Auslassung seines Namens im DPG/IPV-Mitgliederverzeichnis. In einem Brief an Anna Freud bekräftigte er seinen Standpunkt, *nicht* ›freiwillig‹ aus der DPG auszutreten, unter Verweis auf Müller-Braunschweigs Brief noch einmal:

»Der Welt muß die Auslassung meines Namens ein Zeichen sein, daß ich entweder ausgeschlossen wurde oder selbst austrat. Da ich das Letztere nicht beabsichtige, das Erste meines Wissens nicht zutrifft[32], kann der eingeschlagene Weg (...) kaum zum Ziele (...) führen. So peinlich die Umstände und der Zwang der Verhältnisse auch sein mögen, und zwar für alle Teile: Ich muß mich dagegen wehren, still kaltgestellt zu werden« (*Der Ausschluß* 1935, S. 55).

Bereits ein Jahr zuvor, am 17. 3. 1933 (das heißt: einen Monat vor Boehms Besuch in Wien, bei dem Freud den Ausschluß Reichs aus der DPG mit Boehm besprochen hatte), hatte Reich die Kündigung eines Vertrags erhalten, den er vor Hitlers Regierungsantritt mit dem *Internationalen Psychoanalytischen Verlag* abgeschlossen hatte. Die Kündigung des Publikationsvertrags hatte der Verlagsleiter Martin Freud ausgesprochen und mit politischen Rücksichtnahmen erklärt. Reich schrieb daraufhin nach Wien:

31 Im »*Festgruß* an den dritten Internationalen Psychoanalytischen Kongreß in Weimar« hatte es geheißen, Psychoanalytiker fühlten sich wie »Brüder eines Ordens, der von jedem einzelnen Opfer im Dienste der Allgemeinheit fordert« (1911, S. 532). Ernst Federn bemerkt dazu: »Die Psychoanalyse war ›unsere Sache‹ (...) Man hat dieser Sache gedient (...)« (Plänkers/Federn 1994, S. 78).

32 Als Reich diesen Brief kurz vor dem Luzerner Kongreß an Anna Freud schrieb, war er noch immer nicht darüber informiert, daß man seinen Namen, wie von Freud verlangt, bereits im Sommer 1933 aus der DPG-Mitgliederliste gestrichen hatte. Im Antwortschreiben an Reich vom 8. 8. 1934 (!) gibt Freuds Tochter die Auskunft: »Mir war von der ganzen Angelegenheit nicht das mindeste bekannt (...)« (zit. n. *Der Ausschluß* 1935, S. 56).

»Gestern teilte mir der Verlagsleiter, Dr. Freud, mit, daß auf Beschluß der Verlagskommission und der Verlagsinhaber der Vertrag, wonach mein Buch ›Charakteranalyse‹ im Verlag demnächst herauskommen sollte, rückgängig gemacht wird. Begründet wurde dieser Beschluß mit der Rücksicht auf die gegenwärtigen politischen Verhältnisse, die es nicht angebracht erscheinen ließen, meinen kompromittierten Namen neuerdings offiziell zu vertreten.«

Reich meinte weiter, er könne diesen Standpunkt zwar »begreifen«, jedoch nicht »billigen«. Auch müsse er auf die »Illusionen« aufmerksam machen, »denen sich die Leitung und Verlagskommission hinzugeben scheinen«:

»Man mag sich hinter Illusionen wie dem Glauben an eine ›un-politische‹, das heißt der Politik völlig disparate Natur der Wissenschaft verstecken: Das wird nur der wissenschaftlichen Forschung schaden (...) Da die Psychoanalyse (...) kulturpolitische Bedeutung hat und in den bevorstehenden gesellschaftlichen Kämpfen um die Neuordnung der Gesellschaft eine entscheidende Rolle spielen wird, gewiß nicht auf der Seite der Reaktion, bedeutet jeder Versuch einer Anpassung oder Verhüllung des Wesens der Bewegung sinnlose Selbstopferung (...)« (zit. n. *Der Ausschluß* 1935, S. 60 f.).

Da Reich hartnäckig blieb und weder dem politischen Abstinenzgebot gehorchen noch seinem ›freiwilligen‹ Verschwinden aus der DPG zustimmen wollte, mußte man seitens der IPV-Führung Maßnahmen treffen. Dazu gehörte auch eine bis in die Gegenwart anhaltende Rufmordkampagne: Reich, dessen Buch man noch vor kurzem (sprich: vor Hitlers Regierungsantritt) im Verlag hatte publizieren wollen, den man nun aber um politische Rücksichtnahme bat, die zu geben er nicht bereit war, galt plötzlich als ›schlechter‹ Analytiker. Am 16. April 1933, wenige Tage nach Boehms Besuch bei Freud in Wien, bei dem Reichs DPG-Ausschluß abgesprochen worden war (und etwa einen Monat nach der Kündigung des Vertrags mit Reich), schreibt Anna Freud an Jones:

»Papa würde sich sehr freuen, R. aus der Vereinigung loszuwerden. Mir macht es trotzdem Bedenken, daß man ihm Gelegenheit gibt, sich als politischen Märtyrer aufzuspielen, statt ihm zu zeigen, daß er ein schlechter Analytiker geworden ist« (zit. n. Friedrich 1990, S. 164).

Bei der 1933/34 in Szene gesetzten Ausgrenzung Reichs aus den psychoanalytischen Organisationen wurde die in diesem Brief von Anna Freud empfohlene Strategie erfolgreich angewandt: Reich wurde nach offizieller Lesart also nicht als Kommunist und schon gar nicht als Anti-Faschist – nicht als ›politischer Märtyrer‹ –, sondern als ›schlechter Analytiker‹ ausgeschlossen. Nach dieser Lesart trennte man sich nicht deshalb von Reich, weil eine weitere DPG-Mitgliedschaft Reichs die Anpassungspolitik der DPG/IPV-Führung gegenüber dem NS-Regime gefährdete und ein Verbot der DPG provoziert hätte; vielmehr trennte man sich von ihm, weil er ein ›schlechter‹ Analytiker geworden war. In einer 1934 in der Zeitschrift *Imago* erschienenen Besprechung des ersten Heftes der von Reich herausgegebenen Exil-Zeitschrift vermittelte Wälder, der an der Sitzung teilgenommen hatte, bei der Reichs DPG-Ausschluß durch den IPV-Vorstand in Luzern bestätigt worden war, diesen offiziösen Standpunkt. Über Reichs Positionen urteilte er nun pauschal:

»So muß denn in aller Klarheit gesagt werden, daß die hier vorliegenden ›wissenschaftlichen‹ Bestrebungen mit der Psychoanalyse nichts mehr zu tun haben, daß niemand, der Reich auf seinem Weg folgt, mehr Recht hat, sich noch auf die Psychoanalyse zu berufen (...)« (1934, S. 188).[33]

Pikanterweise geht Wälder in seiner *Imago*-Besprechung auch auf die »ironisierenden Gänsefüßchen« (1934, S. 186) ein, die Reich für eine Rubrik seiner Zeitschrift benutzt hatte, die mit der Kopfzeile *»›Unpolitische‹ Wissenschaft«* versehen war.[34] Wälder verur-

33 Fenichel (1935 b) hatte in dieser Besprechung Wälders den Ausdruck einer »anti-marxistischen bürgerlichen Soziologie« erkannt, die in einem psychoanalytischen Fachorgan »ungehindert« dargestellt werden dürfe, »während jedes Wort von uns (Linksfreudianern – B. N.), das nur entfernt an den Bereich der Gesellschaftswissenschaften erinnert, mehr denn je als ›unwissenschaftliches Hineintragen von Politik in die Psychoanalyse‹ und ›Einspannen der Psychoanalyse in den Dienst eines ...ismus‹ bezeichnet wird« (*Rundbrief* vom 26. 4. 1935; Fenichel 1935 b). Fenichel war der Ansicht, die in der Besprechung des *Imago*-Redakteurs Wälder vorgebrachten Einwände gegen Reich seien als Stellungnahme des IPV-Vorstands zu verstehen: »Dass ein Redakteur Verfasser der Besprechung ist, weckt den Verdacht, dass seine Besprechung eine offizielle Stellungnahme der I.P.V. darstelle, umsomehr, als die Öffentlichkeit ja eine Begründung des Ausschlusses R.(eich)s, wie sie ihm am Kongress versprochen wurde, wie sie aber nirgends erschienen ist, erwartet« (*Rundbrief* vom 30.6. 1935; Fenichel 1935 c). Fenichels Wunsch, in der *Imago* eine Replik auf die Angriffe Wälders gegen Reich zu veröffentlichen, wurde von Wälder harsch zurückgewiesen.

34 Reich griff damit in ironisierender Absicht eine Parole auf, die bereits

teilt die Gänsefüßchen, erwähnt jedoch mit keinem Wort, daß soeben in dieser Rubrik der *Zeitschrift für politische Psychologie und Sexualökonomie* (1934, Heft 1, S. 74-76) kommentarlos – beziehungsweise nur durch die ironisierenden Gänsefüßchen kommentiert – ein Artikel nachgedruckt worden war, den Müller-Braunschweig unter dem Titel »Psychoanalyse und Weltanschaung« (1933) in einem faschistischen Kampfblatt, im *Reichswart*, publiziert hatte.[35] Da Wälder den Inhalt dieser Rubrik mit den ironisierenden Gänsefüßchen ignoriert hatte, konnte er sich auch nicht mit der Frage auseinandersetzen, ob auch die von Müller-Braunschweig propagierte Psychoanalyse noch mit der Freudschen Psychoanalyse vereinbar sei. Im Unterschied zu Wälder hatte sich aber Reich mit dem unter ironisierenden Gänsefüßchen nachgedruckten Beitrag Müller-Braunschweigs in einem späteren Heft seiner Exil-Zeitschrift befaßt:

»Die *Zeitschrift für politische Psychologie und Sexualökonomie* druckte im ersten Heft einen Artikel des Vorstandsmitglieds der deutschen psychoanalytischen Zweigvereinigung *Dr. Carl Müller-Braunschweig* ab, in dem

1931 im Heft »Psychoanalyse und Politik« der Zeitschrift *Psychoanalytische Bewegung* ausgegeben worden war. Dort hatte es geheißen: »Die Psychoanalyse ist selbstverständlich *›unpolitisch‹*« (Schottlaender 1931, S. 387). Diese Auffassung war nach Hitlers Regierungsantritt zur Doktrin erhoben worden. Das Gebot politischer Abstinenz (dessen Einhaltung nur von »linken« Psychoanalytikern gefordert wurde) war die praktische Anwendung dieser Doktrin. Als Edith Jacobsohn 1935 von der Gestapo wegen Widerstands gegen das NS-Regime verhaftet worden war, klagte Anna Freud sie an, Boehms Vertrauen mißbraucht zu haben, weil sie ohne dessen Wissen im politischen Widerstand aktiv geworden war. Und 1936 stellte die Führung der *Wiener Psychoanalytischen Vereinigung* auch an ihre Mitglieder das »Ultimatum: Politik oder Analyse« (Pappenheim 1988, S. 222).

35 Die Re-Publikation dieses »gern vergessenen Aufsatzes« von Müller-Braunschweig (Dahmer 1989 a, S. 101), die 1983 noch einmal in der *Psyche* erfolgte, und die Überlegungen zur NS-Geschichte der Psychoanalyse beziehungsweise zu deren Verdrängung, die Dahmer an die Wiederentdeckung dieses längst vergessenen *Reichswart*-Artikels knüpfte, provozierten alsbald heftige Affekte. Sie kamen in Briefen von Psychoanalytikern zum Ausdruck, in denen Dahmer u. a. als »Simon Wiesenthal der Psychoanalyse«, als »marxistischer McCarthy« und als »Nazi-Jäger« (zit. n. Dahmer 1989 a, S. 103 f.) bezeichnet wurde (vgl. dazu den Beitrag von Helmut Dahmer in diesem Band).

die Gleichschaltung der psychoanalytischen Theorie der Neurosen mit der Hitlerschen Weltanschauung vollzogen wurde. Die Verbrennung der Bücher *Freuds* im ›Dritten Reich‹ hatte dem genannten Vorstandsmitglied *die Unvereinbarkeit von Psychoanalyse und Faschismus* offenbar nicht klar genug demonstriert (...)« (Reich 1934, S. 115; Herv.: B. N.).

Ursprünglich hatte Reich noch einen Satz hinzufügen wollen, den er aufgrund einer Intervention Fenichels dann jedoch ausließ. Der gestrichene Satz lautete:

»Als zur Emigration gezwungenes Mitglied der deutschen psa. Vereinigung erkläre ich hiermit, dass der genannte Artikel von Müller-Braunschweig eine Schande für die gesamte psychoanalytische Wissenschaft und Bewegung darstellt« (Reich zit. n. Fenichel 1934 c).

Die Umstände, die zur Publikation des Beitrags von Müller-Braunschweig im *Reichswart* geführt haben, sind bis heute weitgehend unbekannt. Der Ablauf der Ereignisse soll hier deshalb im Detail noch einmal nachgezeichnet werden. In Wien hatte man behauptet, Reich betreibe »die Vergewaltigung der Analyse ins Politische, wo sie nicht hingehört« (Anna Freud 1933). Und Boehm hatte sich in Berlin deshalb auftragsgemäß darum bemüht, die »Abgrenzung der wirklichen Psa. von der Reich'schen Psa.« (ebd.) aufzuzeigen. Dabei war er auf Schwierigkeiten gestoßen, über die es in seinem für Jones bestimmten Bericht heißt:

»Bekanntlich war Reich häufig *öffentlich als Kommunist und Psychoanalytiker* aufgetreten, wobei er seine Ansichten *als Ergebnisse der Psychoanalyse* hingestellt hatte. In unzähligen Flugschriften war in Berlin vor Reich gewarnt worden.[36] Gegen dieses Vorurteil (die Reichschen Positionen seien mit der ›wirklichen‹ Psychoanalyse vereinbar – B. N.) hatte ich zu kämpfen« (1934, S. 103 – Herv.: B. N.).

36 Am 2. März 1933 wird in einem Artikel des *Völkischen Beobachters* (in dem Reich irrtümlich »Weiß« genannt wird) unter der Überschrift »Bolschewismus oder Deutschland?« die »Zerstörung der Sittengesetze durch Verführung der Jugend« angeprangert. »Ein krasses Beispiel für den Kampf auf diesem Gebiet stellt das kommunistische Buch von Dr. Wilhelm Weiß ›Der sexuelle Kampf der Jugend‹ (gemeint ist: Reich 1932 c – B. N.) dar. Es ist der kommunistische Appell an die deutsche Jugend, sich gegen alle Sittengesetze aufzulehnen, die nur eine Knechtung durch den Kapitalismus seien. Es ist eine schamlose Verführung, die an die niedrigsten Instinkte unreifer Menschenkinder sich wendet und versucht, im Jugendlichen die Verpflichtung zu Sitte, Anstand, Selbstbeherrschung zu zersetzen« (zit. n. Faksimilie-Abdruck in: Rackelmann 1993, S. 67).

Im Verlauf des Jahres 1933 führte Boehm wiederholt Gespräche mit NS-Funktionären, in denen er den – auch in der erwähnten Rezension Wälders bekräftigten – Standpunkt einnahm, Reichs und Freuds Auffassungen von der Psychoanalyse seien nicht mehr miteinander zu vereinbaren. Boehm teilte diese Auffassung u. a. einem alten Studienfreund mit, der im Bericht an Jones »K.« genannt wird. Dieser »K.« hatte inzwischen als »Gauleiter des ›Kampfbundes für deutsche Kultur‹« (ebd., S. 103) und als »Referent im Kultusministerium« (ebd., S. 104) Karriere gemacht. Aus diesem Grund schien er Boehm geeignet, bei der ›Rettung‹ der Freudschen Psychoanalyse behilflich zu sein. Zu diesem Zweck setzte Boehm alle ihm zur Verfügung stehenden – also ziemlich beschränkte – Mittel ein. So eröffnete er dem »K.«, der die Psychoanalyse bisher nur als »jüdisch-marxistische Schweinerei« (ebd., S. 103) wahrgenommen hatte, einen neuen Zugang zu Freud: »Es machte auf K. sichtlich einen starken Eindruck zu erfahren, dass Freud Antimarxist ist« (ebd., S. 104). Nachdem der NS-Kulturbürokrat so über die ›un‹-politische, das heißt über die von Reichschen Positionen gereinigte Psychoanalyse informiert worden war, hatte er verstanden, was er nach Auffassung Boehms verstehen sollte:

»(...) es müsse demnach zwei Arten von Ps.-A. geben und ich sollte meine Ansicht über Ps.-A. schriftlich in einem Memorandum an das Kultusministerium niederlegen. Jetzt zog ich Müller-Br. ins Vertrauen und bat ihn um die Abfassung des Memorandums.[37] Müller-Br. verfasste darauf das bekannte Memorandum; es lag uns allen daran, die bisherigen Verdienste unseres Institutes zu schildern, von Reich's in Berlin bekanntgewordenen Ansichten deutlich abzurücken und zu zeigen, wie die Ps.A. die wertvollen Eigenschaften jedes Menschen fördere. Dieses Memorandum ist in Eitingon's Abwesenheit (...) in zwei (DPG-)Vorstandssitzungen von Müller-Br. und mir erwähnt worden, ohne dass Simmel oder Fenichel den Wunsch geäußert hatten, es zu lesen« (ebd., S. 105).[38]

37 In einem Bericht Edith Ludowyk Gyömröis (1979), die 1933 unter dem Namen Edith Glück »Assistentin« Boehms war, heißt es, Boehm habe ihr kurz nach dem Regierungsantritt Hitlers gesagt: »Ich habe eben ein Referendum dem Führer eingereicht, in dem ich mit Freud-Zitaten beweise, dass die Psychoanalyse der Erziehung des heldischen Menschen dient.« Möglicherweise handelt es sich um eine Fehldatierung. Gemeint könnte das im Herbst 1933 von Müller-Braunschweig verfaßte Memorandum sein.

38 Fenichel hatte sich, wie er in verschiedenen *Rundbriefen* schreibt, intensiv darum bemüht, von der DPG-Führung eine Abschrift des

Das von »K.« angeforderte und von Müller-Braunschweig verfaßte Memorandum wurde im Januar 1934 durch eine Denkschrift ergänzt, deren Autor ebenfalls Müller-Braunschweig war. Zweck solcher Unternehmungen war es, das Wesen der Freudschen Psychoanalyse in einer auch für Nationalsozialisten verständlichen Sprache zu erläutern. In einem für Jones bestimmten Bericht schreibt Müller-Braunschweig, es sei ihm darum gegangen,

»(...) massgebliche Instanzen der neuen Regierung sachgemäss über Wert und Bedeutung der Psychoanalyse als Wissenschaft und Therapie zu unterrichten und sie dadurch in Stand zu setzen, die Psychoanalyse, unsere Gesellschaft und unser Institut gegen etwaige gegen sie gerichtete Bewegungen zu schützen (...)« (1934, S. 96).

Es waren aus Sicht Müller-Braunschweigs und Boehms also durchaus ›ehrenwerte‹ Ziele, denen das Memorandum, die Denkschrift und andere Abfassungen damals dienten. Da diese Ziele von der IPV-Führung gebilligt wurden, gab es keinen Grund, den Inhalt des Memorandums oder anderer Schriftstücke vor Jones zu verheimlichen. Am 1. 10. 1933 trafen Boehm und Müller-Braunschweig in Haag (Niederlande) mit dem IPV-Präsidenten Jones und mit van Ophuijsen zusammen, um den Inhalt des auf Veranlassung eines NS-Funktionärs zustandegekommenen Memorandums – »der wichtigste Beitrag im Gleichschaltungsprozeß« (Friedrich 1987, S. 211) – zu diskutieren.[39] Dabei kam es zu einer Verständigung, an die Boehm in dem für Jones bestimmten Bericht noch einmal erinnert, wenn er feststellt, daß die Unterredung »zu einer vollkommenen Übereinstimmung« geführt habe. Boehm vergißt in diesem Bericht an Jones auch nicht das Kopfnicken aus Wien, das ihn in Gestalt eines Briefes Anna Freuds erreicht hatte: »Jones hat mir auch schon geschrieben und von dem sehr erfreulichen Verlauf der Zusammenkunft berichtet« (Anna Freud – zit. n. Boehm 1934, S. 107).

Memorandums zu erhalten, war jedoch von Boehm und Müller-Braunschweig immer wieder hingehalten worden.

39 Jones bestätigt dieses Treffen in seiner Freud-Biographie, in der es heißt, er sei »am 1. Oktober 1933 mit Boehm und Müller-Braunschweig in Haag« zusammengetroffen. Er habe »einen Bericht von dem Treffen nach Wien« geschickt (1962, III, S. 222). Auch Fenichel (1934 a) informiert über dieses Treffen, bei dem Boehm und Müller-Braunschweig »die Billigung der I.P.V.« für das Memorandum eingeholt hätten.

Auf dieses Treffen in Haag, über dessen Diskussionsgegenstand zwischen Berlin, London und Wien Einvernehmen hergestellt werden konnte, spielte Jones dann auch in seiner Luzerner Kongreßrede an, und zwar in jenem Passus, in dem er die Kritik der Linksopposition an der Politik der DPG-Führung zurückzuweisen beziehungsweise die Politik Boehms (und Müller-Braunschweigs) zu rechtfertigen versuchte: Er habe sich von der Integrität Boehms bei »persönlichen Besprechungen (...), die ich mit ihm und anderen Kollegen im Okober« 1933 »in Holland hatte«, überzeugen können, teilte Jones dem Kongreßpublikum mit. Und *in Kenntnis des Inhalts des Memorandums* sprach er sodann die Hoffnung aus, »daß die Dienste, die Dr. Boehm der Psychoanalyse geleistet hat, jede zeitweilige Kritik, der er ausgesetzt sein mag, überdauern werden« (Jones 1935, S. 135).

Nach der Haager Unterredung stand der Veröffentlichung des Memorandums nichts mehr im Weg. Und so erschien am 22. 10. 1933 Müller-Braunschweigs *Reichswart*-Artikel »Psychoanalyse und Weltanschauung«, der korrekt »Psychoanalyse und NS-Weltanschauung« hätte heißen müssen.

Ich habe bereits in einer früheren Publikation (Nitzschke 1992 b, S. 93) vermutet, daß der Inhalt des *Reichswart*-Artikels und der Inhalt des Memorandums identisch sein könnten oder aber, daß der *Reichswart*-Artikel eine Art popularisierte Fassung des Memorandums darstellen könnte. Aufgrund der Fenichel-*Rundbriefe* lassen sich diese Vermutungen nunmehr bestätigen. Im *Rundbrief* mit der Kopfzeile »Oslo, im März 1934« heißt es: »Müller veröffentlicht einen Artikel im *Reichswart* (...), textlich identisch mit dem Memorandum« (Fenichel 1934 a). Und im *Rundbrief* mit der Kopfzeile »Oslo, April 1934« wird der Entwurf einer Resolution diskutiert, durch die »der Vorstand der I. P. V.« aufgefordert werden sollte, Auskunft zu geben, ob ihm das Memorandum bekannt sei beziehungsweise »ob er etwas dagegen zu unternehmen gedenkt, und was?« (Fenichel 1934 b). An dieser Stelle wird ein längerer Abschnitt aus dem Memorandum zitiert, der – bis auf geringe stilistische Abweichungen – die weitgehende Übereinstimmung zwischen Memorandum und *Reichswart*-Artikel belegt.[40] Das aber bedeutet: Der von Müller-

40 In diesem *Rundbrief* Fenichels heißt es erläuternd: »In dem von Reventlow geleiteten antisemitischen Organ ›Reichswart‹, 14. Jahrg., Nr.

Braunschweig in einem antisemitischen Hetzblatt publizierte Artikel gab nicht *nur* die Privatmeinung des Autors wieder. Es handelte sich vielmehr um eine mit dem Präsidenten der IPV abgesprochene und von Jones in Luzern implizit verteidigte Verlautbarung, deren Zweck darin bestand, zwecks ›Rettung‹ der Freudschen Psychoanalyse deren »Einwertung« in das ›Wert‹system der Nationalsozialisten zu ermöglichen. Dies sei aufgrund der »gegenwärtigen Gesamtlage« erforderlich, heißt es im Memorandum (Müller-Braunschweig 1933, S. 109).

Jones, der über diese und andere ideologische Bestrebungen Müller-Braunschweigs rechtzeitig und stets aus erster Hand, nämlich durch Müller-Braunschweig selbst, informiert worden war, vermochte jenseits aller Behauptungen, im Hitler-Staat sei die Psychoanalyse zu ›retten‹, die Gesinnung Müller-Braunschweigs durchaus realistisch einzuschätzen: »Müller-Braunschweig, as was to be expected, is somewhat infected by the ethical ideals of

42, erschien am 22. 10. 33 eine Arbeit von Müller-Braunschweig, in der sich ebenfalls die oben aus dem ›Memorandum‹ zitierten Sätze befinden« (Fenichel 1934 b). Gemeint ist der – inzwischen oft zitierte – Schlußabschnitt des *Reichswart*-Artikels, der sich mit dem Vorwurf auseinandersetzt, die Psychoanalyse sei »als Forschung und Therapie zersetzend und undeutsch«. Diesen Vorwurf konterte Müller-Braunschweig mit dem Argument, die Psychoanalyse sei stets darum bemüht gewesen, »unfähige Weichlinge zu lebens*tüchtigen* Menschen« zu erziehen (1933, S. 111 f. – Herv.: B. N.). Diese Wortwahl Müller-Braunschweigs griff wenig später Schultz-Hencke auf, als er »Die Tüchtigkeit als psychotherapeutisches Ziel« (1934) pries. Und auch Wälder umschreibt das in der psychoanalytischen Therapie angestrebte Ziel mit den Worten, »man könnte auch von Realitätstüchtigkeit sprechen, wenn das Wort Tüchtigkeit nicht einen so fatalen Klang hätte (...)« (1934, S. 185). Diesen »fatalen Klang« hatte das Wort »Tüchtigkeit« im rassenhygienischen Diskurs erhalten (vgl. z. B. Ploetz 1895). Die im vulgärdarwinistischen Sinn verstandene »Auslese der Tüchtigen« war zentrales Thema in Hitlers *Mein Kampf* (1925/27, S. 477 ff.). Angesichts dieser Begriffsverwendung und angesichts der nach 1933 bei Psychiatern zunehmenden Bereitschaft, »Lebensuntüchtige« zu selektieren (die Ermordung psychisch Kranker war der Höhepunkt dieser Bereitschaft, »lebensunwerte« Menschen auszusondern), mag man Müller-Braunschweig und Schultz-Hencke zugute halten, sie hätten mit ihren Schriften auch die Absicht verfolgt, dem therapeutischen Nihilismus der damaligen Psychiater eine effektive Therapie entgegenzusetzen.

the Nazis«, schrieb er beispielsweise an Simmel (Jones 1936, S. 165). Solche Einsichten hinderten Jones jedoch nicht daran, auch weiterhin alle wichtigen Schritte der Anpassungspolitik der DPG-Führung verständnisvoll zu begleiten. So kam er Ende 1935 aus London nach Berlin, um an der DPG-Vollversammlung teilzunehmen, in der über den ›freiwilligen‹ Austritt der zu diesem Zeitpunkt noch in der DPG verbliebenen Juden diskutiert wurde.[41] Als Jones abgereist war, wußten die jüdischen DPG-Mitglieder allerdings noch immer nicht genau, was der IPV-Vorsitzende denn nun eigentlich von ihnen erwartete. Sie fragten noch einmal in London nach. Daraufhin erhielt Therese Benedek[42] als Sprecherin der jüdischen Gruppe ein Telegramm aus London: »Rate dringend freiwilligen Austritt« (zit. n. Boehm 1935, S. 127).[43] Nach dem Krieg stellte Jones die Ereignisse, die 1935 zum ›freiwilligen‹ Verzicht der noch in Deutschland lebenden Juden auf die DPG-Mitgliedschaft geführt hatten, mit Hilfe jener Methode dar, die schon bei der Abfassung des Luzerner Kongreßberichts im ›Fall‹ Reich über manche Verlegenheit hinweggeholfen hatte: Wieder wird *totgeschwiegen und gefälscht*. Über seine Mitwirkung an der Berliner Entscheidung von 1935 läßt Jones in seiner Freud-Biographie kein Wort fallen – und demzufolge auch nachträglich kein Bedauern erkennen. Selbst die Jahreszahlen werden gefälscht:

»Alsdann fuhr ich nach Berlin und präsidierte am 1. Dezember 1933 (!) eine Sitzung (der DPG – B. N.), in der die wenigen zurückgebliebenen Juden freiwillig ihren Rücktritt nahmen, um die Vereinigung vor der Auflösung zu retten« (1962, III, S. 223).

41 Die von Reich (vgl. Fenichel 1934 b) bereits 1933 aufgezeigte Alternative zur Anpassungspolitik der DPG/IPV-Führungsgremien, wonach die DPG besser aufzulösen wäre, anstatt sie nationalsozialistischer Willkür auszuliefern, wurde bei dieser Sitzung Ende 1935 von wenigen DPG-Mitgliedern (darunter Roellenbleck) noch einmal zur Diskussion gestellt. Die »arische« Mehrheit lehnte, unterstützt von Jones, den Vorschlag abermals ab.

42 Zur Situation Therese Benedeks im »Dritten Reich« und zu ihrer Emigration vgl. Weidemann (1988, S. 18-35).

43 In diesem Zusammenhang sei daran erinnert, daß Ferenczi gegen Jones bereits in einem Brief vom 18. 3. 1924 an Rank den Vorwurf des »Antisemitismus« erhoben hatte (vgl. Wittenberger 1995, S. 295).

Ohne Verlegenheit und ohne ironisierende Gänsefüßchen spricht Jones also auch noch nach dem Ende des Hitler-Regimes vom *freiwilligen* Verzicht der jüdischen Mitglieder auf die DPG-Mitgliedschaft! Und selbst die Redewendung, es sei versucht worden, die Psychoanalyse in Hitler-Deutschland zu *retten*, ist dem nach 1945 noch einige Jahre amtierenden IPV-Vorsitzenden Jones noch immer geläufig.

3 Der ›Fall‹ Schultz-Hencke, der ›Fall‹ Reich – und andere Merkwürdigkeiten in der Geschichtsschreibung der Psychoanalyse

> »Ich hänge mit Leib und Seele an unserer Wissenschaft und Forschung und ich liebe mein Vaterland.«
> Müller-Braunschweig am 12.3.1939 an Jones[44]

Müller-Braunschweig, der sich während der NS-Zeit als ›brauner‹ Ideologe profiliert hatte, kehrte nach 1945 als derjenige ins Rampenlicht der internationalen psychoanalytischen Öffentlichkeit zurück, der die Freudsche Lehre in dunkler Zeit vor dem Untergang bewahrt hatte. Wie gelang ihm dieses Kunst-Stück?
Zum einen wurden Gerüchte über widerständlerische Aktivitäten verbreitet, die Müller-Braunschweig 1938 in Wien vollbracht

44 Friedrich stellt diese Sentenz Müller-Braunschweigs der folgenden Äußerung Schultz-Henckes gegenüber: »So ist zu erwarten, daß die Wehrmacht und die Wirtschaft in gleicher Weise zunehmend bei der Erfüllung ihrer erzieherischen Aufgaben durch die tiefenpsychologische Forschung Unterstützung finden« (beide Zitate: Friedrich 1987, S. 207). Nachdem er seine Leser so auf die beiden Protagonisten der deutschen Nachkriegs-Psychoanalyse kontrastreich eingestimmt hat, fragt er sich etwas später doch noch, ob Müller-Braunschweigs »Integration in das NS-System« womöglich weiter reichte als die Schultz-Henckes, den die »bisherige Geschichtsschreibung« (Friedrich meint die IPV-konforme Geschichtsschreibung!) so dargestellt habe, als habe sich Schultz-Hencke am »ehesten (...) in das NS-System eingliedern« lassen (1987, S. 220).

haben soll. Dorthin war er auf Anforderung des Parteigenossen Sauerwald[45] beziehungsweise auf Anordnung Mathias Görings gereist. Müller-Braunschweig sollte dort als Repräsentant der ›deutschen‹ Psychotherapie bei der Liquidierung der *Wiener Psychoanalytischen Vereinigung* (WPV) beziehungsweise bei deren Überführung in das *Deutsche Institut für psychologische Forschung und Psychotherapie* behilflich sein.[46] Müller-Braunschweig erledigte seinen Auftrag mit viel Phantasie. So dachte er auch darüber nach, wie der *Internationale Psychoanalytische Verlag* gerettet werden könnte. Zu diesem Zweck schlug er Franz Wirz, der zum Stab des Hitler-Stellvertreters Rudolf Heß gehörte, am 1.4. 1938 vor, im *Internationalen Psychoanalytischen Verlag* eine »Deutsche Zeitschrift für Psychoanalyse« herauszubringen, »die auf dem Boden des III. Reiches steht« (zit. n. Brecht et al. 1985, S. 134).
Müller-Braunschweig schrieb damals noch einen anderen Brief, in dem er, der Überlieferung zufolge, für Anna Freud mehr Mitgefühl geäußert haben soll, als es die Gestapo erlaubte. *Wegen dieses Briefes*, den die Gestapo bei Anna Freud fand, sei er, so geht die Legende weiter, von seiner Wiener Mission alsbald abberufen und in Berlin später mit Lehrverbot bestraft worden.[47] Allzu groß können die Schwierigkeiten allerdings nicht gewesen sein, mit denen sich Müller-Braunschweig nach seiner Rückkehr konfrontiert sah: Er durfte am ›Deutschen‹ Institut auch weiterhin die Abtei-

45 In einem Bericht Sauerwalds vom 21. März 1938 heißt es über die Ankunft des Berliner Gesandten: »Es erschien als Mitglied des Verwaltungsrates und des Vorstandes des ›Deutschen Instituts für psychologische Forschung und Psychotherapie‹ und gleichzeitiger stellvertretender Vorsitzender der ›Deutschen Psychoanalytischen Gesellschaft‹ Herr Dr. Carl Müller-Braunschweig (...)« (zit. n. Huber 1977, S. 53). Sauerwald war von der NS-Bürokratie zum kommissarischen Leiter der *Wiener Psychoanalytischen Vereinigung* und des *Internationalen Psychoanalytischen Verlags* ernannt worden.

46 Formaljuristisch lautete der Auftrag, den Müller-Braunschweig in Wien zu erfüllen hatte, den Besitz der WPV treuhänderisch in den Besitz der DPG zu übernehmen. De facto war die DPG damals jedoch bereits vollständig ins »Deutsche« Institut integriert.

47 Anna Freuds Antwort auf eine später gestellte Frage gibt Brainin so wieder: »Auf meine Frage nach dem bekannten Brief Müller-Braunschweigs 1938 (...) meinte sie nur, dieser Brief sei völlig bedeutungslos gewesen (...) Sie könne sich gar nicht vorstellen, daß Müller-Braunschweig deshalb Schwierigkeiten gehabt haben sollte« (1993 a, S. 13).

lung »Lehrmittel/Lehrpläne« verwalten und bezog auch weiterhin das Gehalt eines Abteilungsleiters.[48]

Die beklatschte Auferstehung Müller-Braunschweigs als treuer Hüter der Freudschen Psychoanalyse während der NS-Zeit fand dann 1949 beim *16. Internationalen Psychoanalytischen Kongreß* in Zürich statt. Bei diesem ersten Treffen der Freudianer nach dem Ende des Zweiten Weltkriegs lobte Jones den Kollegen Müller-Braunschweig, den er aus alten Zeiten gut kannte:

Es sei, so sagte Jones dem Kongreßpublikum, nicht leicht gewesen, in Deutschland zwischen 1933 und 1945 ein wahrer Psychoanalytiker geblieben zu sein. Aber »the probability is that some analysts have remained true, real, genuine analysts (...) Dr. Müller-Braunschweig gave an excellent example of this yesterday« (*Report* 1949, S. 186). Damit spielte der IPV-Präsident auf den Vortrag an, den Müller-Braunschweig tags zuvor gehalten hatte. Darin hatte der vom ›Retter‹ zum ›Bewahrer‹ der Freudschen Psychoanalyse avancierte Müller-Braunschweig kein Blatt vor den Mund genommen. Er geißelte den Verrat der Freudschen Lehre während der NS-Zeit – selbstverständlich *nicht* anhand der von ihm während dieser Zeit verfaßten Memoranden und Denkschriften. Vielmehr wählte er ein anderes Beispiel: Er griff Schultz-Hencke an[49], mit dem er noch eine alte Rechnung zu begleichen hatte. Immerhin hatte der ihm beim Versuch, Eitingon schon im Mai 1933 zu stürzen, als einer der wenigen ›Arier‹ die

48 Der Briefkopf der »Arbeitsgruppe A« – so hatten die Psychoanalytiker ihre Gruppe nach der Selbstauflösung der DPG zu nennen – weist Müller-Braunschweig noch 1942 als »Schriftführer« aus (vgl. Brecht et al. 1985, S. 169). Im selben Jahr legte er ein »Memorandum über den Aufbau des theoretischen Lehrganges« vor, in dem er bezüglich »Erb- und Rassenfragen« daran erinnerte, »dass wir zu diesem Thema mehrfach sachkundige Dozenten (...) eingeladen haben« (zit. n. Brecht et al. 1985, S. 149). Unter diesen Dozenten war auch Herbert Linden, einer der Hauptverantwortlichen für die Ermordung psychisch Kranker während der NS-Zeit.

49 Im *Report* über den Züricher Kongreß folgt nach der Stelle, an der das Lob Müller-Braunschweigs durch Jones referiert wird, ohne Absatz die Bemerkung: »At the other extreme there would appear to be some whom we should not consider to be psycho-analysts« (*Report* 1949, S. 186). Da Müller-Braunschweig als einziger bereits beim Namen genannt worden war, brauchte man ihn nicht mehr unter jenen zu suchen, die zwischen 1933 und 1945 die Psychoanalyse verraten hatten.

Stimme verweigert. Die Züricher Inszenierung war ein großer Erfolg für den Regisseur (Jones) wie für den in der Rolle des Kleistschen Dorfrichters brillierenden Müller-Braunschweig: Die Mehrheit der anwesenden Analytiker hatte keine Ahnung, welche Rolle Müller-Braunschweig und Jones während der Hitler-Zeit gespielt hatten. Man wußte also auch nicht, wie sich Müller-Braunschweig die Zukunft der Psychoanalyse wenige Jahre zuvor noch ausgemalt hatte. Zum Beispiel so:

»Die deutschen Psychoanalytiker wünschen sich, dass ihnen die nationalsozialistische Regierung wohlwollend eine fruchtbare Fortsetzung ihrer wissenschaftlichen und therapeutischen Arbeit sichern möge. Sie wünschen sich das umso mehr, als seit dem nationalsozialistischen Regime für die Deutsche Psychoanalytische Gesellschaft in ganz anderem Umfang die Voraussetzungen dafür geschaffen waren, der Gesellschaft ein wirklich deutsches Gesicht geben zu können (...) Vor allem glauben wir, dass wir Wertvolles für das Ziel einer ›deutschen Psychotherapie‹ beizusteuern vermögen« (Müller-Braunschweig 1935, S. 167).

Im Zusammenhang mit dem Züricher Kongreß wird in der Literatur gemeinhin die Auseinandersetzung Müller-Braunschweigs mit Schultz-Hencke diskutiert. Übersehen wird dabei durchweg, daß Müller-Braunschweigs Auftritt einen Hinter-Grund hatte: Er und Jones hatten das *gemeinsame* Interesse, von allen Fragen abzulenken, die sich auf ihre Vergangenheit hätten richten können. Die Angriffe gegen Schultz-Hencke erfüllten ihren Zweck. Niemand fragte in Zürich nach der Rolle, die Müller-Braunschweig oder gar der IPV-Präsident während der NS-Zeit gespielt hatten. Inzwischen ist die Deckung, die sich die beiden in Zürich 1949 wechselseitig verschaffen konnten, allerdings brüchig geworden. Und so läßt sich auch das Bild vom ›true, real, genuine analyst‹, das Jones in Zürich von Müller-Braunschweig gezeichnet hatte, nicht länger aufrechterhalten.[50]

Dabei ist das andere, das der Wirklichkeit entsprechende Bild von Müller-Braunschweig nicht einmal neu: John Rickman hatte es schon kurz nach dem Ende des Krieges Jones (der es ohnehin kannte) übermittelt. Rickman war 1946 im Auftrag der britischen

50 Über Müller-Braunschweig heißt es inzwischen, er sei unter den damaligen Psychoanalytikern derjenige gewesen, der »am wenigsten fähig war, sich zu schämen und selbstkritisch mit der Vergangenheit umzugehen« (Horst-Eberhard Richter – zit. n. Lockot 1994, S. 319).

Regierung nach Berlin gereist, um in Gesprächen die Einstellungen führender DPG-Mitglieder zu erkunden. Der Zweck dieser Gespräche blieb den Interviewten allerdings verborgen. Rickman fertigte nach seinen Gesprächen Dossiers an, die er auch der IPV-Führung, also Jones, zur Verfügung stellte. Im Bericht Rickmans hieß es über Müller-Braunschweig damals, dessen ›Persönlichkeit‹ sei »während der Nazizeit zerrüttet« worden. Auf einer politischen Farbskala wird Müller-Braunschweig von Rickman deshalb als »dunkelgrau« eingestuft, etwas weniger unfreundlich als Boehm, der von Rickman als »dunkelgrau wenn nicht schwarz« gekennzeichnet wird (zit. n. Lockot 1994, S. 192 f.). Rickman empfahl deshalb, künftig weder Boehm noch Müller-Braunschweig irgendwelche Funktionen in psychoanalytischen Organisationen zu übertragen. In Kenntnis dieser Dossiers – *ja unter ausdrücklicher Berufung auf Rickmans Besuch in Berlin*[51] – lobte Jones dann in Zürich 1949 Müller-Braunschweig als einen der wenigen Analytiker, die während der NS-Zeit aufrechte Anhänger der Freudschen Psychoanalyse geblieben seien!

Neben dem Verlangen, die gemeinsame Vergangenheit durch eine gemeinsame Zukunft zu verschleiern, gab es für den IPV-Präsidenten noch einen zweiten Grund, Müller-Braunschweig in Zürich zu loben: Müller-Braunschweig hatte sich 1933/34 bewährt, als es darum ging, Wilhelm Reich aus der IPV zu werfen.[52] Warum sollte er in einem zweiten ›Fall‹ – diesmal in dem Schultz-Henckes – nicht abermals erfolgreich für die ›Sache‹ kämpfen? Jones hatte sich nicht geirrt: Auf Müller-Braunschweig war auch diesmal Verlaß.

51 »On two occasions English members, amongst them Dr. Rickman, went to Berlin and investigated the situation there« (Statement von Jones: *Report* 1949, S. 186).

52 Tatsächlich spielte Jones, ohne ein Wort des Bedauerns erkennen zu lassen, in seiner Eröffnungsansprache beim Züricher Kongreß indirekt auch noch einmal auf den »Fall« Reich an, als er »Laien« zitierte, die den Vorwurf machten, die Psychoanalytiker vernachlässigten den Einfluß soziopolitischer Faktoren: »Our reply is that the deeper we delve into the mind the less can we perceive any influence of sociological factors on its most primitive layers, those belonging to the first year or two in life (...) The temptation is understandably great to add sociopolitical factors to those that are our special concern, and to re-read our findings in terms of sociology, but it is a temptation which, one is proud to observe, has, with very few exceptions (!), been stoutly resisted« (*Report* 1949, S. 179).

Müller-Braunschweig, der nach 1945 wieder zum Vorsitzenden der (neu konstituierten) DPG gewählt geworden war, wurde von der Führung der IPV beauftragt, Schultz-Hencke auf die eine oder andere Weise aus der DPG auszugrenzen. Die erste Variante, die 1935 beim Rückzug der Juden aus der DPG erfolgreich angewandt wurde, im ›Fall‹ Reich jedoch versagt hatte, scheiterte auch im ›Fall‹ Schultz-Hencke: Auch er weigerte sich hartnäckig, die Mitgliedschaft in der DPG ›freiwillig‹ aufzugeben.

Die zweite Variante, Schultz-Hencke durch Mehrheitsbeschluß der Mitglieder aus der DPG entfernen zu lassen, mißlang ebenfalls. So blieb nur noch eine dritte Variante: Müller-Braunschweig sollte eine neue psychoanalytische Organisation aufbauen, die dann – ohne Schultz-Hencke als Mitglied – anstelle der DPG in die IPV aufgenommen werden sollte.

Müller-Braunschweig hatte sich zunächst gegen diese Vorschläge gesträubt. In mehreren Briefen an die IPV-Führung hatte er den Einfluß Schultz-Henckes in der DPG wahrheitsgemäß als eher gering dargestellt (vgl. Nitzschke 1992 b, S. 108). Die Haltung der IPV-Funktionäre gegenüber Schultz-Hencke (und damit gegenüber der DPG) änderte sich jedoch nicht. Also erklärte sich Müller-Braunschweig schließlich doch bereit, der Gründung einer neuen Gruppierung zuzustimmen. Zu diesem Zweck trat er nicht etwa von seinem Amt als DPG-Vorsitzender zurück; vielmehr organisierte er den Aufbau der neuen Gruppe hinter dem Rücken der Mehrheit der Mitglieder, die er als Vorsitzender nach außen noch immer vertrat. Erst als er sich seines Erfolgs sicher sein konnte, offenbarte er den bis dahin nicht eingeweihten DPG-Mitgliedern seine Pläne.[53] Ohne eine lange Bedenkpause zu benötigen, wechselte er sodann vom Amt des DPG-Vorsitzenden ins Amt des Vorsitzenden der von ihm im Auftrag gegründeten *Deutschen Psychoanalytischen Vereinigung* (DPV) über. Jones hatte sich also nicht getäuscht: Mit Müller-Braunschweig hatte er den

53 Das Verfahren, hinter dem Rücken der Mitglieder konspirativ zu wirken, hatte Müller-Braunschweig bereits während der NS-Zeit erfolgreich praktiziert. So hatte er den Inhalt des Memorandums von 1933 zwar mit dem IPV-Vorsitzenden abgesprochen, die DPG-Mitglieder darüber und über die Absicht, den Text zu publizieren, jedoch nicht vorab informiert (vgl. Fenichel 1934 b).

IV. Verhaltensweisen (zu Beginn der Behandlung)

a) Wie verhält er sich dem Besitz gegenüber (Besitz tiefenpsychologisch verstanden, also Geld, Gut, aber auch Zeit, Kraft, Interesse u. a.)?
kann er zugreifen ( ) fordern ( ) erobern ( ) planen ( ); ist er beharrlich hierbei ( ); kann er zur Not auftrumpfen ( )
kann er behalten ( ) auf Forderungen anderer auch Nein-sagen ( ) seinen Besitz verteidigen ( )
müßte er seiner ganzen Anlage nach in obiger Hinsicht expansiver sein ( )
hat er Ideologien von Verzicht oder Opferbereitschaft, die zu seiner Natur nicht gehören ( );

b) Wie verhält er sich auf dem Gebiet des Geltungsstrebens?
kann er sich einen Platz erobern ( ) auftreten ( ) behaupten ( ) Würde und Ehre verteidigen ( ) zur Not grob werden ( )
kann er an Tod und Vernichtung denken, ohne von vorneherein innerlich auszuweichen ( ) Schmerzen ertragen ( ) Risiken eingehen ( )
kann er zerlegen, um aufzubauen ( )

c) Wie verhält es sich mit seiner Liebesfähigkeit?
erlebt er Wünsche nach Zärtlichkeit ( ) kann er, soweit es an ihm liegt, diese Wünsche realisieren ( ) kann er seine Einsamkeit durch Kontaktaufnahme zum anderen aufheben ( )
kann er vertrauen ( ) liebend bestätigen ( ) Bestätigung erlangen ( )
ist er langmütig und duldsam, wo er zu lieben meint ( ) kann er warten (ausreichender Spannungsbogen?) ( )
kann er sich hingeben ( ) sich erfüllen und ergreifen lassen ( )
kann er die selbstverständlichen vorbereitenden und vollendenden Sexualhandlungen ausführen ( );

d) Spricht etwas dafür, daß er bei einem der vorgenannten Gebiete überkompensiert ( );

e) Neigt er an Stelle von unmittelbarem Wünschen und entsprechendem Handeln zu Ersatzbefriedigungen ( )

f) Ist er irgendwie „bequem" im Sinne des Zögerns ( ) des Klebens am Gewohnten ( ) von Unterlassungen ( ) des dolce far niente ( )

g) Hat er illusionäre Erwartungen gegenüber dem Leben und den Menschen in Form von Tagträumen ( ) Ansprüchen ( )

h) Hat er eine gereifte und adäquate Arbeitstechnik ( ) vermag er u. a. das Infinale der Arbeit zu bejahen? ( )

i) Ist er sicher in seinen Wünschen für Muße und Freizeit ( )

k) Hat er eine seinem Alter und seiner Intelligenz entsprechende Menschenkenntnis ( ) und eine entsprechende Fähigkeit bzw. Technik der Menschenbehandlung ( )

V. Hauptinhalt bzw. Hauptäußerungsebene des inneren Konfliktes

(Bei Behandlungsbeginn nach Auffassung des Patienten)

Die familiären Bindungen ( )	Das Selbstwertgefühl ( )
Die mitmenschlichen Beziehungen ( )	Selbstverwirklichung („Reifungskrise") ( )
Der beruflich-wirtschaftliche Bereich ( )	Weltanschaulich-religiöse Problematik ( )
Das erotisch-sexuelle Gebiet ( )	Sonstiges ....

Seite 5 des von Werner Kemper verfaßten und ab 1941 am *Deutschen Institut für psychologische Forschung und Psychotherapie* gebräuchlichen »Auswertungsbogen zum Krankenblatt« (zur Verfügung gestellt von E. Herdieckerhoff, Hannover).

VI. Status und Typus (Bei Behandlungsbeginn)

Somatisch				Psychologischer Typus				
				Kretschmer	Jung	Jaensch	Künkel	
Herkunftsland	Alter	Körperbau		cyclothym ( )	Haltung	B ( )*	„Star" ( )	
....	Gewicht	Proportioniert ( )	pyknisch ( )	hypoman ( )	extravertr. ( )	J_1 ( )		
	Größe		leptos. ( )	synton ( )		J_2 ( )	„Caesar" ( )	
Volksstamm	Ernährungszust.	Dysplatisch ( )	athlet. ( )	schwerblütig ( )	introvertr. ( )	J_3 ( )		
....	....		Mischform ( )	schizothym ( )	Typus		„Heimchen" ( )	
	Kräftezustand	in typ. Form ( )		hyperaesthet. ( )	Denk- ( )	S_1 ( )		
Rasse	....	wie?	Aussehen	Mittellage ( )	Fühl- ( )	ly ( )	„Tölpel" ( )	
....	Sonst. Sonderheit	....	altersgemäß ( )	anaesthet. ( )	Empf.- ( )	schi ( )		
	....	Linkshänder ( )	älter ( )		Intuit. ( )	hy ( )		
Blutgruppe	Angeborene Mißbildungen		jünger ( )	viscös ( )		S_2 ( )		
....	....			explosiv ( )				
	Erworbene Defekte			phlegmatisch ( )		T ( )		
	....							

Haben sich während der Behandlung Daten dieser Tabelle geändert (   ). Welche, wie? (möglichst exakte Angaben!)

....

....

richtigen Mann für die Lösung einer schwierigen Aufgabe ausgesucht.[54]

Nun gab es eine neue deutsche Gruppe (DPV), an deren Spitze ein ›true, real, genuine analyst‹ stand. Und dann gab es noch eine zweite deutsche Gruppe (DPG), in der scheinbar all diejenigen Psychoanalytiker zurückgeblieben waren, die mit dem NS-Regime kollaboriert hatten. Zur Absicherung dieses Mythos von der unbefleckten Geburt der neuen Gruppe benötigte man ein Kontrast-Bild zum ›true, real, genuine analyst‹ Müller-Braunschweig, und das entwarf man von Schultz-Hencke. Der gegen ihn erhobene Vorwurf lautete, seine – bereits vor 1933 als dissident erkannten – Auffassungen hätten von der ›Amalgamierung‹ der therapeutischen Schulen, also von der ›Deutschen Seelenheilkunde‹ (die Müller-Braunschweig während der NS-Zeit entschieden gefordert und mit Hilfe von allerlei Memoranden und Denkschriften propagiert hatte), am meisten profitiert. Ein Ausschnitt aus dem von Kemper 1941 verfaßten »Auswertungsbogen zum Krankenblatt« für die in der Poliklinik des *Deutschen Instituts für psychologische Forschung und Psychotherapie* (s. Faksimile) behandelten Patienten zeigt, daß die genuin Freudschen Kategorien spätestens nach dem Beginn des Krieges an diesem Institut nicht mehr verwendet wurden. Man orientierte sich (implizit) an Kategorien, die Schultz-Hencke entwickelt hatte, beziehungsweise an der Typologie Kretschmers, Jungs, Jaenschs und Künkels. Die ›neo‹-psychoanalytischen Positionen Schultz-Henckes wurden nun in Zürich umstandslos mit der nazistischen Ideologie identifiziert und verurteilt.[55]

54 Beim *17. Internationalen Psychoanalytischen Kongreß*, der 1951 in Amsterdam stattfand, wurde die DPV durch Bartemeier, Nachfolger von Jones im Amt des IPV-Präsidenten, dann in die IPV aufgenommen. In seiner Eröffnungsrede zitierte Bartemeier bei dieser Gelegenheit noch einmal die Worte seines Vorgängers Jones (vgl. Anm. 49), wonach die Psychoanalyse eine Wissenschaft sei, die an gesellschaftspolitischen Fragestellungen nicht interessiert sein könne.

55 Auch Schultz-Hencke hatte mit NS-Instanzen kooperiert. So blieb er, der bereits 1927 zu den Gründungsmitgliedern der *Allgemeinen Ärztlichen Gesellschaft für Psychotherapie* gehört hatte, auch nach deren ideologischer Umgestaltung und Umbenennung in *Deutsche Allgemeine Ärztliche Gesellschaft für Psychotherapie* Vorstandsmitglied dieser Fachschaft. In den *Rundbriefen* Fenichels (zum Beispiel: 1934 a) ist

Es setzten sich zwei kontrastierende Stereotype fest: Das eine zeigte den mit der NS-Ideologie sympathisierenden Schultz-Hencke[56], das andere den die Freudsche Psychoanalyse im NS-Staat treu und tapfer verteidigenden Müller-Braunschweig.[57] Differenziertere Bilder der beiden Protagonisten gab es zwar auch – vor allem bei Zeitzeugen; sie blieben jedoch bis in die achtziger Jahre hinein weitgehend unbeachtet. So urteilte beispielsweise Käthe Dräger, die seit 1936 aktiv am politischen Widerstand gegen das Hitler-Regime teilgenommen hatte, Anfang der siebziger Jahre über Schultz-Hencke: »Seiner politischen Gesinnung nach war er kein Nationalsozialist und er bewies persönlichen Mut« (1971, S. 50). Lockot faßt Kempers Meinung über Schultz-Hencke so zusammen: Als Kemper »den Kollegen Wilhelm Reich und Lotte Liebeck rechtzeitig zur Flucht verhalf und den Kontakt zu den beiden verhafteten Mitgliedern der Gesellschaft, Edith Jacobsohn und John Rittmeister[58] (der bei ihm in Lehranalyse

denn auch öfter der Vorwurf zu finden, Schultz-Hencke habe sich mit den neuen Machthabern arrangiert. Im Gegensatz zu Müller-Braunschweig und Boehm war Schultz-Hencke im »Dritten Reich« jedoch kein offizieller Repräsentant der DPG.

56 Vgl. dazu beispielsweise die Arbeiten von Thomä (1963/64) und Kütemeyer (1991).

57 So heißt es zum Beispiel noch 1985 (!) bei Thomä und Kächele, Müller-Braunschweig habe während der NS-Zeit »die Lehre Freuds bewahrt«; Schultz-Hencke hingegen habe geglaubt, »in den Jahren der Abgeschlossenheit«, also zwischen 1933 und 1945, »die Psychoanalyse sogar weiterentwickelt zu haben«. Dennoch fällt das Urteil über Schultz-Hencke an dieser Stelle relativ milde aus: »Die von Schultz-Hencke beim ersten Kongreß der *Internationalen Psychoanalytischen Vereinigung* (IPV) nach dem Kriege in Zürich vorgetragene Kritik an der Libidotheorie und an der Metapsychologie würde (...) heute kein Aufsehen mehr erregen und von vielen Analytikern geteilt werden« (Thomä/Kächele 1985, S. XII) – zumal sie inzwischen auch von Thomä und Kächele geteilt wird.

58 John Rittmeister, geb. 1898 in Hamburg, arbeitete bis 1937 als Arzt in der Schweiz. Dort kam er mit der Jungianischen Theorie und Praxis in Berührung. 1937 kehrte er nach Berlin zurück, wo er »dem später als ›neoanalytische Gruppe‹ bezeichneten Kreis um Schultz-Hencke zugerechnet« wurde (Lockot 1985, S. 339). Wegen seiner Zusammenarbeit mit der »Roten Kapelle«, einer von den Nazis so genannten kommunistischen Widerstandsorganisation um Harro Schulze-Boy-

war), aufrechterhielt, konnte er sich immer auf Schultz-Henckes Hilfe verlassen« (1994, S. 263).[59]

Wie läßt sich die gegen Schultz-Hencke inszenierte Kampagne aus heutiger Sicht erklären? Schultz-Hencke wurde aus zwei Gründen abgestraft. In beiden Fällen hatte er auch eine Funktion als Stellvertreter und Sündenbock zu erfüllen: Zum einen wurde in ihm der Repräsentant der mit dem NS-System kollaborierenden Psychoanalyse gesehen, zum anderen wurde er als Repräsentant der ›Neo‹-Psychoanalyse verurteilt. Diese hatte mit Fromm, Horney, Alexander und anderen damals nicht nur in Deutschland, sondern vor allem in den USA Anhänger. Wollte man den Einfluß dieser – in sich wenig homogenen – Gruppe innerhalb der IPV zurückdrängen, war es nötig, ein Exempel zu statuieren. Für diesen Zweck bot sich Schultz-Hencke in idealer Weise an: Seine Einwände gegen die Triebtheorie, seine Relativierung der Bedeutung des Ödipuskomplexes und andere von ihm vorgenommenen Modifikationen der Freudschen Psychoanalyse, für die Schultz-Hencke bereits Ende der zwanziger Jahre Lehrverbot am Berliner Institut erhalten hatte, konnte man nun mit dem ›Hitlerismus‹ in Verbindung bringen, hatten doch auch die Nazis die Psychoanalyse vom ›jüdischen‹ Erbe (also zum Beispiel von der Triebtheorie) befreien wollen.[60] Der (erwünschte) Nebeneffekt dieser Kampagne bestand darin, daß nun niemand mehr nach Müller-Braunschweigs Rolle während der NS-Zeit fragte; und niemand schien sich daran zu erinnern, daß stets drei Finger auf denjenigen zurückweisen, der mit dem Zeigefinger auf einen anderen deutet.[61]

sen, wurde Rittmeister am 13. 5. 1943 in Plötzensee mit dem Fallbeil hingerichtet.

59 Am 19. 3. 1935 schreibt der Emigrant René Spitz in einem (bisher unveröffentlichten) Brief aus Paris an Siegfried Bernfeld: »Es wird Sie vielleicht amüsieren, dass, ironisch wie es im Leben schon zugeht, Schultz-Hencke als bisher Erster und Einziger in einem öffentlichen Vortrag an der Lessing-Hochschule einen dezidierten Vorstoss für die Psychoanalyse machte« (Spitz 1935).

60 In einer Arbeit von Ermann (1989, S. 184 ff.) wird die Komplexität der von Schultz-Hencke nach 1933 eingenommenen Positionen differenziert aufgezeigt. Ermann analysiert auch die Funktion, die Schultz-Hencke bei der »Aufarbeitung« der NS-Vergangenheit der Psychoanalyse durch seine Gegner zu übernehmen hatte.

61 Es sollte Jahrzehnte dauern, bis die falschen Gewißheiten – hier der

In Zürich 1949 war die Mehrheit der beim Kongreß anwesenden Psychoanalytiker nicht in der Lage, das von Jones und Müller-Braunschweig inszenierte Intrigenspiel zu durchschauen. Zu den wenigen, die damals die Hintergründe ahnten, gehörte Barbara Lantos. Als Mitglied der linksoppositionellen Gruppe um Fenichel und Reich hatte sie durch die *Rundbriefe* genügend Kenntnis über die Positionen, die Jones und Müller-Braunschweig während der NS-Zeit eingenommen hatten. Sie widersprach in ihrem Redebeitrag dem von Jones und Müller-Braunschweig unternommenen Versuch, »Dr. Schultz-Hencke's peculiar views« und »the question of Hitlerism« miteinander zu vermengen. Beide Angelegenheiten seien *getrennt* voneinander zu diskutieren. Aus diesem Grund plädierte sie auch dafür, die DPG unter Einschluß Schultz-Henckes noch in Zürich wieder als Zweigvereinigung der IPV zu bestätigen: »So we should support the German Society and re-admit it as a full member« (*Report* 1949, S. 186).

Jones widersprach diesem Vorschlag sofort und heftig. Der Antrag von Barbara Lantos wurde daraufhin (bei nur 15 Pro-Stimmen) von der Mehrheit abgelehnt. Der Antrag des IPV-Vorstands, die IPV-Mitgliedschaft der DPG vorerst nicht zu bestätigen, um den Deutschen Zeit zu geben, sich von Schultz-Hencke zu trennen[62], bevor die DPG wieder in die IPV integriert werde, wurde statt dessen angenommen.

Einige Jahre nach dem Züricher Kongreß veröffentlichte Jones seine richtungsweisende und lange Zeit konkurrenzlose Freud-Biographie, in der er auch auf die Situation der Psychoanalyse im Hitler-Staat eingeht. Die von Jones gewählte Dramaturgie der Darstellung folgt dabei der in Zürich 1949 erprobten Taktik der rückwärtsgewandten Vorwärtsverteidigung. So behauptet Jones in

NS-belastete Schultz-Hencke, dort der »Widerstandskämpfer« Müller-Braunschweig – allmählich doch ins Wanken gerieten. In erster Linie sind hier die Pionierleistung von Cocks (1985) und Dahmers Wiederentdeckung von Müller-Braunschweigs *Reichswart*-Artikel und dessen Wiederveröffentlichung in der *Psyche* 1983 zu nennen.

62 Wäre Schultz-Hencke damals aus der DPG ausgetreten, wäre die DPG noch in Zürich 1949 als Zweigvereinigung der IPV bestätigt worden. Es ging also keineswegs darum, die NS-Geschichte der DPG (oder gar die Mitverantwortung der IPV-Führung für deren Verlauf) zu klären. Es ging lediglich um den Ausschluß der »neo«-psychoanalytischen Positionen, als deren Repräsentant Schultz-Hencke abgestraft werden sollte.

diesem Werk etwa, die »›Liquidierung‹ der Psychoanalyse im Deutschen Reich« sei bereits 1934 (!) »vollständig« (1962, III, S. 222) abgeschlossen gewesen. Das mag im übertragenen Sinn zutreffen, widerspricht jedoch dem Verständnis, das Jones zu jener Zeit selbst hatte und das er jetzt verschweigt. So hatte er die Juden Ende 1935 *gerade deshalb* zum »freiwilligen« Austritt aus der DPG aufgefordert, *weil* er damit die »›Liquidierung‹ der Psychoanalyse im Deutschen Reich« verhindern wollte!

Und wenn Jones in seiner Freud-Biographie auf den Luzerner Kongreß von 1934 und den damals beschlossenen Ausschluß Wilhelm Reichs aus der IPV zu sprechen kommt, so fälscht er die Geschichte auf plumpe Art und Weise:

»An diesem Kongreß trat Wilhelm Reich aus der Vereinigung aus. Freud hatte anfänglich eine hohe Meinung über ihn gehabt; durch Reichs politischen Fanatismus war es jedoch zwischen ihnen sowohl persönlich als auch wissenschaftlich zu einer Entfremdung gekommen« (1962, III, S. 229).

Jones, der damals neben Freud und Federn die treibende Kraft war und den Ausschluß Reichs aus der IPV forderte, behauptet nun wider besseres Wissen, Reich sei in Luzern aus der IPV *ausgetreten.*[63] Er benutzt die Freud-Biographie, um den von den Nazis verfolgten, ins Exil geflohenen und dort gegen den Nationalsozialismus weiter ankämpfenden Reich als ›politischen Fanatiker‹ zu diffamieren!

Reich schreibt, »das Gerücht«, er habe »selbst den Ausschlußantrag gestellt« (1982, S. 221), sei bereits kurze Zeit nach dem Luzerner Kongreß ausgestreut worden. Die Winkelzüge, die damals angewendet wurden, um Reich loszuwerden, sind jedoch von dem Augen- und Ohrenzeugen Fenichel in einem der *Rundbriefe* (Fenichel 1934 d) festgehalten worden. Anhand dieser Aufzeichnung läßt sich die Abfolge der Ereignisse detailliert rekonstruieren. Fenichel schreibt:

63 Diese von Jones vertretene Version der Ereignisse von Luzern wurde in der Literatur lange Zeit ignoriert. Die meisten der Autoren, die den »Fall« Reich diskutierten, nannten das Faktum beim Namen: Reich war in Luzern nicht aus der IPV ausgetreten, sondern aus der IPV ausgeschlossen worden (Büntig 1977, S. 404; Burian 1972, S. 70; Dahmer 1973, S. 363; Dahmer 1989 b, S. 204; Fallend 1988, S. 244; Grunberger/Chasseguet-Smirgel 1979, S. 70 f.; Jacoby 1990, S. 109; Mühlleitner 1992, S. 258).

Die »Ereignisse am Kongress« hätten sich »insbesondere in Bezug auf den Ausschluss Reichs« derart »rasch wechselnd« verändert, daß es kaum Chancen gegeben habe, Reich noch zu unterstützen. Man sei in Luzern damals von den taktischen Maßnahmen der IPV-Führung (und von Reichs Reaktionen darauf) immer wieder überrascht worden und habe deshalb die eigene »Taktik vielfach improvisieren« müssen. Zunächst hätten die Linksoppositionellen versucht, die IPV-Führung zu zwingen, ihre Einstellung gegenüber der DPG (und damit zu der von Boehm und Müller-Braunschweig vertretenen Politik der Anpassung an das NS-Regime) offenzulegen. Man habe geglaubt, die »IPV-Leitung« werde das Vorgehen der »Deutschen Vereinigung« gegenüber Reich (also dessen DPG-Ausschluß), »deren hinterlistige Art allgemeine Empoerung ausgeloest« habe, gewiß mißbilligen.[64] Die Linksoppositionellen versuchten, vom »Vorstand der IPV« eine verbindliche Auskunft über »Reichs Zugehoerigkeit zur IPV nach seinem Ausschluss aus der Deutschen Vereinigung« (ebd.) zu erhalten. Kaum hatten sie eine entsprechende Anfrage formuliert, erfuhren sie,

»(...) dass auch der Ausschluss Reichs aus der IPV beschlossene Sache sei. Die Methoden, mit denen dieser Ausschluss aus der Internationale zunaechst durchgefuehrt werden sollte, haetten allerdings Empoerung (...) verdient; aber eine Aussprache zwischen Reich und einer von der Funktionaerskonferenz der IPV eingesetzten Kommission (...) brachte eine so weitgehende Zustimmung Reichs *zu seinem Ausschluss* (Herv.: B. N.), dass eine Debatte darueber, dass man vor dieser sachlichen Aussprache versucht hatte, Reich auf andere Weise zu entfernen, belanglos wurde und im Plenum gar kein Interesse gefunden haette, da Reich inzwischen ja seiner Ausschliessung *unter einer Bedingung*[65] (Herv.: B. N.) zugestimmt hatte, die ihm von der Kommission zugesichert worden war.
Chronologisch: Jene geheimdiplomatischen Methoden, die man zuerst

64 Fenichel war, als er dies (einige Wochen *nach* dem Luzerner Kongreß) schrieb, also noch immer nicht darüber im Bilde, daß Reichs Ausschluß aus der DPG zwischen Freud und Boehm längst (nämlich im Frühjahr 1933) abgesprochen worden war. Auch die Tatsache, daß Müller-Braunschweig, »wenn auch nicht expressis verbis« (Fenichel 1934 d), so doch in geschickten Umschreibungen in Briefen an Fenichel bis kurz vor dem Luzerner Kongreß den Eindruck erweckt hatte, Reich sei noch immer Mitglied der DPG, empfand Fenichel im nachhinein als »hinterlistig«.

65 Diese Bedingung lautete, die Begründung für den Ausschluß Reichs aus der IPV sei im Kongreßbericht zu nennen.

befolgte, bestanden in folgendem: Man sagte: die deutsche Vereinigung habe Reich ausgeschlossen. Dieser Ausschluss sei rechtskraeftig, Reich somit nicht mehr Mitglied der IPV. Unter zwei Bedingungen koennte er wieder Mitglied werden. Entweder wenn die Statuten der IPV in dem Sinne geaendert wuerden, dass auch Mitglieder, die keiner Zweigvereinigung angehoeren, ›unmittelbar‹ an die IPV angeschlossen werden koennten, was jetzt nicht moeglich sei[66]; oder wenn sich eine Zweigvereinigung faende, die Reich zum Mitglied machte; dies sei leider nicht der Fall. Jones ›ueberzeugte‹ sich davon, indem er in der Funktionaerssitzung (...) die Vertreter aller anwesenden Gruppen ausdruecklich fragte, ob sie bereit waeren, Reich aufzunehmen, was sie verneinten.
Die Perfidie dieser Ausreden ergibt sich aus zwei Umstaenden:
a) In der Geschaeftssitzung (...) legte der Vorstand einen Initiativantrag vor, eine ›unmittelbare‹ Mitgliedschaft in der IPV zu schaffen. Dieser Antrag wurde natuerlich angenommen. Die Berufung auf den Ausschluss Reichs aus der Deutschen Vereinigung ist also glatter Schwindel, da bei gutem Willen es ohne weiteres moeglich gewesen waere, Reich mit Hilfe dieser neuen Bestimmung wieder in die IPV einzugliedern.
b) Waehrend Jones vor den Funktionaeren alle Gruppen durchfragte, ob sie Reich aufnehmen wollten, und mit Bedauern feststellte, dass sich keine solche Gruppe finde, sagte er 2 Stunden zuvor in einer Zusammenkunft des Vorstandes der IPV mit den in Skandinavien lebenden Mitgliedern der IPV, dass deren Antrag, die skandinavische Vereinigung in die IPV aufzunehmen, unter der Bedingung angenommen werden wuerde, dass sie sich verpflichteten, Reich nicht zu ihrem Mitglied zu machen« (ebd.).

Aus dem zitierten *Rundbrief* Fenichels wird deutlich, daß die IPV-Führung kein Interesse daran hatte, Reich auf diesem (durch ›unmittelbare‹ IPV-Mitgliedschaft) oder auf jenem Weg (durch Zugehörigkeit zu einer anderen Zweigvereinigung) als IPV-Mitglied anzuerkennen. In Fenichels *Rundbrief* heißt es dazu erläuternd:

»Anna Freud, sowie die anderen Redner der IPV, Hartmann, Wälder, Glover, Sarasin u. a. gaben ohne weiteres zu, dass es bei gutem Willen juristisch moeglich waere, Reich wieder zum (IPV-)Mitglied zu machen; dass aber dieser gute Wille fehle und, wie sie meinten, gut begruendet fehle« (ebd.).

66 In Luzern wurde eine entsprechende Statutenänderung vorgenommen. Nun konnte der IPV-Vorstand auf Antrag und nach freiem Ermessen darüber entscheiden, ob derjenige, der die Mitgliedschaft in einer Zweigvereinigung verloren und noch keine neue Zweigvereinigung gefunden hatte, den Status der unmittelbaren IPV-Mitgliedschaft erhalten könne (oder nicht).

Die Distanzierung gegenüber Reich und dessen Ausschluß aus der IPV wurden ganz offen mit Rücksicht auf die Einschätzung der Positionen Reichs durch »das Publikum« (sprich: die Nationalsozialisten) begründet. Im *Rundbrief* Fenichels heißt es dazu, Reich behaupte,

»(...) die Psychoanalyse zu einem ›Sexualoekonomie‹ genannten, eigenen Wissenschaftssystem konsequent weiter entwickelt zu haben, das beweise, dass die Ps. A. als solche mit unbedingter Notwendigkeit eine gewisse politische Taetigkeit als Konsequenz verlange. Wenn Reich Mitglied der IPV sei, koenne das Publikum, da Reich seine gesamte Taetigkeit als eine einzige notwendige Einheit darstelle, nicht unterscheiden, mit welchen Auesserungen des Psychoanalytikers Reich seine psa. Organisation einverstanden sei, mit welchen nicht« (ebd.).

Die Nationalsozialisten sollten die Reichsche Psychoanalyse nicht mit der Freudschen Psychoanalyse verwechseln. Das war bereits das Anliegen Boehms in Berlin gewesen, das Ende 1933 zum *Reichswart*-Artikel Müller-Braunschweigs geführt hatte; und das war nun auch in Luzern das Anliegen der IPV-Führung. Schließlich hatte der IPV-Präsident den Inhalt des Memorandums gutgeheißen, das zum *Reichswart*-Artikel geführt hatte. Die Nationalsozialisten sollten die ›un‹-politische Psychoanalyse deutlich von der von Reich vertretenen Psychoanalyse unterscheiden können.
Als Reich schließlich einsah, daß er Fenichel (und die anderen Linksfreudianer) nicht auf seine – radikaloppositionelle – Seite bringen konnte, resignierte er. Also stimmte er seinem *Ausschluß* aus der IPV *unter einer Bedingung* zu: Man hatte ihm versprochen, die Gründe für seinen Ausschluß im Kongreßbericht zu nennen. Dazu würde er – ebenfalls öffentlich – Stellung nehmen. So würden die Argumente, die in Luzern hinter verschlossenen Türen ausgetauscht worden waren, allgemein bekannt und diskutiert werden können. Wie bereits dargestellt, wurden dann aber weder die Gründe für den Ausschluß Reichs noch die Tatsache des Ausschlusses als solche im Kongreßbericht erwähnt. Die Intrige gegen Reich wurde mit einem Betrug an Reich abgeschlossen.
Die Unterschlagungen waren jedoch kein Zufall. Sie waren vielmehr notwendig, um Platz für jene Gerüchte[67] zu schaffen, mit

67 Eines dieser Gerüchte besagt, Reich sei in Luzern endgültig paranoid (schizophren) geworden. Ernst Federn berichtet, bereits vor Luzern sei die Diagnose »Schizophrenie« informell von zwei Lehranalytikern

deren Hilfe das Verschwinden Reichs aus der IPV später ›erklärt‹ werden konnte.

Mit Beginn der neunziger Jahre wurde die in der Literatur bis dahin weitgehend ignorierte Behauptung von Jones, Reich sei 1934 in Luzern ›aus der Vereinigung‹ *ausgetreten*, erneut aufgegriffen. Zwar wurde kein neues Dokument – etwa eine Austrittserklärung Reichs – vorgelegt; dafür aber wurde die Behauptung von Jones um ein entscheidendes Wort angereichert: Reich habe beim Luzerner Kongreß »freiwillig (!) auf die Mitgliedschaft« in der IPV »verzichtet«, hieß es nun plötzlich wieder (Friedrich 1990, S. 163). Diese widerwärtige Wortwahl entspricht genau der, die Jones Ende 1935 im Telegramm an die Juden in der DPG benutzt hatte, um deren ›freiwilligen‹ Verzicht auf die weitere DPG-Mitgliedschaft zu erzwingen: »Rate dringend freiwilligen Austritt« (zit. n. Boehm 1935, S. 127).

Friedrich begründet seine Auffassung, Reich habe in Luzern 1934 ›freiwillig‹ auf die IPV-Mitgliedschaft verzichtet, mit dem Hinweis, Reich habe es damals unterlassen, nach dem Ausschluß aus der DPG (den Friedrich als solchen nicht bestreitet), einen Antrag auf unmittelbare Mitgliedschaft in die IPV zu stellen.[68] Damit habe sich Reich der »historische(n), politische(n) und wissenschaftliche(n) Herausforderung« (ebd.) entzogen, die ihm seine Gegner in Berlin, Wien und London gestellt hätten.[69] So wird dem

Reichs (Paul Federn und Sandor Radó) verbreitet worden (Plänkers/Federn 1994, S. 123). In einem mit Eissler am 19. 10. 1952 geführten Gespräch merkte Reich später an: »Aber um Ihnen ein Bild von der damaligen Einstellung der Analytiker zu geben: (...) Ich wohnte mit meiner Frau in einem Zelt am Luzerner See. Ich hatte ein Messer dabei, wie es beim Zelten üblich ist. Heute würde niemand etwas Besonderes dabei finden. Fünfzehn Jahre später tauchte in New York das Gerücht auf, daß ich bei dem Luzerner Kongreß vollkommen verrückt geworden sei und in der Hotelhalle ein Zelt aufgeschlagen hätte und ständig mit einem Messer herumgelaufen sei« (Reich o. J., S. 71).

68 Die Absurdität dieser These wird durch Fenichels *Rundbrief* vom 14. 9. 1934 offensichtlich: Kein Funktionär der IPV, der über einen Antrag Reichs auf direkte IPV-Mitgliedschaft hätte entscheiden können, hatte ein Interesse daran, Reich auf diesem Weg oder auf dem Umweg über die skandinavische Zweigvereinigung wieder in die IPV aufzunehmen.

69 Der Konstrukteur dieser These quält sich (und seine Leser) allerdings mit einigen Selbstwidersprüchen: So bietet Friedrich auf wenigen Sei-

als Jude, Kommunist und Psychoanalytiker dreifach verfolgten Reich noch nachträglich ein dreifaches Versagen bescheinigt. Zur Intrige gegen Reich und zum Betrug an Reich gesellt sich so noch die Schmähung Reichs.
Worin besteht nun aber der Sinn dieser neuesten Geschichtsrevision? Schließlich distanziert sich Friedrich damit auch von sich selbst, hatte er doch noch einige Jahre zuvor über das Verhalten der Psychoanalytiker während der NS-Zeit geschrieben: »Man distanzierte sich von den politisch aktiven, verfolgten und in ihrem Leben bedrohten linksorientierten Psychoanalytikern. In der Person von Wilhelm Reich geschah dies noch im Einverständnis mit den internationalen Kollegen, Freud eingeschlossen« (1987, S. 209).

ten gleich drei Versionen an, um die Ereignisse von Luzern zu begreifen. Zuerst wirft er Reich vor, »freiwillig auf die Mitgliedschaft« in der IPV »verzichtet« zu haben«, *weil* Reich keinen Antrag auf direkte IPV-Mitgliedschaft gestellt habe (Friedrich 1990, S. 163). Dann behauptet er, »soweit bis jetzt bekannt«, sei »Reich nicht ausgeschlossen worden«, vielmehr habe er beim »Luzerner Kongreß selbst seinen Austritt erklärt« (ebd., S. 164). Und schließlich resümiert er, »es sei eine offene Frage, ob Reich ausgeschlossen wurde oder selbst ausgetreten ist« (ebd., S. 165).
Friedrich (persönliche Mitteilung) hat noch eine weitere »Begründung« für seine These nachgeliefert: Reich habe sich nach seinem DPG-Ausschluß auch nicht um die Wiederaufnahme in die norwegische Gruppe bemüht. Reich berichtet zu diesem Punkt (vgl. auch den Beitrag von Karl Fallend in diesem Band), die Norweger – Raknes, Schjelderup und Nic Hoel (eine enge Vertraute Reichs, die 1935/36 als Kurierin in Deutschland unterwegs war, um der von der Gestapo verhafteten Edith Jacobsohn zu helfen) – hätten ihm kurz vor dem Luzerner Kongreß die Mitgliedschaft in ihrer Zweigvereinigung angeboten. Beim Luzerner Kongreß habe man deshalb »der norwegischen Gruppe große Schwierigkeiten bereitet. Sie sollte in die internationale Organisation nur aufgenommen werden, wenn sie sich verpflichtete, mich nicht wieder aufzunehmen« (Reich 1982, S. 227; diese Aussage Reichs wird durch den *Rundbrief* Fenichels vom 14. 9. 1934 bestätigt). Reich schreibt weiter, daß er den Norwegern später, als er die Schwierigkeiten der Situation übersah, vorgeschlagen habe, »die Frage meiner Wiederaufnahme zuerst mit mir durchzusprechen, um über deren Konsequenzen restlos ins Klare zu kommen«. Dann sei aber Fenichel gegen Reich aufgetreten. »Als ich sah, daß die norwegischen Mitglieder zögerten, schlug ich ihnen selbst vor, die Wiederaufnahme fallen

Brainin und Kaminer (1982, S. 90) hatten Anfang der achtziger Jahre Reichs »Kritik an der Haltung der DPG und der IPV gegenüber den Nazis« als den »entscheidenden Grund« für den Ausschluß Reichs aus den psychoanalytischen Organisationen erkannt. In einem zweiten Beitrag schrieben sie damals, die Funktionäre »der IPV und der DPG« hätten »angesichts ihrer kompromißbereiten Politik gegenüber den Nazis« Reich »als Bedrohung« empfunden (1984, S. 41). Wollten die IPV/DPG-Funktionäre ihre Kompromißpolitik gegenüber den Nazis fortsetzen, mußten sie sich von Reich trennen. Rigoros stellten Brainin und Kaminer fest:

»Unter den Bedingungen eines Terrorregimes ist die Abgrenzung von der herrschenden Ideologie, bei ständigen Kompromissen mit diesem Regime, nicht möglich (...) Einzig die aktive Teilnahme am politischen Widerstand konnte verhindern, daß (die in Deutschland verbliebenen Psychoanalytiker – B. N.) Teile der Nazi-Ideologie internalisiert(en)« (1982, S. 92).

Ich stimme der Schlußfolgerung der Autoren, man sei, wenn man nicht aktiver Widerstandskämpfer war, zwangsläufig Mittäter gewesen, in dieser Rigorosität nicht zu. Ich teile aber die Ansicht von Brainin und Kaminer, daß der Versuch, Kompromisse mit einer totalitären Ideologie zu schließen, in jedem Fall zum Scheitern verurteilt ist. Und ich bin wie Brainin und Kaminer der Ansicht, daß der Ausschluß Reichs aus der DPG/IPV 1933/34 primär *politisch* motiviert war.

Mit diesem Fazit könnte die vorliegende Studie beendet sein – gäbe es die erwähnte Geschichtsrevision nicht. Da es sie aber gibt, muß auf deren Hintergründe noch eingegangen werden. Heute heißt es wieder:

»In der Rezeption der Geschichte der Psychoanalyse und ihrer Bewegung gibt es eine Richtung, sie auf politisch links oder rechts ausgerichtet *beschränken* zu wollen.[70] Links sein hieße dann, damals die Realität richtig erkannt zu haben, rechtzeitig geflohen zu sein und dazu noch politisch engagiert an vorderster Front gestanden zu sein. Rechts sein hieße dann, die Realität verleugnet zu haben, abseits vom politischen Geschehen gewesen zu sein.

Nach Hitlers Machtergreifung ging es *nicht* darum, die richtige politische

zu lassen. Ich könnte auch ohne sie existieren, und es wäre vielleicht besser, keine Konflikte heraufzubeschwören« (1982, S. 227).

70 Ich kenne niemanden, der sich bei der Beurteilung der Geschichte der Psychoanalyse oder der psychoanalytischen Bewegung je auf die Anwendung der Kategorien »politisch links oder rechts« *beschränkt* hätte.

Einschätzung zu haben, aus der heraus man aktiv wurde. Handelte es sich nicht einfach um Anständigkeit und Moral, wenn man sich nicht arrangierte (...)?« (Brainin 1993 b, S. 10f. – Herv.: B. N.).

Die soeben zitierte Autorin hat im Verein mit Kaminer einige Jahre früher (1982, 1984) rigorose Sätze formuliert. Unter dem Titel »Das Moralische versteht sich ja von selbst« (Brainin 1993 b)[71] formuliert sie, inzwischen ohne Kaminer, noch immer rigorose Sentenzen.

Es sei, so meint sie inzwischen, »billige Polemik«, wolle man den damaligen Psychoanalytikern vorwerfen, sie hätten sich nach Hitlers Regierungsantritt in Deutschland und ab 1934 in Österreich »nicht mehr mit politischen Fragen beschäftigt« (ebd., S. 24).[72] Brainin benutzt inzwischen sogar dieselben Argumente, mit denen Freud, Boehm, Müller-Braunschweig, Jones und andere 1933/34 den Ausschluß Reichs aus der DPG/IPV gefordert und gerechtfertigt hatten, wenn sie schreibt, Reich habe eine »wissenschaftliche Wahrheit« (nämlich die Psychoanalyse) mit einer »Heilslehre« (mit dem Marxismus) vermengt (ebd., S. 11). Und sie diffamiert inzwischen nicht nur Reich, sondern die gesamte damalige Linksopposition, wenn sie fortfährt: »Das Problem mit Reich war ja gerade, daß er die Psychoanalyse verwässerte[73], indem er sie als Teil des ›Kulturbolschewismus‹ betrachtete« (ebd., S. 13).

Nach dem Ende des ›real‹ existierenden Sozialismus verspüren manche frühere ›Links‹-Intellektuelle offenbar den aus ihrer Bio-

71 Die Formulierung stammt von Th. Vischer, den Freud (1905, S. 25) zitiert.

72 Einer derjenigen, die Brainin meinen könnte, hatte Ende der achtziger Jahre zur politischen Abstinenz der damaligen Psychoanalytiker kritisch angemerkt: »Nur einmal, am 28. Juni 1932, unterbrach ein Vortrag von Wilhelm Reich ›Massenpsychologische Probleme innerhalb der Wirtschaftskrise‹ das gewöhnliche wissenschaftliche Leben im Berliner Psychoanalytischen Institut. Aus heutiger Sicht war es die einzige wissenschaftliche Veranstaltung zu der Wirklichkeit werdenden nationalsozialistischen Herrschaft« (Friedrich 1987, S. 209).

73 Die Metapher vom reinen Wein, der durch Reich verwässert worden sein soll, wird durch eine zweite Metapher ergänzt, die der IPV-Vorsitzende Jones, der am Ausverkauf der Psychoanalyse im Hitler-Staat maßgeblich beteiligt war, wiederholt verwendet hatte: Danach sollten sich Psychoanalyse und Politik nicht besser mischen lassen als Wasser und Öl.

graphie resultierenden Zwang, ihre vormaligen Beiträge umzuschreiben.[74] Dabei fallen sie von einem Extrem ins andere – und bleiben sich doch gleich. So bestätigen sie auf tragische Weise die anhaltende Wirkung einer politisch ›links‹-*autoritären* Sozialisation.

Heute wirft Brainin jenen eine »pseudopolitische Rezeption von Geschichte« vor (ebd.), die – anders als sie – noch immer ›linke‹ und ›rechte‹ Positionen unterscheiden oder wenigstens politische nicht blauäugig durch moralische Koordinaten ersetzen wollen.[75]

Brainins Verleugnung ehedem von ihr eingenommener Positionen geht aber noch einen Schritt weiter. Als Kuratorin einer Ausstellung von Photographien der in Luzern 1934 anwesenden Freudianer war sie für den Inhalt des Katalogs verantwortlich. Darin

74 Einen Beweis für diesen Zuwachs an politischer »Reife« liefert auch Reiche (1995), wenn er das Verhältnis von innen und außen, Individuum und Gesellschaft, Psychoanalyse und Politik neu, wenngleich unter Berufung auf die alte Vorfahrtsregel »rechts« vor »links«, zu bestimmen sucht. Bei seinem Revisionsversuch entdeckt der frühere SDS-Vorsitzende gleich mehrere »Sackgassen im Diskurs über Psychoanalyse und Gesellschaft«. Reiches Text enthält denn auch ein verstecktes Selbstzitat. Der Verband, dem er einmal vorsaß, karikierte 1968 das unpolitische Geschwätz mit dem Spruch: »Alle reden vom Wetter. Wir nicht.« Inzwischen schreibt Reiche dazu als Geläuterter: »Der Patient macht eine Aussage über das Wetter (...) und bis die Stunde sich ihrem Ende zuneigt, haben wir mit ihm herausgearbeitet: Es war nicht das Wetter, es ist die Seele« (1995, S. 231). Seinerzeit hieß »die Seele« Politik. Und heute heißt das Wetter wieder Seele.
Das Schwingen des radikalen Gedankens »von einer Amplitude zur anderen« hatte schon Wittels (1931, S. 437) beobachtet. Es ließen sich aber gewiß noch »zahlreiche weitere Beispiele dafür ins Feld führen, wie sich mit der Veränderung politisch-gesellschaftlicher Konstellationen auch wissenschaftlich-politische Überzeugungen abrupt wandeln« (Ullrich 1991 S. 141).

75 Bobbio hat recht, wenn er für unsere Tage, in denen »die Bedeutung der Linken« abnimmt, »die der Rechten« hingegen zunimmt, bemerkt, daß die Profiteure des Zeitgeistes, die neuerdings den Sinn der »Dyade« (links/rechts) überhaupt in Frage stellen, vor allem aus »den Gruppen und Bewegungen« kommen, »die, solange der belebende Wind der Geschichte aus dieser Richtung zu wehen schien, sich selbst als Linke bekannt hatten (...)« (1994, S. 27). Im Klartext heißt das: Sie sind nicht erst seit heute Opportunisten.

erschien neben ihrem Beitrag, aus dem oben zitiert wurde, ein zweiter Artikel, in dem es hieß, Reich sei 1934 in Luzern »entweder aus der Internationalen Vereinigung für Psychoanalyse ausgeschlossen« worden oder bei dieser Gelegenheit »unter Druck aus(getreten)« (Gidal 1993, S. 36). Diese Formulierung läßt noch alles (und damit auch die historische Wahrheit) offen. In einer anonym verfaßten, dem Katalog beigefügten und damit von der Kuratorin der Ausstellung zu verantwortenden Kurz-Vita heißt es dann aber für das Jahr 1934 über Wilhelm Reich präzis: »Austritt aus der Internationalen Psychoanalytischen Vereinigung« (*Katalog* 1993, S. 68).[76]

In dem Augenblick, in dem es aufgrund neu verfügbarer Dokumente möglich geworden ist, den ›Fall‹ Reich nicht mehr nur als Vereinsintrige, sondern als *via regia* zum Verständnis des ›Schicksals‹ der Psychoanalyse in der NS-Zeit zu verstehen, setzen die Geschichtsrevisionen ein, die an die alte, von Jones ausgegebene Parole vom ›Austritt‹ Reichs aus der IPV anknüpfen. Die Realität wird vehement verleugnet, die Geschichte muß umgeschrieben werden. Der Konflikt zwischen dem Wunsch, wissen zu wollen, und dem Wunsch, Illusionen aufrechtzuerhalten, wird zugunsten der Illusionsbildung gelöst:

»Es war erleichternd zu erkennen, daß sie (Anna Freud, laut einer gegenüber Brainin abgegebenen Versicherung – B. N.) nie mit Boehm oder Müller-Braunschweig übereingestimmt hatte, aber sehr wohl jetzt mit meinen Intentionen (...) *Mein persönlicher psychoanalytischer Familienroman konnte wieder hergestellt werden*[77], und ich kehrte gestärkt nach

76 Die Angaben der Kurz-Viten des Katalogs orientierten sich – mit Ausnahme Reichs – in allen Fällen an den in Mühlleitners »Biographischem Lexikon der Psychoanalyse« (1992) enthaltenen Daten, wenngleich die Benutzung dieser Quelle für die Erstellung der Kurz-Viten im Katalog nicht genannt wird. In Abweichung zum Katalog nennt dieses »Lexikon« für das Jahr 1934 denn auch den *Ausschluß* Wilhelm Reichs aus der IPV (1992, S. 258).

77 In unbewußter Offenheit wird hier bekundet, worum es geht: um die Wiederherstellung eines Familienromans. Der psychoanalytische Begriff »Familienroman« meint *Phantasien*, mit deren Hilfe sich das Kind über narzißtische Kränkungen hinwegtröstet, die es aufgrund des enttäuschenden realen Verhaltens der Eltern erlebt. Das Kind erschafft sich auf diesem Wege ideale Eltern-Bilder, denen negative, verdrängte oder projizierte, Eltern-Bilder gegenüberstehen.
In diesem Zusammenhang ist auch Brainins (1993 a, S. 13) kritiklose

Wien zu meiner Arbeit zurück. Die Vorwürfe einiger Kollegen, daß Freud am Schicksal der Psychoanalyse in Deutschland mit schuld sei, da er die Gefahren nicht früh genug erkannt hatte und ›bis zuletzt hoffte, mit Jones' Hilfe die Psychoanalyse in Deutschland am Leben zu erhalten (...)‹, wurden entkräftet« (Brainin 1993 a, S. 16 – Herv.: B. N.).

Solche Korrekturen folgen dem Wiederholungszwang, den sie bestätigen und dessen Gewalt über die Zukunft sie festigen helfen.[78] Dabei gehen die Zerstörung der Erinnerung und der Zwang zur bewußtlosen Wiederholung der Geschichte Hand in Hand, wie zwei Kritiker dieser Art des Umgangs mit der Geschichte festgestellt haben:

»Obwohl ›Erinnern, Wiederholen und Durcharbeiten‹ ein wesentliches Prinzip psychoanalytischer Arbeit darstellt, ist ein Großteil der Analytiker nicht in der Lage, dieses Prinzip auf die Ära des Nationalsozialismus anzuwenden. Sie waren und sind den gleichen Abwehrprozessen unterworfen, wie sie typisch für die Gesellschaft sind, in der sie leben« (Brainin/Kaminer 1982, S. 86).

Reproduktion eines von Martin Freud und im Anschluß daran von Jones (1962, III, S. 268) kolportierten Stücks des Freudschen Familienromans *symptomatisch*: Demnach soll Freud kurz vor seiner Emigration ironisch geschrieben haben: »Ich kann die Gestapo jedermann aufs beste empfehlen.« Der tatsächliche Wortlaut der »Erklärung«, die der von den Nazis gedemütigte Freud abgeben *mußte*, um emigrieren zu können, lautete hingegen: »Ich erkläre gerne, dass bis heute den 4. Juni 1938, keinerlei Behelligung meiner Person oder meiner Hausgenossen vorgekommen ist. Behörden und Funktionäre der Partei sind mir und meinen Hausgenossen ständig korrekt und rücksichtsvoll entgegengetreten« (*Erklärung* 1989, S. 13).

78 Apropos Wiederholung(szwang): Der vorliegende Text wurde in einer ersten Fassung der psychoanalytischen Fachzeitschrift *Psyche* zum Vorabdruck angeboten. Die Redaktionsmehrheit lehnte eine Veröffentlichung u. a. mit der Begründung ab, die von mir vertretene These, die Ausgrenzung Reichs aus der DPG/IPV in den Jahren 1933/34 als Paradigma für die Anpassungspolitik der DPG/IPV-Funktionäre gegenüber dem NS-Regime zu begreifen, sei unannehmbar. Fakten und Interpretationen, die kontrovers sind, werden also gar nicht erst zur Diskussion gestellt. Sie werden so behandelt, als gäbe es sie nicht. Das gehört seit Luzern zur Tradition.
Ein ähnlich verleugnender Umgang mit der eigenen Geschichte zeigte sich zuletzt anläßlich des IPV-Kongresses 1985 in Hamburg: Eine Gruppe jüngerer Wissenschaftler hatte eine Ausstellung zur Geschichte der Psychoanalyse während der NS-Zeit vorbereitet (Katalog

Literatur

Bauman, Z. (1992), *Dialektik der Ordnung. Die Moderne und der Holocaust*, Hamburg: Europäische Verlagsanstalt.
Benetka, G. (1995), *Psychologie in Wien. Sozial- und Theoriegeschichte des Wiener Psychologischen Instituts 1922-1938*, Wien: WUV-Universitätsverlag.
Bernfeld, S. (1927/28), »Ist Psychoanalyse eine Weltanschauung?«, in: *Zeitschrift für psychoanalytische Pädagogik* 2, S. 201-208.
– (1932), »Die kommunistische Diskussion um die Psychoanalyse und Reichs ›Widerlegung der Todestriebhypothese‹«, in: *Internationale Zeitschrift für Psychoanalyse* 18, S. 352-385.

der Ausstellung = Brecht et al. 1985). Dabei war man auch auf einen Brief aus dem Jahr 1939 gestoßen, in dem Mathias Göring »den Parteigenossen Scheunert, der Nervenarzt und Psychoanalytiker ist« (zit. n. Friedrich 1994, S. 42), für eine leitende Stelle am »Deutschen« Institut vorschlug. Das Dokument durfte nicht ausgestellt werden. Der im Brief genannte Scheunert, Nachfolger Müller-Braunschweigs im Amt des Vorsitzenden der DPV und später Ehrenvorsitzender der DPV, hatte die Veröffentlichung erfolgreich verhindern können. Friedrich, der zu jener Gruppe gehörte, die das Dokument entdeckt und der anschließenden Unterdrückung des Dokuments zugestimmt hatte, lieferte die Begründung für die Zustimmung zur Zensur mit folgenden Worten nach: »In bestimmten Momenten des Durcharbeitens muß vor der Deutung die analytische Situation durch nüchterne Erfassung der Gegenstände in der unbewußten Seelenlandschaft vorbereitet werden. Das war auch der Grund, weshalb wir uns der Zensurmaßnahme seinerzeit beugten« (1994, S. 49). Der Sinn dieses kryptischen Satzes ist nicht zu verstehen, zumal jeder weiß, daß eine Ausstellung keine psychoanalytische Behandlung ist.

Friedrich (1994, S. 46) merkt dennoch kritisch an, Scheunert, der seine NS-Parteimitgliedschaft bis zur Entdeckung des belastenden Dokuments den Mitgliedern der von ihm repräsentierten Gruppe verschwiegen hatte, habe in Reaktion auf die Entdeckung des Briefes den »typisch deutschen Familien-Roman der Nachkriegszeit« geschrieben.

Friedrich schließt den Kreis, wenn er in diesem Zusammenhang auch noch einmal auf die Auseinandersetzung eingeht, die auf Dahmers Re-Publikation des *Reichswart*-Artikels Müller-Braunschweigs folgten. Dahmer sei zum »Tabubrecher« und infolgedessen zur »Unperson« geworden. Das habe ihm den »Verlust« der »leitenden Redakteursverantwortung in der *Psyche*« eingebracht (Friedrich 1994, S. 47f.).

Bobbio, N. (1994), *Rechts und Links. Gründe und Bedeutungen einer politischen Unterscheidung*, Berlin: Wagenbach.
Bocian, B. (1994 a), »Gestalttherapie und Psychoanalyse: zum besseren Verständnis eines Figur-Hintergrund-Verhältnisses. Teil I: Geschichte und Biographie – Revision der Triebtheorie und der Theorie des Selbst«, in: *Gestalttherapie* 8 (Heft 2), S. 12-36.
– (1994 b), »Gestalttherapie und Psychoanalyse: zum besseren Verständnis eines Figur-Hintergrund-Verhältnisses. Teil II: Revision der analytischen Praxis – Moderne Psychoanalyse, Kleinkindforschung und Gestaltpsychologie«, in: *Gestalttherapie* 9 (Heft 1), S. 61-83.
Boehm, F. (1934), »Bericht vom 21. 8. 1934 über die Ereignisse 1933-1934« (zit. n. Faksimile-Abdruck in: K. Brecht et al. (Hg.), *»Hier geht ...«*, S. 99-109).
– (1935), »Bericht vom 4. 12. 1935 über die Verhandlungen in Berlin« (zit. n. Faksimile-Abdruck in: K. Brecht et al. (Hg.), *»Hier geht ...«*, S. 116-127).
Brainin, E. (1993 a), »Einleitung«, in: E. Brainin/V. Ligeti/S. Teicher, *Vom Gedanken zur Tat. Zur Psychoanalyse des Antisemitismus*, Frankfurt am Main: Brandes & Apsel, S. 9-18.
– (1993 b), »›Das Moralische versteht sich ja von selbst‹. Einfälle zu den Bildern eines Kongresses«, in: *Katalog zur Ausstellung »Die Freudianer – Fotografien vom 13. Internationalen Psychoanalytischen Kongreß Luzern 1934«*, Wien: Jüdisches Museum der Stadt Wien, S. 9-26.
Brainin, E./I. J. Kaminer (1982), »Psychoanalyse und Nationalsozialismus«, in: *Psyche* 36, S. 989-1012 (hier zit. n. Wiederabdruck in: H.-M. Lohmann (Hg.), *Psychoanalyse und ...*, S. 86-105).
– (1984), »Psychoanalyse und Nationalsozialismus«, in: *Jahrbuch der Psychoanalyse* (Beiheft 8), S. 36-63.
Brecht, K. et al. (Hg.) (1985), *»Hier geht das Leben auf eine sehr merkwürdige Weise weiter ...« – Zur Geschichte der Psychoanalyse in Deutschland*, Hamburg: Kellner.
Bühler, C. (1972), »Selbstdarstellung«, in: L. J. Pongratz/W. Traxel/E. G. Wehner (Hg.), *Psychologie in Selbstdarstellungen*, Bern: Huber, S. 9-42.
Büntig, W. E. (1977), »Das Werk von Wilhelm Reich und seinen Nachfolgern«, in: D. Eicke (Hg.), *Die Psychologie des 20. Jahrhunderts*, Bd. 3, Zürich: Kindler, S. 383-425.
Burian, W. (1972), *Psychoanalyse und Marxismus. Eine intellektuelle Biographie Wilhelm Reichs*, Frankfurt am Main: Makol.
Cocks, G. (1985), *Psychotherapy in the Third Reich. The Göring Institut*, New York/Oxford: Oxford University Press.
Dahmer, H. (1973), *Libido und Gesellschaft. Studien über Freud und die Freudsche Linke*, Frankfurt am Main: Suhrkamp.
– (1983), »Kapitulation vor der ›Weltanschauung‹. Zu einem Aufsatz von Carl Müller-Braunschweig aus dem Herbst 1933«, in: *Psyche* 37, S. 1116-1135.

– (1989 a), »Zur aktuellen Debatte um die Psychoanalyse im ›Dritten Reich‹« in: K. Fallend/B. Handlbauer/W. Kienreich (Hg.), *Der Einmarsch in die Psyche. Psychoanalyse, Psychologie und Psychiatrie im Nationalsozialismus und die Folgen*, Wien: Junius, S. 99-110.
– (1989 b), *Psychoanalyse ohne Grenzen. Aufsätze, Kontroversen*, Freiburg i. Br.: Kore.
»*Der Ausschluß* Wilhelm Reichs aus der Internationalen Psychoanalytischen Vereinigung« (1935) (ohne Verfassername; der Text stammt von W. Reich), *Zeitschrift für politische Psychologie und Sexualökonomie* 2, Heft 1, S. 54-61.
Dräger, K. (1971), »Bemerkungen zum Schicksal der Psychoanalyse in Deutschland zwischen 1933 und 1949«, in: *Psyche* 25, S. 255-268.
Eitingon, M. (1933 a), Brief an Sigmund Freud vom 24. 3. 1933 (Freud Museum London).
– (1933 b), Brief an Sigmund Freud vom 21. 4. 1933 (Freud Museum London).
Erklärung (unterschrieben von S. Freud am 4. 6. 1938; Faksimile-Abdruck), *Journal – International Association for the History of Psychoanalysis* 8, 1989, S. 13.
Ermann, M. (1989), »Freud, unsere Vergangenheit und Gegenwart«, in: *Forum der Psychoanalyse* 5, S. 177-189.
Fallend, K. (1988), »›Den katastrophalen Veränderungen gewachsen‹ – Zur Emigration Wilhelm Reichs«, in: F. Stadler (Hg.), *Vertriebene Vernunft, II. Emigration und Exil österreichischer Wissenschaft*, Wien/München: Jugend und Volk, S. 242-246.
Fenichel, O. (1934 a), *Rundbrief* Nr. I vom März 1934.
– (1934 b), *Rundbrief* Nr. II vom April 1934.
– (1934 c), *Rundbrief* Nr. IV vom 5. 6. 1934.
– (1934 d), *Rundbrief* Nr. VIII vom 14. 9. 1934.
– (1935 a), *Rundbrief* Nr. XI vom 12. 2. 1935.
– (1935 b), *Rundbrief* Nr. XIV vom 26. 4. 1935.
– (1935 c), *Rundbrief* Nr. XVI vom 30. 6. 1935.
– (1936), *Rundbrief* Nr. XXIX vom 6. 9. 1936.
»*Festgruß* an den dritten psychoanalytischen Kongreß in Weimar« (1911), *Zentralblatt für Psychoanalyse* 1, S. 531 f.
Freud, A. (1933), Brief an Ernest Jones vom 27. 4. 1933 (zit. n. V. Friedrich, *Der 13. Internationale* ..., S. 164).
Freud, S. (1905), »Über Psychotherapie«, in: GW V, S. 11-26.
– (1914), »Zur Geschichte der psychoanalytischen Bewegung«, in: GW X, S. 43-113.
– (1927), »Die Zukunft einer Illusion«, in: GW XIV, S. 323-380.
– (1932), Brief an Max Eitingon vom 9. 1. 1932 (Freud Museum London).
– (1933 a), »Neue Folge der Vorlesungen zur Einführung in die Psychoanalyse«, GW XV.

– (1933 b), Brief an Max Eitingon vom 17.4. 1933 (Freud Museum London).
Friedrich, V. (1987), »Psychoanalyse im Nationalsozialismus. Vom Widerspruch zur Gleichschaltung«, in: *Jahrbuch der Psychoanalyse* 20, S. 207-233.
– (1990), »Der 13. Internationale Psychoanalytische Kongreß 1934 – Seine Bedeutung in der psychoanalytischen Bewegung. Dokumentation«, in: T. N. Gidal (Hg.), *Die Freudianer auf dem 13. Internationalen Psychoanalytischen Kongreß 1934 in Luzern*, München: Verlag Internationale Psychoanalyse, S. 154-171.
– (1994), »Vom Deutschen Kleinmut«, in: *Bulletin – Zeitschrift der Wiener Psychoanalytischen Vereinigung*, Heft 3, S. 41-55.
Gay, P. (1989), *Freud. Eine Biographie für unsere Zeit*, Frankfurt am Main: Fischer.
Gente, H.-P. (Hg.) (1970), *Marxismus, Psychoanalyse, Sexpol*, Bd. 1, Frankfurt am Main: Fischer.
Gidal, N. T. (1993), »Die Freudianer«, in: *Katalog zur Ausstellung »Die Freudianer – Fotografien vom 13. Internationalen Psychoanalytischen Kongreß Luzern 1934«*, Wien: Jüdisches Museum der Stadt Wien, S. 29-47.
Göring, M. H. (1936), »Weltanschauung und Psychotherapie«, in: *Zentralblatt für Psychotherapie* 9, S. 290-296.
Greither, A. (1939), *Selbstmord und Erziehung. Eine kulturphilosophische, psychologische und pädagogische Studie*, Leipzig: Meiner.
Gross, O. (1920), *Drei Aufsätze über den inneren Konflikt*, Bonn: Marcus & Weber.
Grunberger, B./J. Chasseguet-Smirgel (1979), *Freud oder Reich? Psychoanalyse und Illusion*, Frankfurt am Main/Berlin/Wien: Ullstein.
Hilberg, R. (1982), *Die Vernichtung der europäischen Juden. Die Gesamtgeschichte des Holocaust*, Berlin: Olle & Wolter.
– (1994), *Unerbetene Erinnerung. Der Weg eines Holocaust-Forschers*, Frankfurt am Main: Fischer.
Huber, W. (1977), *Psychoanalyse in Österreich seit 1933*, Wien/Salzburg: Geyer.
Jacoby, R. (1990), *Die Verdrängung der Psychoanalyse oder der Triumph des Konformismus*, Frankfurt am Main: Fischer.
Jones, E. (1935), »Ansprache zur Eröffnung des 13. Internationalen Psychoanalytischen Kongresses 1934 in Luzern«, in: *Internationale Zeitschrift für Psychoanalyse* 21, S. 112-115.
– (1936), Brief an Ernst Simmel vom 25.2. 1936 (zit. n. Faksimile in: K. Brecht et al. (Hg.), *»Hier geht ...«*, S. 165).
– (1937), »Bericht des Zentralvorstandes«, verlesen von E. Jones am 5.8. 1936 beim 14. Internationalen Kongreß in Marienbad, *Internationale Zeitschrift für Psychoanalyse* 23, S. 181-187.

– (1962), *Sigmund Freud – Leben und Werk*, Bd. 3, Bern: Huber.
Katalog zur Ausstellung »Die Freudianer – Fotografien vom 13. Internationalen Psychoanalytischen Kongreß Luzern 1934«, Wien: Jüdisches Museum der Stadt Wien, 1993.
Kütemeyer, M. (1991), »Die Sprache der Psychosomatik im Nationalsozialismus«, in: W. Bohleber/J. Drews (Hg.), *»Gift, das du unbewußt trinkst ...« Der Nationalsozialismus und die deutsche Sprache*, Bielefeld: Aisthesis, S. 61-82.
Lockot, R. (1985), *Erinnern und Durcharbeiten. Zur Geschichte der Psychoanalyse und Psychotherapie im Nationalsozialismus*, Frankfurt am Main: Fischer.
– (1994), *Die Reinigung der Psychoanalyse. Die Deutsche Psychoanalytische Gesellschaft im Spiegel von Dokumenten und Zeitzeugen (1933-1951)*, Tübingen: edition diskord.
Lohmann, H.-M. (Hg.) (1984), *Psychoanalyse und Nationalsozialismus – Beiträge zur Bearbeitung eines unbewältigten Traumas*, Frankfurt am Main: Fischer.
Ludowyk Gyömröi, E. (1979), Brief an K. R. Eissler vom 15.4. 1979 (S. Freud Archiv, Library of Congress).
Meng, H. (1928/29), »Stellungnahme zur ›Protesterklärung katholischer Lehrerinnen‹ gegen die Zeitschrift für psychoanalytische Pädagogik«, in: *Zeitschrift für psychoanalytische Pädagogik* 3, S. 301-305.
Mühlleitner, E. (1992), *Biographisches Lexikon der Psychoanalyse*, Tübingen: edition diskord.
Müller-Braunschweig, C. (1930), »Psychoanalyse und Weltanschauung«, in: *Zeitschrift für psychoanalytische Pädagogik* 4, S. 345-355.
– (1933), »Psychoanalyse und Weltanschauung«, in: *Reichswart* vom 22. 10. 1933 (zit. n. Wiederabdruck in: H.-M. Lohmann (Hg.), *Psychoanalyse und ...*, S. 109-112).
– (1934), »Bericht an Ernest Jones vom 13. 8. 1934« (zit. n. Faksimile in: K. Brecht et al. (Hg.), *»Hier geht...«*, S. 96).
– (1935), »Nationalsozialistische Idee und Psychoanalyse« (zit. n. Faksimile in: K. Brecht et al. (Hg.), *»Hier geht ...«*, S. 167).
Nitzschke, B. (1988), »Nähe als Gewalt. Das Leben und Werk des Morphinisten, Psychoanalytikers, Anarchisten und ›Schizophrenen‹ Otto Gross«, in: ders., *Sexualität und Männlichkeit – Zwischen Symbiosewunsch und Gewalt*, Reinbek: Rowohlt, S. 188-214.
– (1990), »Zum Diskurs über die ›Sexualität‹ in zeitgenössischen psychoanalytischen Entwürfen«, in: S. Zepf (Hg.), *»Wer sich nicht bewegt, der spürt auch seine Fesseln nicht«. Anmerkungen zur gegenwärtigen Lage der Psychoanalyse*, Frankfurt am Main: Nexus, S. 155-190.
– (1991), »Die Psychoanalyse als ›un‹-politische Wissenschaft. Die politischen Konsequenzen der ›Weltanschauungs‹-Debatte vor 1933 für das Verhalten einiger offizieller Repräsentanten der deutschen (DPG) und

der internationalen (IPV) Psychoanalyse während der Zeit des ›Dritten Reiches‹«, in: *Zeitschrift für Psychosomatische Medizin und Psychoanalyse* 37, S. 31-44.
– (1992 a), »La psychanalyse considérée comme une science ›a‹-politique. Les conséquences politiques que le débat antérieur à 1933 sur la *Weltanschauung* a pu avoir sur le comportement de quelques représentants officiels de la psychanalyse allemande (la D. P. G.) et internationale (l'A. P. I.) pendant la période du ›IIIe Reich‹«, in: *Rev. Int. Hist. Psychoanal.* 5, S. 169-182.
– (1992 b), »›... im Interesse unserer psychoanalytischen Sache in Deutschland‹. Die Ausgrenzung Wilhelm Reichs aus der ›Internationalen Psychoanalytischen Vereinigung‹ – Materialien zu einer Vereinsgeschichte oder Paradigma für den Prozeß der Institutionalisierung der Psychoanalyse unter (politisch) erschwerten Bedingungen?«, in: J. Wiesse (Hg.), *Chaos und Regel. Die Psychoanalyse in ihren Institutionen*, Göttingen: Vandenhoeck & Ruprecht, S. 76-131.
– (1994), »Die besondere Wissensform der Psychoanalyse: Wissenschaftshistorische Anmerkungen zum Junktim zwischen Heilen und Forschen in der Freudschen Psychoanalyse«, in: M. B. Buchholz/U. Streeck (Hg.), *Heilen, Forschen, Interaktion. Psychotherapie und qualitative Sozialforschung*, Opladen: Westdeutscher Verlag, S. 13-37.
Pappenheim, E. (1988), »Zeitzeugin«, in: F. Stadler (Hg.), *Vertriebene Vernunft, II. Emigration und Exil österreichischer Wissenschaft*, Wien/München: Jugend und Volk, S. 221-229.
Paucker, A. (1995), »Zur Abwehr des Antisemitismus in Deutschland in den Jahren 1893 bis 1933 – Jüdischer Widerstand 1933-1945«, in: Jüdisches Museum der Stadt Wien (Hg.), *Die Macht der Bilder. Antisemitische Vorurteile und Mythen*, Wien: Picus, S. 290-304.
Plänkers, T./E. Federn (1994), *Vertreibung und Rückkehr. Interviews zur Geschichte Ernst Federns und der Psychoanalyse*, Tübingen: edition diskord.
Ploetz, A. (1895), *Die Tüchtigkeit unserer Rasse und der Schutz der Schwachen. Ein Versuch über Rassenhygiene und ihr Verhältniss zu den humanen Idealen besonders zum Socialismus*, Berlin: Fischer.
»Psychoanalyse und Weltanschauung« (1927/28), in: *Zeitschrift für psychoanalytische Pädagogik* 2, S. 31.
Rackelmann, M. (1993), »Was war Sexpol? Wilhelm Reich und der Einheitsverband für proletarische Sexualreform und Mutterschutz«, in: *Mitteilungen der Magnus-Hirschfeld-Gesellschaft* Nr. 19, S. 51-72.
Reich, W. (1932 a), »Der masochistische Charakter. Eine sexualökonomische Widerlegung des Todestriebes und des Wiederholungszwanges«, in: *Internationale Zeitschrift für Psychoanalyse* 18, S. 303-351.
– (1932 b), »Abschließende Bemerkung zur ›Gegenkritik‹ Bernfelds«, in: *Internationale Zeitschrift für Psychoanalyse* 18, S. 386 f.

– (1932 c), *Der sexuelle Kampf der Jugend*, Berlin: Sexpol.
– (1933 a), *Die Massenpsychologie des Faschismus*, Kopenhagen: Verlag für Sexualpolitik.
– (1933 b), *Charakteranalyse*, Wien: Selbstverlag (zit. n. umgearbeiteter Neuausgabe, Köln/Berlin: Kiepenheuer & Witsch [3]1971).
– (1934), »Ein Widerspruch der Freud'schen Verdrängungslehre«, in: *Zeitschrift für politische Psychologie und Sexualökonomie* 1 (Heft 2), S. 115-125.
– (1982), *Menschen im Staat*, Frankfurt am Main: Nexus.
– (o. J.), *Wilhelm Reich über Sigmund Freud* (= Interview mit K. R. Eissler), Schloß Dätzingen: Fantasie Druck (Raubdruck).
Reiche, R. (1995), »Von innen nach außen? Sackgassen im Diskurs über Psychoanalyse und Gesellschaft«, in: *Psyche* 49, S. 227-258.
Report (1949) on the 16th International Psycho-Anal. Congress, in: *Int. Journal Psycho.-Anal.* 30, S. 178 ff.
Richardi, H.-G. (1995), *Schule der Gewalt. Das Konzentrationslager Dachau*, München: Piper.
Schmuhl, H.-W. (1992), *Rassenhygiene, Nationalsozialismus, Euthanasie*, Göttingen: Vandenhoeck & Ruprecht.
Schottlaender, F. (1931), »Aggressionstrieb und Abrüstung«, in: *Psychoanalytische Bewegung* 3, S. 386 ff.
Schultz-Hencke, H. (1934), »Die Tüchtigkeit als psychotherapeutisches Ziel«, in: *Zentralblatt für Psychotherapie* 7, S. 84-97.
Spitz, R. A. (1935), Brief an Siegfried Bernfeld vom 19. 3. 1935 (Bernfeld Archiv, Library of Congress).
Springer, A. (1994), »Der weltanschauliche Streit um die Psychoanalyse«, in: *Zeitschrift der Wiener Psychoanalytischen Vereinigung* Heft 3, S. 56-93.
Steiner, R. (1994), »›Es ist eine neue Art von Diaspora ...‹ Bemerkungen zur Emigrationspolitik gegenüber deutschen und österreichischen Psychoanalytikern während der Verfolgung durch die Nationalsozialisten auf der Grundlage des Briefwechels zwischen Anna Freud und Ernest Jones sowie anderer Dokumente«, in: *Psyche* 48, S. 583-652.
Thomä, H. (1963/64), »Die Neo-Psychoanalyse Schultz-Henckes. Eine historische und kritische Betrachtung«, in: *Psyche* 17, S. 44-79 u. S. 83-128.
Thomä, H./H. Kächele (1985), *Lehrbuch der psychoanalytischen Therapie*, Bd. 1, Berlin/Heidelberg/New York: Springer.
Ullrich, V. (1991), »Der Schlichter als Provokateur – Imanuel Geiss und der ›Historikerstreit‹«, in: H. Donat/L. Wieland (Hg.), *»Auschwitz erst möglich gemacht?« Überlegungen zur jüngsten konservativen Geschichtsbewältigung*, Bremen: Donat, S. 140-147.
Vogt, R. (1995), »Rainer Werner Fassbinders ›Der Müll, die Stadt und der Tod‹ – eine deutsche Seelenlandschaft«, in: *Psyche* 49, S. 309-372.

Wälder, R. (1934), »Rezension der Zeitschrift für politische Psychologie und Sexualökonomie 1 (Heft 1), 1934«, in: *Imago* 20, S. 504-507 (zit. n. Wiederabdruck in: H.-P. Gente (Hg.), *Marxismus* ..., S. 183-188).

Weidemann, D. (1988), *Leben und Werk von Therese Benedek 1892-1977. Weibliche Sexualität und Psychologie des Weiblichen*, Frankfurt am Main: Lang.

Wittels, F. (1931), »Politischer Radikalismus«, in: *Psychoanalytische Bewegung* 3, S. 432-440.

Wittenberger, G. (1995), *Das »Geheime Komitee« Sigmund Freuds. Institutionalisierungsprozesse in der psychoanalytischen Bewegung zwischen 1912 und 1927*, Tübingen: edition diskord.

Johannes Cremerius
Der ›Fall‹ Reich als Exempel für Freuds Umgang mit abweichenden Standpunkten eines besonderen Schülertypus

»Man hat nie danach gefragt, ob etwas in Freud zu einer kritischen Steigerung der Spannung während der Zeit, die einer Krise vorausging, beigetragen hat oder nicht. Noch weniger hat sich irgendein Analytiker die Mühe gemacht festzustellen, was in den Köpfen derer vorging, die mit Freud in Konflikt gerieten, und in ihrer Beziehung zu ihm und zur Psychoanalyse zur Verbitterung führte. Wir haben uns damit zufrieden gegeben, sie als die Schurken des Dramas hinzustellen.«
(Brief von Michael Balint an Ernest Jones vom 31.05.1957, Institute of Psycho-Analysis, London)

Man kann den Fall Reich unter verschiedenen Gesichtspunkten betrachten, unter politischen, so der offizielle Aspekt der IPV, und unter dem Gesichtspunkt der persönlichen Beziehung Freuds zu Reich und Reichs zu Freud. Wenn man letzteres tut, fällt einem auf, daß sich in dieser Beziehung ein Beziehungsmuster zeigt, das Freuds Umgang mit einem bestimmten Typus von Schüler-Söhnen kennzeichnet. Bevor ich das Muster darstelle und den Typus schildere, der dieses Muster in Freud auslöste, demonstriere ich es zunächst am ›Fall‹ Reich, weil der die Struktur prototypisch sichtbar macht.

Freuds Beziehungsmuster im Umgang mit Wilhelm Reich

»Reich ist der beste Kopf in der Vereinigung.«
Freud an Anni Angel (zit. n. Higgins, Raphael 1967, S. 41)

Der glänzende Aufstieg des Wilhelm Reich

Als der 23jährige Medizinstudent Wilhelm Reich die psychoanalytische Szene in Wien im Jahre 1919/1920 betrat, empfohlen von Otto Fenichel, dessen sexologisches Studentenseminar er im Jahr zuvor besucht hatte, ging in Berlin das Leben eines Mannes, Otto Gross, zu Ende, von dem er nicht ahnen konnte, daß er Jahre später das Thema der Sexualität in ähnlicher Weise wie jener aufgreifen und schließlich dessen Schicksal teilen würde[1], nämlich das, aus der Geschichte der Psychoanalyse ausgelöscht zu werden.

Aber bevor es zu diesem Ende kam, gab es eine glänzende An-

1 Zwanzig Jahre vorher hatte Otto Gross, Arzt und Privatdozent für Psychopathologie – Freud nannte ihn »seinen Schüler« und schrieb 1918 an Jung: »Er (Jung) und Gross seien die einzigen originellen Köpfe unter seinen Schülern« (Green 1974, S. 59) – Ideen entwickelt, die oft wörtlich an Reichsche Formulierungen erinnern: Es sind die Zwänge einer unfreien, durch Normen und Institutionen, wie Ehe, Treue, Keuschheit usw., verformten und geknebelten Sexualität, die für die meisten psychischen Störungen verantwortlich sind. Und: »Der wahrhaft gesunde Zustand des Neurotikers ist die Immoralität« (Zitat Gross' im Brief von Jung an Freud am 25. 9. 1907; Freud, Jung 1974, S. 99 f.). Gross kämpfte für sexuelle Aufklärung, für eine antiautoritäre Erziehung und schließlich tat er das, was Reich ab 1929 auch tat: Er trug diese Ideen in die politische Öffentlichkeit, er rief zur »sexuellen Revolution« auf (vgl. Hurwitz 1979; Green 1974). Genau an dieser Stelle trennte sich Freud von Gross, löschte ihn als Psychoanalytiker aus, indem er veranlaßte, daß seine Arbeiten aus der psychoanalytischen Bibliographie entfernt wurden. 1928 führt Rickman im *Index Psychoanalyticus* nur noch eine Arbeit von Gross, »Drei Aufsätze über den inneren Konflikt« (1920) auf. Jung, der Analytiker von Gross, tat dasselbe wie Freud.

fangsphase, eine Zeit intensiver Beziehung zwischen Lehrer und Schüler, Schüler und Lehrer.

Wie wir aus dem Verhalten Freuds und dem der älteren Dozenten am Wiener Psychoanalytischen Ausbildungsinstitut Reich gegenüber ablesen können, haben sie ihn anfänglich ungewöhnlich bewundert, waren sie von seiner Vitalität, seiner sprühenden Persönlichkeit und seiner Begeisterung für die Psychoanalyse tief beeindruckt. Dazu gab es guten Grund. Vieles an ihm war außergewöhnlich: seine Intelligenz und sein Interesse an biologischer Forschung (schon als Schüler unterhielt er ein biologisches Labor); seine Lebenskraft und Energie – nach dem Abitur war er Soldat und wurde bereits nach einem Jahr (als Jude!) zum Leutnant befördert; 1918 hatte er dann, völlig mittellos, seinen Lebensunterhalt durch Nachhilfeunterricht verdienend, zu studieren begonnen. Daneben fand er noch Zeit, aktiv in der »Sozialistischen Jugendbewegung« mitzuarbeiten und im »Schönbergverein« zu musizieren. Außerdem hatte er ein leidenschaftliches Interesse an der Psychoanalyse: Er hatte bereits Freuds Schriften intensiv studiert und in Fenichels sexologischem Studentenseminar einen Vortrag über den »Trieb- und Libidobegriff von Forel bis Jung« gehalten, den er 1922 veröffentlichte. Auch hatte er, kaum 22jährig, in Max Marcuses *Zeitschrift für Sexualwissenschaft* einen bemerkenswerten Beitrag, »Zur ›Aufklärung‹ im Kampfe gegen die Geschlechtskrankheiten« (1919), publiziert. Wir verstehen, daß Freud in diesen Jahren unmittelbar nach dem Kriege, besorgt um die Zukunft der psychoanalytischen Bewegung, froh war, für seine ›Sache‹ einen so ausgezeichneten jungen Arzt gewonnen zu haben, der demnächst an die Klinik von Wagner-Jauregg gehen würde, um Psychiatrie zu studieren. Freud erhoffte sich von Reich eine aktive Mitarbeit in der psychoanalytischen Bewegung, mit der Freud sein Lebenswerk über seinen Tod hinaus gegen Vergänglichkeit schützen wollte. Was Freud, so dürfen wir mit Sicherheit annehmen, in besonderem Maße für Reich eingenommen hat, war die Tatsache, daß dieser junge Mensch Ideen über die Bedeutung der Sexualität für die psychische Entwicklung des Menschen mitbrachte, die Freud einen unmittelbaren Gedankenaustausch mit ihm ermöglichten. In sein Tagebuch trägt Reich im März 1919 ein: »Ich bin durch Beobachtungen an mir und anderen zur Überzeugung gekommen, daß die Sexualität der Mittelpunkt ist, um den herum das gesunde soziale

Leben ebenso wie die innere Geisteswelt des einzelnen sich abspielen« (1927/1969, S. 26). Wie ganz und gar sich Reich in Freuds Gedankenwelt bewegte, zeigen sowohl sein erster Vortrag in der *Wiener Psychoanalytischen Vereinigung*, den er auf Einladung Freuds am 13. 10. 1920 hielt – »Libido Konflikte und Wahngebilde in Ibsens ›Peer-Gynt‹« (Reich 1920) –, wie auch weitere Vorträge über Analerotik (16. 2. 1921), über Tagträume einer Zwangsneurotikerin (11. 5. 1921), über Triebenergetik (8. 6. 1921) und über den konversionshysterischen Symptomenkomplex (14. 12. 1921).[2]

Erwartete Freud in Reich eine Stütze für die psychoanalytische Bewegung zu finden, so suchte Reich in Freud eine Vaterfigur, den Vater, den er nie gehabt hatte. Gleich beim ersten Besuch bei Freud 1919 war er überzeugt, in Freud diesen Vater gefunden zu haben. Darüber informiert uns sein Bericht über diesen Besuch (Sharaf 1994, S. 78 f.). Es entstand eine positive Vaterübertragung, die bis ans Ende seines Lebens währte und durch die späteren Enttäuschungen durch Freud nie aufgehoben wurde. Dies belegt das Interview, das Eissler im Oktober 1952 in Rangely, Maine, mit Reich geführt hat (Higgins, Raphael 1967).

In dieser Phase gegenseitiger Bewunderung und Idealisierung zwischen 1919 und 1926, der ersten Phase des Beziehungsmusters, tut Freud alles Erdenkliche, damit Reich auf dem schnellsten Wege in die Wiener Vereinigung integriert werden und dort wichtige Funktionen übernehmen kann: Ohne jedwede psychoanalytische Ausbildung kann Reich an den Sitzungen der Vereinigung teilnehmen und dort Vorträge halten. 1920 ermutigt ihn Freud, mit der psychoanalytischen Praxis zu beginnen, und schickt ihm Patienten. Bereits seit 1920 ist Reich Mitglied der Vereinigung. Als Reich 1921 die Gründung eines »Technischen Seminars« anregt, stimmen Freud und die älteren Mitglieder der Vereinigung zu. Zwei Jahre später wird Reich nach Hitschmann und Nunberg der Leiter dieses Seminars, und er bleibt dies bis 1930. 1922 wird er auch klinischer Assistent der Psychoanalytischen Poliklinik, eines Ambulatoriums für Mittellose, deren Vizedirektor er unter Hitschmanns Leitung von 1928 bis 1930 ist. Seine Arbeit macht

2 Vgl. zu den angeführten Vorträgen Reichs die von Fallend (1995, S. 141 ff.) veröffentlichten Sitzungsprotokolle der *Wiener Psychoanalytischen Vereinigung*.

ihn bald bekannt und trägt ihm den Ruhm ein, der »Begründer der modernen psychoanalytischen Technik« zu sein, so Freud (laut Boadella 1985, S. 117). Ausländische Gäste, vor allem an der Psychoanalyse interessierte Amerikaner – so Walter Briehl, M. R. Kaufmann, O. S. English, J. Murray, Alexander S. Neill, Fritz Perls und Nic Waal –, nehmen an seinen Seminaren teil und machen bei ihm ihre Lehranalyse (Briehl 1966, S. 431).
Nach Erscheinen seines Buches »Der triebhafte Charakter« im Jahre 1925 erhält er Lob von allen Seiten. Freud gratuliert persönlich, schenkt ihm ein Foto von sich mit persönlicher Widmung und lobt in einem Brief an Paul Federn das Buch mit den Worten, es sei »reich an wertvollem Inhalt« (Sharaf 1994, S. 93). Gleichzeitig drängt Freud Federn, damals Vizepräsident der *Wiener Psychoanalytischen Vereinigung* (WPV), Reich für das Exekutivkomitee der Vereinigung vorzuschlagen (ebd.). Paul Federn nennt Reich 1924 »den besten Diagnostiker unter den jungen Analytikern« (ebd., S. 19). Ältere Analytiker wie Sterba, Hitschmann, Fenichel und Ferenczi äußern sich anerkennend über seine Arbeit (Sharaf 1994, S. 103). In der letzten Phase seines Wiener Aufenthaltes macht er eine Lehranalyse bei Isidor Sadger, die, wie die beiden Analysen bei Paul Federn in Wien und bei Sandor Radó in Berlin, nur kurz gewesen sein soll. In der Wahl Sadgers, damals bereits persona non grata, zeigt sich die Spannung an, in der sich Reich bereits damals zur WPV befand.

Ein falscher Friede

> »Die Kritik gegen Reich wird aufgehoben durch seine großen Verdienste.«
> (Freud an Paul Federn im November 1928)

Die nun folgenden Jahre bis 1930 (wir befinden uns in der zweiten Phase des Beziehungsmusters) sind Jahre eines falschen Friedens, falsch insofern, als durch diesen Frieden Freuds wahre Gefühle Reich gegenüber verdeckt wurden. Als sich Freuds Wut gegen Reich 1932 plötzlich und völlig unerwartet entlud, kam das lang Verdeckte zum Vorschein. Reich wurde davon völlig überrascht. Er hatte bis zu diesem Tag in der Vorstellung gelebt, daß Freud seinen neuen Theorien wie seinen verschiedenen Aktivitäten kritisch-wohlwollend gegenüberstünde, daß Freud ihn mochte (Higgins, Raphael 1967, S. 40). Zu dieser Annahme hatte er allen Grund. Die Biographen Ollendorf-Reich, Boadella und Sharaf berichten übereinstimmend, daß Reich von Freud das Privileg erhalten hatte, ihn in seinem Hause besuchen zu dürfen, wann immer er es für notwendig erachte. Er habe davon auch bis 1929 reichlich Gebrauch gemacht. In all den Jahren scheint es – soweit die unzureichenden Quellen eine solche Aussage rechtfertigen[3] – nur selten zu kritischen Bemerkungen Freuds zu Reichs Thesen gekommen zu sein. So gibt es im Winter 1926 eine Notiz von Reich, bezogen auf Freuds Reaktion auf »Der triebhafte Charakter« (Reich 1925): »Konflikt mit Freud« (Sharaf 1994, S. 144; Boadella 1985, S. 43). Im Mai desselben Jahres spüren wir in Freuds Urteil über das Buch »Die Funktion des Orgasmus« (Reich 1927), dessen Manuskript Reich am 6. Mai Freud zu dessen 70. Geburtstag mit einer verehrenden Widmung überreicht hatte, bereits etwas von einer gestörten Beziehung zu Reich. Reich gegenüber aber hatte Freud das Werk noch gelobt: »Ich finde Ihre Arbeit wertvoll, reich an Beobachtungsmaterial und Gedankengehalt. Sie wissen, ich stehe Ihrem Lösungsversuch, der die Neurasthenie auf ein Unterbleiben des Genitalprimats zurückführt, keineswegs ablehnend gegenüber« (zit. n. Reich 1927/1969, S. 127). Zwei Jahre später klingt es im Brief an Lou Andreas-Salomé vom 9. 5. 1928 schon anders. Ironisch-herablassend, Reichs Einseitigkeit kritisierend, schreibt Freud: »Wir haben hier einen Doktor Reich, einen braven aber impetuösen jungen Steckenpferdreiter, der jetzt im genitalen Orgasmus das Gegenmittel jeder Neurose verehrt. Vielleicht könnte er an Ihrer Analyse der

3 Die Arbeit über Reich ist erschwert, weil einmal das Gesamtwerk Reichs nicht vorliegt, zum anderen, und das macht die Arbeit besonders schwierig, weil die Freud-Briefe an Reich bis heute – von Ausnahmen (s. Fallend 1990) abgesehen – unveröffentlicht sind. Behindernd ist auch, daß die Korrespondenz zwischen Reich und den psychoanalytischen Kollegen nicht zugänglich ist. Dieselben Schwierigkeiten zeigen sich bei der Arbeit über Rank und Ferenczi. Die Freud-Rank-Korrespondenz fehlt wie eine Rank-Gesamtausgabe. Bei Ferenczi liegt zur Zeit der Abfassung dieses Textes der gesamte Briefwechsel noch nicht vor. So bin ich weitgehend auf Biographien über die von mir behandelten Personen angewiesen, die durchweg von Freunden und Sympathisanten derselben abgefaßt sind.

K. etwas Respekt vor der Komplikation des Seelischen lernen« (Freud/Andreas-Salomé 1966, S. 191).

Darf man Reichs Aussagen in dem bereits genannten Interview mit Eissler Glauben schenken und den Biographen vertrauen, so hat Freud auf die sich fortlaufend entwickelnden Theorien Reichs, die immer stärker von denen Freuds abwichen, nie gekränkt reagiert, nie feindselig zu ihnen Stellung genommen: Weder zu Reichs Ablehnung von Freuds Ichpsychologie noch zu seiner Auffassung, daß er individuelle Therapie für zwecklos halte (notwendig, so Reich, sei eine andere Erziehung der Kinder, die Einrichtung von Jugendzentren, sexuelle Aufklärung und Hilfe in sexuellen Fragen), noch zu der, daß alle seelischen Störungen auf Beeinträchtigung der seelischen ›Spannungsabfuhr‹ im Orgasmus zurückzuführen seien. Auch Reichs politische Aktivitäten scheinen damals noch keine offene Ablehnung gefunden zu haben. Boadella berichtet, daß Freud der Gründung der Sexualberatungsstellen für Arbeiter und Angestellte im Frühjahr 1929 zugestimmt habe (1985, S. 71). Auch finden sich aus dieser Zeit keine Hinweise darauf, daß Freud gegen die dort vertretene sozialistische Ideologie, die dann schließlich eine kommunistische wurde, Front gemacht habe. Daß Reich ahnungslos bleiben konnte, dafür spricht auch, daß Freud Reichs Stellung als Leiter des ›Technischen Seminars‹ gegen die Angriffe Federns, der Reichs Entlassung aus der Leitung verlangt hatte, verteidigte: »Die Kritik, die Sie und andere Kollegen gegen ihn erheben, wird aufgehoben durch seine großen Verdienste um das intellektuelle Leben der Vereinigung. Er ist wirklich ziemlich gut« (Freud an Federn im November 1928 – zit. n. Sharaf 1994, S. 186). Auch Freuds Eintreten für Reich, als Wiener Analytiker verlangten, Reich solle des Amtes des Vizepräsidenten der Psychoanalytischen Poliklinik enthoben werden, belegt dies. Am 27.7. 1927 schreibt Freud an Federn, daß »die Streitigkeiten und Feindseligkeiten in der Wiener Vereinigung (...) nicht in der Lage (seien), seine Hochachtung für Reichs Kompetenz, die von vielen geteilt werde, zu beeinflussen« (Higgins, Raphael 1967, Fußnote S. 9).

Erst Ende 1929 zeigte sich das erste Anzeichen dafür, daß der Friede ein falscher Friede war. Am 12. Dezember hielt Reich im Hause Freuds vor dem ›Inneren Kreis‹ einen Vortrag über »Die Prophylaxe der Neurosen«, auf den Freud »wütend und autoritär« reagierte (Sterba 1978, S. 214). Reichs These, wirtschaftliche und sexuelle Veränderungen des Lebens seien notwendig, um der »epidemischen« Verbreitung der Neurosen vorzubeugen – einer Verbreitung, die durch die restriktive Sexualmoral der Gesellschaft bedingt sei –, setzte Freud den Standpunkt entgegen: »Die Kultur geht vor« (Higgins, Raphael 1967, S. 45). Aber noch verstrich ein volles Jahr, in dem äußerlich alles so weiterlief wie bisher; in dem Reich weiterhin seine bedeutenden Ämter als Ausbildungsanalytiker und Dozent innehatte, bis Freud ihm geradeheraus sagte: »Ihr Standpunkt hat nichts mit der mittleren Linie der Psychoanalyse zu tun« (Higgins/Raphael 1967, S. 52). Im September 1930 anläßlich des Abschiedsbesuches von Reich, der nach Berlin umzog, drückte Freud sich so unmißverständlich aus. Der Gegenstand seines Zorns waren die Ideen, die Reich über Ehe und Familie äußerte, Ideen, die Reich gerade unter dem Titel »Geschlechtsreife, Enthaltsamkeit, Ehemoral« (1930) veröffentlicht hatte. Freuds Wortwahl, »mittlere Linie der Psychoanalyse« ist noch verbindlich; sie schließt Reich noch nicht aus der Psychoanalyse aus, sie erklärt ihn nur für randständig.

Freuds Bruch mit Reich und die Verschiebung der Auseinandersetzung auf die politische Ebene

> »Befreien Sie mich von Reich.«
> Freud im April 1933 – zit. n. Boehm (in: Brecht, K. et al. 1985, S. 101)

Jetzt folgt die dritte und letzte Phase des Beziehungsmusters. Sie bekommt durch Reichs Kampf gegen den Faschismus eine spezifische Färbung. Trennte sich Freud in der Regel von dem Typus Schüler-Sohn, wenn er ihn als Dissidenten, als Apostaten, erkannte, so trennte er sich von Reich, weil er das Überleben der Psychoanalyse in Deutschland durch dessen Kampf als Analytiker gegen den aufkommenden Faschismus bedroht sah.
Drei Jahre nach Freuds Zurechtweisung Reichs gilt er ihm nicht mehr als randständig. Freud hat jetzt nur noch den Wunsch, von Reich befreit zu werden: »Papa würde sich freuen, R. aus der Vereinigung loszuwerden« (Anna Freud an Eitingon am 16.4. 1933; zit. n. Nitzschke 1992, Anmerkung S. 116); er »kann nicht mehr erwarten, Reich als Mitglied loszuwerden« (Anna Freud an

Jones am 27. 4. 1933; zit. n. Friedrich 1990, S. 164). Das Motiv für Freuds Ärger über Reich liefert uns Freuds Reaktion auf die geplante Publikation eines Aufsatzes in der *Internationalen Zeitschrift für Psychoanalyse*: »Der masochistische Charakter« (Reich 1932 a). Freud glaubte, in dem Text eine marxistische Stellungnahme Reichs zur Theorie des Todestriebes erkannt zu haben, und verlangte, daß die Publikation nur mit einer Fußnote des Herausgebers der *Zeitschrift* (also Freuds) erscheinen dürfe. In ihr denunziert er Reich, Mitglied der bolschewistischen Partei zu sein, und weist die Leser darauf hin, daß der Bolschewismus der Freiheit des wissenschaftlichen Forschers ähnliche Schranken setze wie es kirchliche Organisationen täten (vgl. hierzu den ausführlichen Beitrag von Bernd Nitzschke in diesem Band). Die Veröffentlichung dieser Fußnote unterblieb. Statt dessen wurde Bernfeld aufgefordert, eine Replik zu verfassen, in der dasselbe geschah, was Freud mit der geplanten Fußnote beabsichtigt hatte: Bernfeld (1932) ging auf den wirklichen Inhalt des Reichschen Textes nicht ein. Auf einigen 30 Seiten seiner Replik nahm er zum Thema des Masochismus keinen Bezug, sondern beschäftigte sich vornehmlich mit Reichs Beiträgen zur »marxistischen Soziologie«.[4] Entweder haben weder Freud noch Bernfeld Reichs Text genau gelesen, oder beide referieren falsch. Denn de facto verfaßte Reich eine klinische Studie, in der er das Material präsentierte, das er über den masochistischen Charakter in einer seit 1928 durchgeführten Analyse eines jungen Mannes gewonnen hatte. Aus diesem Material zog er Schlüsse, die jetzt seine ältere Kritik an Freuds Todestriebtheorie begründen: Destruktivität ist das Ergebnis frustrierter und aufgestauter Libido, nicht des Todestriebes.

Was hier stattfindet, ist die Verschiebung der Auseinandersetzung mit Reichs Abweichungen von Freuds Lehrmeinung auf das politische Feld. Reich weist Freud auf diese Tatsache hin: »Meine Kritik an der Doktrin des Todestriebes und des Wiederholungs-

4 Wir erinnern uns, daß derselbe Bernfeld, auch er Linksfreudianer, lange Zeit führend in der Sozialistischen Jugendbewegung tätig, bei der berühmten Diskussion in Berlin 1928 im *Verein der sozialistischen Ärzte* zusammen mit Simmel die Auffassung vertreten hatte, daß Psychoanalyse und Marxismus nicht nur vereinbar seien, sondern sich sogar gegenseitig ergänzen würden (Zusammenfassung der Diskussion in: *Imago* 14, 1928, S. 385).

zwanges hat nichts und garnichts mit der Kommunistischen Partei zu tun (...) Im übrigen weise er darauf hin, daß er Freuds Todestrieb bereits zu einer Zeit kritisiert habe, als er noch nichts über Marxismus gewußt habe« (Higgins/Raphael 1967, S. 157ff.). Freud bleibt bei seiner Unterstellung, Reich vertrete eine Psychoanalyse, die »ein Gemisch von Politik und Psychoanalyse« sei (Anna Freud erwähnt diesen Ausspruch ihres Vaters in einem Brief an Jones vom 27. 4. 1933; zit. n. Friedrich 1990, S. 164).

Als Beweis für die Verschiebungstechnik verweise ich auf folgendes: Freud führt in der von ihm beabsichtigten Fußnote nicht aus, was er wissenschaftlich an Reichs Text auszusetzen hatte. Statt dessen heißt es im Brief an Ferenczi vom 24. 1. 1932 (Jones 1962, Bd. III, S. 200), daß der Beitrag Reichs in dem Unsinn gipfele, was man für Todestrieb halte, sei eine Auswirkung des kapitalistischen Systems. Eine Verschiebung ist auch, daß Freud die Partei, der Reich angehört, nicht korrekterweise *Kommunistische Partei* (KP), sondern »Bolschewistische Partei« nennt, womit er den Autor beim Publikum verteufelte. Diese Verschiebung war nötig, weil Reichs Kommunismus kein ausreichender Grund sein konnte, sich seiner zu entledigen. Man hätte gefragt, warum jetzt? (Reichs Mitgliedschaft in der KP war Freud seit langem bekannt.) Und, warum nur Reich (und nicht auch die anderen Kommunisten Fenichel, Jekels, Lantos, Meng oder Helene Deutsch, die neben Rosa Luxemburg auf den Straßen marschierte)? Reichs Mitgliedschaft in der KP war auch deshalb kein Argument, weil damals zahllose Intellektuelle in und außerhalb der KP – darunter auch viele Mitglieder der *Deutschen Psychoanalytischen Gesellschaft* (DPG) – sozialistische Ideen diskutierten.

Für die Verschiebungstheorie spricht auch, daß Freud bis zum Jahre 1930 auf die ihm bekannten theoretischen Abweichungen Reichs (Ablehnung der Todestriebtheorie; Ablehnung der Freudschen Ichpsychologie; Kritik am Ödipuskomplex als ›bürgerlich-kapitalistisches Phänomen‹; Kritik der Freudschen Kulturtheorie; Infragestellung der individuellen psychoanalytischen Therapie) nie bösartig und vernichtend reagiert hatte. Als Beispiel für Freuds ruhigen Stil der Auseinandersetzung mit Reichs abweichenden Auffassungen verweise ich auf seine Diskussionen von Reichs Kulturtheorie in »Die Zukunft einer Illusion« (Freud 1927) und in »Das Unbehagen in der Kultur« (Freud 1930) wie auf seine wohlwollende Erklärung von 1930, Reich könne, falls er nach Wien (aus Berlin) zurückkehren wolle, wieder Leiter des ›Technischen Seminars‹ werden (Sharaf 1994, S. 186 f.). Auch auf Reichs politische Aktivitäten, die Freud kannte und zum Teil gefördert hatte (so die Sexualberatungsstellen), hat Freud nie feindselig reagiert, im Gegenteil, er hat sie gegen Federn und andere Gegner Reichs verteidigt (Sharaf 1994, S. 186; Higgins/Raphael 1967, Fußnote S. 9). Erst im Januar 1932, zu der Zeit also, als Reich bereits in Berlin antifaschistisch tätig war, erkannte Freud in der Kritik Reichs an seiner Todestriebtheorie eine »bolschewistische« Kritik.

Als weiteren Beweis für die Verschiebungstheorie verweise ich auf die Sitzung des Unterausschusses, den das Exekutivkomitee der *Internationalen Psychoanalytischen Vereinigung* (IPV) geschaffen hatte, damit er – einen Tag vor (!) der Sitzung des letzteren in Luzern 1934, in der über Reichs Ausschluß aus der IPV diskutiert werden sollte – Reich zum Rücktritt bewegen sollte. Reich sagte, daß er seinen Ausschluß nur verstehen könne, wenn seine Opposition gegen die Todestriebtheorie und Freuds Kulturtheorie mit seiner Mitgliedschaft unvereinbar seien (Sharaf 1994, S. 22). Auf diesen Vorschlag Reichs, von der politischen Ebene auf die wissenschaftliche Ebene zurückzugehen, ist der IPV-Vorstand nicht eingegangen.

Anna Freud erklärt Jones am 27. 4. 1933, warum es nicht zu einer Auseinandersetzung auf der wissenschaftlichen Ebene kommen konnte: »Reich wünscht eine offizielle wissenschaftliche Stellungnahme zu seinen Arbeiten. Mir scheint, der Wunsch ist berechtigt und seine Erfüllung könnte nur wohltätig wirken, denn sie müßte unbedingt zur Abgrenzung der wirklichen Psychoanalyse von der Reich'schen Psychoanalyse führen. Mein Vater andererseits möchte eine solche langsame Entscheidung gar nicht abwarten. Er kann nicht erwarten, Reich als Mitglied loszuwerden, ihn beleidigt die Vergewaltigung der Analyse ins Politische, wo sie nicht hingehört« (zit. n. Friedrich 1990, S. 164). (Siehe auch Anna Freuds Brief an Eitingon, eine Woche vorher, in dem sie bedauert, daß die »Maßregelung Reichs (...) einen politischen Hintergrund bekommt«, zit. n. Nitzschke 1992, S. 110.)

> »Man liebt es, uns Psychoanalytikern Intoleranz vorzuwerfen. Die einzige Äußerung dieser häßlichen Eigenschaft war eben die Trennung von den anders Denkenden. Sonst wurde ihnen nichts angetan.«
> (Freud 1933, S. 155)

Nachdem der Kampf gegen den Abweichler Reich auf die politische Ebene verschoben war, konnte er (fast) ohne Widerspruch[5] auf dieser Ebene weitergeführt und schließlich auch auf ihr beendet werden.

Ende 1931 forderte Eitingon, Präsident der DPG, Reich auf, bei seinen Vorträgen vor der Psychoanalytischen Gesellschaft keine »soziologischen Themen« (was heißt das?) mehr zu berühren. Im Oktober 1932 verlangte er von ihm, er solle in seine inoffiziellen technischen Seminare keine Mitglieder der Vereinigung aufnehmen. Das Thema des Seminars, an dem zwanzig praktizierende Analytiker teilnahmen, war die Technik der Charakteranalyse (Boadella 1985, S. 93)!

1933 forderte Eitingon Reich auf, »unsere Institutsräume nicht mehr (zu) betreten, damit, falls er verhaftet werden würde, dies nicht in unseren Räumen geschehen könne« (Boehm 1934, S. 99).

Am 17. 3. 1933 teilte der Sohn Freuds, Dr. Martin Freud, Direktor des *Internationalen Psychoanalytischen Verlages* in Wien, Reich mit, daß der Verlag sein Buch »Charakteranalyse« (1933 a), das er bereits zur Publikation angenommen hatte, mit Rücksicht auf die gegenwärtige Situation, die es nicht angebracht erscheinen lasse, Reichs Namen offiziell zu vertreten, nicht publizieren werde (Hig-

5 Den Widerstand gab es de facto, vor allem in der Sitzung in Luzern, nicht. Die Linksfreudianer hielten sich im Untergrund bedeckt: »Das wichtigste, was ich für die Psychoanalytische Bewegung jetzt zu tun habe, ist, mich nicht hinauswerfen zu lassen«, schreibt Fenichel im *Rundbrief* vom 12. 2. 1935 (Jacoby 1985, S. 110). Sie formulierten ihre Opposition in den geheimen Rundbriefen, so z. B. in dem vom 6. 6. 1935 (ebd., S. 119 f.). Viele Mitglieder erfuhren erst in Luzern in der Sitzung selbst von dem Kampf gegen Reich. Blum, unser Berner Kollege, berichtete mir 1962, daß er und Bally damals, tief betroffen über das Intrigenspiel, den Saal verlassen hätten (persönliche Mitteilung im Januar 1962).

gins/Raphael 1967, S. 159).[6] Welch eine unübertreffliche Ironie: Jahrelang hatte Reich als Leiter des ›Technischen Seminars‹, bis 1930 mit Zustimmung Freuds, Charakteranalyse gelehrt und Analytiker aus dem In- und Ausland, viele aus den USA, nach Wien gelockt.
Am 16.4. 1933 schrieb Anna Freud an Eitingon: »Papa würde sich sehr freuen, R. aus der Vereinigung loszuwerden« (zit. n. Nitzschke 1992, S. 116, Anm. 27).
Am 17.4. 1933 wünschte Freud den Ausschluß Reichs aus der DPG (vgl. Friedrich 1990, S. 164).
Nun setzte eine konsequente Verfolgung Reichs durch Freud und einige seiner früheren Kollegen ein. Der Verfolgte des Naziregimes, aus Berlin geflohen, um dem KZ zu entgehen, floh heimatlos von einem Land ins andere, immer wieder aufs neue ausgewiesen. Als die dänische Regierung im Herbst 1933 Reichs Ausweisung in Gang setzte, richtete ein Gruppe von Personen ein Bittgesuch zu Gunsten Reichs an den Justizminister. Zur Unterstützung Reichs schickten sie, Einstein, Bohr und Malinowski, einen Rundbrief an Freud, mit der Bitte um Hilfe. Freud verweigerte seine Unterschrift: »In Sachen Doktor Wilhelm Reich kann ich mich ihrem Protest nicht anschließen« (zit. n. Boadella 1985, S. 113). Die nächsten Vernichtungsschläge zielten auf Reichs wirtschaftliche Existenz: Freud befürwortete, daß Reichs Name im Sommer 1933 aus dem Mitgliederverzeichnis der DPG gestrichen werde, und beauftragte Boehm, den Ausschluß durchzuführen: »Befreien Sie mich von Reich.« Ein Jahr später erfolgte dann Reichs Ausschluß aus der *Internationalen Psychoanalytischen Vereinigung* (IPV) in Luzern.[7] Als Reich versuchte, in Dänemark als Ausbildungsanalytiker sein Brot zu verdienen, benötigte er, um die Tätigkeit als IPV-Ausbildung deklarieren zu können, die Anerkennung derselben durch den Vorstand der DPG. Sie wurde ihm versagt. Als Reich protestierte, setzte die IPV die skandinavische Gruppe unter Druck: Anerkennung als IPV-Gruppe nur unter der Bedingung, daß sie Reich nicht aufnehme (Sharaf 1994, S. 226; Ollendorf-Reich 1975, S. 54; Boadella 1985, S. 116).

6 »Die Massenpsychologie des Faschismus« (Reich 1933 b) konnte aus denselben Gründen nicht mehr dort erscheinen. Reich brachte das Buch im März 1933 im Selbstverlag heraus.

7 Was in Luzern geschah, mit welchen Tricks die Funktionäre der IPV Reich ausbooteten, schildert Nitzschke detailliert in seinem im vorliegenden Band enthaltenen Beitrag.

Weil die Regierungen der skandinavischen Länder Reich jeweils nur eine begrenzte Arbeitserlaubnis ausstellten, war er gezwungen, nach Möglichkeiten zu suchen, irgendwo seinen Lebensunterhalt zu verdienen. Er wandte sich hilfesuchend an frühere Kollegen aus Wien und Berlin, die bereits in den USA Fuß gefaßt hatten. Aber auch bis dahin reichte bereits die Verfolgungswelle. Im Januar 1933 schreibt Jones an Brill, daß Reich einer der »unruhestiftenden Irren« in der Psychoanalyse sei (Roazen 1971/1976, S. 482).

Den Schlußpunkt hinter diese Vernichtungsaktion setzten Gerüchte, die schon seit 1926 zirkulierten – Reich sei »paranoid«, sei »sexuell verwahrlost« (schliefe mit Patientinnen) –, nun in Luzern ins Kraut schossen und um die Diagnose »Schizophrenie» bereichert wurden (Ernst Federn berichtet, daß die Diagnose »Schizophrenie« informell von zwei früheren Lehranalytikern Reichs, Paul Federn und Sandor Radó, verbreitet wurde). Diese Gerüchte trugen noch zusätzlich zu Reichs Isolierung bei und schädigten seine wirtschaftliche und wissenschaftliche Existenz. Sie hielten sich hartnäckig bis an sein Lebensende. Daran konnten alle gegenteiligen Fakten nichts ändern: weder die jahrelange Freundschaft mit Alexander S. Neill[8], der, so Neill als vormaliger Analysand Reichs, eine Therapie erfolgreich bei Reich abgeschlossen hatte, noch die Freundschaft mit Malinowski und Briehl (seinem späteren Biographen) noch die ehrenvolle Berufung Reichs als a. o. Professor an die *New School of Social Research* in New York (Ollendorf-Reich 1975, S. 74).

Für die IPV blieb Reich der Verrückte, der Ausgestoßene, ein Nicht-Analytiker. Sein Name wurde zum letzten Mal in einem Gesamtverzeichnis der IPV erwähnt, das den Mitgliederstand vom Frühjahr 1933 wiedergibt. Am Ende seines Lebens steht kein Mitglied der IPV an seinem Grabe, bringt keine offizielle psychoanalytische Zeitschrift einen Nachruf.

»Außer der Trennung« (von anders Denkenden) »wurde ihnen nichts angetan«, bemerkt Freud am Ende dieser Vernichtungsaktion.

»So muß denn in aller Klarheit gesagt werden, daß die hier vorliegenden ›wissenschaftlichen Bestrebungen‹ (Reichs) mit der

8 Zum Briefwechsel zwischen Neill und Reich zwischen 1937 und 1957 vgl. Placzek (1981).

Psychoanalyse nichts mehr zu tun haben, daß niemand, der Reich auf seinem Weg folgt, mehr das Recht hat, sich noch auf die Psychoanalyse zu berufen«, heißt es bei Wälder (1934, S. 188).

Freuds Beziehungsmuster im Umgang mit besonders geschätzten Schüler-Söhnen – Beispiele aus der Schülerreihe vor Reich

> Für Freud und seine loyalen Anhänger lagen die Ursachen der Spannungen und Streitigkeiten in der psychoanalytischen Gemeinschaft natürlich in der Pathologie der Kinder, für die Abweichler in der Pathologie des Vaters.

Im Anschluß an die Darstellung des ›Falles‹ Reich werde ich jetzt das genannte Beziehungsmuster in Freuds Umgang mit anderen Schülern gleichen Typus – Jung, Rank, Ferenczi – aufzeigen. Im Zusammentreffen mit einem bestimmten Schülertypus rastete dieses Muster ein; es zeigte in den betreffenden Fällen im Prinzip immer die gleiche Struktur. Es spricht vieles dafür, daß Freud sich dieses Musters nicht bewußt war. Das geht aus der bereits zitierten Äußerung Freuds hervor, wonach den Abweichlern von seiten der Psychoanalytischen Vereinigung nie etwas »angetan« wurde, außer daß man sich von ihnen getrennt habe. Auch die Tatsache, daß sich dieses Muster nach dem Gesetz des Wiederholungszwanges immer wieder unverändert einstellte, spricht für diese Annahme.
Das Muster zeigt bestimmte konstante Merkmale, so einen spezifischen Auslösertypus und eine immer gleiche Phasizität.
Der Auslöser ist folgender: Wenn ein begabter jüngerer Mann voller Bewunderung für Freuds Werk, fasziniert von seiner Person, auf ihn zukommt, bereit, die Psychoanalyse ganz und gar zu seiner Sache zu machen, antwortet Freud mit lebhaften Gefühlen. Es stellt sich schnell eine Art Vater-Sohn-Beziehung von großer Nähe und gegenseitiger Idealisierung her. Ist dieser Typus gegeben, wird der neue Schüler in Freuds Phantasie zum Hoffnungsträger: Was kann der Betreffende zukünftig für die Psychoanalyse als Theorie und/oder für die psychoanalytische Bewegung leisten?[9]

9 In Jung sah Freud die Verbindung mit der Universität und der psychia-

Nachdem das Beziehungsmuster eingerastet ist, prägt es die weitere Beziehung zwischen den beiden Protagonisten.

In einer *ersten Phase*, deren Inhalt sich aus der oben dargestellten Auslösersituation ergibt, herrscht eine intensive Lebens- und Arbeitsbeziehung. Freud fördert den Eleven, weist ihm einen Platz in seinen Zukunftsplänen an und läßt eine mehr oder weniger starke Intimität entstehen. Die Schüler-Söhne gehen auf Freuds Angebot und auf seine – oft unausgesprochenen Wünsche – ein, tun alles, wovon sie glauben, daß es Freud gefallen könnte. Typisch für diese Phase ist eine gegenseitige Überschätzung und das Entstehen von Mißverständnissen, die beiden Seiten nicht bewußt sind.

Die *zweite Phase* verändert das obige Beziehungsmuster. Freud erlebt, daß dieser Schülertypus zwar gerne einen Vater hätte, aber nicht auf eine eigene Entwicklung verzichten möchte; daß er eigene, von Freuds Ideen abweichende Ideen entwickelt. Das löst in Freud die Befürchtung aus, diese Ideen könnten eines Tages seine (Vereins-)politischen Pläne mit dem Betreffenden stören. An diesem Punkt der Beziehung empfindet Freud Gefühle von Enttäuschung. Er muß Idealisierungen abbauen. Schwierig wird die Lage aber erst dadurch, daß sich Freud lange Zeit des Schutzmechanismus der Verleugnung bedient. Dies zeigen alle drei Beispiele, die ich im folgenden bringen werde, ebenso eindrucksvoll, wie das Beispiel Reich es gezeigt hat. Schon bei den ersten Fällen, Jung und Rank, ist diese Eigenart Freuds nicht unbemerkt geblieben. So weist Jones (1962, III, S. 98) darauf hin, daß Freud die Abweichungen bei Jung und Rank lange nicht bemerkte, obgleich andere Analytiker Freud bereits energisch darauf hingewiesen hatten. Dasselbe gilt für Reich: In diesem Fall hatte Paul Federn Freud rechtzeitig immer wieder auf Reichs eigene Wege aufmerksam gemacht. Durch diese Verleugnung in der Realitätswahrnehmung gestört, wie durch mancherlei Ängste – Ängste vor Skandalen, vor der Schadenfreude der Umwelt, vor Verlust eines Hoffnungsträ-

trischen Klinik Burghölzli, den für die isolierte jüdische Gruppe benötigten »Psychiater und Nichtjuden« (Clark 1979, S. 337); in Otto Gross den, der eine Verbindung zur Universitäts-Nervenklinik München, Professor Kraepelin, herstellen sollte; in Rank einen Vermittler zu den Geisteswissenschaften; in Ferenczi denjenigen, der Ungarn für die Psychoanalyse gewinnen könnte; in Reich den Mann, der in der Klinik von Wagner-Jauregg Freunde für die Psychoanalyse gewinnen könnte.

gers – gehemmt, das, was er bemerkte, anzusprechen, kam es auf seiten Freuds zur Aufstauung von Affekten.[10] Auf seiten der Schüler-Söhne kam es zu Orientierungslosigkeit und zu Mißverständnissen: Freuds Schweigen glaubten sie als väterliche Toleranz oder Zustimmung verstehen zu dürfen.
Wie schwierig die Beziehung zwischen Freud und seinen Schüler-Söhnen war, zeigt die Tatsache, daß Jung, Rank und Ferenczi glaubten, sie müßten ihre ersten selbständigen Entwicklungsschritte vor Freud verbergen (Cremerius 1989 a).
Die *dritte Phase* ist die Phase, in der das unbewußte Beziehungsmuster zu seinem vorbestimmten Ende kommt. Freud entdeckt, meist plötzlich, daß die Beziehung eine ganz andere ist, als er bis zu diesem Zeitpunkt geglaubt hatte. Weil ihm die ersten Schritte der Selbständigwerdung der Schüler entgehen, fühlt er sich getäuscht und spricht von Verrat. Zugleich muß er die Schüler nun – getreu seinem Diktum, abtrünnig sei, wer seine Maximen »nicht alle gutzuheißen vermag« (Freud 1923, S. 223) – als nicht mehr zur Psychoanalyse Gehörende ausstoßen.[11] Wie das geschieht, erleben wir, wenn die verleugneten Enttäuschungen, die aufgestaute Wut,

10 Freud selbst interpretiert seinen im Beisein Jungs in München 1912 aufgetretenen Ohnmachtsanfall in dem von mir vertretenen Sinn: »Zurückgehaltene Gefühle (gemeint sind negative Gefühle – J. C.), diesmal gegen Jung wie früher gegen einen Vorgänger von ihm (gemeint ist Fließ – J. C.) spielen natürlich die Hauptrolle« (Brief an Binswanger vom 1. 1. 1913, zit. n. Binswanger 1956, S. 64).
11 Freuds Tendenz, Personen auszuschließen, die nicht »alle« von ihm aufgestellten Maximen »gutzuheißen vermögen«, ging als Erbe an die Schüler weiter: 1911 schloß die Züricher Gruppe den Psychiater Mayer aus der Psychoanalytischen Vereinigung »wegen abweichender wissenschaftlicher Auffassung« aus (Alexander, Selesnick 1965, S. 5). Nach dem Erscheinen des Buches von Ferenczi und Rank »Entwicklungsziele der Psychoanalyse« (1924) drohten namhafte Mitglieder der Vereinigung den beiden mit Ausschluß. Es war vor allem Jones, der die Unterdrückung der Publikation von Schriften Ferenczis versuchte. Namhafte Mitglieder setzten sich für den Ausschluß von Reich ein. Nach Freuds Tod verlangten Anna Freud und ihre Freunde 1945 den Ausschluß der Gruppe um Melanie Klein aus der IPV (Steiner 1985). 1953 wurde Lacan aus der IPV ausgeschlossen. Zum Thema Ausschlüsse gehört auch die Geschichte der Spaltungen. Sie erfolgten stets im Gefolge von Glaubenskämpfen, im Streit darum, wer die ›richtige‹ Psychoanalyse vertritt und wer nicht (Cremerius 1982).

sich entladen: Der Betreffende wird diffamiert, entwertet, pathologisiert und schließlich ausgelöscht, symbolisch oder realiter. Wie lange dieser Affekt bei Freud anhalten konnte, zeigt eine Bemerkung Freuds über Adler nach dessen Tod: »Für einen Judenjungen aus einem Wiener Vorort ist ein Tod in Aberdeen, Schottland, eine unerhörte Karriere und ein Beweis, wie weit er es gebracht hat (...) « (Freud an Arnold Zweig am 22. Juni 1937, zit. n. Jones 1962, III, S. 255).[12]

Was ich hier beschrieben habe, ist eine Beziehungsfalle, in die die Schüler-Söhne hineingeraten, weil sie, durch Freuds primäre Gefühlszuwendung verführt, glauben, einen Vater gefunden zu haben, der Freude an ihren eigenen Entwicklungsmöglichkeiten hat. Sie klappt zu, noch bevor ihnen das Mißverständnis bewußt wird, bevor sie bemerken, daß Freuds Interesse in eine andere Richtung geht, nämlich in die, die Möglichkeiten der Schüler-Söhne für die Psychoanalyse beziehungsweise für die psychoanalytische Bewegung, das heißt, die Mitarbeit an seinem Werk, die Weiterentwicklung desselben auf den von Freud vorgegebenen Bahnen, zu nutzen. Freud hatte auf die Frage, wie es komme, daß gerade seine ältesten und begabtesten Anhänger von ihm abfielen, keine andere Antwort als die: »Sie wollen eben auch einmal Papst sein« (zit. n. Binswanger 1956, S. 20).

An drei typischen Beispielen – Jung, Ferenczi, Rank – will ich nun zeigen, daß das am ›Fall‹ Reich bereits diskutierte Beziehungsmuster nicht nur für die Beziehung Freud-Reich spezifisch ist, sondern die Neuauflage eines in der Freud-Schüler-Beziehung sich wiederholenden Musters war. Ich wähle die drei Genannten, weil an ihnen weitgehend alle Merkmale desselben Musters gezeigt werden können. Mehr oder weniger ausgeprägt finden sich diese Merkmale aber auch in den Beziehungen Freuds zu Breuer, Fließ, Otto Gross, Sadger, Adler, Stekel und Graf.[13]

12 Diesen Geist der posthumen Verfolgung hat die IPV dann nach Freuds Tod erfolgreich fortgesetzt: Ranks Arbeiten wurden nach 1945 in deutscher Sprache lange Zeit nicht wieder aufgelegt; Fenichels politisch orientierte Arbeiten wurden in die nach seinem Tode zusammengestellte Ausgabe seiner »Aufsätze« nicht aufgenommen.

13 Um zu verstehen, wie die Gesellschaft aussah, in der sich die Beziehungen zwischen Freud und seinen Schüler-Söhnen abspielten, genügt es nicht, nur den Beziehungsaspekt zu beachten. Es ist unerläßlich, auch den nachfolgenden Aspekt zu sehen, will man die Grenzsituation

Schon vor Jungs erstem Besuch bei Freud im Februar 1907 (»Jung sprach drei Stunden ohne Unterbruch«) hatten beide seit einem Jahr Briefe gewechselt. In den folgenden drei Jahren war Jungs Begeisterung für Freud »grenzenlos« (Jones 1962, II, S. 50). Er sagte ihm wenige Monate nach der ersten Begegnung: »Wer auch immer eine Kenntnis der Psychoanalyse besitze, habe von den Früchten des Paradieses genossen – und über ihn sei die Erleuchtung gekommen« (ebd.). Ebenso intensiv reagierte Freud. Am 28. 2. 1908 schreibt er an Jones, unter seinen Anhängern seien nur Jung und Otto Gross wirklich originelle Denker (ebd.). Der Ton seiner Briefe wird immer herzlicher; er berichtet Jung auch von familiären Anlässen. Freuds Wunsch, Jung solle als »ein offizieller Psychiater und Nichtjude« (Clark 1979/1981, S. 337) der Führer der psychoanalytischen Bewegung werden, greift Jung freudig auf: »Ihr Sohn und Erbe« (Brief vom 12. 6. 1909, Freud, Jung 1974, S. 256). Freud repliziert sofort: »Lieber Freund« (Brief vom 18. 6. 1909, ebd., S. 258). Im darauffolgenden Jahr schlägt Freud dann Jung gegen heftige Widerstände der Wiener Analytiker zum Präsidenten der IPV vor.

Glückliche Zeiten: 1908 und 1911 verbringt Freud je vier Tage in Zürich.

verstehen, in der die Protagonisten jeweils agierten. Die meisten Mitglieder der Psychoanalytischen Vereinigung waren anfangs Außenseiter der Gesellschaft, Künstler, Kinder aus jüdischen Familien – das heißt in Wien: Angehörige einer mißachteten, unterprivilegierten Klasse –, Utopisten, Revolutionäre. Der tägliche Umgang mit einer Theorie, die Triebbefreiung als Neurosetherapie verstand und die Aufhebung der restriktiven Gesellschaftsmoral zum Ziel hatte, wirkte auf ihr Leben zurück: Liebes- und Eifersuchtsexzesse, Affären mit Patientinnen, Liebestragödien, Geschwisterrivalität, Buhlen um die Gunst des Vaters Freud, der sich immer aufs neue in unbewußte Übertragungen mit seinen Jüngern verstrickte, Mißgunst und Eifersucht waren alltäglich. Die Situation, daß immer einer beim anderen oder, wenn nicht er selbst, so seine Ehefrau, auf der Couch lag, schaffte ein Klima, in dem Klatsch und Indiskretion mit den entsprechenden Folgen blühten (Cremerius 1980). Es war das Bühnenbild zu Freuds Inzesttheorie vor ödipalem Hintergrund. Will man die Beziehungsschwierigkeiten zwischen Freud und seinen Schülern verstehen, ist das nur möglich, wenn man auch diesen Aspekt zur Kenntnis nimmt.

Nach Jungs Reise in die USA schlägt die gute Beziehung in eine schlechte um. Freud schreibt am 14. 11. 1912 zum ersten Mal »Lieber Herr Doktor«. Hier zeigt sich explizit dasselbe, was ich am ›Fall‹ Reich bereits gezeigt habe, daß nämlich Freud seit langem nicht bemerkt hatte, daß Jung eigene Wege ging. 1909 schreibt Jung bereits an Jones: »Wir täten gut, nicht gleich mit der Sexualtheorie herauszuplatzen (...) Ich komme mit den Studenten, ebenso wie mit den Patienten, weiter, wenn ich das Thema der Sexualität nicht in den Vordergrund stelle« (25. 2. 1909; Jones 1962, II, S. 171 ff.). Und seit 1911 lagen Freud ja schon der erste, seit Anfang 1912 der zweite Teil von Jungs »Wandlungen und Symbole der Libido« (1912) vor. Wie war es möglich, daß er nicht erkannte, wohin Jungs Weg ging? Wie konnte er in seinem Kommentar zu diesem Werk schreiben: »Ihre große Libidoarbeit, an der mir einzelnes vortrefflich gefallen hat – das ganze nicht« (Brief vom 14. 11. 1913; Freud, Jung 1974, S. 574)? Merkte Freud nicht, daß das nicht mehr ›seine‹ Psychoanalyse war, was Jung da vertrat; daß Jungs Psychologie Grundannahmen Freuds aufhob?
Dann aber – und jetzt beginnt das, was ich die dritte Phase des Beziehungsmusters nenne – setzt Freud sich entschieden kritisch mit Jung auseinander. Die Schärfe von Jungs Antwortbrief vom 18. 12. 1912 läßt auf die Schärfe von Freuds Kritik schließen: »Ihre Technik, Ihre Schüler wie Ihre Patienten zu behandeln, ist ein Mißgriff« (ebd., S. 594). (Auch hier wird auf Freuds Tendenz Bezug genommen, den Abweichler zu pathologisieren.) Zwei Wochen später schlägt Freud Jung vor, »daß wir unsere privaten Beziehungen überhaupt aufgeben« (Brief vom 3. 1. 1913; ebd., S. 599). An dieser Stelle erfahren wir jetzt, daß er seine Beziehung zu Jung schon lange als gestört empfunden hatte: »Früher erlebte Enttäuschungen« (ebd.). Aber noch hält Freud seine wahren Gefühle unter Kontrolle, will er die im Interesse der psychoanalytischen Bewegung noch immer wichtige Beziehung zu Jung nicht belasten. Erst nach Jungs Austritt aus der IPV bricht der lang verhaltene Affekt aus: »Ich kann ein Hurrah nicht unterdrücken, so sind wir sie also losgeworden!« (Brief an Abraham, 18. 7. 1914; Freud, Abraham 1965, S. 178). Und acht Tage später: »So sind wir sie denn endlich los, den brutalen heiligen Jung und seine Nachbeter!« (Brief vom 26. 7. 1914; ebd., S. 180). Jung folge Adler in die »Paranoia«. Von seiner »antisemitischen Überhebung« ist die Rede (Gay 1989, S. 274 f.).

Jung benutzt dann einige Jahre später das Nazisystem, um Freuds Lehre in öffentlichen Vorträgen als ›jüdische‹ Psychologie zu denunzieren. Er trug damit zum Untergang derselben in Deutschland bei.

Der ›Fall‹ Otto Rank

Die erste Phase der Beziehung zwischen Freud und Rank ist so stürmisch, wie es das Beziehungsmuster will: 1906 oder 1907 (das Datum liegt nicht genau fest) sucht der 22jährige Otto Rank Freud in Wien auf und bringt ihm ein Manuskript mit (»Der Künstler«, 1907), das eine intensive Kenntnis der Freudschen Schriften verrät. Freud ist begeistert und bietet seine Mitarbeit an. 1907 erscheint das Werk. Freuds Wertschätzung spricht sich in immer neuen Beförderungen Ranks aus: Er wird Sekretär der Wiener Vereinigung und übernimmt wichtige Funktionen für Freud. Nach dem Ersten Weltkrieg wird er Generalsekretär eines Beraterkreises (Freud diktiert ihm »Rundbriefe«). Ab 1920 schickt Freud Rank Patienten zur Analyse. 1922 denkt Freud daran, Rank als seinen Nachfolger zu bestimmen (Brief vom 4. 8. 1922, zit. n. Zottl 1982, S. 30). Rank wird jetzt auch Geschäftsleiter des *Internationalen Psychoanalytischen Verlags*. (Jones schreibt, der Verlag hätte keinen Tag überlebt ohne die Energie Ranks als Redakteur und Geschäftsleiter.)
Aus zwei Briefen erfahren wir, wie sehr Freud Rank schätzte: Am 14. 3. 1911 schreibt er an Jung: »Aus all den Wienern wird nichts werden, nur der kleine Rank, der ebenso gescheit als ordentlich ist, hat eine Zukunft« (Freud, Jung 1974, S. 445). Und an Lou Andreas-Salomé schreibt er: »Warum kann es diesen reizenden Menschen nicht sechsmal anstatt nur einmal in unserer Vereinigung geben?« (Eisenstein 1966, Fußnote S. 37).
Für Rank ist Freud Vater, Ichideal und finanzieller Unterstützer. Er widmet ihm in diesen Jahren seine ganze Hingabe und seine ganze Arbeitskraft.
Als Rank dann aber beginnt, eigene Wege zu gehen – das gemeinsam mit Ferenczi geschriebene Buch »Entwicklungsziele der Psychoanalyse« (Ferenczi, Rank 1924) und das Buch »Das Trauma der Geburt« (Rank 1924) sind hierfür Zeugnisse –, gibt es einen Sturm der Empörung in der Geschwistergruppe. Vor allem

Abraham und Radó setzen Freud unter Druck. Freud verteidigt Rank und wiegelt ab, auch noch nachdem die Spannungen zunehmen: Rank teilt 1924 die Auflösung des ›Geheimen Komitees‹ mit, die Freud empfindlich trifft. Er geht nach Amerika, von wo Brill die beunruhigende Nachricht sendet, Rank habe erklärt, daß die »alte Psychoanalyse« durch seine neuen Entdeckungen überholt sei. Man könne jetzt mit Hilfe seiner Theorie Analysen in drei bis vier Monaten durchführen (Clark 1979/1981, S. 512). Freud versucht dennoch, die Beziehung zu Rank zu halten, die Bedrohung der Psychoanalyse durch Rank, die andere Mitarbeiter Freud vor Augen führen, herunterzuspielen. Er schreibt freundschaftlich beschwörende Briefe an Rank, in denen er ihn davon überzeugen will, daß wissenschaftliche Differenzen mit persönlicher Beziehung durchaus vereinbar seien (z. B. Brief vom 25. und 27. 8. 1924, s. Zottl 1982, S. 37).
Verfolgt man Freuds Schwanken in der Beurteilung von Ranks wissenschaftlicher Bedeutung[14], so wird etwas von dem deutlich, was wesentlich zu dem von mir beschriebenen Beziehungsmuster gehört: Freud war so lange von Ranks wissenschaftlicher Arbeit »entzückt« (Brief an Ferenczi vom 4. 9. 1924; zit. n. Jones 1962, III, S. 84), solange er sicher war, daß sie sich »in das bisherige Gebäude der Psychoanalyse einordnen ließe« (ebd. III, S. 78). In dem Moment, in dem er dies als Irrtum erkannte, ein Schüler »das Gebäude« verließ, reagierte er mit Abbruch der Beziehung. (Freuds ›Geduld‹ gegenüber den technischen Experimenten Ferenczis und Ranks hielt bis zu dem hier benannten Punkt an; dann war sie vorbei.)
Freud hält an Rank zum einen deshalb so lange fest, weil er seine Zuneigung nicht einfach aufgeben kann, zum anderen, weil »er in seinen Funktionen unersetzlich ist – er war ein treuer Sohn« (Brief an Lou Andreas-Salomé vom 11. 8. 1924; Freud, Andreas-Salomé 1966, S. 152). Er hofft, so schreibt er an Jones, daß Rank nach einiger Erholung »wieder wacker in unseren Reihen mitkämpfen werde« (Brief vom 6. 1. 1925; Jones 1962, III, S. 95). Als sich diese

14 Wenige Monate nach dem Erscheinen von »Das Trauma der Geburt« schreibt Freud am 24. 3. 1924 an Ferenczi: »(...) aber es ist jedenfalls seit der Entdeckung der Psychoanalyse der wichtigste Fortschritt« (Jones 1962, III, S. 78). Schon ein Jahr später ist von diesem überschwenglichen Lob nichts mehr übrig.

Hoffnung nicht erfüllt, soll Rank durch bestimmte Auflagen fest in die Gemeinschaft eingebunden werden. Freud benutzt dazu das Mittel der Analyse: Er schlägt Rank, von dem er stets gesagt hatte, er brauche keine Anlayse (ebd., S. 89), vor, bei ihm eine solche zu machen (Zottl 1982, S. 41). Wir sehen, daß Freud die Analyse hier als Mittel der Indoktrination benutzen will (Cremerius 1989 b), so wie im Falle Reichs, dem er auf dem Höhepunkt der Krise 1930 ebenfalls eine Analyse (in Berlin) vorschlägt. Diese Hoffnung zeigt deutlich, daß Freud das Ausmaß an Dissens zwischen sich und Rank nicht sieht, nicht versteht, daß sich Rank in einem entschiedenen Ablösungskampf befindet. Wenn man bedenkt, welche bedeutende Figur Rank damals in der psychoanalytischen Bewegung war, welche große Bedeutung er als Autor besaß (Rickman führt im *Index Psychoanalyticus* von 1928 für die Zeit von 1907 bis 1926 69 Arbeiten Ranks auf), verstehen wir, daß Freud ihn nicht verlieren wollte.

Nachdem dann klar wurde, daß Rank nicht mehr zurückkehren würde, schreibt Freud an Jones: »Aber wir dürfen ein Kreuz über ihn machen« (Brief vom 23.4. 1926; Jones 1962, III, S. 97). Für Freud ist Rank also gestorben. Jetzt nimmt er seine Wertschätzung für »Das Trauma der Geburt« zurück und weist nach, was an diesem Buch falsch sei.[15] Was den Fall Rank von den beiden anderen Fällen, die ich hier aufführe, unterscheidet, ist, daß Freud in diesem Fall seine Enttäuschung nicht nach dem alten Muster mit Diffamierung, Haß und Verfolgung ausagiert – sehen wir davon ab, daß er auch Rank nachruft, ein Verräter zu sein, und auch in diesem Fall von Paranoia spricht.[16] Freud bewältigt dieses Mal seinen Affekt nach dem Modell von »Trauer und Melancholie«: »Zur Empörung bringe ich es bei Rank nicht« (Brief an Eitingon vom 7.6. 1926, zit. n. Jones 1962, III, S. 98).

15 Freud kommt darauf in »Hemmung, Symptom und Angst« (1926) und in »Die endliche und die unendliche Analyse« (1937) noch einmal zurück.

16 Die Pathologisierung dient hier offensichtlich als Rechtfertigung für die Trennung. Daß Rank keineswegs, wie Jones schreibt, psychotisch war, beweisen seine zahlreichen Publikationen nach 1925, sein Erfolg in den USA, die Tatsache, daß er dort Lehraufträge an zwei Universitäten erhielt, und auch der Bericht von Anaïs Nin über die Zeit des gemeinsamen Lebens mit Rank (vgl. Taft 1958).

Auch die Begegnung zwischen Freud und Ferenczi beginnt stürmisch: als »Gedankengemeinschaft mit einem Wesen von der Art eines Vaters« (Freud/Ferenczi 1993, S. 84). Am 17. 1. 1930 schreibt Ferenczi an Freud, daß der sein »angebeteter Lehrer« gewesen sei (Dupont 1988, S. 13). Ferenczi stellt schnell eine große Nähe her. Schon vor der Analyse bei Freud 1914 klingen Ferenczis Briefe an Freud wie Konfessionen. So gesteht er Freud 1907, daß er mit einer jungen Patientin, der Tochter seiner Geliebten, intime sexuelle Beziehungen habe (Cremerius 1992). Freud verurteilt nicht, bietet dagegen an, die Analyse der Patientin selbst fortzusetzen. In dieser *ersten Phase* der intensiven Zuneigung ist der sonst in moralischen Fragen so Strenge verstehend und verzeihend, ganz im Gegensatz zur späteren dritten Phase. Freud geht ebenso intensiv auf Ferenczi ein wie dieser auf ihn. Bald besteht eine innige Lebens- (Ferenczi ein möglicher Schwiegersohn?) und Gedankengemeinschaft. In Freuds Briefen an Ferenczi heißt es »Lieber Freund« und »Mit väterlichem Gruß«. Lange gemeinsame Reisen bringen Lehrer und Schüler immer näher: 1910 besuchen sie Paris, Florenz, Neapel, Sizilien, 1912 Rom. Aber Ferenczi bleibt in seinen Briefen bei »Sehr geehrter Herr Professor«; später heißt es dann: »Lieber Herr Professor«. 1914 schreibt Freud bei der Würdigung der Verdienste Ferenczis für die psychoanalytische Bewegung: »Er wiegt einen Verein auf« (Freud 1914, S. 43).

Die *zweite Phase*, die Phase gegenseitiger Irritationen und fortschreitender Distanzierung, beginnt, als Freud – zunächst wohl gerüchteweise – von Ferenczis neuen Experimenten mit tief regredierten Patienten erfährt. Ferenczi zieht sich zurück, die Korrespondenz wird immer spärlicher. Später bekennt er Freud, daß er ihm keine Mitteilungen gemacht habe, weil er Angst vor dessen Reaktionen gehabt habe. Er habe befürchtet, daß Freud mit seinen neuen Ideen nicht übereinstimmen könnte (Brief an Freud vom 6. 11. 1929; Jones 1962, III, S. 179). Auf diese Mitteilung einer Befürchtung teilt Freud die seine mit: Er hoffe nicht, daß von Ferenczi eine neue oppositionelle Psychoanalyse zu erwarten sei (Brief vom 13. 12. 1929; ebd.). Zu diesem Zeitpunkt kannte Freud bereits den Text des Vortrags, den Ferenczi im Sommer 1929 in Oxford gehalten hatte. Dort hatte er – bevor er Freud über seine neuen Ideen informierte – zum ersten Mal öffentlich seine neue Traumatheorie vorgetragen: der Ursprung der Neurose liege in Traumen wie der Lieblosigkeit und Grausamkeit der Eltern. Diese müßten dadurch geheilt werden, daß der Therapeut dem Kranken mehr Liebe zeige, als es Freud z. B. für klug erachte (Ferenczi 1929).

Nachdem das Jahr 1930 still verlaufen war, faßt sich Ferenczi im September 1931 ein Herz und spricht von seinen Experimenten und Versuchen (Brief an Freud vom 15. 9. 1931; Dupont 1988, S. 15). Eine Woche später folgt Freuds Antwort: Er betrachte es als ein Zeichen von Unzufriedenheit, daß Ferenczi seine Forschung in Richtungen treibe, die »mir zu keinem wünschbaren Ziel zu führen scheinen«. Aber er sei bereit zu warten, bis Ferenczi »den Weg zur Umkehr« einschlage und von seinen Irrtümern ablasse. Ohne Zweifel handele es sich in Ferenczis Fall um eine »dritte Pubertät« (Brief vom 18. 9. 1931; ebd.).

Hier endet die Zwischenphase: Ferenczi verheimlicht seine abweichenden Ideen vor Freud nicht länger, und Freud befürchtet eine neue oppositionelle Schulbildung. Zu diesem Zeitpunkt wird – wie in den anderen Beispielen – deutlich, daß Freud seine Besetzungen in dem Moment zurückzieht, in dem ein Schüler eigene Wege zu gehen beginnt. Indem Freud von »Irrtümern« und »keinem wünschenswerten Ziel« spricht, bestätigt er Ferenczis Angst vor Freuds Reaktionen. Mit der Schlußbemerkung von der »dritten Pubertät« eröffnet Freud die *dritte Phase*, die zur Diffamierung und Bloßstellung Ferenczis führt und schließlich in einer Mafioso-Geschichte endet, vergleichbar der, die vom Ausschluß Reichs aus der IPV handelt.

Die negative Gefühlsheftigkeit auf seiten Freuds entspricht in dieser dritten Phase seiner positiven Gefühlsheftigkeit in der ersten Phase. Nachdem Ferenczi Freud gegenüber seine Technik verteidigt hat (Brief vom 10. 10. 1931; ebd., S. 16), folgt Freuds vernichtender Antwortbrief vom 13. 12. 1931, in dem er von Ferenczis Technik als von einer »Kußtechnik« spricht und darauf hinweist, wie leicht Spätere sie zu einer »petting party« ausweiten könnten. Er kritisiert weiter Ferenczis »Technik der Mutterzärtlichkeit« und fährt fort: »Und dann sollen Sie von brutaler väterlicher Seite die Mahnung hören (...)«. Nach diesem Satz läßt Jones (1962, III, S. 297 ff.) in der Wiedergabe dieses Briefes folgendes aus: »Daher sprach ich in meinem früheren Brief von einer neuen Pubertät,

einem Johannistrieb, und jetzt haben Sie mich gezwungen, unumwunden deutlich zu sein« (die ausgelassene Stelle zit. Masson 1984, S. 95 ff.). Freud erinnert hier Ferenczi daran, daß er ihm von sexuellen Spielen mit Patienten aus seiner vor-analytischen Zeit berichtet hatte. Hier sind wir mitten in einem schlimmen Spiel: Jones läßt uns diese Stelle nicht wissen; und Freud benutzt Material aus Ferenczis Analyse als Waffe gegen ihn. Ferenczi reagiert sachlich und versichert, daß er seine innovative Arbeit als »Ergänzung«, als »Korrektion« der Freudschen Lehre verstehe. Im September 1932 wechselt Freud von der Rolle des ermahnenden, unzufriedenen Lehrers zur Rolle der verbietenden Autorität: Am 3. 9. 1932 trägt Ferenczi den Text »Sprachverwirrung zwischen dem Erwachsenen und dem Kind« (1932), den er anschließend beim *12. Internationalen Psychoanalytischen Kongreß* in Wiesbaden halten will, Freud in Wien vor. Freud ist schockiert und fordert, Ferenczi solle sich aller Veröffentlichungen enthalten, solange er nicht von den in diesem Text geäußerten Einstellungen abgerückt sei (Jones 1962, III, S. 208). Diesem Druck gibt Ferenczi nicht nach. Er hält den Vortrag. Freud teilt ihm daraufhin mit, daß er es aufgebe, ihm den theoretischen Fehler in seiner Konstruktion zu zeigen, weil Ferenczi seinen Bedenken nicht zugänglich sei (Brief vom 2. 10. 1932; ebd., S. 208). Mit diesem Brief endet die Korrespondenz (Freud hatte etwa 2500 Briefe an Ferenczi geschrieben), endet auch die 26jährige Freundschaft.
Was nicht endet, ist der Kampf gegen Ferenczi. Er geht, wie ich schon bemerkte, nach dem Muster einer Mafioso-Story weiter: Jones teilt Ferenczi mit, »er habe den Vortrag ins Englische übersetzt und er werde«, wie zugesagt, »im *International Journal* erscheinen« (Masson 1984, S. 177). In Wirklichkeit lief folgende Intrige ab: Jones wollte verhindern, daß der Vortrag dem englischsprechenden Publikum bekannt würde. Also schrieb er nach Ferenczis Tod an Freud, der solle die Veröffentlichung noch einmal überdenken. Er, Jones, sei der Meinung, der Text – »nichts weiter als ein Gewebe von Einbildungen« – könne die Psychoanalyse nur in Mißkredit bringen (Jones-Archiv London, zit. n. Masson 1984, S. 177). Freuds Antwort ist nicht überliefert. Aber aus einem Brief von Jones vom 20. 7. 1933 an Brill geht hervor, daß Freud einverstanden war: »Um ihm (Ferenczi) einen Gefallen zu tun, hatte ich sein in der Zeitschrift erschienenes Kongreßreferat bereits für die Juli-Nummer des Journal setzen lassen, doch

habe ich jetzt nach Rücksprache mit Freud beschlossen, es nicht zu veröffentlichen« (zit. n. Masson 1984, S. 179). Brill stimmte zu: die Druckfahnen werden vernichtet. Ferenczi hat die Intrige nicht mehr erleben müssen. Er starb im guten Glauben an Jones' Wort: »(...) ich danke Ihnen dafür«, schreibt er am 22. 5. 1933 an Jones, »daß Sie mein Kongreßreferat im englischen Journal veröffentlichen wollen«. (Auch dieser Brief Ferenczis war bis 1984, bis Masson ihn publizierte, unbekannt.) Das Resultat dieser Intrige war, daß der Wiesbadener Vortrag Ferenczis für viele Jahre im englischen Sprachraum unbekannt blieb.

Der Held dieser Intrige, Jones, der 1913 bei Ferenczi eine Analyse gemacht hatte, führte seinen Kampf gegen Ferenczi auch nach dessen Tod weiter: Er nennt Ferenczi jetzt einen »kleinen feigen Projektemacher« (zit. n. Balint 1969, S. 182) und berichtet, Ferenczi habe zuletzt an psychotischen Zuständen, paranoiden Vorstellungen und Mordideen gelitten (Jones 1962, III, S. 214; vgl. Cremerius 1983).

Alles alte Zöpfe? Durchaus nicht. Als Balint plante, die noch nicht ins Englische übersetzten Arbeiten Ferenczis zu übersetzen und herauszugeben, war Jones dazu nur unter der Bedingung bereit, daß alle Arbeiten Ferenczis, die nach 1928 geschrieben worden waren, von der Publikation ausgeschlossen blieben. Auch die Enkel und Urenkel, die heutigen Verwalter der Psychoanalyse, setzen die Unterdrückung Ferenczis fort: In Frankreich erscheint der erste Band seines Gesamtwerkes erst 35 Jahre nach Ferenczis Tod; beendet wird diese Ausgabe sogar erst 50 Jahre nach demselben. Sein »Klinisches Tagebuch« erscheint in Deutschland 1985, sein Briefwechsel mit Groddeck 1986, und erst 1993 beginnt in Deutschland die Veröffentlichung des Freud-Ferenczi-Briefwechsels. Balint hatte bereits 1969 versucht, ihn herauszugeben. Es ist ihm, schreibt er, nicht geglückt (Balint 1969, Fußnote S. 32).[17]

17 Die Unterdrückung gegnerischer Schriften erinnert an die Praxis politischer Parteien: Nach dem Sturz Ulbrichts ordnete dessen Nachfolger Honecker an, daß Ulbrichts Name aus den Schulbüchern, von öffentlichen Plätzen und von Briefmarken getilgt werden und sein dreizehnbändiges Werk zur »Geschichte der Arbeiterbewegung« aus den Bibliotheken verschwinden müsse.

Zur Tragik des ›Falles‹ Reich gehört auch eine eigentümliche Umkehrung der Fronten: Während die ›Retter‹ der Psychoanalyse in Nazi-Deutschland – Retter durch Anpassung der Psychoanalyse an die ›deutsche‹ Psychotherapie mittels »Einwertung« derselben, wie Müller-Braunschweig (1933, S. 109) es formulierte – die Psychoanalyse so schwer geschädigt haben, daß sie Jahrzehnte brauchte, um wieder zu ihrer kritischen Position zurückzufinden, verteidigte der als ›Schädiger‹ der Psychoanalyse – ›Schädiger‹ durch seinen Antifaschismus! – denunzierte Reich mit seinem Kampf gegen die sich anpassende, reduktive Psychoanalyse die sozialrevolutionäre Potenz der Psychoanalyse in der Auseinandersetzung mit Müller-Braunschweig und anderen. Er gehörte zu jener Gruppe von Kritikern der DPG-Führung (zu der auch Fenichel, E. Jacobsohn u. a. gehörten), die im Frühjahr 1934 ihr »Vorgehen beim nächsten Kongreß in Luzern« (Fallend 1990, S. 88) diskutierten, um so gemeinsam gegen die Politik der Anpassung psychoanalytischer Institutionen an die Vorgaben der deutschen Reichsregierung vorgehen zu können. Jones verstand diese Proteste gegen den DPG-Vorstand als Ausdruck einer »übertrieben jüdischen Haltung«, wie er in einem Brief an Boehm vom 24. 7. 1934 schrieb (zit. n. Steiner 1994, S. 611). Reichs Absage an die Anpassungstendenz der offiziellen Psychoanalyse hatte zur Folge, daß er an zwei Fronten zu kämpfen hatte: einmal für eine emanzipatorische Psychoanalyse im Dienste der Aufklärung, was ihm die Feindschaft des Faschismus einbrachte; zum anderen gegen die Verfolgung durch die Befürworter der Anpassung der Psychoanalyse an das Naziregime, also Freud und dessen Mitstreiter, was Reichs Ausschluß aus der IPV zur Folge hatte.
Im Kampf für eine emanzipatorische Psychoanalyse berief sich Reich auf die Freudsche Triebtheorie des Jahres 1908, auf eine Schrift, in der Freud (1908) den Zusammenhang zwischen der kulturellen Sexualmoral und den Sexualstörungen nachgewiesen hatte. Zweiundzwanzig Jahre später heißt es bei Freud im gleichen Sinn: Der Mensch werde neurotisch, weil er das Maß an Versagung, das ihm die Gesellschaft auferlege, nicht ertragen könne (1930, S. 465 f.).
Reich zog aus diesen Überlegungen Freuds, als deren Erbe er sich verstand, soziale Konsequenzen: durch sexuelle Aufklärung, vor

allem der Jugend, und durch konsequente Sexualpädagogik, hoffte er, die sexuelle Hemmungen erzeugende restriktive Moral überwinden zu können. Mit dieser Hoffnung verband er die Vorstellung, daß sexuelle Freiheit die Ausbildung eines aufgeklärten, kritischen Citoyen fördere. Fenichel hatte als Mitarbeiter Kurellas, der für freie Liebe eintrat, bereits 1918 dasselbe geschrieben: »Die Umwertung der Sexualität allein kann unserem heutigen krankhaften Zustand Abhilfe verschaffen« (Fenichel 1918, S. 27). Zu den Konsequenzen aus Reichs aufklärerischen Aktivitäten gehörten: Freie Liebe, Ablehnung der Enthaltsamkeitslehre, Bejahung der Onanie, Aufklärung über Empfängnisverhütung, Aufhebung des § 218 und Kritik an der Ehe als Zwangsinstitution. Die Nazis fanden in diesen Gedanken Reichs die Bestätigung dessen, was sie über die Psychoanalyse dachten: »eine jüdisch-marxistische Schweinerei« (vgl. Boehm 1934, S. 103). So schrieb denn auch der *Völkische Beobachter* am 2. 3. 1933 in Reaktion auf Reichs »Der sexuelle Kampf der Jugend« (1932 b): Reich appelliere an die »niedrigsten Instinkte der Jugend«, zersetze die »Verpflichtung zu Sitte, Anstand, Selbstbeherrschung«, rufe zur »Zerstörung der Sittengesetze durch Verführung der Jugend« auf (zit. n. Rackelmann 1993, S. 67). An der Wahl der gefährdeten Güter erkennen wir, wie genau die Faschisten verstanden hatten, an welch zentraler Stelle Reichs Thesen ihre Ideologie trafen. Gefährlich war Reich aber nicht nur durch diese Thesen, sondern auch, und vor allem, durch die »Androhung«, daß »die Psychoanalyse als kulturpolitische Kraft in den bevorstehenden gesellschaftlichen Kämpfen um die Neuordnung der Gesellschaft eine entscheidende Rolle spielen werde« (*Der Ausschluß*, Reich 1935 b, S. 60 f.). Meinte das nicht auch Freud mit seinen sozialkritischen Schriften und Aktivitäten?
Nun zur anderen Front: Freud und die sonstigen Gegner Reichs innerhalb der psychoanalytischen Bewegung warfen ihm vor, er würde Psychoanalyse mit Politik vermischen: »Die Vergewaltigung der Psychoanalyse ins Politische« – so zitiert Anna Freud in einem Brief an Jones vom 24. 4. 1933 ihren Vater (zit. n. Friedrich 1990, S. 164). Freud hatte von den Mitgliedern der psychoanalytischen Gemeinschaft nach 1933 politische Abstinenz verlangt und schon früher mahnend vermerkt, daß die Psychoanalyse ein »parteiloses Instrument« sei, vergleichbar der »Infinitesimalrechnung« (1927, S. 360). Jetzt, nach 1933, brachte er diese Mahnung wieder

in Erinnerung. Sie hatte offensichtlich eine ad hoc-Funktion, denn sie steht im offenen Widerspruch zu Freuds Verständnis der Psychoanalyse als einer gesellschaftskritischen, ja subversiven Theorie: Die Psychoanalyse müsse im Widerspruch gegen die Gesellschaft stehen, weil diese eine Mitschuld an der Entstehung der Neurosen habe; sie könne nicht mit gesellschaftlicher Akzeptanz rechnen, weil sie, qua Theorie, den Frieden der Welt störe usw. So, als Friedensstörer, hatte Freud geschrieben und gehandelt, hatte er, ohne Scheu vor der Vermischung der Psychoanalyse mit Politik, den Frieden der Welt konsequent gestört: Er schrieb gegen den Krieg, unterzeichnete öffentliche Aufrufe gegen den Krieg, verfaßte eine kritische Untersuchung über die Psychologie der Massen, eine aufklärerische, entmythologisierende Analyse der Religion als Illusion, in der er, Heine zitierend, militant auftritt: »Den Himmel überlassen wir / den Engeln und den Spatzen«. Seit 1905 trat Freud als Vorstandsmitglied der österreichischen Sektion des *Bundes für Mutterschutz und Sexualreform* öffentlich für dessen Ziele ein: Er unterstützte damit den Kampf gegen die moralische und juristische Verurteilung unehelicher Mütter und Kinder, gegen die männliche Doppelmoral und gegen den § 218.

Reich konnte sich also mit gutem Recht als Erbe *dieses* Freud verstehen, als Fortsetzer von dessen politischen Aktivitäten. War »Die Massenpsychologie des Faschismus« (1933 b), die bereits wenige Monate nach der Machtübernahme erschien, nicht eine großartige Analyse, die Reich ganz und gar im Geiste der Freudschen Gesellschaftskritik verfaßt hatte? Und gilt das nicht auch für die nachfolgende Stelle aus dem an den *Internationalen Psychoanalytischen Verlag* gerichteten Brief Reichs vom 17. 3. 1933: »Der soziologisch-kulturpolitische Charakter der Psychoanalyse läßt sich durch keinerlei Maßnahmen aus der Welt schaffen. Der Charakter ihrer Entdeckungen macht sie (...) zu einem Todfeind der politischen Reaktion« – geschrieben, nachdem der Verlag die Veröffentlichung der »Charakteranalyse« (Reich 1933 a) aus politischen Gründen abgelehnt hatte (zit. n. Dahmer 1995, S. 57).

Freuds Argument, Reich vermische Psychoanalyse mit Politik, ist auch deshalb ein ad hoc-Argument, weil er es erst jetzt (1933) hervorholt. De facto gab es diese ›Vermischung‹ z. B. bei den Berliner Analytikern schon seit Jahren (vgl. Jacoby 1985). Seit vielen Jahren wußte Freud auch, daß Reich aus seiner (Freuds) Trieblehre soziale Konsequenzen gezogen und in den Sexualberatungs-

kliniken für Arbeiter sexuelle Aufklärung als Mittel der politischen Emanzipation der Arbeiterklasse eingesetzt hatte.
Zum Schluß noch der Hinweis auf Freuds eigene Parteilichkeit in der Frage der politischen Aktivitäten von Mitgliedern der IPV: Freud und die Psychoanalytische Gesellschaft wandten sich damals ausschließlich »gegen die bolschewistischen Angreifer, Reich, Fenichel« (Brief vom 17. 1. 1932 an Lampl de Groot, zit. n. Dahmer 1995, S. 57). Marie Langer erinnert sich, daß während ihrer Ausbildungszeit am Psychoanalytischen Institut in Wien junge Analytiker der Linken, die sich antifaschistisch betätigten, mit Ausschluß bedroht wurden (1986, S. 88 f.). Widerstand gegen jene Analytiker, die dabei waren, die Psychoanalyse als ›deutsche‹ (= nicht-jüdische, ›nicht zersetzende Psychoanalyse‹) ›einzuwerten‹, wie Müller-Braunschweig (1933), hat es von seiten der offiziellen Psychoanalyse damals kaum gegeben. Im Gegenteil: Im Oktober 1933 anerkannte Jones, der Präsident der IPV, Boehm und Müller-Braunschweig offiziell »als die Führer unserer Arbeit in Deutschland« (Lockot 1994, S. 36). Als Jones dies schrieb, hatte er bereits, wie Nitzschke (s. seinen Beitrag in diesem Band) nachweist, aufgrund des »Memorandums« Kenntnis von Müller-Braunschweigs Vorstellungen von einer ›deutschen‹ Psychoanalyse. Müller-Braunschweigs Anliegen war die »Einwertung« der Psychoanalyse in eine »deutsche Psychoanalyse«, deren therapeutische Ziele – »unfähige Weichlinge zu lebensfähigen Menschen zu erziehen, (...) am Ganzen des Lebens Uninteressierte zu Dienern des Ganzen umzuformen« (Müller-Braunschweig 1933, S. 111 f.) – Jones ebenfalls kannte.[18] So gaben jene, die wie Müller-Braunschweig Reich als Gefährder und Bedroher der Psychoanalyse verfolgten, Hitler, an dessen Händen schon Blut klebte – und zwar seit dem systematischen Boykott jüdischer Geschäfte am 1. April 1933 auch jüdisches Blut –, auch noch einige Stichworte zur Vernichtung der ›jüdischen‹ Psychoanalyse, die durch die Verbrennung der psychoanalytischen Schriften im Mai 1933 bereits öffentlich symbolisiert worden war.

18 Zeitgleich publizierte C. G. Jung als Vorsitzender der *Allgemeinen Ärztlichen Gesellschaft für Psychotherapie* damals seine These, daß es zwei gegensätzliche Psychologien gebe, nämlich eine »arische«, die anderes sei als »der kindisch banale Sumpf der jüdischen Psychologie« (C. G. Jung 1934, S. 9).

Alexander, F./Selesnick, S. T. (1965): »Freud-Bleuler-Correspondence«, in: *Arch. General Psychiatry*, 12, S. 1-9.

Andreas-Salomé, L. (1958): *In der Schule bei Freud* (hg. von E. Pfeifer), München: Kindler.

Balint, M. (1969): »Einleitung zum Tagebuch«, in: S. Ferenczi, *Ohne Sympathie keine Heilung. Das klinische Tagebuch von 1932*, Frankfurt a. M.: S. Fischer, 1988, S. 32-36.

Bernfeld, S. (1932): »Der masochistische Charakter. Eine sexualökonomische Widerlegung des Todestriebes und des Wiederholungszwanges«, in: *Internationale Zeitschrift für Psychoanalyse* 18, S. 352-385.

Binswanger, L. (1956): *Erinnerungen an Sigmund Freud*, Bern: Francke.

Boadella, D. (1985): *Wilhelm Reich*, Frankfurt a. M.: S. Fischer.

Boehm, F. (1934): »Bericht vom 21. 8. 1934 über die Ereignisse 1933-1934«, in: K. Brecht et al. (Hg.), 1985, S. 99-109.

Brecht, K. et al. (Hg.) (1985): *»Hier geht das Leben auf eine sehr merkwürdige Weise weiter ... Zur Geschichte der Psychoanalyse in Deutschland«*, Hamburg: Kellner.

Briehl, W. (1966): »Wilhelm Reich«, in: *Psychoanalytic pioneers* (hg. v. F. Alexander, S. Eisenstein, M. Grotjahn), New York/London: Basic Books, S. 430-438.

Clark, R. W. (1979): *Sigmund Freud*, Frankfurt a. M.: S. Fischer, 1981.

Cremerius, J. (1980): »Freud bei der Arbeit über die Schulter geschaut. Seine Technik im Spiegel von Schülern und Patienten«, in: *Jahrbuch der Psychoanalyse*, Beiheft 6, S. 223-236.

– (1982): »Die Bedeutung des Dissidenten für die Psychoanalyse«, in: *Psyche* 6, S. 481-514.

– (1983): »›Die Sprache der Zärtlichkeit und der Leidenschaft‹. Reflexionen zu Sandor Ferenczis Wiesbadener Vortrag von 1932«, in: *Psyche* 37, S. 988-1015.

– (1986): »Vorwort« in A. Carotenuto (Hg.), *Tagebuch einer heimlichen Symmetrie. Sabina Spielrein zwischen Freud und Jung*, Freiburg i. Br.: Kore, S. 9-28.

– (1989 a): »Rezension von Sándor Ferenczi ›Ohne Sympathie keine Heilung. Das klinische Tagebuch von 1932‹«, in: *Psyche* 43, S. 459-464.

– (1989 b): »Lehranalyse und Macht«, in: *Forum der Psychoanalyse* 5, S. 190-208.

– (1992): »Liebe in der Psychotherapie«, in: *Praxis der Psychotherapie und Psychosomatik* 37, S. 92-100.

Dahmer, H. (1995): »Als die ›Psychoanalytische Bewegung‹ zum Stillstand kam. Vor 60 Jahren: 13. Internationaler Psychoanalytiker Kongreß in Luzern«, in: *Journal des Psychoanalytischen Seminars Zürich (PSZ)* 30, S. 56-57.

Dupont, J. (1988): »Vorwort« in: S. Ferenczi, ›*Ohne Sympathie keine Heilung*‹. *Das klinische Tagebuch von 1932*, Frankfurt a. M.: S. Fischer, S. 11-32.
Eisenstein, S. (1966): »Otto Rank. The myth of the birth of the hero«, in: F. Alexander, S. Eisenstein, M. Grotjahn (Hg.), *Psychoanalytic pioneers*, New York/London: Basic Books, S. 36-51.
Fallend, K. (1990): »›Hecht im Karpfenteich‹ – Zur Biographie Wilhelm Reichs während der Jahre 1920-1934«, in: *Arbeitshefte Gruppenanalyse* 2, S. 68-93.
– (1995): *Sonderlinge Träumer Sensitive – Psychoanalyse auf dem Weg zur Institution und Profession. Protokolle der Wiener Psychoanalytischen Vereinigung und biographische Studien*, Wien: Jugend & Volk.
Fenichel, O. (1918): »Grundsätze zu jeder Sexualethik«, in: A. Kurella (Hg.), *Die Geschlechterfrage der Jugend*, Freie deutsche Jugend, Beiheft, Hamburg: Saal, S. 24-35.
– (1931): »Die offene Arbeitskolonie Bolschewo«, in: *Imago* 17, S. 526-530.
Ferenczi, S. (1929): »Relaxationsprinzip und Neokatharsis«, in: ders., *Bausteine der Psychoanalyse*, Bd. III, Bern: Huber 1939, S. 468-489.
– (1932): »Sprachverwirrung zwischen den Erwachsenen und dem Kind (Die Sprache der Zärtlichkeit und der Leidenschaft)«, in: ders., *Bausteine der Psychoanalyse*, Bd. III, Bern: Huber 1939, S. 511-525.
Ferenczi, S./Rank, O. (1924): *Entwicklungsziele der Psychoanalyse. Zur Wechselbeziehung von Theorie und Praxis*, Leipzig/Wien/Zürich: Internationaler Psychoanalytischer Verlag.
Freud, S. (1908): »Die ›kulturelle‹ Sexualmoral und die Moderne Nervosität«, in: GW VII, S. 143-167.
– (1914): »Zur Geschichte der psychoanalytischen Bewegung«, in: GW X, S. 43-113.
– (1916/1917): »Vorlesungen zur Einführung in die Psychoanalyse«, GW XI.
– (1923): »›Libidotheorie‹ und ›Psychoanalyse‹«, in: GW XIII, S. 211-233.
– (1926): »Hemmung, Symptom und Angst«, in: GW XIV, S. 111-205.
– (1927): »Die Zukunft einer Illusion«, in: GW XIV, S. 325-380.
– (1930): »Das Unbehagen in der Kultur«, in: GW XIV, S. 419-506.
– (1933): »Neue Folge der Vorlesungen zur Einführung in die Psychoanalyse«, GW XV.
– (1937): »Die endliche und die unendliche Analyse«, in: GW XIV, S. 59-99.
Freud, S./Abraham, K. (1965): *Briefe 1907-1926*, Frankfurt a. M.: S. Fischer.
Freud, S./Andreas-Salomé, L. (1966): *Briefwechsel* (hg. von E. Pfeifer) Frankfurt a. M.: S. Fischer.
Freud, S./Ferenczi, S. (1993): *Briefwechsel*, Bd. I/1: *1908-1911* (hg. von E.

Brabant, E. Falzeder, P. Giampieri-Deutsch), Wien/Köln/Weimar: Böhlau.

Freud, S./Jung, C. G. (1974): *Briefwechsel* (hg. von W. McGuire und W. Sauerländer), Frankfurt a. M.: S. Fischer.

Friedrich, V. (1990): »Der 13. Internationale Psychoanalytische Kongreß 1934. Seine Bedeutung in der Psychoanalytischen Bewegung. Dokumentation«, in: T. N. Gidal (Hg.), *Die Freudianer auf dem 13. Internationalen Psychoanalytischen Kongreß 1934 in Luzern*, München: Verlag Internationale Psychoanalyse, S. 154-171.

Gay, P. (1989): *Freud. Eine Biographie für unsere Zeit*, Frankfurt a. M.: S. Fischer.

Gidal, T. N. (1990): *Die Freudianer auf dem 13. Int. Psychoanal. Kongreß 1934 in Luzern*, München: Verlag Internationale Psychoanalyse.

Graf, M. (1942): »Reminescenses of Professor Sigmund Freud«, in: *Psa. Quart.* 11, S. 465-476.

Green, M. (1974): *Elsa und Frieda, die Richthofen-Schwestern*, München: Kindler.

Gross, O. (1920): *Drei Aufsätze über den inneren Konflikt*, Bonn: Marcus & Weber.

Higgins, M./Raphael, C. M. (1967): *Reich speaks of Freud*, New York: Farrar, Straus & Giroux.

Hurwitz, E. (1979): *Otto Gross. Paradies-Sucher zwischen Freud und Jung. Leben und Werk*, Frankfurt a. M.: Suhrkamp.

Jacoby, R. (1985): *Die Verdrängung der Psychoanalyse oder der Triumph des Konformismus*, Frankfurt a. M.: S. Fischer.

Jones, E. (1960-62): *Das Leben und Werk S. Freuds*, 3 Bde., Bern: Huber.

Jung, C. G. (1912), *Wandlungen und Symbole der Libido. Beiträge zur Entwicklungsgeschichte des Denkens*, Wien: Deuticke.

– (1934): »Zeitgenössisches«, in: *Neue Züricher Zeitung*, 13. u. 14. 3. (Nr. 437 u. 443).

Langer, M. (1986): *Von Wien nach Managua*, Freiburg i. Br.: Kore.

Lockot, R. (1994): *Die Reinigung der Psychoanalyse. Die Deutsche Psychoanalytische Gesellschaft im Spiegel von Dokumenten und Zeitzeugen (1932-1951)*, Tübingen: edition diskord.

Lohmann, H.-M. (Hg.) (1984), *Psychoanalyse und Nationalsozialismus – Beiträge zur Bearbeitung eines unbewältigten Traumas*, Frankfurt a. M.: S. Fischer.

Masson, J. M. (1984): *Was hat man dir, du armes Kind, getan?* (neue überarbeitete Fassung), Freiburg i. Br.: Kore, 1995.

Müller-Braunschweig, C. (1933): »Psychoanalyse und Weltanschauung«, in: *Reichswart*, 22.10. 1933 (zit. n. Wiederabdruck in: Lohmann, H.-M. (Hg.), *Psychoanalyse und* …, S. 109-112).

– (1935): »Nationalsozialismus und Psychoanalyse« (zit. nach Faksimile in: K. Brecht et al. (Hg.) (1985), *»Hier geht …«*, S. 167).

Neill, A. S. et al. (1958): *Wilhelm Reich* (hg. von P. Ritter), Nottingham: The Ritter Press.
Nitzschke, B. (1992): »... im Interesse unserer psychoanalytischen Sache in Deutschland«, in: H. J. Wiesse (Hg.), *Chaos und Regel*, Göttingen 1992, S. 76-131.
Nunberg, H., Federn, E. (Hg.) (1976-1981): *Protokolle der Wiener Psychoanalytischen Vereinigung*, Bd. I-IV, Frankfurt a. M.: S. Fischer.
Ollendorf-Reich, J. (1975): *Wilhelm Reich*, München: Kindler.
Placzek, B. R. (Hg.) (1981): *Zeugnisse einer Freundschaft – Der Briefwechsel Wilhelm Reich und A.S. Neill 1936-1957*, Köln: Kiepenheuer u. Witsch, 1986.
Rackelmann, M. (1993): »Was war Sexpol?«, in: *Mitteilungen der Magnus-Hirschfeld-Gesellschaft* 19, S. 51-72.
Rank, O. (1907): *Der Künstler. Ansätze zu einer Sexualpsychologie*, Wien: Heller.
– (1924): *Das Trauma der Geburt*, Leipzig/Zürich/Wien: Internationaler Psychoanalytischer Verlag.
Reich, W. (1919): »Zur ›Aufklärung‹ im Kampfe gegen die Geschlechtskrankheiten. Bemerkungen zu dem Aufsatze von Kurt Finkenrath«, in: *Zeitschrift für Sexualwissenschaft* 6, S. 391-393.
– (1920): »Libido Konflikte und Wahngebilde in Ibsens ›Peer Gynt‹«, in: ders., *Frühe Schriften*, Bd. 1, Köln: Kiepenheuer u. Witsch, 1977, S. 19-77.
– (1922): »Trieb und Libidobegriff von Forel bis Jung«, in: *Zeitschrift für Sexualwissenschaft* 9, S. 17 ff.; S. 44-50; S. 75-85.
– (1925): *Der triebhafte Charakter*, Leipzig/Zürich/Wien: Internationaler Psychoanalytischer Verlag.
– (1927): *Die Funktion des Orgasmus*, Köln: Kiepenheuer u. Witsch, 1969.
– (1930): »Geschlechtsreife, Enthaltsamkeit, Ehemoral«, in: ders., *Die Sexualität im Kulturkampf*, Oslo: Sexpol.
– (1932 a): »Der masochistische Charakter. Eine sexualökonomische Widerlegung des Todestriebes und des Wiederholungszwanges«, in: *Internationale Zeitschrift für Psychoanalyse* 18, S. 303-351.
– (1932 b): *Der sexuelle Kampf der Jugend*, Berlin: Sexpol.
– (1933 a): *Charakteranalyse*, Köln: Kiepenheuer u. Witsch, 1968.
– (1933 b): *Die Massenpsychologie des Faschismus*, Köln: Kiepenheuer u. Witsch, 1971.
– (1935 a): *Psychischer Kontakt und vegetative Strömung*, Kopenhagen: Selbstverlag.
– (1935 b): »Der Ausschluß Wilhelm Reichs aus der Internationalen Psychoanalytischen Vereinigung« (anonym erschienen), in: *Zeitschrift für politische Psychologie und Sexualökonomie* 2, Heft 1, S. 54-61.
Rickman, J. R. (1928): *Index Psychoanalyticus 1893-1926*, London: Hogarth Press.

Roazen, P. (1971): *Sigmund Freud und sein Kreis*, Bergisch Gladbach: Lübbe, 1976.
Sharaf, M. (1994): *Wilhelm Reich*, Berlin: Simon u. Leutner.
Spielrein, S. (1986): *Tagebuch einer heimlichen Symmetrie. Sabina Spielrein zwischen Jung und Freud* (hg. von A. Carotenuto), Freiburg i. Br.: Kore.
Steiner, R. (1985): »Some thoughts about tradition and change arising from an examination of the British Psychoanalytic Society's controversial discussions (1943/44)«, in: *Review of Psychoanalysis* 13, S. 27-71.
– (1994): »›Es ist eine neue Art von Diaspora...‹ Bemerkungen zur Emigrationspolitik gegenüber deutschen und österreichischen Psychoanalytikern während der Verfolgung durch die Nationalsozialisten auf der Grundlage des Briefwechsels zwischen Anna Freud und Ernest Jones sowie anderer Dokumente«, in: *Psyche* 48, S. 583-652.
Sterba, R. F. (1978): »Unpolitische Diskussionsbemerkungen«, in: *Jahrbuch der Psychoanalyse* 10, S. 214.
Taft, J. (1958): *Otto Rank. A biographical study based on note books, letters and collected writings, therapeutic achievements and personal associations*, New York: The Julian Press.
Wälder, R. (1934): »Rezension der ›Zeitschrift für politische Psychologie und Sozialökonomie‹«, in: *Imago* 20, S. 504-507.
Zottl, A. (1982): *Otto Rank*, München: Kindler.

Helmut Dahmer
Psychoanalytiker in Deutschland 1933-1951
Ein unglückseliger Verein und eine Geschichte, die sich nicht selber schreibt

Patchwork

Peter Gay, der Psychohistoriker und Freud-Biograph, hat vor einem Jahrzehnt ein Buch mit dem Titel ›Psychoanalyse für Historiker‹ (1985) veröffentlicht, in dem er den Kollegen Geschichtsschreibern empfahl, Freuds Theorie des Vergessens und Wiedererinnerns zur Kenntnis zu nehmen. Daß ein Pendant dazu, ein »Abc der Historiographie für Psychoanalytiker«, fehlt und daß das Geschichte-Schreiben-Lernen in der Ausbildung von Psychoanalytikern sowenig eine Rolle spielt wie das Schreiben- und Erzählen-Lernen überhaupt, zeigt ein Buch von Regine Lockot (1994), das – unter dem seltsamen Titel »Die Reinigung der Psychoanalyse« – die *Deutsche Psychoanalytische Gesellschaft* (DPG) und ihr Verhältnis zur *Internationalen Psychoanalytischen Vereinigung* (IPV) in der Zeit von 1933-1951 »im Spiegel von Dokumenten und Zeitzeugen« vorführt. »Die Reinigung der Psychoanalyse« ist eine Geschichte der Psychoanalyse im ›Dritten Reich‹ und im Nachkriegs-Berlin und -Westdeutschland, die keine sein soll und deren Autorin ihre Autorschaft verleugnet: »Auf dem Umschlag des Buches steht mein Name, aber ich habe es nicht geschrieben« (Lockot 1994, S. 11). Hellmut Becker habe ihr geraten: »Let the documents speak.« Bedauerlicherweise hat Frau Lockot das wörtlich genommen und so den guten Rat ad absurdum geführt. Was nun vorliegt, ist weder eine (kommentierte) Dokumentation bisher unbekannter Archivmaterialien noch eine (dokumentierte) Vereinsgeschichte. Die Autorin hat vielmehr aus den ihr bekannt gewordenen Archivbeständen (und der von ihr verwendeten Literatur zum Thema) Hunderte von Zitaten herausgeschnitten und diese aufgefädelt, das heißt, die von ihr ausgewählten Passagen aus dokumentarischen Texten durch Zwischen- und Überleitungstexte verknüpft. In dies Patchwork sind zudem noch Auszüge aus Interviews mit 37 Zeitzeugen eingefügt worden, von denen die meisten in der zweiten Hälfte der achtziger Jahre von ihr befragt worden sind (ebd., S. 349).

Psychoanalyse zwischen den Kriegen

Freuds Psychoanalyse imponiert uns als einer der im ausgehenden 19. und im frühen 20. Jahrhundert unternommenen Versuche, einen Ausweg aus dem Labyrinth der modernen Kultur zu finden. Seiner Diagnose zufolge sind Gesellschaftserkenntnis und Sozialreform weit hinter dem einseitigen Fortschritt der Naturbeherrschung zurückgeblieben. Darum verdankt sich (wie in allen früheren) auch in der gegenwärtigen Kultur der Luxus der wenigen – der privilegierten Völker und Sozialschichten – dem Elend der vielen; darum wüten abergläubische Massen nach wie vor fanatisch gegen den freien Geist und das freie Wort, suchen Despoten und regredierende Horden ihre Lebensangst mit Hilfe von Menschenopfern zu bewältigen; und darum kehren Pogrome und Massaker nach kurzen, friedlichen Intervallen immer wieder. Die ›Hysterie‹, deren Ätiologie Freud, ein moderner Ödipus, vor hundert Jahren aufzudecken suchte, war das Sphinx-Rätsel der Kultur. Die Neurosen erkannte er als ›soziale Leiden‹. Der Therapeut lernte, den neurotischen Symptomen den Naturschein abzustreifen und ihren verborgenen lebensgeschichtlichen und gesellschaftlichen Sinn zu dechiffrieren. Seine Hoffnung auf eine ›Kultur, die keinen mehr erdrückt‹, speiste sich aus der Erfahrung, daß der Wiederholungszwang, dem Neurotiker unterliegen, einer Amnesie entspringt, also aufgehoben werden kann, wenn das Tabu, das über der Erinnerung liegt, gebrochen wird und die im Schweigen begrabene Causa ihres Lebens und das Ritual, dem sie sich unterworfen haben, neuerlich verhandelt werden. Könnte nicht auch die Menschheit – dies Freuds kulturkritischer Gedanke –, repräsentiert durch die lebende Generation, ihr vermeintliches ›Schicksal‹ am Ende sabotieren und sich von der Geschichte als einer ›Mordgeschichte‹ verabschieden?

Für Freud und viele seiner Zeitgenossen setzte der Erste Weltkrieg solchen Hoffnungen auf ein in naher Zukunft erreichbares ›Goldenes Zeitalter‹ ein Ende. Er eröffnete eine neue Ära des Schrekkens, in der weltweit Hekatomben von Menschen der Aufrechterhaltung bestehender Verhältnisse oder der Herbeiführung von vermeintlich besseren geopfert wurden. Das Aufkommen massenfeindlicher Massenbewegungen und der russische Thermidor alarmierten die aufklärerischen europäischen Intellektuellenzirkel wie die um Freud gescharten Psychoanalytiker in Wien und Berlin, die marxistischen Sozialphilosophen des Horkheimer-Kreises in Frankfurt, die Pariser Surrealisten um André Breton. Das Aufkommen Stalins und Hitlers bedeutete für sie eine tödliche Bedrohung. Wer es vermochte, suchte sein Heil in der Flucht. Und wer sie nicht fortwarf, dem blieb im Exil doch wenigstens die Waffe der Kritik.

›Gravuren‹?

Der Sieg der Nazis in Deutschland und der ›Anschluß‹ Österreichs nötigten in den dreißiger Jahren die große Mehrheit der Freudianer zur Flucht aus ihren Bildungszentren Berlin und Wien. Um abschätzen zu können, was das für die weitere Entwicklung ihrer Theorien und ihrer Organisationen bedeutete, also für Gegenwart und Zukunft der Psychoanalyse, bedarf es zunächst der Vergewisserung darüber, als was diese Vertreibung von den damaligen Psychoanalytikern verstanden wurde und wie sie darauf reagierten. Sodann der Klärung der Frage, wie sich das Trauma der Verfemung und Vertreibung in die Vereinsgeschichte einschrieb, das heißt: welche der damals entwickelten, konträren Deutungsmuster und Praxisformen von den maßgeblichen Verbands-Funktionären und -Ideologen akzeptiert und welche verworfen wurden. In den ersten drei Nachkriegsjahrzehnten verhinderten die Vereins-Legenden, das vorherrschende Desinteresse intra et extra muros und die Sperren vor den Archiven jede ›Aufarbeitung‹ dieser Vergangenheit. Und als in den Jahren 1982-1985 die Zeitschrift *Psyche* die Aufmerksamkeit auf die in den ersten Jahren des ›Dritten Reiches‹ praktizierte und inzwischen schon halb vergessene Anpassungspolitik und Gleichschaltungs-Ideologie des ›arischen‹ Vorstands der DPG (Felix Boehm und Carl Müller-Braunschweig) richtete (vgl. Lohmann 1984), schlug ihren Autoren der blanke Haß derjenigen Psychoanalytiker entgegen, deren Identität mit eben dieser trüben Vergangenheit der deutschen Psychoanalyse verschmolzen war. Die gut dokumentierte Debatte der Jahre 1982-1985[1] wird in der »Reinigung der Psychoanalyse« ignoriert. Lockots Bücher und Aufsätze sind, wie sie (1994, S. 19) einräumt, Beiträge zu einer seit mehr als zehn Jahren sich entfaltenden Diskussion, die immer wieder auflebt, weil die Fragen, um die es dabei geht, in jeder Hinsicht ›unerledigt‹ sind. Von diesem Zusammenhang aber will die Autorin nichts wissen, ja, sie versucht, die eigene Dokumentationsarbeit von derart störenden »Aktualisierungen« freizuhalten (ebd., S. 12). Das fordert seinen Preis. Die 1985 veröffentlichte Promotionsschrift »Erinnern und Durcharbeiten« der Autorin ist – ebenso wie ihre neun Jahre später publizierte Arbeit – anderen Beiträgen zur Debatte um die ›Psychoanalyse unter und nach Hitler‹ hinsichtlich des Archiv-Materials, das der Autorin zur Verfügung stand, überlegen. Was aber das Verständnis dieser Quellen und die Diagnose der Entwicklung der Psychoanalyse seit den dreißiger Jahren angeht, bleiben Lockots Arbeiten weit hinter den Einsichten zurück, die in den von ihr verschmähten Kontroversen gewonnen wurden.

Wie reagierte die ›Psychoanalytische Bewegung‹ auf die Etablierung der faschistischen Diktatur in Deutschland, und wie wurde Freuds aufklärerische Therapeutik nach der Vertreibung der Psychoanalytiker-Mehrheit aus ihren Bildungszentren Berlin und Wien weiterentwickelt? Diese Frage motiviert das Interesse an einer genauen Rekonstruktion der Geschichte der *Deutschen Psychoanalytischen Gesellschaft* (DPG) und der *Internationalen Psychoanalytischen Vereinigung* (IPV) in den dreißiger und vierziger Jahren. Und eben diese Frage ist auch die Leitfrage des Lockotschen Buches. Freilich erscheint sie hier in einer eigentümlichen Version, die sogleich die Tendenz dieser ›Reinigungs‹-Geschichte kenntlich macht:

»Die Zeit scheint inzwischen reif zu sein, danach zu fragen, welche *Gravuren* der Nationalsozialismus in der Geschichte der Psychoanalyse nach dem Krieg hinterlassen hat« (ebd., S. 9; Herv.: H. D.).

1 Vgl. dazu die von der Redaktion der Zeitschrift *Psyche* erstellten Dokumentationen (1984 a, 1984 b), die Dokumentation des DPV-Vorstands (1984) sowie die zusammenfassende Darstellung von Dahmer (1989, S. 145-229).

Daß ›die Zeit‹ ›reif‹ ist (oder aber ›zu sein scheint‹), ist eine verhüllende Umschreibung des Sachverhalts, daß die psychoanalytischen Verbandsfunktionäre, die den ›Kurs‹ von DPG und IPV in den dreißiger und vierziger Jahren bestimmten, inzwischen nicht mehr unter den Lebenden weilen und daß die von ihnen gesperrten Archive allmählich zugänglich und gesichtet werden. Oder dafür, daß die in der Nachkriegszeit zur Psychoanalyse konvertierten deutschen Wehrmachtsoffiziere und Feldärzte wenig Neigung zeigten, nach einer Lösung für das Problem zu suchen, das sie selbst darstellten. Über diese ›Unreife‹ sucht nun die Nachfolge-Generation, für die Frau Lockot spricht, hinauszukommen. Doch weil auch die Enkel-Generation sich noch nicht traut, mit der unseligen Tradition der deutschnationalen, antisemitischen und opportunistischen Zunftmeister von gestern zu brechen, ihnen vielmehr in jener Loyalität, die alles versteht und das meiste verzeiht, verbunden bleibt, ist die Frucht der historischen Rekonstruktionsarbeit, die hier vorgezeigt wird, ›halbreif‹, also ungenießbar.

›Gravuren‹ sind Stichelzeichnungen auf Metall oder Glas, eingeritzte Ornamente oder Figuren. Gravuren ›in‹ der Geschichte sind Oberflächenkratzer. Übertragen auf die Psychoanalyse, besagt die Metapher immerhin, daß der ›Körper‹ (oder Kader) der Psychoanalyse nicht heil und unversehrt, sondern ›gezeichnet‹ aus den politischen Kämpfen hervorgegangen ist, Risse, Schrunden und Blessuren davontrug. Dem Bild von den ›Gravuren‹ liegt aber eine bestimmte Rahmen-Vorstellung vom Verhältnis der Psychoanalyse zur Geschichte zugrunde: Die Hitler kommen und gehen, ›die‹ Psychoanalyse bleibt bestehen ... Ob freilich der Nationalsozialismus die Psychoanalysegeschichte nur oberflächlich ›ritzte‹ oder sie demolierte, ob also überhaupt *nach* diesem Gravurverfahren die Psychoanalyse und ihre Geschichte noch dieselbe waren – das eben ist die Frage. Das Vorverständnis, das in der Rede von den ›Gravuren‹ seinen Ausdruck findet, hat die Konfrontation mit den von Frau Lockot herangezogenen Dokumenten unbeschadet überstanden. Als Resultat ihrer Rekonstruktion der Vereinsgeschichte formuliert, erweist es sich als ein Vorurteil. Lockot hat die Frage, was seit den dreißiger Jahren aus der Freudschen Aufklärung (in Deutschland, aber nicht nur in Deutschland) geworden ist – also die Frage nach dem Schicksal der Psychoanalyse –, aufgeworfen und im selben Satz schon wieder abgetan. Ginge es nur um ›Gravuren‹, wozu dann die aufwendige Recherche- und Montagearbeit, als deren Resultat uns die mißglückte »Reinigung der Psychoanalyse« vorliegt? Hier sollte etwas bewiesen werden. Aber was? Daß ›die‹ Psychoanalyse – von ›Gravuren‹ abgesehen – die Katastrophen unseres Jahrhunderts überstand, daß Verfolgung, Krieg und Holocaust ihr nichts anhaben konnten, mochten auch Psychoanalytiker erschlagen und psychoanalytische Einsichten aufgegeben werden. Freuds Schriften auf den Scheiterhaufen deutscher Universitätsstädte 1933; Edith Jacobsohn 1935-1938 in Gestapo-Haft; Freud, 1938 mit Mühe und Not von den Menschenjägern freigekauft, unterwegs ins Londoner Exil; Sabina Spielrein in der Synagoge von Rostow am Don mit anderen Leidensgefährten 1941 von Nazis umgebracht; John F. Rittmeister unter dem Fallbeil in Berlin-Plötzensee 1943; István Hollós 1944 am Budapester Donauufer auf seine Ermordung durch ›Pfeilkreuzler‹ wartend; Karl Landauer 1945 verhungert im KZ Bergen-Belsen... ›Gravuren‹?

Zitatmontagen

Frau Lockot versichert, Geschichte nicht zu schreiben, sondern »schreiben zu lassen« (1994, S. 20). Sie beschränkt sich auf die Rolle eines Arrangeurs von Stimmen toter und lebender Zeugen, Brief-, Memoranden- und Memoirenschreiber. In dieser ›Geschichte‹ wird darum auch nicht argumentiert, sondern ausgewählt, geschnitten und montiert. Zitate, immer nur Zitate müssen Rede, Gegenrede und Resümee vertreten. Die Montage-Technik selbst aber wird nirgendwo erläutert, die Prinzipien von Auswahl, Schnitt und Kombination bleiben das Geheimnis der Autorin. Der Verzicht auf eine Rechtfertigung des Montageverfahrens und der Verzicht auf eine deutende Kritik, also auf Interpretation der schließlich präsentierten Zitate – und seien sie noch so hanebüchen – soll ›Authentizität‹ verbürgen:

»Ich habe diese Form gewählt, weil ich sie für besonders authentisch halte.« »Auch wenn ich die größten Teile des Buches nicht geschrieben habe, habe ich es doch durch die Auswahl des Materials gestaltet. Es war mir dabei wichtig, das Gefühl zu vermitteln, nicht ›über‹ Menschen und Vorgänge zu schreiben, sondern gleichsam direkt dabei zu sein, sich ›verstricken‹ zu lassen, aber wieder zurückzufinden – sich auf den Standpunkt außerhalb, auf die ›dritte Position‹ besinnen zu können« (ebd. S. 11 f.).

Die Vorstellung, daß ausgewählte Zitate ›für sich‹ sprechen und daß eine Kombination solcher Zitate ›Authentizität‹ verbürge – wie die ihr entsprechende, daß die ›oral history‹ von Zeitzeugen der realen gleichzusetzen sei – , mutet gerade, weil es sich hier um eine Geschichte der Psychoanalyse handelt, merkwürdig naiv an. Entfaltete sich doch Freuds neue Wissenschaft vom Unbewußten als Kritik an ›manifesten‹ Traumerzählungen und an den Verführungsgeschichten von Hysterie-Patienten. Zitate reden nicht, es sei denn, man stellt ihnen Fragen. Und wenn sie reden, sprechen sie in Zungen. Allzu viele der (weit über 400) Zitate aus (bisher unveröffentlichten) Briefen und Interviews bleiben für den Leser rätselhaft. Er möchte weiterlesen, doch der ›Rest‹, der Kontext, der zum Verständnis des jeweiligen Zitatfragments nötig wäre, fehlt, und der Text, der zum nächsten Zitat überleitet, bietet keinen Ersatz für das Ausgesparte. Ungenauigkeiten der Übersetzung, stilistische Mängel, Druckfehler und Sprünge in der Chronologie der Darstellung schaffen zusätzlich Verwirrung, wie an einigen Beispielen gezeigt werden soll:

(1) »Im Oktober 1933 äußerte der Präsident der Internationalen Psychoanalytischen Vereinigung, Jones, seinen Eindruck, daß Müller-Braunschweig die Lage ziemlich objektiv sehe, wenn auch ›rather German‹. Für antisemitisch hielt er ihn nicht, auch wenn er einen leichten Hang zur nationalsozialistischen Ideologie habe. Boehm sei dem Regime gegenüber mißtrauischer, zeige aber einige antisemitische Züge. Selbst wenn Boehms anfängliche Aktivitäten fraglich seien, gebe es gute Gründe für sein Verhalten. Zwar sei er durch äußere Umstände gezwungen gewesen, habe sich dabei aber klug verhalten, die Gesellschaft vor der Auflösung gerettet (...).« »Solange es keinen Grund gebe, das Gegenteil anzunehmen, werde es das beste sein, Boehm und Müller-Braunschweig in ihren ehrenvollen Bemühungen zu unterstützen.«

So Lockots zusammenfassende Wiedergabe. Im Original (aus dem Lockot in der Fußnote zitiert) steht:

»Müller-Braunschweig was pretty objective. He showed no signs of anti-Semitism but evidently felt rather German, I suppose his learnings towards idealism draw him a little to that somewhat neglected aspect of Hitlerism. Boehm on the other hand, was more sceptical about the Government but did show some indications of anti-Semitism, possibly associated with the unfortunate discovery of his unhappy grandmother. It would certainly be absurd to make them responsible for the fact that outer circumstances have unavoidably brought them certain slight advantages (...)« »Unless any reason appears to the contrary I think our wisest course is definitely to support Boehm and Müller-Braunschweig in the honest efforts they are undoubtedly making to salvage the situation« (Jones an Anna Freud, 2. 10. 1933; zit. n. Lockot, S. 35 f. und Anm. 11, ebd.).

(2) »Jones bestätigte Müller-Braunschweig, daß er sich selbst Kollegen gegenüber, die er seit vielen Jahren kannte, absolut korrekt und den deutschen Behörden gegenüber loyal verhalten habe.«

So Lockots Wiedergabe einer Passage aus einem Brief von Ernest Jones an Carl Müller-Braunschweig vom 11. 5. 1938. In diesem Fall kann der verdutzte Leser sich beim Originalzitat Rat holen, wo es heißt:

»I remember when I met you last month in Vienna noticing with what special correctitude and loyalty you represented the official German view and that you never moved in the slightest degree from this attitude and tone, even when speaking with individuals whom you had known personally years ago« (1994, S. 55 f. und Anm. 76, ebd.).

(3) »Dem Kommen der Familie Freud nach England sah Rickman, der sich als Sprecher eines Teils der englischen Gruppe verstand, ›(...) abgesehen von einer sehr großen Hilfsbereitschaft für Notleidende (...)‹, mit großer Skepsis entgegen, die Jones, heftig und mit allen Mitteln, zu zerstreuen suchte.«

Hierzu wird auf zwei Briefe, die zwischen Anna Freud und Ernest Jones am 20. 4. und 25. 4. 1938 gewechselt wurden, verwiesen. Ein längeres Zitat aus dem Brief vom 25. 4. zeigt, daß Jones darin Rickman diskreditiert; es trägt aber zum Verständnis der gegebenen Zusammenfassung nichts bei (1994, S. 201 f., dazu Anm. 49 und 50, ebd.).
Lockot beklagt, daß es unter den Autoren, die sich mit der Geschichte der Psychoanalyse während der NS-Zeit beschäftigen, solche gebe, »die ›am Material‹ arbeiten«, und solche, »die ›über‹ das Material verfügen und sich der anderen fast raubbaumäßig ›bedienen‹ (...)«. Auch ihr eigenes Buch »böte sich in diesem Sinne als ›Steinbruch‹ an« (ebd., S. 12). Dem ist hinzuzufügen, daß die Struktur der »Reinigung der Psychoanalyse« tatsächlich die eines ›Steinbruchs‹ ist, also kaum eine andere Nutzung zuläßt als die des ›Raubbaus‹, und das heißt in diesem Fall: der kritischen Interpretation der hier aufgehäuften Zitatbrocken.
So mangelhaft auch immer die Präsentation des Materials: Lok-

kots Buch ist eine Fundgrube für jeden, der sich für die alte deutsche Psychoanalyse interessiert und es vermag, die Trümmer, die hier davon überliefert sind, an ihren richtigen Platz zu setzen. Neue Informationen gibt es vor allem zur ›Deutschland‹-Politik von Ernest Jones (also des IPV-Vorstands) in den Jahren 1933 bis 1938; überaus aufschlußreich sind ferner die hier publizierten Brief-Passagen, die Bewußtseinslage, Aktivitäten und Projekte der DPG-Psychoanalytiker in der Nachkriegszeit (Kap. 3. 1) bis hin zur Spaltung der DPG (Kap. 6. 1) dokumentieren. Die Beziehungen zwischen den beiden nicht der DPG angehörigen Psychoanalytikern Felix Schottlaender und Alexander Mitscherlich werden anhand der Auszüge aus ihrer Korrespondenz wenigstens im Umriß deutlich, und das Dunkel um die Gründung der *Psyche*, der wichtigsten deutschsprachigen psychoanalytischen Zeitschrift nach 1945, wird gelichtet (Kap. 3. 2, 4. 2 und 6. 2). Einen klaren Bericht über die von ihr genutzten Archiv-Bestände sucht man in dem Buch von Frau Lockot vergebens. Aus den verstreuten Hinweisen ergibt sich aber, daß sie vor allem in den *British Archives* gearbeitet hat und die dort archivierte, vollständig erhaltene Korrespondenz zwischen der DPG und der IPV aus den dreißiger und vierziger Jahren auswerten konnte – besonders den umfangreichen Briefwechsel Carl Müller-Braunschweigs. Ergänzend wurde der Briefwechsel zwischen Ernest Jones und Anna Freud herangezogen. Auch die »Protokolle«, in denen Werner Kemper und Harald Schultz-Hencke ihre Versuche dokumentierten, im ersten Nachkriegsjahr in Berlin die Psychoanalyse zu reaktivieren, finden sich in den *British Archives*, ebenso der Briefwechsel zwischen Schottlaender und Mitscherlich (der zum Teil auch im Frankfurter Mitscherlich-Archiv vorhanden ist). Eine Reihe von (Brief-)Dokumenten wird aus zweiter Hand zitiert; bei anderen wird anstelle eines Archivs nur die Person genannt, die der Autorin das Dokument ›überließ‹. Wichtiger als solche Mängel aber ist, daß die Autorin sich mit den von ihr für die »Reinigung der Psychoanalyse« genutzten Quellen bescheidet, daß sie ›andere‹ nicht vermißt bzw. ignoriert. Den von ihr zitierten, vielfältigen und widersprüchlichen Stimmen lauschend und oft genug von ihnen verführt (in sie ›verstrickt‹), sucht die Autorin, »sich auf den Standpunkt außerhalb, auf die ›dritte Position‹ (zu) besinnen« (ebd., S. 12). Diese ›dritte Position‹ aber repräsentiert nach Meinung Lockots – wie sie in der Vorbemerkung zum 1. Kapitel schreibt, in dem es um die »Liaison der DPG mit dem (NS-)Staat« geht – der »Gedankenaustausch zwischen Jones und Anna Freud« (ebd., S. 20 f.). Doch der ratlose IPV-Vorstand, vor allem Ernest Jones, schwankte in seiner Einschätzung der deutschen DPG-›Führung‹ und ihrer NS-Gegenspieler in den Jahren 1933 bis 1938 wie ein Rohr im Winde. Lockot, die diese Schwankungen eher nachbildet als charakterisiert, resümiert: »Selbst Jones konnte sich erst nach einigen Jahren – vielleicht erst bei Kriegsbeginn – auf einen Standpunkt besinnen, der den gelegentlichen Eindruck einer heimlichen Faszination durch den Nationalsozialismus widerlegt« (ebd., S. 315). Daß sie die (wechselnde) Sichtweise und ›Politik‹ der IPV als ›dritte Position‹ akzeptiert, die sie, die Autorin, vor ›Verstrickung‹ bewahren soll, bezeichnet die Schranke, über die Lockots Buch nicht hinauskommt. Sie schreibt Vereinsgeschichte und bleibt – bei aller Skepsis Jones gegenüber – doch dem alten IPV-Vorstand in jener Loyalität verbunden, die einen »mit gleichveranlagten Augen von gleichen Standpunkten in der gleichen Richtung in den gleichen Ausschnitt der Welt« (Schumpeter 1927, S. 152) blicken läßt. Die Berücksichtigung einer vierten, die Erarbeitung einer fünften, eigenen Position wäre nötig, um wirklich eine Geschichte der DPG und der IPV schreiben zu können. Die wichtigste ›heterodoxe‹ Quelle zur Geschichte der deutschen und internationalen Psychoanalyse in den Jahren 1933 bis 1945, die 119 geheimen *Rundbriefe* Otto Fenichels (1997)[2], wird nicht einmal erwähnt. Selbstverständlich bleiben auch die einschlägigen Veröffentlichungen Wilhelm Reichs[3] unberücksichtigt. Und daß jede Geschichte der Psychoanalyse in den dreißiger Jahren defizitär bleibt, solange nicht Freuds Korrespondenz vollständig zugänglich und veröffentlicht ist, bleibt ungesagt.

2 Hinweise auf diese Quelle bzw. Teilveröffentlichungen aus den *Rundbriefen* finden sich bei Dahmer (1973, Kap. 3. 2), Jacoby (1983) und Harris/Brock (1992).

3 Vor allem wären hier die von Wilhelm Reich im Exil (Kopenhagen/Oslo) unter Pseudonym (Ernst Parell) herausgegebene *Zeitschrift für politische Psychologie und Sexualökonomie* sowie Reich (1953/1974; 1967; 1994) heranzuziehen.

Organisationen – Parteien, Vereine oder internationale Therapeuten-Organisationen – können sich nicht selbst auf die Sprünge kommen. Erkenntnis und Interesse schließen einander hier aus. Verbands-Loyalisten taugen nicht zu Historikern. Sie wurden qua Identifizierung selbst zu Delegierten einer Tradition, die zu durchschauen sie sich hüten müssen. Daß die von Lockot gegebene Antwort auf die Frage nach den Folgen der nationalsozialistischen Diktatur für die Psychoanalyse so unbefriedigend ausfällt, liegt vor allem daran, daß sie die ihr vorliegenden Dokumente im allzu engen Horizont der (offiziellen) Vereinsgeschichte interpretiert. So wird das Schicksal der freudianischen Weltgesellschaft in den dreißiger und vierziger Jahren auf das delikate Ballett reduziert, das der Vorstand der *Internationalen Psychoanalytischen Vereinigung* (Ernest Jones in London und Anna Freud in Wien, später in London) und die Repräsentanten der deutschen Zweiggesellschaft (Felix Boehm und Carl Müller-Braunschweig in Berlin) miteinander aufgeführt haben:

»Korrumpiert durch die verführerischen Angebote der Nationalsozialisten nahm die (...) DPG eine Entwicklung, die nicht in Einklang mit der (...) IPV zu bringen war. Um kurzfristig kleine Vorteile zu gewinnen, wurden den Nationalsozialisten schwerwiegende Konzessionen gemacht – aber auch sie bewahrten die DPG nicht vor ihrer erzwungenen Auflösung und dem Austritt aus der IPV. Ein quälender Fragmentierungsprozeß (der DPG, H. D.) nach dem Krieg war die Folge, der erst durch ihre Spaltung in *Deutsche Psychoanalytische Vereinigung* (DPV) und *Deutsche Psychoanalytische Gesellschaft* (DPG) zu einem Ende kam« (ebd., S. 9).
»Die Trennung der DPV von der DPG ist (...) als Bilanz einer Summe individueller Abwehrmechanismen zu sehen, die eine Kommunikation schließlich unmöglich machte, beiden Gesellschaften aber wieder eigene Konturen verlieh« (ebd., S. 326).

Die Geschichte der 56 Intellektuellen, die 1932 in Deutschland von der therapeutischen Anwendung der Freudschen Psychoanalyse lebten, und ihrer Kollegen in aller Welt, mit denen sie zu einem internationalen Berufs- und Weltanschauungs-Verband zusammengeschlossen waren, wird nur im Kontext der deutschen und internationalen Geschichte der dreißiger und vierziger Jahre verständlich. Erst wenn das Selbst- und Situationsverständnis der Freudianer, ihre Briefe, Reden und Schriften, ihre Handlungen und Unterlassungen zur Geschichte der NS-Diktatur, des Widerstands und der Verfolgung, des Krieges und der Ideologien, zur realen Geschichte der Nachkriegszeit, der Teilung Deutschlands und des Kalten Krieges in Bezug gesetzt werden, werden sie verständlich und abschätzbar. Lockot aber schreibt Geschichte so, als sei die einzige Quelle, die es dazu gibt, das, was freudianische Therapeuten und Funktionäre gesagt und geschrieben haben. Im Literaturverzeichnis ihres Buches erscheint dementsprechend keinerlei zeitgeschichtliche Literatur – abgesehen von einem Nachschlagewerk von Wistrich (1983), einer Abhandlung über die ›Euthanasie‹-Aktion (Kaul 1973) und verschiedenen Broschüren zur Berliner Stadtgeschichte. Als ein eigentümlicher ›Ersatz‹ für die Zeitgeschichte dient der Autorin das Kapitel 2 (»Körperliche und seelische Folgen der NS-Zeit und des Krieges«), in dem zunächst die Opfer des Zweiten Weltkriegs – anhand der Angaben in einem »Berlin-ABC« (Krumholz 1969) und mit Hilfe eines Ausrisses aus einer der Autorin unbekannt gebliebenen Zeitung – aufsummiert werden, und das sich im übrigen aus Rezensionen (die zwischen 1947 und 1951 in der *Psyche* erschienen sind)[4], Psychoanalytiker-Briefen und Zeitzeugen-Interviews speist.

Die reale Geschichte wird auf die Vereinsgeschichte reduziert, das, was geschah, auf das, was ein bestimmter, ideologisch befangener Intellektuellenzirkel davon wahrnahm. Die Vereinsgeschichte wiederum wird auf die offizielle reduziert, auf die Interpretation, die die Verbandsleitung ihr gab (und gibt). Mehr noch: Diese Geschichte der Psychoanalyse in Deutschland abstrahiert – abgesehen von der Wiedergabe zweier Kritiken von Fenichel und Edoardo Weiss an Texten von Schultz-Hencke (ebd., S. 29 ff. und S. 256 f.) – von der Theoriegeschichte. Psychoanalytische Publikationen der dreißiger und vierziger Jahre werden allenfalls genannt, nie aber präsentiert, geschweige denn diskutiert. Was von der Vereinsgeschichte dann noch übrigbleibt, sind die (immer gleichen) Figuren der Gruppendynamik: Da gibt es

4 Das oft höchst problematische Verhältnis dieser Rezensionen zu der Literatur, auf die sie sich beziehen, bleibt ebenso außer Betracht wie die Frage nach dem Verhältnis der in der *Psyche* rezensierten Bücher zu den gleichzeitig zur selben Thematik erschienenen, aber dort nicht rezensierten Büchern.

(wie allüberall) bessere und schlechtere Charaktere, Freundschaften und Rivalitäten, Cliquenbildungen und Gruppenzerfall, rätselhafte Bündnisse und ebenso unerklärliche Gegnerschaften, Fragmentierungen und Spaltungen, gefolgt von neuen Fusionen und Konfusionen ...

Freuds Legat

Das Schlüsselereignis der Geschichte der Psychoanalyse in den dreißiger Jahren ist der (verschleierte und verleugnete) Ausschluß Wilhelm Reichs aus der IPV während ihres 13. Internationalen Kongresses in Luzern im August 1934. Dieses Schlüsselereignis bleibt in Lockots Buch ausgespart. Aber im Eröffnungskapitel (1.0), das unter dem Titel »Die *Internationale Psychoanalytische Vereinigung* als Gemeinschaft von Gleichgesinnten« steht, werden unvermittelt, so, als handele es sich um das Selbstverständlichste in der Welt, die beiden Bedingungen erwähnt, unter denen Freud sich bereit fand, seine Zustimmung zur Übernahme der DPG-Leitung durch Felix Boehm und Carl Müller-Braunschweig zu geben. Über sein Gespräch mit Freud, das in Wien am 17. 4. 1933 im Beisein von Paul Federn stattfand, hat Boehm im folgenden Jahr berichtet:

»Vor dem Fortgehen sprach Freud zwei Wünsche für die Leitung der Gesellschaft aus; erstens: Schultz-Hencke dürfe nie in den Vorstand unserer Gesellschaft gewählt werden. Ich gab mein Wort, dass ich niemals mit Sch-H. in einem Vorstande zusammen sitzen würde. Und zweitens: ›befreien Sie mich von Reich‹« (Boehm 21. 8. 1934).[5]

Als Boehm seinen Bericht verfaßte, war Freuds zweiter Wunsch – Reich betreffend – schon erfüllt. Und auch Schultz-Hencke gelangte nie in den DPG-Vorstand, sondern wurde – nach der Abspaltung der Gruppe um Müller-Braunschweig, der späteren DPV – mitsamt der DPG im August 1951 nicht mehr in die IPV aufgenommen, was einem de facto-Ausschluß aus der IPV entsprach. Welch seltsame Bundesgenossen aber hatte Freud sich da im Frühjahr 1933 in seiner eigenen Organisation gesucht – und was für wunderliche Gegner!

5 Zit. nach der Reproduktion des 11seitigen Typoskripts von Boehm in Brecht et al. (1985, S. 101). Lockot (1994, S. 29) gibt diese Passage fast wortgetreu wieder.

Schultz-Hencke hatte 1927 eine »Einführung in die Psychoanalyse« veröffentlicht, die von Fenichel wohlwollend rezensiert worden war. Mit seinem Interesse an einer ›Verwissenschaftlichung‹ (Ent-Metaphorisierung) der psychoanalytischen Theorie, die mit deren Banalisierung Hand in Hand ging, und an der Etablierung ›autonomer‹ (triebunabhängiger) Ichleistungen lag er durchaus im ›mainstream‹ der Weiterentwicklung der Psychoanalyse. Allenfalls konnte man ihm seine ›neo-analytische‹ Terminologie ankreiden. Schultz-Hencke war weder Sozialist noch Nationalsozialist oder Antisemit. Mit Wilhelm Reich hatte er nichts zu tun. Warum Freud aber ausgerechnet Schultz-Hencke in einem Brief an Max Eitingon (vom 21.3. 1933) als »inneren Gegner« qualifizierte (Lockot 1994, S. 29) und einen »Indifferenten« wie Boehm (ebd., S. 28) mit der Leitung des Berliner Psychoanalytischen Instituts in »ungünstigen Zeiten« (und mit der »Befreiung« von Reich) betraute, bleibt sein Geheimnis und wird sich allenfalls klären lassen, wenn seine Korrespondenz aus den dreißiger Jahren einmal vollständig vorliegt. Klar ist indessen, daß die DPG Freuds Legat von 1933 erfüllte und sich die IPV-Mitgliedschaft sicherte, indem sie (angeführt von Müller-Braunschweig!) zweimal gegen den Falschen Front machte: 1933/34 gegen Reich, 1949/50 gegen Schultz-Hencke.[6] Gab es einen psychoanalytischen Theoretiker, Lehranalytiker und Vereinsfunktionär, der sich 1933 wahrlich als »innerer Gegner« der Freudschen Psychoanalyse qualifizierte, dann war es Müller-Braunschweig mit seinem Programm einer Psychoanalyse »mit wirklich deutschem Gesicht«. Sein für NS-Funktionäre bestimmtes, nicht mit den DPG-Kollegen, offenbar aber mit Ernest Jones abgestimmtes »Memorandum« (vom 24.9. 1933), das im wesentlichen mit dem vier Wochen später (am 22.10. 1933) in der faschistischen Zeitschrift *Reichswart* erschienenen Artikel »Psychoanalyse und Weltanschauung« identisch

6 In einem – bibliographisch von Lockot nicht nachgewiesenen – »historischen Rückblick« von 1967 stellte Werner Kemper Schultz-Hencke das schönste Zeugnis aus: »Als Kemper den Kollegen Wilhelm Reich und Lotte Liebeck rechtzeitig zur Flucht verhalf und den Kontakt zu den beiden verhafteten Mitgliedern der Gesellschaft, Edith Jacobsohn und John Rittmeister (der bei ihm in Lehranalyse war), aufrechterhielt, konnte er sich immer auf Schultz-Henckes Hilfe verlassen (...) Müller-Braunschweig und Boehm als Funktionsträger hätten von diesen Hintergründen nichts gewußt (...)« (1994, S. 263).

war (Nachdruck 1983; vgl. dazu: Dahmer 1983)[7], bildete den ideologischen Kontrapunkt zu dem zu diesem Zeitpunkt vom DPG-Vorstand bereits insgeheim ins Werk gesetzten Ausschluß Wilhelm Reichs.

Nicht »das Gemisch von Politik und Analyse«, das Müller-Braunschweig fabrizierte, um die ›Sache‹ der Psychoanalyse – die zu dieser Zeit längst von der Mehrheit der Psychoanalytiker mit ihren Institutionen (Vereinen, Kliniken, Bibliotheken, Konten) verwechselt wurde – zu ›retten‹, sondern dasjenige, »das Reich vertritt«, war Freud ein Dorn im Auge: »Mein Vater kann nicht erwarten, Reich als Mitglied loszuwerden« (Anna Freud an E. Jones, 27. 4. 1933; Lockot 1994, S. 39).

Aus Reichs autobiographischen Schriften lassen sich verschiedene Etappen seiner Beziehung zu Sigmund Freud rekonstruieren. Er erregte Freuds Mißfallen, als er sich (seit 1927) in Wort und Tat als loyaler Parteikommunist gerierte (vgl. z. B. Reich 1929 a). Einige Jahre später veröffentlichte er in der – damals von Fenichel redigierten – *Internationalen Zeitschrift für Psychoanalyse* einen Aufsatz, in dem er gegen die Todestrieb-Hypothese und für eine »*Soziologie* des Leidens« argumentierte (Reich 1932). Freud wollte in einer Herausgeber-Notiz (vom 1. 1. 1932) auf Reichs KP-Mitgliedschaft hinweisen und hinzufügen, der Bolschewismus schränke bekanntermaßen die Forschungsfreiheit ebenso ein wie die Kirche (vgl. Dahmer 1982, S. 298 ff. u. S. 474 f.). Reich setzte sich zur Wehr, und sein Artikel erschien schließlich zusammen mit einer ausführlichen Stellungnahme von Siegfried Bernfeld (1932). Die Sache hatte aber ein Nachspiel. Freud schrieb am 9. 1. 1932 an Eitingon: »Ferenczi's Beharren bei seiner bedenklichen Technik, Reich's und Fenichel's Versuch die Zeitschriften für bolschw. Propaganda zu misbrauchen (...) alles zeigt, dass unter dem ätzenden Einfluss dieser Zeiten sich die Charaktere rasch zersetzen« (The Freud Museum 1992, S. 285). Am 17. 1. 1932 teilte er dann Lampl de Groot mit, er müsse »gegen die bolschewistischen

7 Lockot spricht nur von einem »Memorandum« und führt dann den Artikel »Psychoanalyse und Weltanschauung« in der Bibliographie (mit falschem Datum) an. Sie verweist darüber hinaus (1994, S. 37 f., Anm. 19) auf einen längeren Artikel Müller-Braunschweigs vom Juni 1935 zum Thema »Nationalsozialistische Idee und Psychoanalyse«, der Jones und Anna Freud vorlag und von dem bisher nur ein Auszug (die Seiten 17-19) bekannt geworden ist (in: Brecht et al. 1985, S. 167).

Angreifer, Reich, Fenichel« Front machen (»cleansing of the press«). Im Mai entzog Freud Fenichel die Redaktion und verlegte sie von Berlin nach Wien (wo er sie Federn und Hartmann übertrug) (vgl. Freud an Radó, 1. 5. 1932, a.a.O. S. 286).

Freud sah im »Bolschewismus« (Stalinismus) wie im Nationalsozialismus politische Religionen, die dazu taugten, massenfeindliche Massenbewegungen zusammenzuschmieden und sie zu neuen Pogromen, Massakern und Kriegen zu führen. An Marie Bonaparte schrieb er im Sommer 1933:

»Die politische Lage haben Sie selbst erschöpfend beschrieben. Mir scheint es, nicht im Krieg haben Lüge und Phrase so uneingeschränkt geherrscht wie jetzt. Die Welt wird ein großes Zuchthaus, die ärgste Zelle ist Deutschland. Was in der österreichischen Zelle geschehen wird, ist ganz ungewiß. In Deutschland sehe ich eine paradoxe Überraschung voraus. Sie haben dort mit der Todfeindschaft gegen den Bolschewismus begonnen und werden mit etwas enden, was von ihm nicht zu unterscheiden ist. Außer vielleicht darin, daß der Bolschewismus doch revolutionäre Ideale aufgenommen hat, der Hitlerismus nur mittelalterlich-reaktionäre. Selbst nicht mehr recht lebenskräftig, erscheint mir diese Welt als zum nahen Untergang bestimmt« (zit. n. Jones 1962, III, S. 217f.).

Freuds Reaktionen auf ›Bolschewisten‹ und ›Hitleristen‹ in seiner eigenen, psychoanalytischen Organisation fielen höchst unterschiedlich aus. Zu einer Attacke gegen Nationalisten, Völkische, Antisemiten unter den (deutschen) Psychoanalytikern, die Freuds Kampfansage an Reich (und Fenichel) irgend entspräche, kam es nicht. Vielmehr erfreuten sich Boehm und Müller-Braunschweig mindestens in den ersten Jahren des Hitlerregimes seiner Unterstützung, als sie sich zur Zusammenarbeit mit Partei und Staat des ›Dritten Reiches‹ bereitfanden und darangingen, die Psychoanalyse ›einzudeutschen‹, das heißt, in den Dienst der ›nationalen Erhebung‹ zu stellen. Mehr noch: Freud ermächtigte just diese beiden deutsch-nationalen Beelzebuben dazu, den ›bolschewistischen‹ Teufel Reich aus der IPV auszutreiben.

Reich war im Berlin der frühen dreißiger Jahre als ein dezidierter Gegner der Nazibewegung bekannt geworden. Wie kein anderer personifizierte er als Redner, Organisator und Publizist die Verbindung von Psychoanalyse und (linker) Politik. In dem Augenblick, als sich der Sieg der NS-Massenbewegung abzeichnete, wurde er für die psychoanalytische Organisation zu einem Sicherheitsrisiko.

Der ›Bolschewismus‹ der Reich (1929 b) und Fenichel (1934) bestand im wesentlichen darin, Freuds biologischen Materialismus zu einem ›dialektischen‹ zu erweitern, was darauf hinauslief, die allgemeine Freudsche Kulturkritik historisch zu spezifizieren oder: Psychologie und Soziologie zusammenzudenken. Freuds ›antibolschewistische‹ Wendung von 1932 war zunächst vor allem darauf berechnet, die organisierte Psychoanalyse aus dem deutschen Bürgerkrieg herauszuhalten und ihr das Überleben zu sichern, indem sie sich als unpolitische (›reine‹, ›neutrale‹) Wissenschaft deklarierte. Dieser Zweck schien auch 1934 noch das Opfer des einen Reich und des versprengten Häufleins derer, die ähnlich dachten wie er, zu rechtfertigen.
In seiner Eröffnungsansprache vor dem 16. Kongreß der IPV in Zürich hat Ernest Jones dann 1949 Freuds zeitbedingte Wendung gegen die Soziologie zum Programm erhoben:

»Since the last Congress took place eleven years ago great and terrible events have shaken the world, and our own analytical community has not been spared (...).
The terrific social and political movements and changes we have witnessed of recent years compel more urgently than before a consideration of the relationship between the layers of the mind that are the object of our special study and the powerful ideational and emotional accompaniments of those social movements. What can we learn from them for our work and what effect, if any, have they on the deeper layers of the mind which we study? (...).
The temptation is understandably great to add socio-political factors to those that are our special concern, and to re-read our findings in terms of sociology, but it is a temptation which, one is proud to observe, has, with very few exceptions, been stoutly resisted« (»Report ...« 1949, S. 178 f.; Hervorhebung H. D.).

So hat die von Freud in den frühen dreißiger Jahren vorgenommene politische Weichenstellung die seitherige Geschichte der Psychoanalyse entscheidend geprägt: Die psychoanalytische Kulturkritik ist zu einer Theorie ohne Praxis geworden und gehört inzwischen der Literaturgeschichte an. Die Psychoanalyse hat sich von den emanzipatorischen Strömungen ebenso wie von den übrigen Geistes- und Sozialwissenschaften isoliert. Der »spintisierende Psychologismus« (Adorno), dem einst Fenichel in die Parade gefahren war, konnte sich ungehemmt entfalten. Eine Rezeption der »Frankfurter Schule«, deren Theoretiker die seit den dreißiger Jahren verödete sozialphilosophische Dimension der Psychoanalyse kultivierten, kam nicht zustande. Inzwischen weiß die amputierte oder »medizinalisierte« (Parin) Psychoanalyse längst selbst nicht mehr, was sie war und was sie ist. Ihre Adepten halten die politische Abstinenz und Fügsamkeit für eine professionelle Tugend. Der Schlaf der Vernunft wird von den Freudianern nicht mehr gestört.

Die Spuren-Verwischer

»On the credit side we should gratefully remember that on the whole, our colleagues have manfully resisted the pressure to mould our work in the terms of this or that particular ideology«, hieß es in Ernest Jones' Bilanz vom Jahre 1949 (»Report ...« 1949, S. 179). Daß nicht alles mit rechten Dingen zuging, daß sie Entscheidendes versäumten und das Beste vergaßen, sagte den für die Geschicke der deutschen Psychoanalyse Verantwortlichen im nachhinein ihr schlechtes Gewissen. Sie haben alles daran gesetzt, ihre Spuren zu verwischen. Lockot erzählt von den Versuchen, die traurige Wahrheit durch akzeptablere Legenden zu verdecken oder, radikaler, einfach die Dokumente der schmählichen Geschichte aus der Welt zu schaffen:

The Fall of the House of Usher

Das alte, von Max Eitingon gegründete Berliner Psychoanalytische Institut war in dem – seit 1944 so genannten – *Reichsinstitut für Psychologische Forschung und Psychotherapie* aufgegangen, in dem auch die verbliebenen Psychoanalytiker eine »Katakombenexistenz« (Kemper) fristeten. Cäcilie Otten, eine Augenzeugin, berichtete Schultz-Hencke im Mai 1945 über das Ende dieses Instituts, das von dem Neurologen und Vetter des »Reichsmarschalls« Hermann Göring, M. H. Göring, geleitet wurde, folgendes:

»Görings haben im Institut bis zum letzten Augenblick proklamiert, die Westarmee käme und würde die Russen vertreiben. Als die Russen erschienen, besichtigte ein russischer Offizier das Institut, das mit einer Lazarettfahne versehen war. Der russische Offizier bekam von oben anwesender SS einen Schuß in den Rücken. Daraufhin wurden die Hausinsassen in den Keller geschickt und das Haus angezündet. Es ist bis auf die Grundmauern ausgebrannt. Göring in Uniform gab Fr. Pfitzer kurz vor Eintreffen der Russen den Auftrag, seinen Stahlhelm, Waffe und Munition im Garten zu vergraben, was von Frau Pfister abgelehnt wurde. Göring wurde abgeführt. Die Hausbewohner retteten sich durch einen Mauerdurchbruch im Keller, wobei Fr. Göring die Schützung und Benachrichtigung der SS proklamierte« (Lockot 1994, S. 57f.).

Kemper, »der diesen Bericht kannte« (ebd., S. 58), schrieb hingegen (1973), das Institut sei in den letzten Apriltagen 1945 bei »einem der letzten nächtlichen Großangriffe (...) durch einen Bombentreffer buchstäblich dem Erdboden gleichgemacht« worden. »Es sei ›mitsamt seiner Einrichtung und all dem, was an sichtbaren Arbeitsergebnissen vorlag‹, niedergebrannt« (zit. n. Lockot 1994, S. 58.).

Am Lethe-Fluß

»In Deutschland« gingen »wichtige Akten aus der Frühgeschichte der Psychoanalyse (...) erst in der Nachkriegszeit verloren bzw. wurden vernichtet. Das geschah mit den meisten (...) Akten des alten Berliner Psychoanalytischen Instituts (vor 1933) und wichtigen Dokumenten aus der Zeit der nationalsozialistischen Herrschaft.« Werner Kemper hatte »zwei Ordner mit Korrespondenz zwischen den führenden, prominenten jüdischen Psychoanalytikern Eitingon, Simmel, Bernfeld, Radó, Reich, Reik, Harnik, Sachs, Fenichel und anderen, sowie Protokollen über die mit Jones in der Nazizeit geführten Verhandlungen im Keller seines Hauses eingemauert« und 1948 an Müller-Braunschweig zurückgegeben. Anfang der sechziger Jahre waren diese Ordner aber im Nachlaß Müller-Braunschweigs nicht mehr auffindbar – abgesehen von einer kleinen »Mappe mit Unterlagen über« Müller-Braunschweigs »mißglückten Versuch, die Wiener psychoanalytischen Einrichtungen dem (...) Reichsinstitut (...) anzugliedern«. »Die Akten sollen von Carl Müller-Braunschweigs Frau, Ada Müller-Braunschweig, vernichtet worden sein (...)« (Lockot 1994, S. 12f.).
»Mit dem Bestand des Reichsinstituts für psychologische Forschung und Psychotherapie (...) wollte nach dem Krieg niemand

so recht etwas zu tun haben. Schultz-Hencke (...) und Kemper waren zwar bei der Gründung ›ihres‹ *Instituts für Psychopathologie und Psychotherapie* (1945, H. D.) zunächst noch bereit, ›treuhänderisch‹ die Institutsakten zu übernehmen – die ›juristische und moralische Nachfolge‹ lehnten sie ab. Diese Dokumente fristeten ein unbeachtetes Dasein auf dem Dachboden des *Instituts für Psychotherapie*, bis sie einen ›Interessenten‹ fanden, der sie an sich nahm – allerdings ohne Wissen der DPG bzw. des Instituts, deren Besitzrecht ja auch nicht eindeutig war. Nun blieb der Bestand nicht in der Rumpelkammer des ›Interessenten‹ – es fand sich ein weiterer ›Interessent‹ ein, der es« (?) »ihm in einem unbeobachteten Augenblick stahl. Nach einigen Umwegen kam dieser Bestand ins Bundesarchiv. Aber selbst da war er nicht sicher und wurde, obwohl zugänglich, für die Ausstellung zur Geschichte der Psychoanalyse zum Internationalen Psychoanalytischen Kongreß in Hamburg, 1985, wiederum, ganz unnötigerweise zunächst ›gestohlen‹ – d. h. ohne die dafür nötige Genehmigung einzuholen, benutzt« (ebd., S. 15 f.).

»Zerrissen (...) waren auch die Aktenbestände, die die Zeit zwischen 1945 und 1950 bis zur DPV-Gründung dokumentieren. Unsystematisch auseinandergepflückt war ein Teil der Akten bei dem Bestand des *Reichsinstituts*, der dann ins Bundesarchiv kam, ein anderer befindet sich bei der DPV, die damals ja noch nicht gegründet war (...) Obwohl die Korrespondenz nicht spektakulär ist (...), wurde mir ihre Benutzung verweigert« (ebd., S. 16).

»Die persönlichen und fachlichen Aufzeichnungen Harald Schultz-Henckes konnten nur durch einen Zufall gerettet werden. Sie wurden vor einigen Jahren vor seinem Haus in Berlin, das noch von seiner ehemaligen Lebensgefährtin bewohnt wird, für den Sperrmüll zum Abholen bereit, von einem aufmerksamen Psychoanalytiker gefunden und aufgehoben. Allem Anschein nach sollten sie nicht aus mangelndem Interesse weggeschmissen werden, sondern gerade weil Interesse daran gezeigt wurde. Auch sie sind noch in privatem Gewahrsam« (ebd., S. 16).

»Ich machte ähnliche Erfahrungen mit dem Nachlaß des Schweizer Psychoanalytikers Gustav Bally (...) Seine beiden Söhne waren sehr freundlich bereit, mir seine Korrespondenz zu überlassen«, mußten dann aber »betroffen feststellen, daß die Dokumente ohne ihr Wissen von Ballys zweiter Frau, Hanni, vernichtet worden waren (...)« (ebd., S. 16 f.).

Ihrer verratenen Sache überdrüssig, suchten viele der deutschen Freud-Schüler – Spezialisten für Amnesie und Anamnesis – ihr Heil im Ungeschehen-Machen, in der De-Realisierung, so wie es auch die meisten ihrer Generationsgenossen taten. Wahrlich, ein »trauriges Kapitel« (ebd., S. 20). Lockots Buch »Die Reinigung der Psychoanalyse« ist ein erster Schritt zur Rekonstruktion ihrer Geschichte. Und diese Geschichte wird noch manches Mal – und besser – erzählt werden müssen, damit sie begriffenwird.

Literatur

Bernfeld (1932): »Die kommunistische Diskussion um die Psychoanalyse und Reichs ›Widerlegung der Todestriebhypothese‹«, in: *Internationale Zeitschrift für Psychoanalyse* 18, S. 352-387.

Boehm, F. (21.8. 1934): »Ereignisse 1933-1934«, 11seitiges Typoskript, reproduziert in: K. Brecht et al. (Hg.), *Hier geht* ..., S. 99-109.

Brecht, K./V. Friedrich/L. Hermanns/I. Kaminer/D. Juelich (Hg.) (1985): *Hier geht das Leben auf eine sehr merkwürdige Weise weiter* ..., Hamburg: Kellner.

Dahmer, H. (1973): *Libido und Gesellschaft. Studien über Freud und die Freudsche Linke*, Frankfurt am Main: Suhrkamp, 1982.

– (1983): »Kapitulation vor der ›Weltanschauung‹. Zu einem Aufsatz von Carl Müller-Braunschweig aus dem Herbst 1933«, in: *Psyche* 37, S. 1116-1135.

– (1989): *Psychoanalyse ohne Grenzen*, Freiburg i. Br.: Kore.

DPV-Vorstand (1984): *Dokumentation des Briefwechsels Ehebald–Dahmer*, Berlin (Broschur).

Fenichel, O. (1934): »Über die Psychoanalyse als Keim einer zukünftigen dialektisch-materialistischen Psychologie«, in: ders., *Aufsätze*, Bd. 1, Olten: Walter, 1979, S. 276-296.

– (1997): *119 Rundbriefe (1934-1945)*, Basel: Stroemfeld/Roter Stern (im Druck).

The Freud Museum, London (Hg.) (1992): *The Diary of Sigmund Freud 1929-1939. A Record of the Final Decade*, London: Hogarth Press.

Gay, P. (1985): *Freud für Historiker*, Tübingen: edition discord, 1994.

Harris, B./A. Brock (1992): »Freudian Psychopolitics: The Rivalry of Wilhelm Reich and Otto Fenichel, 1930-1935«, in: *Bull. Hist. Med.* 66, S. 578-612.

Jacoby, R. (1983): *Die Verdrängung der Psychoanalyse oder Der Triumph des Konformismus*, Frankfurt am Main: Fischer, 1985.

Jones, E. (1957): *Das Leben und Werk von Sigmund Freud*, Bd. III, Bern: Huber, 1962.
Kaul, F. K. (1973): *Nazimordaktion T 4*, Berlin: Volk und Gesundheit.
Kemper, W. (1973): »Autobiographie«, in: L. Pongratz (Hg.), *Psychotherapie in Selbstdarstellungen*, Stuttgart: Huber, S. 259-345.
Krumholz, W. (1969): *Berlin-ABC* (hg. im Auftrag des Presse- und Informationsamtes des Landes Berlin, 2. Aufl.), Berlin/München: Verlag Dokumentation.
Lockot, R. (1985): *Erinnern und Durcharbeiten. Zur Geschichte der Psychoanalyse und Psychotherapie im Nationalsozialismus*, Frankfurt am Main: Fischer.
– (1994): *Die Reinigung der Psychoanalyse. Die Deutsche Psychoanalytische Gesellschaft im Spiegel von Dokumenten und Zeitzeugen (1933-1951)*, Tübingen: edition diskord.
Lohmann, H.-M. (Hg.) (1984): *Psychoanalyse und Nationalsozialismus. Beiträge zur Bearbeitung eines unbewältigten Traumas*, Frankfurt am Main: Fischer, 1994.
Müller-Braunschweig, C. (1933): »Psychoanalyse und Weltanschauung«, Nachdruck in: *Psyche* 37, 1983, S. 1136-1139.
Redaktion der Zeitschrift ›Psyche‹ (Hg.) (1984 a): *Psychoanalyse unter Hitler. Dokumentation einer Kontroverse*, Frankfurt am Main (Broschur).
– (1984 b): *Nachtrag zur DPV-Dokumentation zum Briefwechsel Ehebald/Dahmer*, Frankfurt am Main (Broschur).
Reich, W. (1929 a): »Die Stellung der Psychoanalyse in der Sowjetunion. Notizen von einer Studienreise in Rußland«, in: *Die Psychoanalytische Bewegung* 1, S. 358-368.
– (1929 b): *Dialektischer Materialismus und Psychoanalyse*, Kopenhagen: Sexpol, 1934.
– (1932): »Der masochistische Charakter. Eine sexualökonomische Widerlegung des Todestriebes und des Wiederholungszwanges«, in: *Internationale Zeitschrift für Psychoanalyse* 18, S. 303-351.
– (= Ernst Parell) (Hg.) (1934-1939): *Zeitschrift für politische Psychologie und Sexualökonomie*, Kopenhagen/Oslo.
– (1953/1974): *Menschen im Staat*, Frankfurt am Main: Stroemfeld/Nexus, 1995.
– (1967): *Reich Speaks of Freud*, New York: Farrar, Straus & Giroux.
– (1994): *Beyond Psychology. Letters and Journals 1934-1939*, New York: Farrar, Straus & Giroux.
»Report on the Sixteenth International Psycho-Analytical Congress: ›Opening Address by the President, Dr. Ernest Jones‹ (Zürich, 15. 8. 1949)«, in: *International Journal of Psycho-Analysis* 30, 1949, S. 178 f.
Schultz-Hencke, H. (1927): *Einführung in die Psychoanalyse*, Jena: Fischer.

Schumpeter, J. A. (1927): »Die sozialen Klassen im ethnisch homogenen Milieu«, in: ders., *Aufsätze zur Soziologie*, Tübingen: Mohr-Siebeck, 1953, S. 147-213.

Wistrich, R. (1983): *Wer war wer im Dritten Reich?*, München: Harnack.

Ulfried Geuter und Norbert Schrauth
Wilhelm Reich, der Körper und die Psychotherapie

Als Reich 1948 sein Vorwort zur dritten Auflage der »Charakteranalyse« schrieb, faßte er in wenigen Sätzen zusammen, was seiner Meinung nach der verbalen Psychoanalyse fehlte:

»Die Charakteranalyse ist immer noch gültig und hilfreich in der Psychotherapie, aber sie ist weit davon entfernt, dem *bioenergetischen* Kern emotionaler Funktionen genügend gewachsen zu sein (...) Der Psychiater, der die *bioenergetischen* Funktionen der Emotionen nicht studiert hat, neigt dazu, den eigentlichen Organismus zu übersehen und in der Psychologie der Wörter und Assoziationen steckenzubleiben. Er wird den Weg zum bioenergetischen Hintergrund und zum Ursprung jeder Art von Emotion nicht finden« (Reich 1948/1989, S. 24).

Reich war bis 1948 diesen Weg gegangen. Mit der ersten Auflage der »Charakteranalyse« von 1933, seinem bekanntesten Werk, legte er zunächst einmal als erster Psychoanalytiker eine Theorie und Technik der systematischen Widerstandsanalyse vor, die noch heute zur Standardliteratur gezählt wird.[1] Davor, in den zwanziger Jahren, hatte sein Forschungsinteresse den Ich-Pathologien, dem ›triebhaften Charakter‹ sowie der Sexualfunktion gegolten. Von diesen drei Gebieten führte ihn später der Weg zu seiner körperbezogenen ›Vegetotherapie‹ und schließlich zu einer biophysikalischen Forschung und Therapie, die er ›Orgontherapie‹ nannte.

Die Entwicklung des Werkes von Reich wurde in der deutschen Psychotherapie und Psychoanalyse lange Jahre nicht rezipiert. Erst nach 1968, nach den politischen Ansätzen zur Befreiung der Sexualität in den antiautoritären Bewegungen, kam es zu einer Wiederbelebung seiner Theorien und therapeutischen Techniken.[2]

1 Vgl. Kernberg et al. (1993, S. 61).

2 Vgl. als Werkzusammenfassungen vor allem Boadella (1983) und Büntig (1982). In Teilen der traditionellen Psychoanalyse wurde die Rezeption Reichs durch ein 1976 in Frankreich erschienenes Buch von Béla Grunberger und Janine Chasseguet-Smirgel (1979) »Freud oder Reich?« geprägt, das am Beispiel von Reich mit dem gesamten Freudomarxismus

Körperpsychotherapeutische Schulen, die seine Ansätze fortführten, gewannen in der Folgezeit an Einfluß. Von ihnen ist die Bioenergetik des amerikanischen Reich-Schülers Alexander Lowen die bekannteste und in Deutschland neben der Biodynamik der in Reichs norwegischer Tradition stehenden Gerda Boyesen die verbreitetste. In der neueren psychoanalytischen Diskussion über die Einbeziehung des Körpers in die Behandlung dagegen scheint Reich weitgehend noch so vergessen zu sein, wie man ihn in der Geschichte der Psychoanalyse seinerzeit vergessen machte.

Wir wollen in unserem Aufsatz Reichs Weg von der Psychoanalyse zu einer körperorientierten Behandlungstechnik skizzieren und fragen, welche Impulse aus seinem Werk für die Psychotherapie erwachsen sind. Wir werden dabei nicht auf das politische Wirken von Reich eingehen, das in anderen Aufsätzen dieses Bandes behandelt wird, und auch nicht auf seine elektrophysiologischen und biophysikalischen Forschungen, mit denen er in späteren Jahren die ›Orgontheorie‹ begründete, als er den psychologischen Gesichtspunkt einem biophysikalischen unterordnete.

»Der triebhafte Charakter« – Behandlungsprobleme bei ›frühen Störungen‹

Reichs Buch »Der triebhafte Charakter – Eine psychoanalytische Studie zur Pathologie des Ich« von 1925 war die erste psychoanalytische Beschreibung einer seelischen Störung, die wir heute als impulsive oder aggressive Persönlichkeitsstörung oder als Borderline-Pathologie bezeichnen. Damals sprach man von triebhaften Psychopathien. Am Wiener Psychoanalytischen Ambulatorium hatte Reich mehrere Patienten gleichzeitig in Behandlung genommen[3], die neurotische Symptome aller Art produzierten und bei

abrechnet. Die Autoren versuchen, wie es schon Ernest Jones (1982) gegenüber Ferenczi und auch Reich versucht hat, Abweichungen von der Freudschen Theorie und Behandlungstechnik als Ausdruck einer Psychose zu deuten (vgl. dazu Anmerkung 16 und den Beitrag von Johannes Cremerius in diesem Band).

3 Vgl. Reich (1925/1977, S. 251 und 1933/1989, S. 9). Zur Arbeit Reichs am Wiener Ambulatorium vgl. den Beitrag von Karl Fallend in diesem Band.

denen »vom Wiederholungszwang diktierte Aktionen und Verhaltungsweisen gegen die Außenwelt den Charakter beherrschen« (1925/1977, S. 255). Reich betonte, daß diese Menschen unter charakteristischen »Ambivalenzkonflikten« – wenn zum Beispiel eine »unbefriedigte Liebessehnsucht« einem »intensiven Haß« gegenübersteht (ebd., S. 287f.) – leiden. Es handle sich um eine »Störung der Gesamtpersönlichkeit, welche gekennzeichnet ist durch mehr oder weniger ungehemmtes Agieren« (ebd., S. 259). Sie erschwerten und vernichteten ihr eigenes Dasein und seien in ihrem Ich »vollkommen infantil« geblieben (ebd., S. 251). Reich benutzte auch den Begriff der »Grenzfälle« (ebd., S. 297), da das Störungsbild zwischen Symptomneurose und Psychose angesiedelt sei und aufgrund der Neigung der Libido, sich von der Außenwelt abzulösen, zuweilen in die Nähe der Schizophrenie gerate.

Die Ursache der Störung sah er in Fehlentwicklungen bei der Ich-Bildung in den ersten beiden Lebensjahren.[4] Ähnlich wie Ferenczi rückte er so schon früh die präödipale Genese seelischer Störungen ins Blickfeld. Er beklagte dabei, daß es in der Psychoanalyse zu wenig unmittelbare Kinderbeobachtungen gebe (ebd., S. 284). Weil er in vielen Krankengeschichten dieser Patienten Entbehrungen, Mißbrauch, Elternlosigkeit oder Verwahrlosung in der Kindheit fand, meinte er außerdem, daß entsprechende seelische Schäden oft durch eine traumatisierende Umgebung erzeugt würden.

Bei ihrer Behandlung ging es nicht um den klassischen psychoneurotischen Konflikt zwischen sexuellen Triebansprüchen und einer versagenden Außenwelt oder, wie Freud später annahm, zwischen widerstreitenden inneren Triebtendenzen, sondern darum, daß diese Menschen keine stabile Ich-Struktur aufgebaut hatten. Sie trugen ihre Haltungen und Aggressionen unmittelbar in die analytische Situation hinein. Ihre Wünsche drängten auf sofortige Abfuhr, und ihre Fähigkeit zur Symbolisierung war eingeschränkt. Reich meinte, daß solche Patienten aufgrund dieser

4 Die Ergebnisse späterer Säuglingsforschung vorwegnehmend, schrieb Reich schon damals: »Dennoch kann heute die Annahme als gesichert gelten, daß der Mensch gerade in den ersten zwei Lebensjahren mehr und in entscheidenderer Weise erlebt als jemals später« (1925/1977, S. 283 f.).

seelischen Infantilität die analytische Assoziationsarbeit nicht leisten könnten. Da die Übertragung bei ihnen stärker sei, müsse diese »täglich« besprochen werden (ebd., S. 337), ein Vorgehen, das heute in der Gestalttherapie als Arbeit am Kontakt im ›Hier und Jetzt‹ bezeichnet wird. Behandlungstechnisch plädierte Reich außerdem für einen Vorrang der »Ichanalyse« gegenüber der Aufdeckung des Unbewußten (ebd., S. 338 f.).

Dieser frühe Ausgangspunkt von Reichs Forschung ist deswegen so interessant, weil andere Psychoanalytiker wie Sándor Ferenczi, Michael Balint, Donald W. Winnicott und heute Tilmann Moser an ähnlichen seelischen Störungsbildern, wie sie Reich seinerzeit beschrieb, nämlich bei den ›Frühstörungen‹, ebenfalls auf die Frage stießen, ob oder wie der Körper in die Behandlung einbezogen werden könne, da man mit der klassischen Analyse bei ihnen nicht weiterkam.[5] Man könnte sich also vorstellen, daß *ein* Grund für den Weg Wilhelm Reichs zur ›Vegetotherapie‹ derjenige war, daß er im Rahmen seiner Tätigkeit am Wiener psychoanalytischen Ambulatorium mit einer Klientel zu tun hatte, die weniger als die Klientel Freuds unter Störungen litt, die den ödipalen Beziehungsdynamiken der Familien des Bürgertums entsprangen. Zu diesen Patienten suchte Reich einen neuen therapeutischen Zugang. Und für diesen Zugang bediente er sich später nicht so sehr der sprachlichen Äußerungen als vielmehr der nonverbalen Mitteilungen in Verhalten, Mimik, Stimme und Gestik.

Die Funktion des Orgasmus und die Sexualökonomie

Ein weiterer Weg zur körperbezogenen Behandlungstechnik führte Reich über seine Forschungen zur Genitalität und zur Bedeutung des Orgasmus für die Libidoökonomie. Schon Anfang der zwanziger Jahre hatte er mit dem Studium der Sexualfunktion begonnen. Im Sinne der alten Freudschen Theorie der Aktualneurose glaubte er, daß die Sexualstauung die ›Energiequelle‹ einer jeden Neurose bilde. Er ging von Freuds erster Angsttheorie aus,

5 Lange Zeit galten Borderline-Störungen als analytisch kaum behandelbar. Erst Kernberg et al. (1993) legten mit der ›expressiven Psychotherapie‹ ein besonderes analytisches Behandlungskonzept vor.

derzufolge sich die Energie der sexuellen Erregung, wenn sie nicht entladen wird, in Angst verwandelt (vgl. Freud 1962, S. 82 ff.). Reich glaubte, daß die gestaute Erregung im »vasovegetativen System« des Körpers verbleibe (1927/1985, S. 71). Aus dieser pathogenetischen Theorie zog er Schlußfolgerungen für sein Verständnis der Heilung. Es schien ihm, daß kein Patient, der nach zunächst sichtbarem Erfolg der Analyse wieder rückfällig wurde, zu einem befriedigenden Geschlechtsleben gefunden hatte. In vielen Fällen konnten die Patienten zwar geschlechtlich verkehren, aber die wirkliche Befriedigung, die Endlust war gestört. Dadurch kam es Reich zufolge nicht zu einer vollständigen Entladung der Sexualenergie. Nur diese aber könne der Neurose die Erregungsstauung entziehen, die sie energetisch speiste. Daher sah Reich die »Fähigkeit zur sexuellen Befriedigung« als »Ziel der analytischen Therapie« an (ebd., S. 163).

Reich nannte diese Fähigkeit ›orgastische Potenz‹. Darunter verstand er nicht eine phallisch-narzißtische, leistungsbetonte Potenz. Er meinte vielmehr die Fähigkeit »zur letzten *vegetativ unwillkürlichen* Hingabe« (1927/1985, S. 32), eine Fähigkeit, die seiner Ansicht nach nur bei weitgehender Freiheit von muskulären und psychischen Panzerungen möglich ist. Damit erklärte Reich etwas körperlich Erfahrbares zum Kriterium für den Erfolg oder Mißerfolg einer Therapie. Er setzte es jedoch absolut, so wie er oft in Extremen und unversöhnlichen Gegensätzen dachte, da es für ihn nur die Alternative orgastisch potent oder neurotisch gab. Außerdem übersah er die Bedeutung der Liebes- und Beziehungsfähigkeit für das Erleben der sexuellen Befriedigung.[6] Doch hatte er den Blick für etwas geöffnet, das noch heute gilt: daß die Fähigkeit zur orgastischen Hingabe ein zentraler Indikator für die Fähigkeit zu erfülltem Erleben und damit ein Zeichen psychosomatischer Gesundheit ist.

Reichs Interesse an der Theorie der Sexualität war nicht nur therapeutischer, sondern auch metatheoretischer Art. Er hielt der Psychoanalyse vor, die Heilung der Neurose vornehmlich unter dem topischen Gesichtspunkt der Bewußtwerdung des Unbe-

6 Auch in der Behandlung vernachlässigte Reich die zwischenmenschlichen Beziehungen, meint Myron Sharaf aufgrund seiner eigenen Erfahrungen. Sharaf schreibt, daß Reich der Muskelpanzer mehr interessierte und daß er die »verbale Seite sehr unterbewertete« (1994, S. 51).

wußten sowie unter dem dynamischen Gesichtspunkt der Konfliktinhalte zu betrachten, aber nicht auch unter dem ökonomischen Gesichtspunkt des »gestörten Libidohaushaltes« (1933/1989, S. 39). Der ödipale Konflikt liefere zwar das seelische Material der Neurose, erhalten aber werde sie durch die aktuelle Erregungsstauung, die sie am Anfang miterzeugt hat (vgl. Reich 1927/1985, S. 79). Die Auflösung der Erregungsstauung war daher für Reich der Königsweg der Therapie. Heilung, so schrieb er in »Die Funktion des Orgasmus«, geschehe, indem der Neurose diese Energiequelle entzogen werde (ebd., S. 61 f.). Auch diese ökonomische Vorstellung bildete einen Hintergrund der späteren Vegetotherapie.

Reich blieb dabei dem energetischen Denken des frühen Freud treu.[7] Seine Forschungen bis hin zur Orgontheorie kann man geradezu als einen Versuch lesen, der Libido-Theorie ein naturwissenschaftliches Fundament zu geben.[8] Im Unterschied etwa zu Jung, der als erkenntnistheoretischer Idealist den Begriff der Libido entmaterialisierte und diese als rein psychische Energie verstand, verfolgte Reich das ursprüngliche Anliegen Freuds, ein organisches Substrat der Libido zu finden. Er wollte die Libido materiell fassen und meßbar machen.[9]

Dieser Materialismus und ein marxistischer Ökonomismus prägten seine Sicht der Sexualität.

7 Auch die Unterscheidung zwischen einer ›freien‹ und einer ›gebundenen‹ Energie, Begriffe, die in der Körperpsychotherapie öfter verwendet werden, findet sich schon bei Freud, und zwar in den »Studien über Hysterie« und in der »Traumdeutung«. Freud (1900) beschrieb damit die Ökonomie des ›Primärvorgangs‹ und des ›Sekundärvorgangs‹. Er hatte diese Unterscheidung von dem Physiker Hermann von Helmholtz übernommen (Laplanche/Pontalis 1986, S. 133 f.; vgl. Nitzschke 1989, S. 2 f.).

8 Vgl. zum Beispiel im Vorwort zur zweiten Auflage der »Charakteranalyse«: »Die Sexualökonomie bildet die Fortsetzung und naturwissenschaftliche Begründung der Psychoanalyse Freuds im Bereiche der Biophysik und der sozialen Sexuologie« (1944/1989, S. 21; vgl. auch Reich 1942/1987, S. 71 und S. 74).

9 In der Überarbeitung seines Werkes »Die Funktion des Orgasmus« für die Neufassung von 1942 schrieb Reich, daß er über Freud hinaus mit der These von der »physiologischen Sexualstauung« die »quantitative« Frage nach Stärke, Kraft und Energiebesetzung der seelischen Erlebnisse und Handlungen gelöst habe (Reich 1942/1987, S. 90).

Reich verdinglichte die Sexualität, wenn er Worte wie »Abwicklung der Befriedigung« verwandte (1927/1985, S. 78). Sprach er von Hingabe, dann nicht von dem seelischen Erleben, sondern von ›Entladung‹, ›Erregung‹ und ›Körperzuckung‹, von muskulären und vegetativen Prozessen.[10] Der sexuelle Trieb war für ihn die Basis allen Geschehens, und so wie Marx die Gesetze der Gesellschaft in der Ökonomie, so wollte Reich die Gesetze des Lebens der einzelnen Menschen in ihrer Sexualökonomie finden. Die »Sexualökonomie«, schrieb er im Vorwort zur zweiten Auflage von »Die Funktion des Orgasmus«, habe den »Anspruch, die Lehre von den Grundgesetzen der Sexualität zu werden« (1944/1985, S. 21). Und »wenn die Sexualität das Lebensproblem schlechthin ist, dann wäre die Sexualökonomie die Lehre vom Leben schlechthin« (ebd.).[11] Also eine ökonomische Lehre von der Basis des Lebens, auf der sich dann der Überbau des Seelischen erheben kann. Sein marxistisches Denken, das Reich später wieder aufgab, mag dazu beigetragen haben, daß er Ende der

10 Auch 1942 definierte Reich die »orgastische Potenz« auf einer rein körperlichen Ebene: »Sie ist die Fähigkeit zur Hingabe an das Strömen der biologischen Energie ohne jede Hemmung, die Fähigkeit zur Entladung der hochgestauten sexuellen Erregung durch unwillkürliche lustvolle Körperzuckung« (1942/1987, S. 81).
Darin lag vielleicht auch eine Faszination Reichs für die 68er Studentenbewegung: in der Illusion, man könne sich individuell befreien, indem man durch häufige Orgasmen von seinen Neurosen frei werde.

11 Reich tendierte dazu, von einer menschlichen Sexualität als Naturtatsache auszugehen. Ihre geschichtliche Prägung sah er vor allem in ihrer Behinderung. Aber auch in der Sexualität ist der Mensch Natur- und Gesellschaftswesen zugleich (vgl. Thielen 1994; vgl. den Beitrag von Sebastian Hartmann und Siegfried Zepf in diesem Band). Da Reich an diesem Punkt nicht dialektisch dachte, sah er die Öffnung des Diskurses über die Sexualität am Beginn des Jahrhunderts nur als Zeichen einer großen sexuellen Befreiung oder gar Revolution, während sie Foucault (1991) zufolge eine Etappe der fortschreitenden Bemächtigung des Sexuellen durch die Gesellschaft war. Denn die Öffnung des Diskurses über die Sexualität kann man nicht nur als Ausdruck ihrer Befreiung, sondern auch als Prozeß ihrer öffentlichen Normierung betrachten (vgl. den Beitrag von Anna Bergmann in diesem Band).
Möglicherweise war Reich auch in der Hinsicht vom marxistischen Denken geprägt, daß er die Sexualität allein in der Polarität von Gefangensein und Befreiung betrachtete.

zwanziger Jahre in metatheoretischer Hinsicht den ökonomischen Gesichtspunkt so sehr betonte.[12]

Widerstands- und Charakteranalyse

Das dritte Gebiet, von dem Reich schließlich zur körperbezogenen ›Vegetotherapie‹ kam, war die Theorie und Technik der Charakteranalyse. Sie war eine theoretische und behandlungstechnische Antwort auf unfruchtbare Analysen, die sich in Deutungen der Inhalte des Unbewußten ergingen, ohne daß sich bei den Patienten etwas änderte. Zwar hatten schon Breuer und Freud in den »Studien über Hysterie« (1895, S. 4) betont, daß die Symptome nur verschwanden, wenn mit der Erinnerung auch der begleitende Affekt wachgerufen werde. Doch die Erinnerung führte oft nicht zum Affekt, weil, so Reich, nicht nur einzelne Widerstände, sondern charakterliche Haltungen wie übergroße Freundlichkeit oder Anhänglichkeit, übermäßige Affektiertheit, chronische Melancholie, Zwanghaftigkeit oder überforsches Auftreten sie blockierten. Behandlungserfolge schienen dagegen vor allem dann aufzutreten, wenn bisher zurückgehaltene Gefühle wie Wut und Aggressivität freigesetzt und ausgedrückt werden konnten. Bei der Technik des freien Assoziierens auf der Couch und der überwiegenden Deutung von Es-Inhalten aus Träumen, Fehlleistungen und Übertragungsphantasien waren solche emotionalen Befreiungen selten und eher zufällig. Reich meinte deshalb, daß eine wirksame Therapie »emotionale Entladungen« in systematischer Art und Weise hervorbringen müsse (vgl. Edwards 1970, S. 29). Dies schien nur eine deutende Bearbeitung der Widerstände und Abwehrmechanismen der Patienten in zuverlässiger Weise zu erreichen.
Im Gegensatz zum Fortschritt bei der Traumanalyse war es bis in die zwanziger Jahre nicht zu einer Technik der Analyse von Widerständen, Abwehr und Charakterhaltungen gekommen. Reich versuchte nun, diese Phänomene zur Befreiung der Triebe aus der Verdrängung zu nutzen. Er regte die Gründung eines technischen Seminars an, das 1922 eingerichtet wurde und dem er in den Jah-

12 So benutzt Reich auch ökonomische Metaphern wie die vom »ungeordneten Sexualhaushalt« (Reich 1927/1985, S. 42).

ren 1924-1930 vorstand. Durch die Arbeit in diesem Seminar und aufgrund der an eigenen Patienten gesammelten Erfahrungen entwickelte er seine Methode der Charakteranalyse. Bereits 1926 hatte er sich in Widerspruch zu den älteren Analytikern gesetzt, als er bei einem Referat im engeren Kreis um Freud forderte, das seelische Material nicht in der Reihenfolge seines Auftauchens, sondern die Widerstände grundsätzlich vor den Triebwünschen zu deuten (vgl. Reich 1942/1987, S. 128). Denn unter dem Einfluß einer begrenzenden Außenwelt wird ein Teil der Triebenergie der Abwehr zugeführt und bleibt dort gebunden, erläuterte Reich in seinem Vortrag auf dem *13. Internationalen Psychoanalytischen Kongreß* in Luzern 1934 (vgl. 1944/1989, S. 406).[13] Daher finde man über die Lockerung der Abwehr zur ursprünglichen Triebenergie zurück[14]:

»Die Erfahrung zeigt, daß wir die ursprüngliche Energie des verdrängten Triebes nicht oder nur unzureichend erhalten, wenn wir seine Es-Funktion zuerst deuten. In diesem Fall erwirbt der Kranke zwar gelegentlich ein gutes Verständnis und auch tiefe Überzeugungen von der theoretischen Korrektheit der analytischen Arbeit; das eigentliche Ziel jedoch, die Befreiung der Triebe aus der Verdrängung, wird nur in höchst unbefriedigendem Maße erreicht. Die Triebstruktur verändert sich wenig« (Reich 1944/1989, S. 409 f.).

Deutete die klassische Psychoanalyse den Es-Inhalt zuerst und den Widerstand nur bei Bedarf, so kehrte Reich die Prioritäten um:

»Anders ist es, wenn wir grundsätzlich zunächst die Abwehrfunktion des gleichen Triebes zerstören. Eine große Reihe klinischer Beobachtungen ergibt, daß *in diesem Falle und nur auf diese Weise die vegetativen Quellen der Persönlichkeit neu zu fließen beginnen*. Wir beheben also (...) die Verdrängung in Wirklichkeit *nicht*, wenn wir mit Es-Deutungen arbeiten. Wir erreichen sie in einer heute schon überblickbaren Gesetzmäßigkeit, wenn wir den verdrängten Trieb nicht als verdrängt, sondern zunächst als

13 Reich veröffentlichte diesen Vortrag erstmals 1935 und nahm ihn später unter dem Titel »Psychischer Kontakt und vegetative Strömung« in die zweite Auflage der »Charakteranalyse« von 1944 auf. Der dritten Auflage von 1948 fügte er noch die Aufsätze »Die emotionelle Pest«, »Die Ausdruckssprache des Lebendigen« und »Die schizophrene Spaltung« hinzu.

14 »Ein Grundprinzip der charakteranalytischen Technik ist, daß man das Verdrängte niemals vom Trieb her, sondern immer nur von der Abwehr auflockert und ins Bewußtsein führt« (Reich 1944/1989, S. 402).

verdrängend aus der charakterlichen Abwehrformation herauslösen« (ebd., S. 410; erste Hervorhebung U. G., N. S.).

Dadurch, daß der Therapeut die Abwehr benennt oder den Patienten mit ihr konfrontiert, aktiviert und belebt er dessen verdrängte Energie, seine Affekte und damit ›die vegetativen Quellen der Persönlichkeit‹.

Charakterhaltungen dienen dazu, die Affekte zu binden oder abzuwehren, die der Organismus nicht mehr aushalten konnte oder wollte; zurückzuhalten, was der Patient in seiner kindlichen Lebensumwelt nicht ausdrücken durfte oder in seiner heutigen nicht auszudrücken wagt. Reich verstand Charakterhaltungen – und später korrespondierend Körperhaltungen – als Muster der Affektabwehr, eines Abwehrmechanismus, der in der Psychoanalyse wenig beschrieben wurde.[15] Seine Krankheitstheorie baut auf der Analyse der Affektabwehr und deren Energetik auf. Charakter und Körperhaltung bilden sich als Folge der Abwehr der Affekte. Entsprechend zielt Reichs Theorie der Heilung und die Technik der Behandlung darauf, die Affektabwehr aufzulösen, um dadurch wieder eine größere vegetative Lebendigkeit zu erreichen.

Zur Widerstands- und Charakteranalyse gehörte für Reich auch die konsequente Aufdeckung versteckter oder offener negativer Gefühle des Patienten. Wenn nämlich eine ›negative Übertragung‹ nicht bearbeitet werde, verhindere dies den Behandlungserfolg, da ein Großteil der Energie des Patienten in der latenten Negativität gebunden bleibe. Nur das Zutagefördern der negativen Affekte schaffe Platz für echte und positive Gefühle.

Körperanalyse

Der Schritt von der Analyse der Charakterhaltung zur Analyse der Körperhaltung war nicht weit. Reich hatte festgestellt, daß Charaktereigenschaften oft mit bestimmten Körperhaltungen einhergehen und manchmal am besten aus diesen erschlossen werden können. Schon aus den Jahren 1929 bis 1932 berichtet einer seiner

15 Nur Reich und Otto Fenichel beschäftigten sich nach einer Aussage des Psychoanalytikers und Emotionsforschers Rainer Krause ausführlicher mit dem Abwehrmechanismus der Affektabwehr (Vorlesung »Trieb und Affekt«, Lindauer Psychotherapiewochen 1995).

Lehranalysanden, der Amerikaner O. Spurgeon English, daß Reich ihn immer wieder auf seine Körperhaltungen auf der Couch hinwies (vgl. Sharaf 1994, S. 207). Reich verstand diese als unmittelbaren Ausdruck der Abwehr. Über das »Gehabe« eines »zurückhaltend-vornehm« wirkenden Patienten schreibt er zum Beispiel:

»Auffallend ist sein gemessener, langsamer, vornehmer Gang. (...) man merkt es ihm deutlich an, daß er jede Hast oder Erregung vermeidet – oder verdeckt. Seine Rede ist wohlgesetzt und geordnet, ruhig und vornehm; gelegentlich unterbricht er sie mit einem betonten, stoßartig vorgebrachten ›Ja!‹, wobei er beide Arme vorstreckt, um nachher mit einer Hand über die Stirne zu streichen. Gelassen, mit gekreuzten Beinen, liegt er am Sofa. An dieser Gelassenheit und Vornehmheit ändert sich nichts oder nur sehr wenig auch bei der Besprechung sehr heikler und narzißtisch sonst leicht kränkender Themen. Als er nach einigen Tagen Analyse seine Beziehung zur ganz besonders geliebten Mutter besprach, konnte man deutlich sehen, daß er seine vornehme Haltung verstärkte, um der Erregung Herr zu werden, die sich seiner bemächtigte« (1933/1989, S. 246 f.).

Danach folgt eine detaillierte Analyse dieser spezifischen Charakterbildung im Kontext der Lebensgeschichte.
Reich beobachtete das Verhalten und die Körperhaltungen wie die ›vornehme Haltung‹ oder die Steifheit vieler Zwangscharaktere, die Art der Bewegung oder den Tonus der Muskulatur, um daraus die charakterliche Panzerung oder die Struktur der Abwehr der Affekte zu diagnostizieren. Am wichtigsten schien ihm dabei die Art und Weise, wie die Affekte muskulär gehalten werden:

»Die Affektsperre stellt einen einzigen großartigen *Krampf des Ichs* dar, der nicht so sehr von körperlichen Krampfzuständen begleitet ist, als sich vielmehr ihrer bedient. Alle Muskeln des Körpers, besonders aber die des Beckenbodens und Beckens, der Schultern, auch des Gesichtes (...) sind in chronischer Hypertonie. Dem entstammt die so häufige körperliche Ungelenkigkeit der Zwangscharaktere« (ebd., S. 268).

Charakterhaltungen und Körperhaltungen schienen verschiedene Aspekte derselben Phänomene zu sein. »Ich konnte mich am Ende dem Eindruck nicht entziehen, daß die körperliche Verkrampfung das wesentlichste Stück am Verdrängungsvorgang darstellt«, schrieb Reich in »Die Entdeckung des Orgons« (1942/1987, S. 226). Er postulierte eine funktionelle Identität von muskulärer Verkrampfung und seelischer Verdrängung. Das hieß, ›Muskelpanzer‹ und ›Charakterpanzer‹ erfüllten beide die Funktion, den Menschen von schmerzlichen Gefühlen abzuschirmen.[16]

Zugleich sah Reich eine »gegensätzliche funktionelle Einheit von Abwehr und Abgewehrtem« (ebd., S. 109). Damit meinte er, daß zum Beispiel ein destruktiver Impuls funktionell identisch sein konnte mit der Angst vor einer Destruktion. Infolge einer Hemmung spaltete sich die ursprüngliche Triebenergie auf in einen Teil, der dem verdrängten Trieb zuströmte, und einen Teil, der in die Charakterhaltung einging. Auf der Körperebene betrachtet zeigt sich diese funktionelle Identität darin, daß es dieselben Muskeln sind, die eine Emotion ausdrücken und die deren Ausdruck abwehren, zum Beispiel wenn man die Luft anhält statt zu schreien, oder wenn man die Muskeln anspannt statt zu schlagen oder wegzulaufen. Beim Weinen und Schluchzen etwa sind das Zwerchfell, die restliche Atemmuskulatur, Hals-, Kehlkopf- und Mundmuskulatur beteiligt, und genau dieselbe Muskulatur verkrampft sich, um diesen Ausdruck und das dahinterliegende Gefühl zu unterdrücken. Auch vegetative Funktionen wie der Tränenfluß und die Durchblutung der Haut sind am Ausdruck der Emotionen wie an ihrer Abwehr beteiligt.

Wenn Reich entsprechende körperliche Phänomene beobachtete, sprach er sie, wenn nötig, in seinen Deutungen unmittelbar an, im Unterschied zur klassischen Technik, die damit erst arbeitete, wenn sie in Phantasie und Traum, also schon symbolisiert auftauchten. Er verstand auch das Handeln des Patienten und seine motorischen Äußerungen nicht als ›Agieren statt Erinnern‹, sondern als ›Agieren zum Erinnern‹.[17] Motorische und vegetative

16 Insbesondere an ihrer Behandlung von Reichs Theorie des Muskelpanzers zeigt sich, wie sehr Grunberger und Chasseguet-Smirgel (vgl. Anm. 2) die wissenschaftliche Auseinandersetzung um die Inhalte von Reichs Theorie verfehlen. Die Autoren fragen erst gar nicht, ob diese Theorie eine klinisch anzutreffende Wirklichkeit beschreibt, sondern deuten sie allein als Ausdruck einer Paranoia, als »wahnhafte(s) Bild«, das Reich »von seinem Körper hat«, als Symptom eines »Verfolgungswahns, bei dem jemand Angst davor hat, im Rektum seines Verfolgers gefangen und gelähmt zu werden« (1979, S. 122 und S. 125). Nur so lasse sich das Bild ringförmig um den Körper sich ziehender Muskelblockaden bei Reich erklären. Beobachtungen und Theorien werden auf dem Weg einer Pathologisierung abgetan.

17 Mit diesen Worten beschreibt Becker (1989) heute ein Prinzip der

Reaktionen der Patienten dienten somit auch als Erfolgskontrolle der charakteranalytischen Deutungen. Sowohl motorische Entladungen wie Schreien, Strampeln oder Schlagen als auch vegetative körperliche Erregungszeichen wie Übelkeit, Kälte- und Wärmeschauer, Beklemmungszustände oder Strömungsempfindungen wurden zum Indikator für die vermutete ›affektive Umschichtung‹.[18]

Körper-und Gefühlstherapie

Von der Beobachtung und Deutung der verfestigten körperlichen Abwehr ging Reich dazu über, Interventionen unmittelbar an dieser Abwehr anzusetzen. In Berlin hatte er die Tänzerin Elsa Lindenberg kennengelernt, die seine zweite Frau wurde. Sie war eine Schülerin von Elsa Gindler, einer Gymnastiklehrerin, deren Arbeit an der bewußten Wahrnehmung des Körpers später zur Grundlage der ›Konzentrativen Bewegungstherapie‹ wurde. Reich nahm wahrscheinlich selbst bei Gindler Stunden (vgl. Geuter 1996). Vielleicht ist es auch ihrem Einfluß zu verdanken, daß er mehr und mehr zu körperlichen Interventionen überging. Er hatte nämlich, wie auch Ferenczi (1925, S. 167), festgestellt, daß neurotische Patienten in ihrer Beweglichkeit und ihrem Bewegungsausdruck gestört waren (Reich 1944/1989, S. 449-466). Reich machte dafür in erster Linie Muskelverkrampfungen und -erschlaffungen verantwortlich. Zum Beispiel bemerkte er, daß ein halsstarriger

›Konzentrativen Bewegungstherapie‹. Bei Reich heißt es: »Der Kranke sollte auch tun dürfen, selbstverständlich. Ferenczi geriet mit der (psychoanalytischen, U. G., N. S.) Vereinigung in Schwierigkeiten, weil er die Patienten in guter Intuition wie Kinder spielen ließ. Ich versuchte auf jede erdenkliche Art, sie von ihrer charakterlichen Steifheit zu befreien« (Reich 1942/1987, S. 133).

18 »Man wird nun fragen, worin sich das Wesentliche in der affektiven Umschichtung (...) kundgibt. Es besteht darin, daß bei korrekter Analyse der Abwehrfunktion der Triebe unter Ausschaltung jeder Deutung ihrer Es-Funktionen zu bestimmten Zeiten vegetative Erregungs- und Spannungszustände aufzutreten pflegen, die der Kranke vorher nicht kannte und die bei Es-Deutungen ausbleiben oder nur zufällig, nicht gesetzmäßig, d.h. voraussehbar auftreten« (Reich, 1944/1989, S. 411).

Patient tatsächlich eine stark verspannte Nackenmuskulatur hatte. So war es naheliegend, daß Reich an den Muskeln ansetzte. Er massierte die Muskeln, und dabei gelang es den Patienten häufig, starke, bisher zurückgehaltene Gefühle wahrzunehmen und auszudrücken. Schon in der ersten Auflage der »Charakteranalyse« beschreibt Reich, wie er Patienten zu Ausdrucksbewegungen ermutigte, zum Beispiel zu grimassieren, zu schreien oder zu schlagen, was häufig zu einem Ausdruck von Gefühlen führte. Die neue Technik bestand darin, vom Körperausdruck über den Affekt schließlich zur Erinnerung vorzudringen.[19] Insofern blieb Reich im Rahmen des psychoanalytischen Ansatzes einer konflikt-aufdeckenden Therapie, was die reichianische Körperpsychotherapie auch bis heute von erfahrungsorientierten Methoden wie der ›Funktionellen Entspannung‹ oder übungsorientierten Methoden wie dem ›Autogenen Training‹ unterscheidet.[20] Nur ging sein Weg der aufdeckenden Arbeit im Unterschied zur rein verbalen Technik von den muskulären Verspannungen, dem affektiven Gedächtnis des Körpers aus:

19 Von der Analyse eines masochistischen Patienten berichtet Reich zum Beispiel: »(Der Patient) reagierte einmal mit einem unwillkürlichen Aufstrampeln. Ich ergriff die Gelegenheit und forderte ihn auf, sich völlig gehen zu lassen.(...) schließlich begann er mit immer mehr Mut sich auf dem Sofa hin- und herzuwerfen, um dann zu affektiven Trotzschreien und Hervorbrüllen unartikulierter tierähnlicher Laute überzugehen. Ganz besonders stark wurde ein derartiger Anfall, als ich ihm einmal sagte, seine Verteidigung des Vaters sei nur eine Maskierung seines maßlosen Hasses gegen ihn (...) Er brüllte derart, daß die Leute im Hause ängstlich zu werden begannen. Das konnte uns nicht stören, denn wir wußten, daß das der einzige Zugang zu seinen tiefen Affekten war, daß er nur auf diese Weise seine kindliche Neurose voll, affektiv, nicht nur erinnerungsgemäß, wiedererleben konnte« (1933/1989, S. 299).

20 Über die ›Funktionelle Entspannung‹ schreibt zum Beispiel Müller-Braunschweig: »Da sie nicht ursprünglich von der Psychoanalyse herkommt wie die Bioenergetik, sondern in Zusammenarbeit mit der Inneren Medizin entstanden ist, liegt der Schwerpunkt weniger auf der Auslösung von Emotionen, Erinnerungen etc. durch Körperarbeit, sondern auf einem Einspüren in und eine langsame Äußerung (›Umstimmung‹) von unwillkürlichen und willkürlichen körperlichen Abläufen, auch im vegetativen Bereich« (1996, S. 469).

»Es überrascht immer wieder, wie die Lösung einer muskulären Verkrampfung nicht nur vegetative Energie entbindet, sondern darüber hinaus diejenige Situation in der Erinnerung reproduziert, in der die Triebunterdrückung sich durchgesetzt hatte. Wir dürfen sagen: *Jede muskuläre Verkrampfung enthält die Geschichte und den Sinn ihrer Entstehung*« (Reich 1942/1987, S. 226 f.).

Reich ordnete bestimmte chronische muskuläre Verkrampfungen einzelnen neurotischen Charakterstrukturen zu. Einem Segmentmodell der körperlichen Abwehrstrukturen folgend schlug er vor, Abwehrspannungen von oben, beginnend am Kopf, nach unten, bis hin zum Becken und den Beinen, durchzuarbeiten und dabei die verdrängten affektiven Inhalte zu bearbeiten, die bei der muskulären und vegetativen Mobilisierung freiwerden.[21]
Außer an den muskulären Spannungen arbeitete Reich vor allem mit der Vertiefung des Atmens. Ihm war aufgefallen, daß viele Patienten flach oder abgehackt atmeten. Die Kontrolle der Atmung schien ihm die zentrale und älteste psychosomatische Abwehrmaßnahme zu sein. Denn die Panzerung der Atemmuskulatur konnte sich lange vor anderen Blockaden wie der Beckenblockade herausbilden, die im Zusammenhang mit der Sexualabwehr steht. Und jede emotionale Hemmung ging mit einer respiratorischen Hemmung einher. Ein Vertiefen der Atmung in der Behandlung intensivierte daher das Erleben und Erinnern der Patienten und führte häufig zu starken affektiven und vegetativen Reaktionen:

»Atmete der Patient flach oder forciert, griff Reich über die Berührung ein, um die Atmung zu vertiefen und damit den Fluß der Emotionen anzuregen. Besonders nach tiefen Seufzern konnte der Patient freier atmen. Er forderte den Patienten auch auf, über seine aktuellen Probleme, seine Kindheitserlebnisse und seine Gefühle gegenüber ihm als Therapeut zu sprechen. So wie Reich schon immer genau beobachtet hatte, ob ein Patient der jeweiligen Emotion angemessen redete, achtete er nun auch darauf, wie sich die Atmung bei bestimmten Themen änderte« (Sharaf 1994, S. 282).

Die Technik der Arbeit mit dem Atem und am Muskelpanzer nannte Reich ›Vegetotherapie‹. Denn er nahm an, daß die wesentlichen Veränderungen sich im Bereich des Vegetativen abspielten.

21 Die an den Segmenten orientierte Behandlungstechnik hat vor allem Reichs Schüler Elsworth Baker (1980) und dessen Schule der ›Medical Orgonomists‹ weiter ausgebaut. Vgl. dazu auch Rosenberg et al. (1989) und Navarro (1988).

Die Behandlung zielte darauf, die vegetative Lebendigkeit des Patienten freizusetzen, ihn lustvoller, emotional, körperlich und sexuell beweglicher werden zu lassen, die Energie des verdrängten Triebes wieder wachzurufen und die ›Triebe aus der Verdrängung‹ zu befreien.

Natur und Kultur

Mit seiner Auffassung, die Triebe aus der Verdrängung zu befreien und nicht sie beherrschen zu lernen, stand Reich in Konflikt mit Freuds späterer Triebtheorie. Er lehnte die dualistische Konzeption von Eros und Todestrieb ab.[22] Diese Ablehnung begründete er in der »Charakteranalyse« mit klinischen Argumenten. Masochismus, Sadismus und Destruktivität entstünden nur sekundär, wenn die primären Bedürfnisse, geliebt, gefüttert oder gehalten zu werden, frustriert und die Lebensimpulse behindert und bestraft würden. Daraus ergab sich als therapeutische Überzeugung, daß sich »bei Gewährung und Befriedigung« destruktive Energien »in genitale *rückverwandeln*« lassen (Reich 1942/1987, S. 122).
Ob die Triebe befreit oder gezähmt werden müssen, ob sie also ihrer Natur nach sozial oder antisozial sind, war allerdings mehr als eine klinische Diskussion. Man könnte diese Debatte mit einer Formel kennzeichnen, die Theodor Litt 1927 als Leitfrage der Pädagogik formulierte: »Führen oder Wachsenlassen?«. Freud und mit ihm später Norbert Elias (1980) in seiner Zivilisationstheorie gingen davon aus, daß die Triebe antisozial sind, und daß es daher eine zivilisatorische Aufgabe ist, sie zu zähmen und zu beherrschen. Reich hingegen hatte ein anderes Verständnis der menschlichen Natur. Er hielt sie primär für sozial und siedelte das Antisoziale in einer sekundären Schicht der Persönlichkeit an, die erst aufgrund gesellschaftlicher Verhältnisse durch die Sexualunterdrückung entstehe:

22 Auch an diesem Punkt gab es eine Gemeinsamkeit zwischen Reich und Ferenczi. Während Freud seit Anfang der zwanziger Jahre innerpsychische Konflikte zwischen Eros und Todestrieb für die Genese der Neurose verantwortlich machte, hielten Reich und Ferenczi den Konflikt zwischen der Person und der Außenwelt nach wie vor für den zentralen (vgl. Ferenczi 1930, S. 272).

»Die patriarchalisch-autoritäre Ära der Menschheitsgeschichte hat versucht, die sekundären asozialen Triebe durch zwangsmoralische Verbote in Schach zu halten. So kam der fragwürdige Kulturmensch dazu, ein strukturell *dreifach geschichtetes Lebewesen* zu werden. An der Oberfläche trägt er die künstliche Maske der Selbstbeherrschung, der zwanghaft unechten Höflichkeit und der gemachten Sozialität. Damit verdeckt er die zweite Schicht darunter, das Freudsche ›Unbewußte‹, in dem Sadismus, Habgier, Lüsternheit, Neid, Perversion aller Art etc. in Schach gehalten sind, ohne jedoch das geringste an Kraft einzubüßen. Diese zweite Schicht ist das Kunstprodukt der sexualverneinenden Kultur und wird bewußt meist nur als gähnende innere Leere und Öde empfunden. Hinter ihr, in der Tiefe, leben und wirken die *natürliche* Sozialität und Sexualität, die *spontane* Arbeitsfreude, die *Liebesfähigkeit*. Diese letzte Schicht, die den *biologischen* Kern der menschlichen Struktur darstellt, ist unbewußt und gefürchtet. Sie widerspricht jedem Zug autoritärer Erziehung und Herrschaft. Sie ist gleichzeitig die einzige reale Hoffnung, die der Mensch hat, das gesellschaftliche Elend einmal zu bewältigen« (Reich 1942/1987, S. 175 f.).

Entsprechend war es Reichs Überzeugung, daß der Mensch durch natürliches Wachstum zu einem sozialen und liebevollen Wesen wird. Diese Überzeugung hatte zur Folge, daß er sich sehr für die Verhütung neurotischer Erkrankungen einsetzte. Während er Ende der zwanziger, Anfang der dreißiger Jahre für sexuelle Aufklärung und Liberalisierung kämpfte (vgl. den Beitrag von Ulrike Körbitz in diesem Band), wandte er sich später, auch unter dem Einfluß von Alexander S. Neill, Veränderungen in der Erziehung zu und formulierte das Prinzip der Selbststeuerung des Seelischen, das er der moralischen Steuerung durch Verbote und Gebote entgegenstellte. Er kritisierte die Trennung der Kinder von der Mutter nach der Geburt oder das Füttern nach Stundenplan, kurz gesagt alle Maßnahmen, die den natürlichen Bedürfnissen der Kinder und Mütter widersprechen. Sein Credo faßte er in folgende Worte:

»Wenn ihr die Natur nicht zuerst unterdrückt, werden keine antisozialen Triebe hervorgebracht, und es ist auch kein Zwang nötig, diese zu unterdrücken. Was ihr so verzweifelt und doch ergebnislos versucht, durch Zwang und Ermahnung zu erreichen, ist im Neugeborenen schon da, bereit zu leben und zu funktionieren. Laßt es wachsen, wie es seine Natur erfordert, und ändert eure Institutionen dementsprechend« (Reich 1950, S. 44; Übersetzung: U. G., N. S.).

Reichs Ansatz des ›Wachsenlassens‹, sein anthropologischer Glaube an einen ursprünglichen guten Kern, begünstigte das spätere Zusammenströmen der neoreichianischen Körperpsychotherapie mit der Humanistischen Psychologie. In der psychotherapeutischen Behandlung sollte das wachsen können, was früher unterdrückt worden war, damit sich das Ursprüngliche entfalten kann. Während Reich aber das Ursprüngliche oder Natürliche triebtheoretisch in der Sexualität sah, sieht es die neoreichianische Körperpsychotherapie in einer nicht nur sexuell verstandenen Primärpersönlichkeit ähnlich der ›inneren Natur‹ bei Maslow oder dem ›wahren Selbst‹ bei Winnicott, die durch blokkierte Emotionalität und Energie an ihrer Entfaltung gehindert wird. Daher ist Reichs therapeutisches Prinzip »bis heute gültig: Mobilisierung und Freisetzung gebundener Energie« (Boadella 1983, S. 61).

In der Nachfolge Reichs

Reichs Konzept der sexuellen Hemmung als aktualneurotischem oder energetischem Kern jeder Neurose wurde in der neoreichianischen Körperpsychotherapie zum Paradigma für den gesamten Bereich des Affektausdrucks. Die energetische Metaphorik von Stauung und Fluß kennzeichnet geradezu die grundlegende Sichtweise des somatopsychischen Geschehens. Neurotisches, psychosomatisches oder psychotisches Leid wird immer auch als Folge von Störungen im Fluß der ›Lebensenergie‹ gesehen. ›Lebensenergie‹ wird dabei als eine allgemeine psychophysische Energie verstanden, die als Vitalität, Kraft, Erlebnisfähigkeit, Lebendigkeit, Pulsation, Expansion und Kontraktion, Ladung und Entladung in Erscheinung tritt. Dies entspricht Vorstellungen in östlichen Philosophien von einer allgemeinen Lebensenergie wie ›Prana‹, ›Ki‹ oder ›Chi‹. Alexander Lowen (1991) spricht von ›Bioenergie‹. Neoreichianische Schulen wie Bioenergetik, Biodynamik, Biosynthese oder Core-Energetik verstehen den Körper auch als Ort und Organ der Affektabwehr und versuchen, über eine strukturierte Arbeit mit dem Körper Widerstände aufzulösen oder aufzuweichen. Darin liegt eine der Funktionen der therapeutischen Körperübungen, für die Alexander Lowen bekannt wurde. Lowen denkt mehr affekt- als triebtheoretisch. Chronische Muskelverspannungen gehen seiner Ansicht nach mit einer Ausdruckshemmung von sehr unterschiedlichen Gefühlen einher. Wird nun die Muskulatur in einer Übung so unter Streß gesetzt, daß sie die gehaltene Spannung freigibt, dann können die abgespaltenen Affekte zugänglich werden. Zugleich wird durch ein fortschreitendes Lösen der Muskulatur die körperliche Abwehrhaltung aus ihrem neurotischen Dienst entlassen.

Lowen geht es aber nicht nur um die Arbeit mit der Körperenergie zum Zweck der Mobilisierung der Affekte. Eines seiner wesentlichen Konzepte, das ›grounding‹, beinhaltet vielmehr, daß für einen psychisch sicheren Stand in der Realität körperliche Erdung wichtig ist – auch um Gefühle nicht nur ausdrücken, sondern sie spüren und in sich halten und bewahren zu können. Daher führte er auch die therapeutische Arbeit im Stehen ein, die dabei hilft, in das Hier und Jetzt der Realität zu kommen. Bei seiner Fortschreibung von Reichs Theorie der Charakterstruktur-Typen fügte Lowen 1957 den ›oralen‹ Charakter hinzu (vgl. Lowen 1981, S. 197 ff.) und arbeitete die Theorie der Frühstörungen unter dem Aspekt ihrer Psycho- und Körperdynamik weiter aus, vor allem die der schizoiden und der narzißtischen Struktur (vgl. 1984, 1990). Auch in Lowens Schriften stoßen wir so auf das Phänomen, daß sich gerade an den präödipalen Störungen die Theorie und Praxis des körperbezogenen Ansatzes in der Psychotherapie herausbildete.

Lowen und Pierrakos, die Begründer der Bioenergetik, waren in den USA zu Schülern Reichs geworden. Aber auch in Norwegen, wo Reich von 1934 bis 1939 wirkte, führten Schüler seine Arbeit fort: maßgeblich der Psychiater Ola Raknes, bei dem Gerda Boyesen, die Begründerin der Biodynamik, und David Boadella, der Begründer der Biosynthese, die Vegetotherapie kennenlernten, die Reich in jener Zeit entwickelt hatte. Boyesen (1987) ergänzte das Konzept der vertikalen Segmente muskulärer Panzerung von Reich um das einer horizontalen Schichtung des Panzers. Affektive Energie, so ihre Vorstellung, könne sich außer in der Muskulatur auch im Bindegewebe und in den Eingeweiden stauen und einen Gewebe- oder einen Eingeweidepanzer bilden. Eine Chronifizierung der Abwehr finde sich dort zum Beispiel als Flüssigkeitsstau wieder. Boyesen, eine Psychologin, die auch als Physiotherapeutin mit psychiatrischen Patienten gearbeitet hatte, entwickelte daher eine Reihe von psychotherapeutisch wirkenden

Techniken der Massage von Muskeln, Faszien und Bindegewebe. Ihrer Ansicht nach kann die Energie des verdrängten Affektes nicht nur auf motorisch-affektivem Weg entladen werden, indem sie in Worten, Bewegungen, Tränen oder Lauten ausgedrückt wird, wie in der Vegetotherapie. Es gebe eine zweite, sanfte Form der Entladung auf dem Weg eines inneren Verdauens oder Schmelzens, die in gleicher Weise die somatopsychische Struktur eines Menschen verändern könne. Boyesen spricht von der Arbeit mit der ›aufsteigenden‹ und der ›absteigenden‹ Energie.
Boadella (1991) hat unter Hinweis auf ein Modell der embryologischen Entwicklung darauf hingewiesen, daß Psychotherapeuten oft ihren Schwerpunkt entweder nur auf die Ebene des Vegetativen (des Endodermalen) oder der Muskeln (des Mesodermalen) oder der Sprache und Sinneswahrnehmung (des Ektodermalen) setzen. Das gilt auch für die verschiedenen körperbezogenen Therapieschulen. So arbeiten etwa das ›sensory awareness‹ (Brooks 1991) und die Hakomi-Methode (Kurtz 1994) vornehmlich mit der Wahrnehmung und Bewußtwerdung, die Vegetotherapie und die Bioenergetik vornehmlich mit dem muskulären Affektausdruck, Atemtherapien und die Biodynamische Massage vornehmlich mit vegetativen Prozessen. Eine integrative Körperpsychotherapie aber sollte alle drei Ebenen umfassen und das psychodynamische Verstehen immer einschließen.

Der Körper in der Übertragung

In jüngster Zeit hat vor allem die analytische Körperpsychotherapie, wie sie von Tilmann Moser vertreten wird, dazu beigetragen, das psychodynamische Verständnis des Körpers in der therapeutischen Beziehungsarbeit zu vertiefen.[23] Moser hat in verschiedenen

23 Neben der neoreichianischen und der analytischen kann man eine dritte Hauptströmung der Körperpsychotherapie ausmachen, die vor allem auf Elsa Gindler und die Reformgymnastik zurückgeht und die man als die ›funktionale‹ bezeichnen kann (vgl. Geuter 1996). Bei den entsprechenden Methoden geht es vornehmlich um ein Erkunden des Körpers durch Erfahrung. Dazu gehören Richtungen wie die ›funktionelle Entspannung‹, wozu Uexküll et al. (1994) jüngst ihre theoretischen Überlegungen vorgelegt haben. In diesen Richtungen hat das

Büchern in den letzten Jahren dafür plädiert, die analytische Arbeit um eine Arbeit mit dem Körper zu erweitern.[24] Er betont dabei einen Aspekt, der von Reich nicht entwickelt und auch in der neoreichianischen Körperpsychotherapie zu wenig konzeptionalisiert wurde: die Arbeit mit dem Körper im Prozeß von Übertragung und Gegenübertragung. Moser will die Körper von Therapeut und Patient als interagierende Körper für die Analyse der Übertragung nutzen:

»Es geht nicht um Techniken oder um eine neue Therapieform. Es geht um die Integration des ›Elternkörpers‹ des Therapeuten in den Prozeß von Übertragung und Gegenübertragung und die dosierte Anwendung körperlicher Interaktion bei verantwortungsvoll eingeschätzter Regressionsstufe des Patienten« (1994, S. 179 f.).

Moser interpretiert körperliche Prozesse beim Patienten als Niederschlag interaktiver Erfahrungen aus der Kindheit. Er benutzt nicht das Konzept der Körperenergie, und er greift an keinem Punkt seiner Schriften auf Wilhelm Reich zurück, der ohnehin in der neueren psychoanalytischen Diskussion über die Einbeziehung des Körpers kaum erwähnt wird.[25] Wir möchten daher an zwei Beispielen zeigen, welche unterschiedlichen Verständnismöglichkeiten von Körperarbeit sich eröffnen, wenn man Phänomene vom Konzept der Übertragung oder vom Konzept der Energie her betrachtet.
Als ein Patient zum Beispiel bei drohender Gefahr auf der rechten Körperseite erkaltet, führt Moser dies darauf zurück, daß bei den von der Stimmung her fürchterlichen Mahlzeiten des Kindes der Vater immer rechts vom Patienten saß (ebd., S. 29). Andere Erklärungsmöglichkeiten zieht er nicht in Betracht. Von der reichianischen Charakteranalyse her könnte man das Phänomen der halbseitigen Erkaltung aber auch als Ausdruck der Somatisierung einer frühen Spaltung deuten, die hier in Verbindung mit einer

Werk von Reich keine Bedeutung erlangt. Wir gehen in unserem Aufsatz deshalb nicht weiter auf sie ein.

24 Ähnlich plädieren von adlerianischer Seite Günter Heisterkamp (1993) und von jungianischer Seite John Conger (1988), Deldon Anne McNeely (1992) und Peter Schellenbaum (1992). Auch aus der Praxis psychosomatischer Orthopädie und Dermatologie kommen entsprechende Anregungen (Canzler 1991; Niepoth 1993).

25 Wenn, dann wird wie bei Hirsch (1994) die »Charakteranalyse« zitiert, aber nicht Reichs vegetotherapeutische Arbeit geschildert.

schizoiden Struktur gesehen wird. Mehrfach schildert Moser, wie er seine Patienten ›tanken‹ läßt, indem sie sich liegend mit dem Kreuzbein gegen das Kreuzbein des Therapeuten drücken. Er versteht sich dann als kraftspendenden Vater oder Mutter im Rücken des Patienten. In den Energiekonzepten der asiatischen Medizin ist das Kreuzbein aber das Zentrum der Lebenskraft, und so könnte man die aufladende Wirkung dieser Interaktion auch so beschreiben, daß Energie übertragen oder im Organismus des Patienten mobilisiert wird, was darüber hinaus die ähnliche Wirkung einer Massage am Kreuzbein erklären würde. Beide Erklärungsansätze müssen aber nicht in Konkurrenz treten, wenn man den Prozeß des ›Tankens‹ einmal auf der Ebene der Beziehung, das andere Mal auf der der Innenregulation des Körpers betrachtet.

Moser kommt allerdings zuweilen einer energetischen Betrachtung nahe, wenn er etwa die Funktion der Einschränkung des Atems darin sieht, die Angst zu kontrollieren und die Vitalität zu senken, »damit nicht so viele Gefühle hochkommen« (ebd., S. 38). Auch in einem von ihm produzierten Lehrfilm[26] zeigt er Elemente einer energetischen, auf die Selbstregulation des Patienten jenseits der Übertragung zielenden Arbeit, wenn er beispielsweise am Ende einer Sitzung die Vitalität einer Patientin dadurch wieder weckt, daß er sie mit den Beinen an seinem Kopf ziehen läßt und so eine energetische Umpolung herbeiführt.

Mosers Ansatz ist am ehesten dem vergleichbar, womit Sándor Ferenczi schon Ende der zwanziger Jahre experimentierte. Ferenczi (1928) gab zum Beispiel Patienten körperlichen Halt, wenn sie in der Analyse intensiven traumatischen Erschütterungen ausgesetzt waren. Er bot auch die Möglichkeit zu einem szenischen Körperdialog in der Regression an, bei dem der Patient den Analytiker berühren durfte (Ferenczi 1931). Sein Ausgangspunkt war wie bei Reich die Behandlung präödipaler Störungen, die Ferenczi zufolge aus Defiziten in der frühen Mutter-Kind-Beziehung oder der Mißachtung kindlicher Bedürfnisse resultierten. Auch Mosers Ausgangspunkt sind »Störungen aus unangemessenen, verzerrten, unzureichenden psycho-physischen Interaktionsformen mit den *frühen* Eltern« (1989, S. 14; Hervorhebung U. G., N. S.), die in einer rein sprachlichen Behandlung oft nur neu inszeniert, aber

26 Tilmann Moser, »Symbiose, Halt und Abgrenzung. Ein Lehrfilm über Psychoanalyse und Körperarbeit«, Freiburg 1994.

nicht geheilt würden. In seinen diagnostischen Überlegungen, wann der Körper in die Analyse einbezogen werden soll, führt er insbesondere »schwerere frühe Störungen« an (1992, S. 137).
Die erste zusammenhängende körperpsychotherapeutische Fallgeschichte, die Moser 1993 veröffentlicht hat, handelt von einem Borderline-Patienten. Ähnlich wie Reich beim ›triebhaften Charakter‹ meint auch Moser, daß bei solchen Patienten die deutende Analyse allein nicht greift. Der Therapeut müsse bei ihnen vielmehr die Rolle von ›idealen Eltern‹ übernehmen und Hilfsfunktionen eines unentwickelten Ichs ausfüllen. Der körperliche Halt, den das Kind im Patienten dabei im Therapeuten finde, diene dazu, die »drohenden Affektstürme« auszuhalten (1989, S. 197; vgl. auch 1994, S. 172).
Dem Prinzip der Übertragung stellt Moser daher in Anlehnung an die interaktionelle Methode von Heigl-Evers und Ott (1994) das ›Prinzip Antwort‹ als Angebot einer neuen Objektbeziehung zur Seite. Ausgehend von einem weiteren ähnlichen behandlungstechnischen Problem wie Reich, der kumulierten negativen Übertragung, spricht Moser sich im Unterschied zu Reich dafür aus, daß der Analytiker in der Rolle eines Regisseurs das Unbewußte in Szene setzt, so wie dies aus den inszenierten Dialogen der Gestalttherapie bekannt ist. Oder daß der Therapeut in der Rolle eines »Gefährten«, wie er in einer Fallgeschichte schreibt, seinen Patienten durch das »psychosomatische Unterholz« begleitet (1994, S. 29). Antwort, Inszenierung und Begleitung finden dabei nicht mehr allein auf der verbalen Ebene statt, sondern in einem Dialog zwischen Patient und Analytiker, der Berührungen und Bewegungen einschließt.

Ausdruck und Halt

Während Moser betont, wie wichtig körperlicher Halt ist, wenn heftige Affekte einen Patienten erfassen, haben Reich und die Neoreichianer lange Zeit die Mobilisierung des Ausdrucks in den Vordergrund der körperbezogenen Interventionen gestellt. Jedoch wird innerhalb der Körperpsychotherapie mittlerweile über die Indikation spezifischer Interventionsformen im Hinblick auf die Abwehrstruktur genauer diskutiert. Zielt die mobilisierende, konflikt-aufdeckende Ausdrucksarbeit vor allem auf eine Lockerung des Panzers gegenüber verdrängten Affekten, so geht es bei abwehrschwachen Patienten zunächst einmal um eine Stärkung ihrer Abwehr und ihres sensomotorischen Ichs. M. und G. Boyesen (1977, S. 149) berichten die Erfahrung, daß Borderline-Patienten als Ausdruck fehlender Panzerung häufig eine hypotonische Muskulatur hätten, so daß bei ihnen eine Arbeit an der Lösung der Muskulatur oder der Aktivierung der Atmung nur Angst und Spannung erzeuge.[27] Keleman (1992) unterscheidet in seiner emotionalen Anatomie zwischen zu stark und zu schwach begrenzten Strukturen.[28] Einige Körperpsychotherapeuten ziehen das analytische Konzept des ›Containing‹ heran. So betont Schröter (1994), daß die Arbeit mit frühgestörten Patienten dazu dienen müsse, ihr energetisches System zu schließen, anstatt es zu öffnen. Auch solle der Therapeut in einen stetigen Dialog mit dem Patienten über das Erlebte eintreten, um dessen Ich zu stärken. Zimmermann verweist in einem Artikel über »Biodynamische Massage« (1994, S. 192) darauf, daß frühgestörte Patienten in der Massage vor allem »eine positive Kontakterfahrung mit einem das Selbst regulierenden Anderen« bräuchten.

Schon Reich hatte in einer Darstellung der Behandlung einer schizophrenen Patientin davon gesprochen, daß die Mobilisierung von Wut bei solchen Patienten gefährlich sei, wenn sie nicht »vollkommenen Kontakt mit dem Arzt« hätten (1948/1989, S. 533). Dennoch unterschätzte er wie die meisten seiner psychoanalytischen Zeitgenossen und nach ihm Alexander Lowen oder Gerda Boyesen die Bedeutung der therapeutischen Beziehung (Thielen 1994) und führte das Seelische schließlich auf Physikalisches oder Biologisches zurück.[29] Es erinnert an Freuds frühe Empfehlung,

27 Zur Erklärung könnte man das biodynamische Modell vom ›vasomotorischen Kreis‹ heranziehen. Nach diesem Modell setzt die körperbezogene Arbeitsweise dort an, wo der Ablauf einer psychophysischen Erlebnisgestalt früher unterbrochen wurde. Das kann sowohl dort sein, wo ein Impuls nicht zum Ausdruck kam, ein Indikator für eine mobilisierende Arbeit, als auch dort, wo ausgedrückte Emotionen nicht integriert und verdaut werden konnten, ein Indikator für eine harmonisierende Arbeit (s. hierzu Southwell 1990).

28 Vgl. auch Boadella: »(...) im Fall des impulsiv Unterkontrollierten müssen wir helfen, die Ich-Kontrolle zu entwickeln« (1991, S. 141).

29 Zum Beispiel schreibt er über die sexualökonomische Charakterforschung: »Ihre Auffassung des seelischen Apparats ist nicht psycholo-

daß der Psychoanalytiker die affektlose Distanz eines Chirurgen einnehmen solle, wenn man bei Reich liest, daß die Charakteranalyse eine »psychische Operation« sei, bei der planmäßig die »prägenitale Haltung« eines Patienten »zersetzt« wird, um auf einem »streng vorgeschriebenen Weg« zum »Endziel der Therapie«, der orgastischen Potenz zu kommen (1944/1989, S. 397). Aus solchen Worten spricht eine Betrachtung des Patienten als eines Objektes, an dem der wissende Therapeut seine Eingriffe vollzieht. Obwohl Reich in seiner »Charakteranalyse« sich eingehend mit der Übertragungsdynamik und weit früher als andere auch mit der Gegenübertragung befaßte (vgl. Heisterkamp 1993, S. 29), tendierte er später dazu, technische Lösungen wie den Orgonakkumulator für seelische Probleme zu suchen. Die Faszination technisch-wissenschaftlicher Machbarkeit ist auch heute noch bei vielen orthodoxen Reichianern und manchen Neoreichianern zu finden, wenn technische Behandlungen an den verspannten Muskeln allein als Weg zur Heilung seelischer Störungen angesehen werden.[30]

Energie und Emotion

Die körperpsychotherapeutischen Schulen in der Tradition Reichs fokussierten auf die innenregulatorischen Aspekte der Emotionen im Haushalt des Seelischen und der körperlichen Funktionen wie Atmung oder Muskel- und Gewebetonus. Ihre Methoden zielten anfangs vornehmlich darauf, durch Abbau der Affektabwehr zu einem der inneren Situation angemesseneren Ausdruck der Emotionalität zu kommen. Dadurch sollte eine bessere Selbstregulation des Organismus, sowohl auf seelischem wie auch auf körper-

gischer, sondern *biologischer* Art« (1942/1987, S. 108). Oder in einer Fußnote von 1945: »Mit dem Fortschritt unseres Wissens über die Orgonfunktionen des Organismus verlieren diese tiefenpsychologischen Probleme an Bedeutung. Die Lösung des psychologischen Problems liegt außerhalb des Gebietes der Psychologie« (1948/1989, S. 403).

30 Das führt dann zu der Erwartung von Patienten, durch einige bioenergetische Übungen oder biodynamische Massagen gesund zu werden, ohne sich auf den schmerzlichen Prozeß der Auseinandersetzung mit sich selbst einlassen zu müssen.

lichem Gebiet, erreicht werden, indem zum Beispiel Streßhormone schneller abgebaut werden.[31] Auf dem Weg über ein gestiegenes inneres Wohlbefinden glaubte man auch die zwischenmenschlichen Beziehungen zu verbessern. Die Psychoanalyse hat dagegen in den letzten Jahrzehnten die Arbeit mit der therapeutischen Beziehung in den Vordergrund gerückt. So drohte die Körperpsychotherapie in einer Ein-Personen-Psychologie stekkenzubleiben, während die Psychoanalyse eher die körper-seelischen Innenregulationen des Organismus vernachlässigte.

Der Ausschluß Reichs aus der *Internationalen Psychoanalytischen Vereinigung* (vgl. den Beitrag von Bernd Nitzschke in diesem Band) mag – wie auch die Ausgrenzung Ferenczis – so dazu beigetragen haben, daß Psychoanalyse und Körperpsychotherapie für Jahrzehnte getrennte Wege gingen. Beiden Seiten gingen dabei weite Bereiche von Theoriebildung und behandlungstechnischer Entwicklung verloren. Während die reichianische Körperpsychotherapie lange Zeit den Anschluß an die Übertragungsanalyse und die psychoanalytische Krankheitslehre verlor, geriet der Psychoanalyse der Körper aus den Augen.

Theoretisch entfernten sich einige Psychoanalytiker in den letzten Jahren immer mehr von demjenigen Konzept, das in der frühen Psychoanalyse die Verbindung der affektiven Prozesse zur Körperlichkeit betonte, dem Konzept der Energie. In einer Zusammenfassung der Kritiken dieses Konzeptes schrieb König (1981), es sei als Erklärungsmodell gescheitert. Er schlug vor, den Energiebegriff durch den der Information zu ersetzen. Es ist allerdings fraglich, daß man damit etwas gewinnt. Information wird energetisch oder stofflich weitergegeben. Becker (1994), ein Vertreter der ›Energiemedizin‹, sieht in winzigen elektrischen Strömen die organismischen Steuerungssignale für Prozesse von Wachstum und Heilung. Viele Akupunkturpunkte etwa lassen sich elektromagnetisch ausmessen, ohne daß man ein organisches Korrelat an diesen Punkten bestimmen kann. Dies weist auf elektrophysiologische Phänomene im Körper hin, die sich noch nicht erklären

31 Dies wird durch Forschungen von Spangler und Grossmann (1993) bestätigt, die herausfanden, daß Kleinkinder, die eines angemessenen Affektausdrucks fähig sind, in einer Streßsituation viel schneller wieder normale Cortisolspiegel haben als Kinder, die gelernt haben, ein maskenhaftes Gesicht aufzusetzen.

lassen. Reich nahm eine noch unbekannte Form von Energie an, die ›Orgonenergie‹, die sowohl im menschlichen Organismus wie in der außermenschlichen Materie vorkomme, und die er als eine physikalische Wirklichkeit verstand. In seinem Spätwerk bezeichnete er auch die sexuelle Energie als bioelektrische Energie.
Auch wenn es bislang kein allgemein anerkanntes Konzept einer biologischen Energie gibt, so scheint der Energiebegriff dennoch in der Körperpsychotherapie nach wie vor als metatheoretische Annahme oder Metapher von großem heuristischem Wert zu sein. Er ist ein Versuch, den ganzheitlichen psychophysischen Lebensprozeß in einer Sprache zu beschreiben, in der ›Seele‹ und ›Körper‹ jeweils nur abstrahierende Aspekte einer beide umgreifenden Betrachtung sind.[32] Er beschreibt körperliche und seelische Erfahrungen, die in Empfindungen wie Wärme, Kribbeln oder Strömen genauso wie in Gefühlen von Vitalität, Lust oder in der Stärke von Affekten deutlich werden. Begriffe wie ›Ladung‹ oder ›Stauung‹ stehen für spürbare Tatsachen seelischer und körperlicher Prozesse, die mit dem Begriff der Information nur sehr verdünnt, sozusagen ›de-vitalisiert‹ abgebildet werden können.[33] Lowen hat diese energetische Sichtweise fruchtbar in der Weiterentwicklung von Reichs Charakterstruktur-Typologie angewandt, indem er Charakterstrukturen als Ausdruck erstarrter Energie körperlich und seelisch beschrieben hat.[34]

32 Auch in der Meridianlehre der asiatischen Medizin wird mit Hilfe des Energiebegriffs Psychisches und Somatisches zusammen gesehen.

33 Der Vorschlag, das Energiekonzept durch das der Information zu ersetzen, scheint Ausdruck einer Faszination des jeweils naturwissenschaftlich Modischen zu sein, die in der Geschichte der Psychologie häufig anzutreffen ist. Die Psychologie hat sich zur Beschreibung des Psychischen immer der leitenden Metaphern gerade tonangebender Naturwissenschaftsbereiche bedient. Anfang des Jahrhunderts, bei Freud und bei Reich, war dies die Physik, bei Reich insbesondere die Elektrizität, in den zwanziger Jahren die Biologie, und seit den siebziger Jahren sind dies Kybernetik und Informatik (vgl. Leary 1990).

34 Siehe zusammenfassend Büntig (1983), Lowen (1981) und Lowen (1979, S. 130ff.). Da wir schon von Reich ein Beispiel zum Masochismus zitiert haben, hier ein Beispiel von Lowens energetischer Schilderung einer masochistischen Struktur: »Bei der masochistischen Struktur ist der Aggressionstrieb nach innen gebogen, als hätte man beide Enden des Organismus mit einer Riesenzange zusammengedrückt (...) Die Energie des Organismus ist durch die nach innen gerichtete

Wenn solche Begriffe sowohl auf körperlich wie seelisch Erfahrbares angewandt werden, heißt das nicht, eine Identität von Physischem und Psychischem zu unterstellen, was der adlerianische Analytiker Günter Heisterkamp in einer der wenigen konstruktiven psychoanalytischen Auseinandersetzungen mit Reich und Lowen diesen Autoren vorgeworfen hat (1993, S. 24 ff.). Körperliche und seelische Phänomene sind immer Aspekte einer ganzheitlichen Reaktion des Menschen auf äußere und innere Reize, die Kognitionen, Emotionen und Körperfunktionen einschließt. Diese bilden als unterschiedliche Seiten eines Prozesses eine funktionelle Einheit, ohne damit identisch zu sein. Zum Beispiel gehört zur Wut sowohl eine vermehrte Blutzufuhr in die Peripherie wie bestimmte Gedanken, eine Einheit zweier nicht-identischer Seiten desselben Prozesses. Heisterkamp kritisiert hingegen zum Beispiel, daß das »erlebte Strömungsempfinden (...) etwas völlig anderes« sei »als das Strömen eventueller Körperflüssigkeiten« (ebd., S. 27). Aber ist nicht die seelische Empfindung des Strömens das Bewußtsein des organismischen Prozesses und der organismische Prozeß Ausdruck der seelischen Empfindung, so daß beide etwas Unterschiedliches und doch eines sind?[35]

Aggression gefangen, die die Ventile verschließt. Das im Inneren festgehaltene Verlangen erzeugt das Leiden. Die Ausgänge (...) sind (...) stark verengt. Ein kleines Energie-Rinnsal sickert hinaus. Stimmlich bringt dieses kleine Energie- oder Luft-Rinnsal das Jammergeräusch hervor. Wenn der Masochist wirklich seine Kehle auftäte und seine Stimme herausließe, würde er nicht jammern. Er wäre kein Masochist« (1981, S. 255 und S. 265).

35 Weiter heißt es dort bei Heisterkamp: »(...) sobald es (das Strömungsempfinden – U. G., N. S.) unter physiologischen oder physikalischen Aspekten betrachtet wird, verliert es seine seelische Eigenqualität, gibt der Psychologe seinen Forschungsgegenstand auf.« Wenn das gilt, müßte auch der Umkehrschluß gelten: Sobald Strömungsempfinden unter psychologischen Aspekten betrachtet wird, verliert es seine physische Eigenständigkeit. Es hat aber beides, eine seelische Seite und eine körperliche Seite, und beide treten nur zusammen und nicht eigenständig auf, auch wenn sie eigenständig erlebt, erfahren oder wissenschaftlich betrachtet werden können. Das Physische und das Psychische sind Abstraktionen einer einheitlichen Realität.
»Das Gefühl des Wohlbefindens«, schreibt John Pierrakos, Reich-Schüler und Begründer der Core-Energetik, »ist die Erkenntnis des Geistes, daß die Energie frei strömt«, also ein Bewußtsein eines organismischen Prozesses (1987, S. 17).

Heisterkamp bezieht sich auf Reichs Begriff der ›funktionellen Identität‹ charakterlicher und muskulärer Haltungen. Er meint, daß dieser Begriff die Frage offen lasse, ›wovon‹ beide Funktion seien, womit etwas Drittes unterstellt werde. Die Frage ist aber vielmehr, *wofür* sie Funktion sind, da Reich ihre identische Funktion in bezug auf die Abwehr meinte. In dieser Hinsicht hat der Begriff der ›funktionellen Identität‹ nach wie vor seinen Wert.
Die Kontroverse reicht in das grundlegende Verständnis des Körpers in der Psychotherapie hinein. Für Heisterkamp wie für die Psychoanalyse insgesamt ist der Körper allein der erlebte Körper, weshalb Heisterkamp auch den Begriff ›Leib‹ bevorzugt. In der Körperpsychotherapie geht es aber nicht allein um das Erleben, wenn vom Körper die Rede ist, sondern auch um das, was im Körper vorgeht, wenn wir Bedürfnisse haben, uns ängstigen, nichts spüren oder wütend sind, das heißt um einen Körper, der immer objektiver und subjektiver Körper zugleich ist. Wenn Heisterkamp ›leibliche Ausdrucksbewegungen‹ allein als ›seelische Phänomene‹ betrachtet, dann ist der Körper nur noch Organ der Seele und nicht mehr, wie C. G. Jung schreibt, die Seele zugleich das innerlich angeschaute Leben des Körpers.[36]
Alles, was wir als seelische Störung verstehen und behandeln, ist ein psychophysisches Geschehen, das man sowohl mit den Mitteln der Seele wie mit den Mitteln des Körpers behandeln kann. Das ist der eigentliche Sinn des Wortes Körper-Psycho-Therapie (Büntig 1992, S. 179). In diesem Verständnis ist Reichs Neurosentheorie in der Körperpsychotherapie nach wie vor aktuell, wenn auch nicht in der These von der sexuellen Ätiologie jeder Neurose, die genauso zeitbedingt mit der Sexualunterdrückung zusammenhing wie die Triebtheorie Freuds. Seelische Probleme können als Denk- oder Gefühlsstörungen wie als muskuläre oder respiratorische Blockaden in Erscheinung treten. Haltung, Ausdruck und funktioneller Zustand des Körpers lassen sich genauso gut zur Diagnostik nutzen wie das in Worten mitgeteilte Material.
Auch die psychotherapeutische Behandlung kann an all diesen Seiten ansetzen. Nach dem Verständnis der neoreichianischen Körperpsychotherapie soll sie die Fähigkeit des Menschen zur ›Selbstregulation‹ (Reich) fördern, wozu vegetative Prozesse,

36 Vgl. zur Psychologisierung von Körperphänomenen in der Psychoanalyse Geuter (1996, S. 104).

Handlungen, Emotionen und Denken gleichermaßen gehören. Das auf Reich zurückgehende Verständnis der seelischen Störung beinhaltet, daß zur Gesundung wie zur Aufrechterhaltung eines gesunden psychovegetativen Gleichgewichts ein regelmäßiger Ausdruck vieler körperlicher und seelischer Funktionen gehört. Den Erfolg einer Psychotherapie auch an einer Gesundung körperlicher Funktionen und an einer Verbesserung körperlichen Erlebens in der Sexualität, der Atmung oder der Beweglichkeit zu messen, ist noch immer ein wichtiger Schritt – heraus aus einer rein psychologischen Sichtweise, hin zu ganzheitlichen Behandlungszielen und -methoden.

Literatur

Baker, Elsworth F. (1980), *Der Mensch in der Falle. Das Dilemma unserer blockierten Energie: Ursachen und Therapie*, München: Kösel.

Becker, Hans (1989), *Konzentrative Bewegungstherapie. Integrationsversuch von Körperlichkeit und Handeln in den psychoanalytischen Prozeß*, Stuttgart: Thieme.

Becker, Robert O. (1994), *Der Funke des Lebens. Heilkraft und Gefahren der Elektrizität*, München: Piper.

Boadella, David (1983), *Wilhelm Reich. Leben und Werk des Mannes, der in der Sexualität das Problem der modernen Gesellschaft erkannte und der Psychologie neue Wege wies*, Frankfurt am Main: Fischer.

– (1991), *Befreite Lebensenergie. Einführung in die Biosynthese*, München: Kösel.

Boyesen, Gerda (1987), *Über den Körper die Seele heilen*, München: Kösel.

Boyesen, Gerda/Monalisa Boyesen (1977), »Biodynamische Theorie und Praxis«, in: Hilarion Petzold (Hg.), *Die neuen Körpertherapien*, Paderborn: Junfermann, S. 140-157.

Breuer, Josef/Sigmund Freud (1895), *Studien über Hysterie*, Leipzig/Wien: Deuticke.

Brooks, Charles V. W. (1991), *Erleben durch die Sinne*, München: Deutscher Taschenbuch Verlag.

Büntig, Wolf E. (1982), »Das Werk von Wilhelm Reich und seinen Nachfolgern«, in: Dieter Eicke (Hg.), *Tiefenpsychologie* (Kindlers »Psychologie des 20. Jahrhunderts«, Bd. 3), Weinheim/Basel: Beltz, S. 254-296.

– (1983), »Bioenergetik«, in: R. J. Corsini (Hg.), *Handbuch der Psychotherapie*, Weinheim/Basel: Beltz, S. 66-110.

– (1992), »Die Entfaltung der Beziehung in der Körperpsychotherapie«, in: Peter Buchheim/Manfred Cierpka/Theodor Seifert (Hg.), *Liebe und*

Psychotherapie – Der Körper in der Psychotherapie – Weiterbildungsforschung, Berlin/Heidelberg: Springer, S. 174-188.

Canzler, Peter (1991), »Über die Notwendigkeit der Ergänzung psychoanalytischer Therapie durch Körpererfahrung bei Patienten mit chronischen Rückenschmerzen«, in: W. Eich (Hg.), *Psychosomatische Rheumatologie*, Berlin/Heidelberg: Springer, S. 158-174.

Conger, John P. (1988), *Jung and Reich: The body as a shadow*, Berkeley: North Atlantic Books.

Eberwein, Werner (1990), *Impulse von innen. Biodynamik – Körperpsychotherapie zur Heilung und Selbstfindung*, Oldenburg: Transform.

Edwards, P. (1970), »The Therapeutic Innovations of W. Reich«, in: *Energy and Character* 1, Heft 3, S. 29-34.

Elias, Norbert (1980), *Über den Prozeß der Zivilisation*, 2 Bde., Frankfurt am Main: Suhrkamp.

Ferenczi, Sándor (1925), »Zur Psychoanalyse von Sexualgewohnheiten«, in: ders., *Schriften zur Psychoanalyse*, Bd. 2, Frankfurt am Main: Fischer, S. 147-181.

– (1928), »Die Elastizität der psychoanalytischen Technik«, in: ders., *Schriften zur Psychoanalyse*, Bd. 2, Frankfurt am Main: Fischer, S. 237-250.

– (1930), »Relaxationsprinzip und Neokatharsis«, in: ders., *Schriften zur Psychoanalyse*, Bd. 2, Frankfurt am Main: Fischer, S. 257-273.

– (1931), »Kinderanalysen mit Erwachsenen«, in: ders., *Schriften zur Psychoanalyse*, Bd. 2, Frankfurt am Main: Fischer, S. 274-289.

Foucault, Michel (1991), *Der Wille zum Wissen. Sexualität und Wahrheit*, Bd. 1, Frankfurt am Main: Suhrkamp.

Freud, Sigmund (1900), *Die Traumdeutung*, GW II/III.

– (1962), *Aus den Anfängen der Psychoanalyse. Briefe an Wilhelm Fließ. Abhandlungen und Notizen aus den Jahren 1887-1902*, Frankfurt am Main: Fischer.

Geuter, Ulfried (1996), »Körperbilder und Körpertechniken in der Psychotherapie«, in: *Psychotherapeut* 41, S. 99-106.

Grunberger, Béla/Janine Chasseguet-Smirgel (1979), *Freud oder Reich? Psychoanalyse und Illusion*, Frankfurt am Main/Berlin/Wien: Ullstein.

Heigl-Evers, Annelise/Jürgen Ott (Hg.) (1994), *Die psychoanalytischinteraktionelle Methode*, Göttingen/Zürich: Vandenhoeck & Ruprecht.

Heisterkamp, Günter (1993), *Heilsame Berührungen. Praxis leibfundierter analytischer Psychotherapie*, München: Pfeiffer.

Hirsch, Mathias (1994), »Der Körper des Patienten in der psychoanalytischen Psychotherapie«, in: *Psychotherapeut* 39, S. 153-157.

Jones, Ernest (1982), *Das Leben und Werk von Sigmund Freud*, 3 Bde., Bern: Huber.

Keleman, Stanley (1992), *Verkörperte Gefühle. Der anatomische Ursprung unserer Erfahrungen und Einstellungen*, München: Kösel.

Kernberg, Otto et al. (1993), *Psychodynamische Therapie bei Borderline-Patienten*, Bern/Göttingen/Toronto/Seattle: Huber.

König, Wolfhard H. (1981), »Zur Neuformulierung der psychoanalytischen Metapsychologie: vom Energie-Modell zum Informations-Konzept«, in: Wolfgang Mertens (Hg.), *Neue Perspektiven der Psychoanalyse*, Stuttgart/Berlin/Köln/Mainz: Kohlhammer, S. 83-123.

Kurtz, Ron (1994), *Hakomi. Eine körperorientierte Psychotherapie*, München: Kösel.

Laplanche, J./J.-B. Pontalis (1986), *Das Vokabular der Psychoanalyse*, Frankfurt am Main: Suhrkamp.

Leary, David (1990) (Hg.), *Metaphors in the history of psychology*, New York: Cambridge University Press.

Lowen, Alexander (1979), *Bio-Energetik. Therapie der Seele durch Arbeit mit dem Körper*, Reinbek: Rowohlt.

– (1981), *Körperausdruck und Persönlichkeit*, München: Kösel.

– (1984), *Narzißmus. Die Verleugnung des wahren Selbst*, München: Kösel.

– (1990), *Bioenergetik als Körpertherapie. Der Verrat am Körper und wie er wieder gutzumachen ist*, Bern/München/Wien: Scherz.

– (1991), *Die Spiritualität des Körpers. Innere Harmonie durch Bioenergetik*, München: Heyne.

McNeely, Deldon Anne (1992), *Berührung. Die Geschichte des Körpers in der Psychotherapie*, München: Kösel.

Moser, Tilmann (1989), *Körpertherapeutische Phantasien. Psychoanalytische Fallgeschichten neu betrachtet*, Frankfurt am Main: Suhrkamp.

– (1992), *Stundenbuch. Protokolle aus der Körperpsychotherapie*, Frankfurt am Main: Suhrkamp.

– (1993), *Der Erlöser der Mutter auf dem Weg zu sich selbst. Eine Körperpsychotherapie*, Frankfurt am Main: Suhrkamp.

– (1994), *Ödipus in Panik und Triumph. Eine Körperpsychotherapie*, Frankfurt am Main: Suhrkamp.

Müller-Braunschweig, Hans (1996), »Körperorientierte Psychotherapie«, in: Thure von Uexküll et al. (Hg.), *Psychosomatische Medizin* (5. neubearb. u. erw. Aufl.), München/Wien/Baltimore: Urban & Schwarzenberg, S. 464-476.

Navarro, Frederico (1988), *Die sieben Stufen der Gesundheit. Eine psychosomatische Sicht der Krankheit*, Frankfurt am Main: Nexus.

Niepoth, Lothar (1993), »Körpertherapie in der Dermatologie«, in: Uwe Gieler/Ulrich Stangier/Elmar Brähler (Hg.), *Hauterkrankungen in psychologischer Sicht*, Jahrbuch der Medizinischen Psychologie 9, Göttingen: Hogrefe, S. 38-44.

Nitzschke, Bernd (1989), »Freud und die akademische Psychologie. Einleitende Bemerkungen zu einer historischen Kontroverse«, in: ders. (Hg.), *Freud und die akademische Psychologie*, München: Psychologie Verlags Union, S. 2-21.

Pierrakos, John (1987), *Core Energetik. Zentrum Deiner Lebenskraft*, Essen: Synthesis.

Reich, Wilhelm (1925/1977), »Der triebhafte Charakter«, in: ders., *Frühe Schriften*, Bd. 1, Köln: Kiepenheuer & Witsch, S. 246-340.

– (1927/1944/1985), *Die Funktion des Orgasmus* (neu herausgegeben unter dem Titel: *Genitalität in der Theorie und Therapie der Neurose, Frühe Schriften*, Bd. 2), Frankfurt am Main: Fischer.

– (1933/1944/1948/1989), *Charakteranalyse*, Köln: Kiepenheuer & Witsch.

– (1942/1987), *Die Funktion des Orgasmus. Sexualökonomische Grundprobleme der biologischen Energie* (= *Die Entdeckung des Orgons*, Bd. 1), Köln: Kiepenheuer & Witsch.

– (1950/1984), *Children of the future. On the prevention of sexual pathology* (hg. von Mary Higgins/Chester Raphael), New York: Farrar Straus Giroux.

Rosenberg, Jack Lee/Marjorie L. Rand/Diane Asay (1989), *Körper, Selbst und Seele. Ein Weg zur Integration*, Oldenburg: Transform.

Schellenbaum, Peter (1992), *Nimm Deine Couch und geh!*, München: Kösel.

Schröter, Bettina (1994), »Körperpsychotherapie mit Frühstörungen«, in: Verein für Integrative Biodynamik (Hg.), *Körperpsychotherapie zwischen Lust- und Realitätsprinzip*, Oldenburg: Transform, S. 102-113.

Sharaf, Myron (1994), *Wilhelm Reich. Der Heilige Zorn des Lebendigen. Die Biographie*, Berlin: Simon & Leutner.

Southwell, Clover et al. (1990), »Biodynamische Psychologie«, in: John Rowan/Windy Dryden (Hg.), *Neue Entwicklungen der Psychotherapie*, Oldenburg: Transform, S. 198-221.

Spangler, Gottfried/Karin E. Grossmann (1993), »Biobehavioral organization in securely and insecurely attached infants«, in: *Child Development* 64, S. 1439-1450.

Thielen, Manfred (1994), »Zwischen Röhrentierchen und Bewußtseinswesen – das Menschenbild in der Körperpsychotherapie«, in: Verein für Integrative Biodynamik (Hg.), *Körperpsychotherapie zwischen Lust- und Realitätsprinzip*, Oldenburg: Transform, S. 10-27.

Uexküll, Thure von/Marianne Fuchs/Hans Müller-Braunschweig/Rolf Johnen (Hg.) (1994), *Subjektive Anatomie. Theorie und Praxis körperbezogener Psychotherapie*, Stuttgart, New York: Schattauer.

Zimmermann, Lisa (1994), »Biodynamische Massage«, in: Verein für Integrative Biodynamik (Hg.), *Körperpsychotherapie zwischen Lust- und Realitätsprinzip*, Oldenburg: Transform, S. 184-196.

Sebastian Hartmann und Siegfried Zepf
Sankt Wilhelm oder die wahre Wahrheit eines ›wahren Sozialisten‹

Das Leben Wilhelm Reichs war das eines Grenzgängers, geistesgeschichtlich zwischen Psychoanalyse und Marxismus (bis er sich schließlich von beiden verabschiedete), zeitgeschichtlich zwischen bürgerlichem Liberalismus und faschistischer Diktatur, psychologisch zwischen Genialität und Wahnsinn. 1897 geboren, war er den wohl radikalsten Umwälzungen im Verhältnis von Individuum und Gesellschaft in der Menschheitsgeschichte überhaupt ausgesetzt; seismographisch fein nahm er diese Veränderungen auf und reproduzierte sie ideologisch verzerrt, den reaktionären Denkformen seiner Zeit, die er in seinem Selbstverständnis bekämpfte, dabei gerade zum Opfer fallend. Innerhalb seiner theoretischen und weltanschaulichen Position drückte sich die zunehmende Vergegenständlichung des Menschen dieses Jahrhunderts ebenso aus, wie das Muster des mystifizierenden Schleiers, der die Einsicht in die objektiven Zusammenhänge dieser Enthumanisierung verbarg. Reichs Abkehr von der Psychoanalyse schließlich, von Psychologie schlechthin, reflektiert eben jenen gesellschaftlichen Zustand, der keine Psychologie mehr »brauchte«; seine Reduktion des Menschen zum naturwüchsigen Protoplasmahaufen bog in den reaktionärsten Biologismus zurück, was objektiv schon sich vollzog, die endgültige historische Liquidierung des menschlichen Subjekts im Faschismus. Seine wissenschaftliche Reise von der psychoanalytischen Trieblehre über den Marxismus und die Sexualökonomie zur pseudo-naturwissenschaftlichen Lehre einer kosmologischen Ontologie, sein therapeutischer Weg von der Charakteranalyse über die Vegeto- zur Orgontherapie, ein Weg, den er selbst (1942 a, S. 15) als Folge einer zwingenden *inneren* Logik begriff, war – Reichs eigener Einschätzung zum Trotz – im wesentlichen Ausdruck *äußerer*, gesellschaftlicher Zwänge.

1. Die wissenschaftliche Heimat Reichs war die Psychoanalyse Freuds, zu dessen ersten und wohl auch zunächst engsten Schü-

lern er gehörte. Diese noch junge, sich gerade entwickelnde Humanwissenschaft war in ihren Anfängen auch gedanklicher Reflex auf und praktisch-therapeutisches Refugium für eine kulturgeschichtlich bestimmte Spezies Mensch, den bürgerlichen Sozialcharakter des 19. Jahrhunderts, der seit der Mitte des 19. Jahrhunderts zunehmend in das Räderwerk des Kapitalismus geriet, welches ihn schließlich im Faschismus ganz erfassen sollte. Hier – in der Psychoanalyse Freuds – wurde noch einmal das untergehende bürgerliche Subjekt gedanklich rekonstituiert, obwohl schon als systematisch beschädigtes. Das, was die erste Generation der Psychoanalytiker von der Couch zu hören bekam, waren gesellschaftlich abgewürgte, individualpsychologisch ins Unbewußte exkrementierte Lebensentwürfe, Ruinen einer biographischen Vorvergangenheit, die der raschen Expansion der kapitalistischen Okkupation des Einzelnen und der Durchdringung seines Alltags erlegen waren; die daraus entstandenen Krankengeschichten erzählten auch von der gesellschaftlichen Zurichtung des Einzelnen und seiner letzten Flucht, die in die Krankheit. Schon von Anfang an hatte sich der bürgerliche Sozialcharakter in einer in sich widersprüchlichen gesellschaftlich bestimmten Individualform zu bewegen, die er aus eigener Kraft und ohne Änderung der realen Verhältnisse, an die er auf Gedeih und Verderb gekettet war, nicht übersteigen konnte. Dieser Widerspruch, der in den sozioökonomischen Gegebenheiten gründete, schlug sich in der historiotypischen Form des bürgerlichen Sozialcharakters der Ära des Konkurrenzkapitalismus als innere, individualpsychische Zerrissenheit nieder, eine Zerrissenheit, die die Psychoanalyse als abstrakte Konflikthaftigkeit in ihrem Menschenbild ontologisierend mystifizierte. Solange miteinander konkurrierende familiäre Kleinbetriebe – wie zu Beginn des Kapitalismus – das Bild der wirtschaftlichen Struktur bestimmten, waren – sollte dieser Konkurrenzkampf bestanden werden – gesellschaftlich in ihrer psychischen Struktur relativ autonome Menschen erforderlich, die andererseits die Existenz der ökonomischen Keimzelle Familie jedoch nicht bedrohen durften, vielmehr deren Fortbestand garantieren mußten. In der diesem bürgerlichen Sozialcharakter entsprechenden Sozialisation ging es mithin im wesentlichen um die gesellschaftliche Regulierung und Kanalisierung menschlicher Sexualität als notwendige Voraussetzung für die Aufrechterhaltung der bestehenden Produktions- und Eigentumsverhältnisse. Der unmittelbare gesellschaftliche Zugriff auf die Biographie des Einzelnen erfolgte deshalb an einem Punkt, an dem sich die gesellschaftlich relevante genitale Sexualität lebensgeschichtlich zu entfalten und organisieren begann, dort, wo die Psychoanalyse das ödipale Konfliktfeld aufdeckte, auf dem prä-ödipale Sexualität und Beziehungsmuster, die einer relativ verschonten primären Sozialisation entstammten, auf ihre gesellschaftliche Funktionalität hin gebrochen und genitale Sexualität auf ihre gesellschaftliche Zweckbestimmung zugerichtet wurden. Freuds Psychoanalyse legte das frei, was sie selbst individualistisch verkürzte: die historisch bestimmte Form der Vergesellschaftung des Einzelnen; sie beschrieb in ihren Kategorien die Stationen dieser gesellschaftlichen Brechung des Einzelnen als dessen biographische Konfliktgeschichte. Genau die Schaltstelle gesellschaftlicher Herrschaft über das Individuum, die menschliche Sexualität also, konnte Freud als Drehpunkt der ihm vorgetragenen Leidensgeschichten ausmachen, allerdings ohne die überindividuelle Bedeutung dieser Entdeckung zu begreifen. Er konstruierte – als Anwalt der abgedrängten, verworfenen oder gesellschaftlich funktionalisierten Beziehungsfiguren und Lebensentwürfe – durch die Wiederentdeckung der verschütteten Partialtriebe und durch seine revolutionäre Ausdehnung des Begriffs der Sexualität auf das, was sie einmal gewesen war, nämlich infantile, polymorph-perverse Sexualität, »Lustgewinnung aus Körper« (Freud 1938, S. 75), ein Menschenbild, das sich gegen die gesellschaftliche Okkupation des Einzelnen sträubte. Rückwärtsgewandt entwarf er eine Utopie.

Reich schien – trotz seines gesellschaftskritischen Selbstverständnisses – mit seinem gewichtigsten Beitrag zur Psychoanalyse, seiner heute noch beachteten »Charakteranalyse« (1933 a), der gesellschaftlichen Ideologie seiner Zeit sehr viel enger verbunden als Freud: Mit seiner Fetischisierung des Genitalen richtete er die normative Keule des schlechten Allgemeinen gegen den Einzelnen und zerstörte damit, wie Dahmer (1973, S. 339) betont, die von Freud gerade erst entfaltete »utopische Aura« der Sexualität.[1] Im

1 Andererseits holte Reich in seinem Begriff von Genitalität die tatsächliche gesellschaftliche Determiniertheit und Objektivation des Einzelnen mystifiziert ein, indem er, ohne diesen Zusammenhang allerdings selbst zu erahnen, den Punkt des unmittelbaren gesellschaftlichen Zu-

Gegensatz zu Freud, der die Dialektik der inneren, in den Neurosen sich darstellenden Widersprüchlichkeit des Menschen erahnte – nämlich als Ausdruck des gesellschaftlichen Elends ebenso wie als stummer Protest gegen dieses Elend – und der diese Widersprüchlichkeit, wenngleich verschleiernd, so doch in dem von ihm konstatierten Gegensatz zwischen Individuum und Kultur in der Schwebe hielt, waren für Reich Neurosen schlichte Normabweichungen vom unhintergehbaren Genitalprimat. Bereits 1925 meinte er, »den Schlüssel zur Frage der neurotischen Libidostörung erkannt« (Reich 1925, S. 219) zu haben; und er postulierte – sich dabei auf seine therapeutischen Erfahrungen im *Wiener Psychoanalytischen Ambulatorium* berufend –, daß allen neurotischen Erkrankungen eine Störung der genitalen Sexualität ursächlich zugrunde liege. »Die genital-orgiastische Störung ist (...) der Schlüssel zum Verständnis des Energiehaushaltes jeder Erkrankung. Die Neurosen sind nichts anderes als Versuche des Organismus, die Störungen des Energiehaushaltes wettzumachen« (1927, S. 87).

Reichs Reduzierung menschlicher Sexualität auf die affirmative Norm genitaler Sexualität entsprachen die therapeutischen Konsequenzen, die er bereits 1925 entschieden vortrug. Gleichzeitig zeigte sich schon hier der ideologische Hintergrund seines normativen Menschenbildes: sein von ihm selbst als materialistisch verkannter Biologismus, der sich zunehmend deutlicher herausbildete und an dem er bis zuletzt unbeirrbar festhielt: »Ferenczi hat mit Recht die Genitalität den ›erotischen Wirklichkeitssinn‹ genannt. Wir glauben nun, daß es Ziel einer jeden Analyse sein muß, den Patienten zum erotischen Wirklichkeitssinn zu ›erziehen‹. Die Prozesse werden je nach Krankheitsfall und Tiefe der Regression verschieden sein: das Ziel ist allgemeingültig, *weil es sich um eine biologische Funktion handelt*, von der es keine Ausnahmen gibt« (Reich 1925, S. 222; Herv.: S. H., S. Z.). Aus seiner biologistischen Grundposition, dem normativen Menschenbild und seiner sich daraus legitimierenden therapeutischen Praxis,

griffs auf das Individuum, die Regulierung seiner genitalen Sexualität, zum Zentraltopos des menschlichen Daseins erhob, an dem sich die Frage nach Krankheit und Gesundheit, ›Natur‹ und ›Widernatur‹ entschied; und indem er – gerade in seinem biologistischen Mißverständnis von Sexualität – diese strukturell als das beschrieb, was sie tatsächlich war, als entsubjektivierte.

einer Art Umerziehung i. S. des genitalen Idealtypus, errichtete Reich das Prokrustesbett seiner Charakterologie, in das er die von ihm theoretisch zurechtgeformten Menschenexemplare einpaßte. Bei seiner Typisierung unterschiedlicher neurotischer Charaktere und des sogenannten ›genitalen Charakters‹ erfuhren seine physikalistischen Vorstellungen über das innere Getriebe neurotischen Leids Verallgemeinerung und Präzisierung. Die wesentliche Differenz zwischen neurotischem und genitalem Charakter faßte er als quantitativ-ökonomisches Problem in der Verteilung einer von ihm hypostasierten biologischen Energie, als die er den Freudschen Libidobegriff mißverstand: »Der neurotische Charakter leidet unter einer sich ständig steigernden Libidostauung, eben weil seine Befriedigungsmittel den Bedürfnissen des Triebapparats nicht adäquat sind; der andere, der genitale Charakter, steht unter dem Einfluß eines ständigen Wechsels von Libidospannung und adäquater Libidobefriedigung, verfügt also über einen *geordneten Libidohaushalt*« (Reich 1933 a, S. 195). Das in der »Charakteranalyse« noch enthaltene Zugeständnis an die Geschichtlichkeit des Menschen – Reich beschrieb ja die Charakterbildung als Resultat des »Zusammenprall(s) von Es und Außenwelt« (1933 a, S. 189) – konnte allerdings seiner biologistischen Grundüberzeugung nichts wirklich anhaben. Mit einem eventuellen Zweifel daran räumte er wenig später definitiv auf:

»Der Orgasmus ist nichts Psychisches, sondern im Gegenteil ein Phänomen, das einzig durch *Reduktion* aller psychischen Tätigkeit auf die vegetative Urfunktion, also gerade durch Ausschaltung der psychischen Phantasietätigkeit und Vorstellungsarbeit zustande kommt. Er ist dennoch die Kernfrage der psychischen Ökonomie. (...) War früher (allerdings) die Tatsache, daß der heutige Mensch einen Ödipuskomplex hat, als Erklärung seiner neurotischen Erkrankung gedacht, so war jetzt diese These zwar nicht aufgehoben, aber relativiert: Der Kind-Eltern-Konflikt wird selbst erst pathogen aufgrund gestörter sexueller Ökonomie des Kindes, begründet derart die weitere innere Störung der Fähigkeit zur Ordnung des Libidohaushalts im erwachsenen Alter und bezieht seine Energie gerade aus dem, was er mitbedingt hat: aus der Stauung genitalsexueller Energie (...) Derart verschob sich der Akzent vom Erlebnisinhalt auf den Haushalt der vegetativen Energie« (1935 a, S. 345 f.).

Die hier schon angedeutete Entpsychologisierung des Psychischen und seine Reduktion auf den Status der Erscheinungsform einer quasi-physikalischen Naturkonstante, der »vegetativen

Energie«, präzisierte Reich in der Entfaltung seines Triebbegriffs wie folgt:

»Es ist vollkommen logisch, daß der Trieb selbst nicht bewußt sein kann, denn er ist dasjenige, was uns regiert und beherrscht. Wir sind sein Objekt. Denken wir an die Elektrizität: (...) So wie die Elektrizität meßbar wird durch ihre Energieäußerungen, so sind die Triebe nur durch Affektäußerungen erkennbar« (1942 a, S. 38 f.).

Daß es sich bei dem Vergleich zwischen Triebenergie und Elektrizität nicht nur um eine Metapher handelte, stellte Reich selbst klar: Er schätze sich glücklich, »die Identität von bioelektrischer und sexueller Energie nachzuweisen«, schrieb er (1942 a, S. 39). Reichs Abschied von der Psychoanalyse, von Psychologie überhaupt, war zu diesem Zeitpunkt schon lange Jahre her; mit der Entdeckung des Orgasmusreflexes und der Entwicklung der Orgontherapie hatte er 1935 endgültig den Bruch vollzogen:

»Die Orgontherapie konzentriert unsere Arbeit an der *biologischen Tiefe*, am Plasmasystem, (...) am *biologischen Kern* des Organismus (...) Wir verließen den Arbeitsbereich der Psychologie, auch den der ›Tiefen‹-Psychologie, und wir griffen sogar über die Physiologie der Nerven und Muskeln hinweg ins Gebiet der protoplasmatischen Funktionen ein« (Reich 1935 a, S. 410 f.).

Dennoch glaubte Reich noch 1942 sich dabei auf »das konsequente naturwissenschaftlich-energetische Denken Freuds« (1942 a, S. 39) berufen zu können, begriff er sich selbst sogar als Vollstrecker der von Freud einst angestrebten, gleichwohl in der Entwicklung von dessen wissenschaftlichem Werk zunehmend konterkarierten Szientifizierung der Psychoanalyse. Genaugenommen verlief die wissenschaftliche Entwicklung beider in konträrer Richtung: Reich lief just in die naturwissenschaftliche Sackgasse, aus der sich Freud seit seinem »Entwurf einer Psychologie« (1895) Schritt für Schritt in Richtung tiefenhermeneutischer Psychoanalyse hatte befreien können. Auch wenn man Freuds ökonomische Ausführungen isoliert betrachtet, lassen sich daraus keine Begründungen für den physikalistischen Vulgärmaterialismus Reichs ableiten: Selbst der Triebbegriff, der so häufig für einen angeblichen Biologismus Freuds herhalten mußte, war für Freud ein Grenzbegriff, ein Begriff »der Abgrenzung des Seelischen vom Körperlichen« (1905, S. 67). Die »Trieblehre ist sozusagen Mythologie, (...) Triebe sind mythische Wesen, großartig in ihrer Unbestimmtheit« (1933, S. 101). Dabei hatte Freud auch den Körper nie als ›erste‹ Natur, sondern immer schon als geschichtlich vermittelte, subjektiv-einmalige Körperlichkeit, als biographisches Sinngefüge, lebensgeschichtlichen Bedeutungsraum verstanden, der sich eben nicht vermessen, sondern nur tiefenhermeneutisch verstehen und erschließen ließ.

Die den Reichschen Schriften schon von Anfang an innewohnende, von Reich dann mehr und mehr explizierte und verdeutlichte Reduktion des Psychischen zum bloß ephemeren Anhängsel einer allgewaltigen und ursprünglichen inneren Natur, die Entsubjektivierung und Enthistorisierung, die Verkürzung des Menschen auf den Status eines Menschentiers, bildeten auch die positiven Umrisse seines Menschenbildes: Der Mensch sei, so schrieb Reich (1942 a, S. 202; Herv. aufgehoben), ein »dreifach geschichtetes Lebewesen«: Die äußere Schicht sei eine kulturell, durch die »patriarchalisch autoritäre Ära der Menschheitsgeschichte« erzwungene Maske falscher Sozialität; die mittlere Schicht das Freudsche Unbewußte, in dem die asozialen menschlichen Regungen wie Sadismus, Neid, Gier etc. wüteten; der biologische Kern des Menschen hingegen berge das Gute, Eigentliche, das Wesen des Menschen. Dort »wirken die natürliche Sozialität und Sexualität, die spontane Arbeitsfreude, die Liebesfähigkeit (...) Diese letzte und dritte Schicht (...) ist gleichzeitig die einzige reale Hoffnung, die der Mensch hat, das gesellschaftliche Elend einmal zu bewältigen«. Im Menschenbild Reichs konvergierten schließlich seine ›psychologischen‹ und seine ›gesellschaftshistorischen‹ Annahmen; hier vollzog er – im ideologischen Gleichklang –, was er auch dort durchführte, nämlich die Enthistorisierung und Naturalisierung der Geschichte der menschlichen Gesellschaft.

11. Reichs gesellschaftspolitische Vorstellungen waren – trotz seines vorübergehenden marxistischen Selbstverständnisses – per saldo nichts anderes, als die Ausweitung seiner bio›psychologischen‹ Konstrukte auf die Geschichte der Gesellschaft und die gesellschaftlichen Strukturen seiner Zeit. Grundlage seiner Gesellschaftstheorie war die von ihm konstruierte Sexualökonomie, eine Legierung zunächst aus psychoanalytischen und marxistischen Theoremen.[2] Nicht nur allerdings sollte die von ihm selbst

2 »Die sexualökonomische Soziologie löst den Widerspruch auf, der die

als eigene ›Forschungsrichtung‹ deklarierte Sexualökonomie die Leerstellen in der marxistischen Soziologie hier und die Lücken der Psychoanalyse dort auffüllen, sondern Reich betrachtete sie als eine Art Metatheorie, die gleichsam in einem von ihm so angenommenen gemeinsamen Dritten beide Theorien miteinander vereinigen sollte: »Der Kern der sexualökonomischen Theorie, um den sich alle weiteren Anschauungen gruppieren, indem sie aus ihm hervorgehen, ist meine Orgasmuslehre. Dieses Tatsachengebiet liegt weder im Bereiche der marxistischen Wirtschaftslehre noch in dem der analytischen Psychologie, sondern betrifft eine biologisch-physiologische Erscheinung, die alles Lebendige durchzieht (...)« (1935 b, S. 5 f.). Von dieser ›Urformel des Lebens‹ ausgehend okkupierte Reich Marxismus und Psychoanalyse und krempelte beide kritischen Theorien schließlich biologistisch um. Zwar vermied er zunächst noch den ›sexualökonomischen‹ Übergriff auf gesellschaftliche und soziale Zusammenhänge, als er im ersten Vorwort der »Massenpsychologie des Faschismus« die Sexualökonomie als »nur ein Stück des gesamten gesellschaftlichen Geschehens« beschrieb (1933 b, S. 5); wenig später aber holte er dies in der Auseinandersetzung mit der »Sexualreaktion in Rußland« nach. In dieser Kritik war *»der Sexualprozeß der Gesellschaft (...) immer der Kern ihres Kulturprozesses«* (1936, S. 159, Herv.: S. H., S. Z.). Ganz deutlich zeigte sich der Primat der Reichschen Sexualökonomie dann in seinen gesellschaftsutopischen Visionen einer »natürlichen Arbeitsdemokratie« (1933 b, S. 318):

»Arbeitsdemokratie ist der *naturwüchsige Prozeß* der Liebe, der Arbeit und des Wissens, der die Wirtschaft, das gesellschaftliche und kulturelle Leben der Menschen regierte, regiert und regieren wird, solange es eine Gesellschaft gab, gibt und geben wird. Arbeitsdemokratie ist die Summe aller natürlich gewachsenen, sich natürlich entwickelnden und organisch die rationalen, zwischenmenschlichen Beziehungen regierenden Lebensfunktionen« (1933 b, S. 276 f.; Herv.: S. H., S. Z.).

An anderer Stelle präzisierte Reich die Naturwüchsigkeit seiner utopischen Menschengemeinschaft dann noch einmal:

Psychoanalyse den sozialen und den Marxismus den tierischen Ursprung des Menschen vergessen ließ (...) Die Psychoanalyse ist die Mutter, die Soziologie der Vater der Sexualökonomie. Aber ein Kind ist mehr als die Summe der Eltern« (Reich 1933 b, S. 22).

»Der Begriff Arbeitsdemokratie ist also nicht ein politisches Programm (...). Die Arbeitsdemokratie ist ein Tatbestand (...) Arbeitsdemokratie kann nicht organisiert werden (...) Man kann das Wachstum eines Baumes, eines Tieres und eines Menschen nicht organisieren. Das Wachstum ist, kraft seiner biologischen Funktion, frei im strengsten Sinne des Wortes. Ebenso das *natürliche Wachstum einer Gesellschaft*« (1933 b, S. 313, Herv.: S. H., S. Z.).

Reichs Gesellschaftstheorie entsprach seinem naturalistischen Menschenbild: Die Geschichte entwarf er als eine fortschreitende Entfremdung der Menschheit von ihrem natürlichen Urzustand. Exemplarisch dazu seine Interpretation der ethnologischen Studie Malinowskis über die Trobiander und seine »Massenpsychologie des Faschismus«: Bei den Trobiandern am Übergang der mutterrechtlichen Naturgemeinschaft zur patriarchalisch organisierten Gesellschaft – so die Deutung des Berichts Malinowskis durch Reich – beginne aufgrund ökonomischer Partialinteressen die aus Vaterrecht und Klassenteilung hervorgehende Unterdrückung der natürlichen Genitalität, die das zentrale soziale Strukturmoment der natürlichen Urgemeinschaft gewesen sei. Mit dem »Einbruch der Sexualmoral« (Reich 1932) habe sich an die Stelle der natürlichen Selbststeuerung des Gemeinschaftslebens eine autoritäre Zwangsgesellschaft gesetzt, die diese Selbststeuerung zunehmend zerstört habe und deren vorläufiger Höhepunkt der Kapitalismus bzw. Faschismus sei. Zwar erschien Reich hier auf den ersten Blick marxistischem Denken noch verpflichtet, führte er doch die kulturellen und sexualpolitischen Veränderungen auf ökonomische Zusammenhänge zurück; diese Zusammenhänge konnte er jedoch nicht als Ausdruck einer historisch notwendigen ökonomischen Entwicklung betrachten, sondern er sah sie in erster Linie als Folge eines individuellen Willensakts der herrschenden Kaste bei den Trobiandern. Und so wie seine Geschichtsauffassung voluntaristisch war, stand sie schon hier auf dem Kopf: Im Gegensatz zur marxistischen Geschichtsauffassung, die die Menschheitsgeschichte als eine *Entwicklung* der Menschheit begreift, war für Reich Geschichte Vertreibung aus dem Naturparadies einer vorgeschichtlichen Menschengemeinschaft, schier ›widernatürlich‹, und das hieß für ihn ›widermenschlich‹.
Daß Geschichte von Menschen gemacht wird, überpointierte Reich auch in seiner Analyse des Faschismus, aber er vergaß dabei zunehmend die wesentliche historische und gesellschaftliche Be-

stimmtheit des geschichtlich handelnden Menschen. Zunächst noch darum bemüht, die Massenpsychologie des Faschismus als den ›subjektiven Faktor‹ der vereitelten sozialistischen Revolution in Deutschland aus der konkreten Lebenswirklichkeit der geschundenen Kleinbürger abzuleiten, wurde ihm dieser ›Faktor‹ schließlich zum eigentlichen Drehmoment des Faschismus. In dem 1942 vorangestellten Vorwort zur »Massenpsychologie des Faschismus« hieß es unter Rückgriff auf seine Dreischichtentheorie vom Menschen unmißverständlich: Der Faschismus »stellt in seinem Wesen weder die oberflächliche noch die tiefste, sondern wesentlich die zweite, mittlere Charakterschichte der sekundären Triebe dar«. Seine ärztlichen Erfahrungen mit unterschiedlichen Menschen hätten ihn gelehrt,

»(...) daß ›Faschismus‹ nur der politisch organisierte Ausdruck der durchschnittlichen menschlichen Charakterstruktur ist (...) In diesem charakterlichen Sinn ist *›Faschismus‹ die emotionale Grundhaltung des autoritär unterdrückten Menschen der maschinellen Zivilisation und ihrer mechanistisch-mystischen Lebensauffassung. Der mechanistisch-mystische Charakter der Menschen unserer Epoche schafft die faschistischen Parteien und nicht umgekehrt«* (1942 b, S. 12 ff.).

Folgerichtig hieß es deshalb weiter: »Faschismus ist keine politische Partei, sondern eine bestimmte Lebensauffassung und eine Einstellung zu Mensch, Liebe und Arbeit« (1942 b, S. 22). Was den Menschen eigentlich aus dem vorgeschichtlichen Naturparadies vertrieben und in eine Geschichte geworfen hat, die »6000 Jahre Ausbeutung, Mystizismus und Sexualunterdrückung« bedeutete, war für Reich eine »›Fehlentwicklung‹ der Natur« (1936, S. 24), die zu korrigieren sei. Galt ihm zunächst noch – zu Zeiten seines marxistischen Selbstverständnisses – eine sozialistische Revolution als zentrales Mittel der gesellschaftlichen Veränderung und hatte die von ihm initiierte sexualpolitische Bewegung den Status eines Hilfsdienstes zur »Aktivierung der Mehrheit der Bevölkerung (...) und (...) Beseitigung derjenigen Hemmungen, die der Entwicklung des aus der sozialökonomischen Lage strömenden Freiheitswillens entgegenwirken« (1933 b, S. 51), so trat später – zur Korrektur dieser »Fehlentwicklung« – mehr und mehr die individuelle »Heilungsarbeit« (1936, S. 32) und die Beseitigung der »Sexualunterdrückung«, die radikale »Änderung der sexuellen Lebensverhältnisse« (1945, S. 13) an die Stelle politischer Praxis:

»Wir sind revolutionär im Sinne naturwissenschaftlicher anstelle mystischer, mechanistischer und politikanter Handhabung des Lebensprozesses. Die Entdeckung der kosmischen Orgonenergie, die in den Lebewesen als biologische Energie funktioniert, gibt unseren sozialen Bestrebungen ein solides, naturwissenschaftliches Fundament« (1945, S. 15), denn die »rein ökonomisch definierten sozialen Begriffe des 19. Jahrhunderts treffen nicht mehr die weltanschaulichen Schichtungen in den kulturellen Kämpfen der menschlichen Gesellschaft des 20. Jahrhunderts. Die sozialen Kämpfe toben heute (...) zwischen den Interessen der Lebenssicherung und Lebensbejahung und den Interessen der Lebensvernichtung und Lebensunterdrückung« (1945, S. 12 f.).

III. Mit der Loslösung vom psychoanalytischen »Mutterboden« (Reich 1942 a, S. 15) und der definitiven theoretisch-wissenschaftlichen wie politisch-praktischen Trennung vom Marxismus verselbständigte sich die Reichsche Sexualökonomie endgültig zu einer Art pseudonaturwissenschaftlicher Universaltheorie, die »die Einheitlichkeit des Lebendigen darzubieten und vor engem, trennendem Spezialistentum zu bewahren« (Reich 1942 b, S. 15, Hervorheb. aufgehoben) hatte. Ausgangspunkt seiner metaphysischen Reise war die »Entdeckung des Orgasmusreflexes« (Reich 1942 a, S. 16, Hervorheb. aufgehoben), dessen inneres Ablaufmuster, »Mechanische Spannung – Elektrische Ladung – Elektrische Entladung – Mechanische Entspannung« (1942 a, S. 236, Hervorheb. aufgehoben) Reich bald, nämlich in der Orgontheorie, zum Funktionsprinzip des Lebendigen schlechthin, zur universellen Lebensformel stilisierte. Die in ihr erscheinende ›Orgonenergie‹, eine Art biologischer Grundenergie, wähnte er überall, kosmosweit[3], alles Lebendige durchflutend; die unterschiedlichen Lebensformen, Mensch, Tier, Pflanze, galten ihm nur als verschiedenartige Ausdrucksformen dieser allgewaltigen biologischen Urkraft. »Wir sind alle nur eine besonders organisierte elektrische Maschine, die mit der Energie des Weltalls in Wechselwirkung steht« (1942 a, S. 48). Diese Wechselwirkung, so vermutete Reich, werde durch langsamwellige Energiestrahlung vermittelt, die sich in Form von »Bione(n)«, »mit Orgonenergie geladene(n) mikro-

3 »Die Orgonenergie ist auch im Erdboden, in der Atmosphäre und im pflanzlichen und tierischen Organismus visuell, thermisch und elektroskopisch nachweisbar. Das Flimmern des Himmels (...) und das Glitzern der Sterne (...) sind unmittelbarer Ausdruck der Bewegung des atmosphärischen Orgons« (Reich 1942 a, S. 330).

skopische(n) Bläschen« (1942 a, S. 329 f.) materialisiere, welche er in abenteuerlich anmutenden Laborversuchen experimentell nachzuweisen suchte.
Sicher war diese metaphysische Phantasmagorie Reichs auch Ausdruck seines persönlichen ›Schicksals‹; interessant ist in diesem Zusammenhang seine Beurteilung der Schizophrenie, die er 1942 als Zustand tieferer Erkenntnis in die orgontheoretisch hypostasierte Einheit, den »Gleichklang« zwischen »Ich und Welt« beschrieben hatte:

»Heute weiß ich, daß die Geisteskranken diesen Gleichklang ohne die Grenze zwischen Ich und Welt erleben, und daß die Spießer keine Ahnung vom Gleichklang haben (...). Jener (der Geisteskranke – S. H., S. Z.) hat zumindest geahnt, was Weltenraum ist« (1942 a, S. 48, Hervorheb. aufgehoben).

Doch auch, wenn man den wissenschaftlichen »Realitätsverlust« Reichs als Folge seiner eigenen psychischen Erkrankung werten will, sollte man sich die Einsicht Adornos (1961, S. 168), daß die Welt so geworden sei, wie die Paranoia sie entworfen hat, vor Augen halten, die Reich hier ja selbst mystifiziert andeutet.

IV. Reichs wissenschaftliche Entwicklung von der Psychoanalyse über seine gesellschaftspolitischen Vorstellungen hin zur universellen ›Welttheorie‹ beschreibt einen immer umfassenderen Prozeß der Verallgemeinerung und Abstraktion von den wirklichen psychologischen und gesellschaftspolitischen Verhältnissen seiner Zeit und gleichzeitig eine zunehmende Annäherung an eben diese Realität. Seine individualpsychologischen Überlegungen, die er bis zur Konsequenz eines biologistischen Menschenbildes trieb, hoben schließlich die Psychologie in dem Maße auf, wie er ihren Gegenstand, die von Freud gerade erst entdeckte und wissenschaftlich begriffene menschliche Subjektivität, theoretisch entleerte. Seine gesellschaftspolitischen Überlegungen, zu Beginn noch von marxistischer Theorie beseelt, suspendierten im enthistorisierenden und naturalisierenden Gesellschaftsbegriff der Sexualökonomie endlich nicht nur eine marxistische, sondern Gesellschaftstheorie überhaupt. Mit seinem letzten – aus seiner Sicht folgerichtigen – Schritt, der Entfaltung seiner Orgontheorie, ersetzte er die von ihm aufgehobenen Wissenschaften vom Menschen schließlich durch eine Art vitalistischer Naturreligion, in der er als Wesen alles Lebens, einschließlich des menschlichen, einen unhintergehbaren natürlichen Pol, eine biologisch-kosmologische Urenergie postulierte. Schon mit seinen gesellschaftshistorischen Vorstellungen fiel Reich – worauf auch Dahmer (1973, S. 365) verweist – ideologiegeschichtlich auf die Position der »wahren Sozialisten« zurück, deren aberwitzige Annahmen Marx und Engels so charakterisiert hatten:

»Der wahre Sozialist geht davon aus, daß der Zwiespalt von Leben und Glück aufhören müsse. Um für diesen Satz einen Beweis zu finden, nimmt er die Natur zur Hülfe und unterstellt, daß in ihr dieser Zwiespalt nicht existiere, und hieraus schließt er, daß, da der Mensch ebenfalls ein Naturkörper sei (...), für ihn dieser Zwiespalt ebenfalls nicht existieren dürfe (...) Der Natur waren bereits oben einige Ideen untergeschoben, die der wahre Sozialist in der menschlichen Gesellschaft realisiert zu sehen wünscht. Wie früher der einzelne Mensch, so ist jetzt die ganze Gesellschaft der Spiegel der Natur (...) Da (...) die Gesellschaft nicht der Natur, ihrem Urbilde, entspricht, so ›verlangt‹ der wahre Sozialist von ihr, daß sie sich naturgemäß einrichte (...)« (1845/46, S. 460 ff.).

Seine Orgontheorie schließlich revitalisierte die »neue Religion« (Engels 1888, S. 200) Feuerbachs, deren Kern der »Kultus des abstrakten Menschen« (1888, S. 207) bildete. In der Tat ist die Übereinstimmung Reichs mit der von Engels vorgeführten und kritisierten Ideologie Feuerbachs verblüffend. Bereits die Reichsche Fetischisierung der »genitalen Liebe« als »natürliches Bindemittel« menschlicher Sozietät findet bei Feuerbach ihre Entsprechung:

»Religion ist nach Feuerbach das Gefühlsverhältnis, das Herzensverhältnis zwischen Mensch und Mensch (...) Und so wird bei Feuerbach schließlich die Geschlechtsliebe eine der höchsten, wenn nicht die höchste Form der Ausübung seiner neuen Religion« (1888, S. 200).

Damit ging Reich, den insbesondere wegen seiner praktisch-politischen Arbeit in der von ihm begründeten Sexpolbewegung der Nimbus eines Revolutionärs umgab, ideologisch weit hinter den ›konservativen‹ Freud zurück. Auf der anderen Seite schmiegte er sich viel enger an die gesellschaftlichen Veränderungen seiner Zeit an, als Freud dies tat, und beschrieb in seiner ideologischen Regression – abstraktes Menschenbild – abstraktes Gesellschaftsbild – allumfassende, totalitäre Welttheorie – mystifiziert das, was tatsächlich sich vollzog: Reifizierung des bürgerlichen Subjekts in der präfaschistischen und dessen endgültige Liquidierung in der faschistischen Ära des Kapitalismus; Rebarbarisierung der Gesellschaft im Faschismus zu einer (pseudo)-natürlichen Steinzeitgesellschaft – totalitäre Durchdringung sämtlicher Lebensbereiche durch den kapitalistischen Verwertungsprozeß als wirkliches, universales ›Grund‹gesetz allen Lebens.

Schon in seinen charakterologischen Studien begann Reich, mit der typisierenden Klassifizierung des Einzelnen zum Exemplar einer bestimmten Persönlichkeitsgattung die gesellschaftliche Realabstraktion vom Subjekt nachzuzeichnen. Die hier noch betonte Differenz zwischen den unterschiedlichen Charakterschablonen wurde schließlich durch die Hypostasierung einer mehr und mehr abstrakten Invarianz des Menschen, der von Reich angenommenen vegetativen Energie als Hub- und Antriebsmittel menschlichen Lebens schlechthin, vollständig eingeebnet; der Mensch erschien nurmehr als Knotenpunkt und Objekt von Energie*quantitäten*, deren Qualität und Ursprung Reich zunehmend aus der Empirie des lebendigen Menschen herausverlagerte, zunächst in eine vorgeschichtlich-naturhafte Urgemeinschaft, dann aus allen menschlichen Zusammenhängen in eine kosmische Biologie. Er beschrieb damit strukturell den tatsächlichen Prozeß der Entfremdung des Menschen seiner Zeit, die allerdings nicht eine Entfremdung – wie er mißverstand – von einem idealen Naturzustand war, sondern eine Entfremdung in der Gesellschaft, d. h. eine zunehmende Objektivation und Depotenzierung des Individuums und dessen Unterwerfung unter den kapitalistischen Verwertungsprozeß.[4]

4 Marx (1867, S. 674) hat die wesentliche Seite des Entfremdungsprozesses im Kapitalismus auf den Begriff gebracht: »(...) alle Mittel zur Entwicklung der Produktion schlagen um in Beherrschungs- und Exploitationsmittel der Produzenten, verstümmeln den Arbeiter in einen Teilmenschen, entwürdigen ihn zum Anhängsel der Maschine, vernichten mit der Qual seiner Arbeit ihren Inhalt, entfremden ihm die geistigen Potenzen des Arbeitsprozesses (...).« Und an anderer Stelle (1933, S. 58) heißt es: »Was also (den Bedingungen der Arbeit) von vornherein den Charakter von *Kapital* aufdrückt, ist weder ihre Natur als Geld, noch ihre Natur als Ware, noch der stoffliche Gebrauchswert dieser Waren, als Lebensmittel und Produktionsmittel zu dienen, sondern der Umstand, daß dies Geld und diese Ware, diese Produktionsmittel und Lebensmittel als selbständige Mächte, personifiziert in ihren

Reichs Entsubjektivierung und reduktive Egalisierung des Menschen auf das *Quantum* einer außerhalb des Menschen liegenden Energiequelle spiegelte – in biologistischer Verkehrung – den virtuellen Endpunkt der wirklichen Entwicklung wider: In der Tat ist der Mensch im Kapitalismus tendenziell auf bloße Quantität reduziert, allerdings nicht auf das Quantum einer abstrakten vegetativen Energie, sondern auf das real-abstrakter Arbeit. Und in der Tat liegt der ›energetische‹ Schwerpunkt des Menschen nicht inner-, sondern außermittig, freilich nicht in einer wie immer auch gearteten Biologie, sondern in den konkreten gesellschaftlichen Verhältnissen, in denen er lebt. Reich selbst schien die wirklichen Zusammenhänge, die zentrale Vorherrschaft abstrakter Arbeit gerade in der – biologistisch verdrehten – Abstraktheit seines eigenen Arbeitsbegriffs, den er aus der Marxschen Arbeitstheorie glaubte herleiten zu können, irgendwie wahrzunehmen, als er schrieb: »Arbeit ist eine grundsätzliche biologische Tätigkeit, die wie das Leben im allgemeinen auf lustvoller Pulsation beruht« (1933 b, S. 256 f.).

Besitzern, dem von allem gegenständlichen Reichtum entblößten *Arbeitsvermögen* gegenübertreten, daß also die zur Verwirklichung der Arbeit notwendigen sachlichen Bedingungen dem Arbeiter selbst *entfremdet* sind, vielmehr als mit eigenem Willen und eigener Seele begabte Fetische erscheinen, daß *Waren* als Käufer von Personen figurieren.« Die Verdinglichung der Beziehung der Personen, der eine Personifizierung dieser entfremdeten Sachen entspricht, macht vor den Personen selbst – auch vor dem Eigentümer der Produktionsmittel – nicht halt, insofern diese nichts anderes sind als die Resultate ihrer wirklichen Beziehungen; sie führt zu einer generellen *»Entleerung«* der Individuen und zu einer *»Fülle«* (Marx 1857/58, S. 80) der ihnen gegenübertretenden Fetische. Diese *»Entleerung«* ist nicht allein Resultat der Veräußerung, Vergegenständlichung der Produzenten durch die von ihnen produzierten Waren und deren nachfolgender fremder Aneignung; sie folgt auch aus dem Umstand, daß die Warenproduzenten selbst Waren sind, allerdings besondere, weil Mehrwert produzierende. Dabei haftet ihnen – aller Besonderheit zum Trotz – der Doppelcharakter der Ware an, Gebrauchswert als Arbeitskraft für den Eigentümer der Produktion, nämlich Wert (bzw. Mehrwert) zu produzieren, ebenso wie Wert für sie selbst, d. h. in ihnen vergegenständlichte abstrakte Arbeit, ein Wert, der die Grundlage für den Arbeitslohn bildet. Das Maß für die in ihnen vergegenständlichte abstrakte Arbeit ist – wie bei jeder anderen Ware – die für die Produktion ihrer Subsistenzmittel eingesetzte Arbeitszeit.

Dabei konnte er aber die Abstraktheit der Arbeit nicht als Produkt der Geschichte begreifen und wurde so Opfer einer Ideologie, die historische und soziale Zusammenhänge als natürliche verkennt. Das Tragische an dieser Stelle: Reich machte – ganz entgegen seiner besseren Absicht – ein ökonomisches Zentralelement des Kapitalismus, den er ja seinem Selbstverständnis nach zumindest zu dieser Zeit noch bekämpfte, zum Fundament seiner eigenen Gesellschaftsutopie, der Arbeitsdemokratie.
Daß Reich den gesellschaftsökonomischen Bedingungen des Kapitalismus viel näher kam als etwa Freud, lag daran, daß er sich in seiner therapeutischen Praxis und politischen Arbeit im Rahmen der Sexpolbewegung nicht nur – wie dieser – mit Vertretern der bourgeoisen Ober- und Mittelschicht beschäftigte, sondern insbesondere auch mit Angehörigen des Proletariats, die materiell und psychisch durch die herrschenden Verhältnisse *unmittelbar* gezeichnet waren. Ferner begann Reich seine wissenschaftliche Arbeit in einer Zeit fundamentalen gesellschaftlichen Umbruchs, des Übergangs vom Konkurrenzkapitalismus zum Monopolkapitalismus, in dessen Verlauf sich die reelle Subsumtion *sämtlicher* Lebensbereiche unter das Kapital definitiv durchsetzte[5], ein Wan-

Ihr Wert bemißt sich also objektiv nicht nach irgendwelchen persönlichen Qualitäten, sondern allein nach der allen Waren zugrundeliegenden und dadurch einander kommensurablen *Quantität* der zu ihrer Herstellung (Aufrechterhaltung ihrer Arbeitskraft) notwendigen abstrakten Arbeit. Aber auch ihr Gebrauchswert für den Kapitalisten beruht nicht auf irgendwelchen Fertigkeiten, liegt nicht etwa in ihren Fähigkeiten, besondere Produkte herzustellen, sondern selbst wieder in der *Quantität* der aus ihnen herauszupressenden abstrakten Arbeit, die den Wert der Ware erst schafft, welchen der Eigentümer auf dem Markt realisieren will.
Je weiter das kapitalistische Wertgesetz alle gesellschaftlichen Bereiche durchdrang, desto ubiquitärer setzte sich die Rolle des entfremdeten, von seiner subjektiven Besonderheit abstrahierten Warenproduzenten als historiotypische Individualform allgemeingesellschaftlich durch. Und insofern die durch das kapitalistische Wertgesetz geschaffenen Bedingungen die Art und Weise bestimmten, in denen das Einzelindividuum im Kapitalismus allein überleben konnte, waren ihm diese Bedingungen nicht marginal, sondern Grundlage seiner Existenz, denen es sich aus Notwendigkeit unterwerfen mußte.

5 Im Zusammenhang mit seinen Überlegungen zum Mehrwert entwickelt Marx auch seine These von der *formellen und reellen Subsumtion* der

del, der den massenweisen Untergang von Kleinbetrieben, einst die ökonomische Keimzelle des Kapitalismus, und die ›Freisetzung‹ ihrer vormaligen Eigentümer als nunmehr lohnabhängige Proletarier riesiger Monopole und Trusts bedeutete. Der durch die zu dieser Zeit rasant fortschreitende Unterwerfung sämtlicher Lebensbereiche unter das Diktat des Kapitals bedingten ökonomischen und sozialen Entfremdung des Einzelnen entsprach auf sozialpsychologischer Seite die Metamorphose des Individuums vom bürgerlichen Sozialcharakter liberaler Prägung hin zum Massenmenschen, eine Verwandlung, die am Menschen psychologisch vollstreckte, was sozialökonomisch mit ihm geschehen war: die Entsubjektivierung und Entleerung des Individuums. Drehpunkt dieses Wandels war die unter dem Druck der Verhältnisse notwendige fundamentale Veränderung der Sozialisationseinheit

arbeitenden Menschen unter den Selbstverwertungsprozeß des Kapitals. In der ersten Phase, in der die Steigerung des absoluten Mehrwerts (d. h. durch die Steigerung der Ausbeutungsrate des Arbeiters etwa infolge einer Verlängerung seines Arbeitstags bei gleichbleibender Produktivität) vorherrschte, ist diese Subsumtion eine formelle, weil hier nur eine »schon vor dem Eintritt des Kapitalverhältnisses entwickelte (...) Arbeitsweise unter das Kapital« subsumiert wird (Marx 1863/65, S. 47). Die konkrete Arbeit verändert sich nur quantitativ und noch nicht qualitativ. Diese Subsumtion bleibt auch dann formell, wenn in den späteren Entwicklungsetappen zunächst eine bestimmte Anzahl von Arbeitern in einer einfachen Kooperation zusammengefaßt werden, die eine größere Arbeitsproduktivität und somit eine größere Mehrwertrate ermöglicht. Hier wird, so Marx (1867, S. 341), »(d)ie Werkstatt des Zunftmeisters (...) nur erweitert«. Die einfache Kooperation jedenfalls läßt die bisherige konkrete Arbeitsweise des Arbeiters im wesentlichen unberührt. Erst mit der Manufaktur beginnt diese Subsumtion eine reelle zu werden, weil sie die Arbeitsweise nicht nur quantitativ, sondern auch qualitativ verändert. Die Manufaktur potenziert die Produktivkraft der Arbeit weiter und greift mit der Einführung der Arbeitsteilung in der Werkstatt, der Aufgliederung des bisher einheitlichen Arbeitsganges in mehrere einzelne Arbeitsgänge, die dem Arbeiter nur mehr eine bestimmte einseitige Tätigkeit erlauben, zugleich qualitativ in die konkrete Arbeitsweise ein. Mit der Einführung der Maschinen und der Entwicklung großer Industrien, welche die Produktivität der Arbeitskraft und damit die Produktion des relativen Mehrwerts noch weiter erhöht, totalisiert sich dieser Eingriff des Kapitalverwertungsprozesses in die konkrete güterproduzierende Arbeitsweise.

Familie, die mit ihrer vormals zentralen ökonomischen Funktion[6] auch ihre spezifische Struktur verloren hatte, welche einst – zumindest im Bürgertum des 19. Jahrhunderts – die ›Produktion‹ des bürgerlich-liberalen Sozialcharakters garantiert hatte.[7] In dem Maße, wie das bürgerliche Subjekt als autonome wirtschaftliche Institution ökonomisch dysfunktional wurde, verfielen auch seine spezifischen psychischen Eigenarten, wie etwa die relative Autonomie und Innengeleitheit. Und so wie sich die gesellschaftlich-allgemeine Individualform unter dem Druck der Verhältnisse

6 Ein charakteristisches Bild der bürgerlichen Familie des 19. Jahrhunderts gibt Horkheimer: »(...) die Volkswirtschaft des 19. Jahrhunderts, für die das Verhältnis zwischen Kapital und Arbeit typisch ist, behielt noch die Familie als funktionierende ökonomische Einheit (bei) (...) Im Viktorianischen Zeitalter blühten noch die Handwerksstätten, und die kleinen oder mittleren Unternehmen herrschten vor; der Riesenkonzern, das Warenhaus und die Verkaufsorganisation der Industrie waren erst im Entstehen begriffen. Geschäftsverwaltung und Betriebsleitung wurden noch nicht wissenschaftlich geplant und gelenkt. Der Erfolg des Unternehmens beruhte zu einem großen Teil auf der Solidarität der Familie. Die Söhne des Geschäftsmanns aus der Mittelklasse waren einerseits weitgehend unabkömmlich im Geschäft ihres Vaters, andererseits auch nicht in der Lage, eine ähnlich zufriedenstellende Position außerhalb des väterlichen Betriebs zu finden. Die Töchter wurden sowohl im Hause wie im Geschäft gebraucht. Die familiäre Autorität war im Mittelstand halbwegs intakt« (1949, 344 f.).

7 Dahmer faßt die Situation prägnant zusammen: »Der unterm Kapitalismus sich fortsetzende Prozeß der Trennung der Menschen von ihren Produktionsmitteln (...) entzieht schließlich auch denen, die zu seinen Nutznießern gehörten, die ökonomische Basis, die es ihnen ermöglichte, (relative) Autonomie auszubilden. Mit der fortschreitenden Konzentration des Kapitals, mit der Entstehung des ›Finanzkapitals‹ ändern sich auch die Lebensbedingungen der Mehrheit der Angehörigen der alten Bourgeois-Klasse (...) Die Sphäre der Zirkulation, die bürgerlicher Anthropologie und Ideologie der vorimperialistischen Ära das Gepräge gab, wird nun auch für das Bewußtsein bürgerlicher Menschen zu dem, was sie sub specie der Produktion immer schon war: eine Sphäre des Scheins. Und im Maße, wie die ökonomisch-soziale Entmächtigung der bürgerlichen Individuen fortschreitet, streift ihre Klassenherrschaft die zivilisierte Form von Tausch und freier Konkurrenz ab. Nicht mehr die Forderung nach wirtschaftlicher Autonomie, sondern der Ruf nach dem starken Staat (...) bestimmt die bürgerliche Politik« (1973, S. 194 f.).

durch die Verlagerung des Gewichts weg von der Seite des ökonomischen Subjekts hin zu der des ökonomischen Objekts immanent veränderte, veränderte sich auch die psychische Struktur der diesem Wandel Ausgesetzten.[8] Das sich im Zuge dieser Veränderung herausbildende sozialpsychologische Profil des präfaschistischen Massenmenschen entsprach weitgehend dem von Adorno (1950, S. 322) beschriebenen autoritären Charakter, an dem die Entleerung des Subjekts als tendenzielle Auflösung der innerpsychischen Instanzen psychologisch sich zeigte, welches im während des Faschismus sich zunehmend herausbildenden Sozialcharakter des »manipulativen Typus« (Adorno 1950)[9] sozialpsycho-

8 Adorno und Dirks haben die psychologischen Folgen der fundamentalen gesellschaftlichen Veränderung und der dadurch bedingten Demontage der bürgerlichen Familie des 19. Jahrhunderts prägnant beschrieben: »Die tatsächliche Schwäche des Vaters in der Gesellschaft, die zurückverweist auf das Schrumpfen von Konkurrenz und freiem Unternehmertum, reicht bis in die innersten Zellen des seelischen Haushalts: das Kind kann sich nicht länger mit dem Vater identifizieren, nicht länger jene Verinnerlichung der familiären Anforderungen zustande bringen, die bei all ihren repressiven Momenten beteiligt war an der Bildung des autonomen Individuums (...) Das Kind bringt aus der Beziehung zum Vater nur noch die abstrakte Idee willkürlicher, unbedingter Macht und Stärke mit und sucht nach einem stärkeren, mächtigeren Vater als dem realen, der jenem Bild nicht mehr Genüge tut, einem Übervater gleichsam, wie ihn die totalitären Ideologien produzieren. Der Vater wird durch kollektive Mächte wie die Schulklasse, die Sportmannschaft, den Club, schließlich den Staat ersetzt. Die jungen Menschen zeigen Neigung, einer jeglichen Autorität, was immer auch ihr Inhalt sei, sofern sie nur Schutz, narzißtische Befriedigung, materiellen Gewinn und die Möglichkeit bietet, an anderen den Sadismus auszulassen, in dem sich unbewußte Ratlosigkeit und Verzweiflung verstecken« (1956, S. 126 f.).

9 »Das potentiell gefährlichste Syndrom, den ›Manipulativen‹ kennzeichnet extreme Stereotypie; starre Begriffe werden zu Zwecken statt zu Mitteln, und die ganze Welt ist in leere, schematische, administrative Felder eingeteilt. Objektkathexis und emotionelle Beziehungen fehlen fast ganz (...) Der Bruch zwischen innerer und äußerer Welt (resultiert) in diesem Fall nicht in der üblichen ›Introversion‹, sondern eher im Gegenteil, in einer Art zwanghaftem Überrealismus, der alles und jeden als Objekt betrachtet, das gehandhabt, manipuliert und nach den eigenen theoretischen und praktischen Schablonen erfaßt werden muß (...) Zahllose Beispiele für diese Struktur gibt es unter Geschäftsleuten und

logisch endgültig liquidiert wurde. Waren Ich, Über-Ich und Es im bürgerlichen Sozialcharakter des 19. Jahrhunderts zwar konfliktuös aufeinander bezogen, in dieser Widersprüchlichkeit aber noch gerade ausbalanciert, so verlor dieses Gleichgewicht im Verlaufe der Proletarisierung des breiten Mittelstandes und der darin begründeten »rückläufigen Anthropogenese« (Grenz 1974, S. 161), der regressiven Schwächung des Ich zugunsten eines immer schwerer in eine geschlossene Charakterbildung integrierbaren, zunehmend sadistischen Über-Ich[10], im autoritären Charakter endgültig die Balance:

»(...) das (...) schwache Ich (hat) in der Regel keine Wahl mehr, als sich an ein parasitäres äußeres Über-Ich in Gestalt von gesellschaftlichen Institutionen oder Machtstrukturen anzulehnen, welche die Außenlenkung einer durch solche unreflektierte Anlehnung fremdgesteuerten, ihrer bewußten Selbstregulation beraubten und den kollektiv unbewußten Dysregulationen eines gesellschaftlichen Systems schutzlos ausgelieferten menschlichen Subjektivität übernehmen« (Kilian 1971, S. 191).

Die Externalisierung (Projektion) des Über-Ichs, die bereits Freud (1921) als zentrale psychologische Schaltstelle der Massenbildung identifiziert hatte, wurde zur zentralen psychodynamischen Grundfigur des präfaschistischen und faschistischen Massenmenschen.[11] Die so herbeigeführte Verschmelzung von

in zunehmendem Maße auch in der Schicht der aufstrebenden Manager und Technologen (...) Symbolhaft für die vielen Vertreter dieses Syndroms unter den antisemitisch-faschistischen Politikern Deutschlands ist Himmler. Ihre nüchterne Intelligenz und die fast komplette Absenz von Affekten macht sie wohl zu denen, die keine Gnade kennen. Da sie alles mit den Augen des Organisators sehen, sind sie prädisponiert für totalitäre Lösungen. Ihr Ziel ist eher die Konstruktion von Gaskammern als das Pogrom« (Adorno 1950, S. 334 ff.).

10 »In der Psychodynamik des ›autoritären Charakters‹ wird die frühere Aggressivität zum Teil absorbiert und schlägt in Masochismus um, zum Teil bleibt sie als Sadismus zurück, der sich ein Ventil sucht in denjenigen, mit denen das Individuum sich nicht identifiziert: in der Fremdengruppe also« (Adorno 1950, S. 323).

11 Doch nicht nur auf der Ebene des Über-Ichs waren Individuum und Kollektiv miteinander verklammert: Wie bekannt, verschmolzen in der faschistischen Massenbildung auch das innerpsychisch bislang um den Preis großen individuellen Leids niedergehaltene libidinöse und insbesondere aggressive Triebpotential mit der sozialen Realität völkischer Gesinnung und braunem Terror. Die für den bürgerlichen

Einzelnem und gesellschaftlicher Masse reflektierte auch die ökonomische Realität des imperialistischen Kapitalismus; so wie hierin die Nation zum eigentlichen ökonomischen Subjekt geworden war, wurde sie es auch psychologisch. Der Einzelne konnte sich nur noch als Teil dieser »Ganzheitsmaschine« (Theweleit 1980, S. 154) erleben, oder wurde – wie im Faschismus – physisch vernichtet. Der in der Freudschen Massenpsychologie bereits gehegten Vorahnung[12], daß Psychologie hier insofern abzudanken hatte, als sich ihr ›Gegenstand‹ zunehmend auflöste, schien eben Reich mit seiner Abkehr von der Psychoanalyse und Psychologie überhaupt intuitiv gefolgt zu sein. Seine biologistisch mystifizierte Einsicht allerdings, daß das, was den Menschen konkret bestimmt, nicht innerhalb seiner, sondern außerhalb des Menschen liegt, vermittelte sich ihm nicht durch die marxistische Analyse des ökonomischen Fundaments der präfaschistischen und faschistischen Gesellschaft, wäre er doch sonst nicht selbst Opfer des ideologischen Quidproquo geworden; sondern diese Einsicht gewann er durch die Erfahrung an den Erscheinungsformen des tiefgreifenden gesellschaftsökonomischen Wandels, an der psychischen Verelendung der Menschen, mit denen er sich konfrontierte.

So konsequent wie die in gewisser Weise vollzogene Abkehr von der Psychologie war auch Reichs Hinwendung zu einer allumfas-

Charakter noch persönlichkeitsprägenden Reaktionsbildungen hatten sich in der historiotypischen Formation des autoritären Charakters regressiv aufgelöst und den dort ehemals innerpsychisch gebundenen Konflikt zwischen Individuum und Sozietät durch kollektive Projektion aus dem psychischen Innenraum verbannt. Dieser Konflikt wurde sodann – reaktionär verkehrt – in Nationalismus und Rassenwahn kurzgeschlossen und reflexionsdicht einzementiert.

12 Freud betonte in seiner Analyse der Massenbildung, von der er annahm, sie sei psychologisch mit dem Zustand der Verliebtheit gleichzusetzen, daß das »verarmte« Subjekt »sich dem Objekt hingegeben« und dieses »an die Stelle seines wichtigsten Bestandteils gesetzt« hat (1921, S. 125). Adorno bemerkt in diesem Zusammenhang: »Psychologie ist kein vorm Allgemeinen behütetes Reservat des Besonderen. Je mehr die gesellschaftlichen Antagonismen anwachsen, desto mehr verliert offenbar der durch und durch liberale und individualistische Begriff der Psychologie selber seinen Sinn. Die vorbürgerliche Welt kennt Psychologie noch nicht, die total vergesellschaftete nicht mehr« (1955, S. 133).

senden Weltreligion, die hinsichtlich ihres totalitären Anspruchs im Reichschen Kopf (und im religiösen Himmel der Natur) der tatsächlichen Totalität der faschistischen Gesellschaft hier auf Erden in nichts nachstand. Schon auf der Erscheinungsebene bestand eine gewisse thematische Übereinstimmung zwischen der Reichschen ›Naturreligion‹ und dem Naturmythos faschistischer Propaganda. Wesentlicher allerdings war die strukturelle Identität beider: Reichs Rückwendung zur Natur ging ja mit einer dramatischen Entdifferenzierung und Einebnung aller Unterschiede einher, ein Prozeß, der schließlich in der Ein-Faktoren-Theorie vom menschlichen Leben, in der Orgontheorie, seinen absurden Höhe- und Endpunkt fand. Damit reagierte Reich in seinen theoretischen Konstruktionen ebenso feinfühlig wie verblendet auf die Wirklichkeit des Faschismus, in dem sich eben dieser Entdifferenzierungs- und Einebnungsprozeß real vollzog, und zwar auf allen Ebenen: Gleichschaltung von politischer Herrschaft mit ökonomischer Macht[13]; von Partikularinteressen der Herrschenden mit

13 Die Vereinigung des Staates mit Großindustrie und Finanzkapital, die im Faschismus schließlich vollständig ineinander verschmolzen waren, prognostizierten marxistische Ökonomen wie Hilferding bereits Jahrzehnte vor deren Realisierung: »War der Liberalismus ein Gegner der staatlichen Machtpolitik, wollte er seine Herrschaft sichern gegenüber den alten Gewalten der Aristokratie und Bürokratie, indem er ihnen die staatlichen Machtmittel in möglichst geringem Umfang gewährte, so wird die Machtpolitik ohne jede Schranke zur Forderung des Finanzkapitalismus (...) Das Kapital wird zum Eroberer der Welt (...) Dieses Streben wird zur ökonomischen Notwendigkeit, da jedes Zurückbleiben den Profit des Finanzkapitals senkt, seine Konkurrenzfähigkeit verringert und schließlich das kleinere Wirtschaftsgebiet zum Tributpflichtigen des größeren machen kann (...) Er (der Imperialismus) begreift die ganze Politik als Geschäft miteinander kämpfender, aber auch miteinander sich vereinigender kapitalistischer Syndikate (...) Mit harten klaren Augen blickt er auf die Gemenge der Völker und erblickt über ihnen allen die eigene Nation. Sie ist wirklich, sie lebt in dem mächtigen, immer mächtiger und größer werdenden Staate, und ihrer Erhöhung gilt all sein Streben. Die Hingabe des Einzelinteresses an ein höheres Allgemeininteresse, das die Bedingung jeder lebensfähigen sozialen Ideologie ausmacht, ist damit gewonnen, der volksfremde Staat und die Nation selbst zu einer Einheit verbunden und die nationale Idee als Triebkraft in den Dienst der Politik gestellt« (1968, S. 457).

dem ›Allgemeininteresse‹; Virtualisierung der gesellschaftlichen Klassen durch ihre Auflösung in die braune Volksgemeinschaft; Gleichschaltung der vielen Einzelnen zur faschistischen Masse durch die Vergesellschaftung des Psychischen. Mit der totalitären, gewaltsamen Einebnung jeglicher Differenzen und Widersprüche wurde im Faschismus auch deren Geschichte liquidiert, das heißt die Geschichte der menschlichen Gesellschaft schlechthin. Dem Faschismus war tatsächlich eigen, wofür er sich selbst propagandistisch hielt, eine Art Naturgemeinschaft, allerdings keine rassisch-ursprüngliche, sondern eine geschichtlich-erzeugte, pseudonatürliche Barbarei.[14] Er war der Höhepunkt in der ideologischen Entwicklung des kapitalistischen Verblendungszusammenhangs, in dessen Bann die Menschen ihre sozialen Beziehungen als naturgegebene mißverstehen und als solche Tag für Tag objektiv reproduzieren. Faschismus bedeutete die definitive Durchsetzung des kapitalistischen Verwertungszusammenhangs als universelles ›Natur‹gesetz, das selbst keiner ideologischen Vermittlung mehr bedurfte.[15] Reich hat die Pseudonatur der faschistischen Gesellschaft als unhintergehbare erste Natur gedanklich abgebildet, und das ›Natur‹gesetz des Faschismus, das eins des Todes war, zum

Vgl. auch Gossweiler et al.: »Der Ausbau des staatsmonopolistischen Systems in der faschistischen Diktatur erfolgte unter der Losung ›Selbstverwaltung der Wirtschaft‹. Ihr Merkmal war, daß die Unternehmerverbände unter der Leitung der Monopolisten in Staatsorgane oder Institutionen öffentlichen Rechts mit staatlichen Befugnissen umgewandelt wurden und das Wirtschaftsleben wie nie zuvor direkt von Vertretern des Finanzkapitals geleitet wurde, wie umgekehrt der Staat wie nie zuvor die Wirtschaftsprozesse steuerte. Die Entwicklung des staatsmonopolistischen Kapitalismus führte also zu einer beispiellos engen, innigen Verschmelzung von Monopolmacht und Staatsmacht« (1972, S. 15 f.).

14 »Der Faschismus ist (...) nicht einfach eine Wiederholung des Archaischen, sondern dessen Wiederzeugung in der Zivilisation durch die Zivilisation« (Adorno 1951, S. 41 f.).

15 »(...) der Faschismus ist in der Tat weniger ›ideologisch‹, insoweit er das Prinzip der Herrschaft unmittelbar proklamiert, das anderswo sich versteckt (...) Die Umsetzung aller Fragen der Wahrheit in solche der Macht, der Wahrheit selber sich nicht entziehen kann, wenn sie nicht von der Macht vernichtet werden will, unterdrückt sie nicht bloß, wie in früheren Despotien, sondern hat bis ins Innerste die Disjunktion von Wahr und Falsch ergriffen (...)« (Adorno 1945, S. 138 f.).

Grundgesetz des Lebens mystifizierend verklärt. So verrückt auch die Reichsche Naturreligion anmutet, so war sie doch nichts anderes als der gedankliche Reflex eines Sensitiven, eines blinden Sehers, auf den objektiven ›Wahnsinn‹.

Seine coënästhetische Begabung hatte es Reich ermöglicht, die Veränderungen in der Welt seiner Zeit ungefiltert in sich aufzunehmen und sie fast mimetisch wiederzugeben, geblendet allerdings vom ideologischen Schein, der deren eigentliches Wesen trügerisch umgab. Reich war kein Reaktionär; er war dünnhäutiges Opfer der ›elektrischen Energiestrahlung‹ der historischen Veränderungen, deren Kraftfeld sich mehr und mehr im Zentrum der gesellschaftlichen Strukturen verdichten sollte. In dessen Bann geschlagen, wurde das geschichtlich noch junge bürgerliche Subjekt zunächst zur historischen Marginalie, zum Charaktertypus, Menschenexemplar heruntertransformiert, um sich schließlich als biologische Spezies ›Menschentier‹ im Sog der Mitte vollständig aufzulösen. Das historische Ende des bürgerlichen Subjekts war auch das Ende Reichs, wissenschaftlich wie persönlich; seine Erkrankung war nur noch eine sinnlich-sinnfällige, hilflos-stumme Iteration seines Untergangs. Reich war kein Chronist seiner Zeit. Er war deren tragische Inkarnation.

Literatur

Adorno, T. W. (1945), »Pseudomenos«, in: ders., *Minima Moralia*, Frankfurt am Main: Suhrkamp 1985, S. 138 f.

– (1950), *Studien zum autoritären Charakter*, Frankfurt am Main: Suhrkamp 1973.

– (1951), »Die Freudsche Theorie und die Struktur der faschistischen Propaganda«, in: ders., *Kritik. Kleine Schriften zur Gesellschaft*, Frankfurt am Main: Suhrkamp 1971, S. 34-66.

– (1955), »Zum Verhältnis von Soziologie und Psychologie«, in: ders., *Gesellschafstheorie und Kulturkritik*, Frankfurt am Main: Suhrkamp 1975, S. 95-135.

– (1961), »Meinung Wahn Gesellschaft«, in: ders., *Eingriffe. Neun kritische Modelle*, Frankfurt am Main: Suhrkamp 1963, S. 147-172.

Adorno, T. W./W. Dirks (1956), *Soziologische Exkurse*, Frankfurter Beiträge zur Soziologie, Bd. 4, Frankfurt am Main.

Dahmer, H. (1973), *Libido und Gesellschaft*, Frankfurt am Main: Suhrkamp.

Engels, F. (1888), »Ludwig Feuerbach und der Ausgang der klassischen deutschen Philosophie«, in: *Marx/Engels Studienausgabe*, 1, Frankfurt am Main: Fischer 1966, S. 182-222.
Freud, S. (1895), »Entwurf einer Psychologie«, in: ders., *Aus den Anfängen der Psychoanalyse 1887-1902*, Frankfurt am Main: Fischer 1962, S. 291-384.
– (1905), »Drei Abhandlungen zur Sexualtheorie«, in: GW v, S. 27-145.
– (1921), »Massenpsychologie und Ich-Analyse«, in: GW xiii, S. 71-161.
– (1933), »Neue Folge der Vorlesungen zur Einführung in die Psychoanalyse«, GW xv.
– (1938), »Abriß der Psychoanalyse«, in: GW xvii, S. 63-138.
Gossweiler, K./R. Kühnl/R. Opitz (1972), »Faschismus: Entstehung und Verhinderung«. *Texte zur Demokratisierung*, Frankfurt am Main: Röderberg.
Grenz, F. (1974), *Adornos Philosophie in Grundbegriffen. Auflösung einiger Deutungsprobleme*, Frankfurt am Main: Suhrkamp.
Hilferding, R. (1968), *Das Finanzkapital*, Bd. 2, Frankfurt am Main: Europäische Verlagsanstalt.
Horkheimer, M. (1949), »Autorität und Familie«, in: ders., *Zur Kritik der instrumentellen Vernunft. Aus den Vorträgen und Aufzeichnungen seit Kriegsende*, Frankfurt am Main: Suhrkamp 1967, S. 269-287.
Kilian, H. (1971), *Das enteignete Bewußtsein. Zur dialektischen Sozialpsychologie*, Neuwied/Berlin: Luchterhand.
Marx, K. (1857/58), *Grundrisse der Kritik der politischen Ökonomie*, Berlin: Dietz 1974.
– (1863/65), *Resultate des unmittelbaren Produktionsprozesses*, Archiv sozialistischer Literatur 17, Frankfurt am Main: Neue Kritik 1969.
– (1867), *Das Kapital*, Bd. 1, MEW 23, Berlin: Dietz 1978.
– (1933), »Unveröffentlichtes Kapitel des ›Kapitals‹«, in: *Archiv Marksa i Englesa*, Bd. 2 (vii), Moskau.
Marx, K./F. Engels (1845/46), *Die Deutsche Ideologie*, MEW 3, Berlin: Dietz 1978.
Reich, W. (1925), »Weitere Bemerkungen über die therapeutische Bedeutung der Genitallibido«, in: ders., *Frühe Schriften 1*, Frankfurt am Main: Fischer 1983, S. 208-230.
– (1927), *Frühe Schriften 2*, Köln: Kiepenheuer & Witsch 1982.
– (1932), *Der Einbruch der Sexualmoral. Zur Geschichte der sexuellen Ökonomie*, Kopenhagen: Sexpol, 1935.
– (1933 a), *Charakteranalyse*, Köln: Kiepenheuer & Witsch 1971.
– (1933 b), *Die Massenpsychologie des Faschismus*, Köln: Kiepenheuer & Witsch 1986.
– (1935 a), »Von der Psychoanalyse zur Orgonbiophysik«, in: ders., *Charakteranalyse*, Köln: Kiepenheuer & Witsch 1971, S. 335 ff.
– (1935 b), »Überblick über das Forschungsgebiet der Sexualökonomie«,

in: *Zeitschrift für politische Psychologie und Sexualökonomie* 2, S. 5-13.
– (1936), *Die sexuelle Revolution*, Frankfurt am Main: Fischer 1971.
– (1942 a), *Die Funktion des Orgasmus. Sexualökonomische Grundprobleme der biologischen Energie*, Köln: Kiepenheuer & Witsch 1969.
– (1942 b), »Vorwort zur dritten korrigierten und erweiterten Auflage«, in: ders., *Die Massenpsychologie des Faschismus*, Köln: Kiepenheuer & Witsch 1986, S. 11 ff.
– (1945), »Vorwort zur III. Auflage«, in: ders., *Die sexuelle Revolution*, Frankfurt am Main: Fischer 1971, S. 12 ff.
Theweleit, K. (1980), *Männerphantasien*, Bd. 2, Reinbek: Rowohlt.

Ulrike Körbitz
Zur Aktualität sexualpolitischer Aufklärung im post-sexuellen Zeitalter[1]

Ein post-sexuelles Zeitalter ausrufen? Oder das sexualpolitische Engagement in die revolutionäre Praxis der Arbeiterbewegung einordnen?

Klaffen dazwischen nicht Abgründe, die sich bereits in der Rhetorik manifestieren und unüberwindbar erscheinen?

Die Formulierung ›post-sexuelles Zeitalter‹ ist eine Art geklonter Begriff mit sphärischer Klangwolke: er soll zum einen auf das von postmoderner Philosophie proklamierte Ende der Geschichte, des Subjekts, des Geschlechts usw. anspielen, zum anderen auf das heute vielerorts festgestellte Abnehmen sexueller Lust und Aktivität bei Menschen beiderlei Geschlechts hinweisen.[2]

Die zweite Frage klingt wie ein anachronistisch anmutendes Gefüge großer Worte mit einer Stoßrichtung (›Arbeiterbewegung‹), die gegenwärtig in ein räumliches und zeitliches Nichts zu führen scheint. Ist hier überhaupt noch etwas miteinander in Beziehung zu setzen?

Wo in etwa wäre das Verdienst Wilhelm Reichs angemessen einzuordnen? Sind die Überlegungen dieses aufrührerischen Arztes, Psychoanalytikers, Naturwissenschaftlers und (sexual-)politischen Aktivisten der Zwischenkriegszeit, der immer wieder aus den ihn umgebenden Ordnungen herausfiel oder selbst ausbrach, Ende des 20. Jahrhunderts noch aktuell? Die Einordnung fällt um so schwerer, weil Reich nach Ende des Zweiten Weltkrieges wieder von seinem sexualpolitischen Engagement abgerückt ist, um sich der Erarbeitung einer an Biologie und Zellforschung orientierten Grundlegung der Libidotheorie zuzuwenden.

1 Für Kritik und weiterführende Diskussionen, die teilweise in den vorliegenden Text eingegangen sind, danke ich dem ›Bad Ischler Kreis‹ (Karl Fallend, Bernhard Handlbauer, Ulrike Hutter, Ann Koellreuter, Karl Mätzler) und Emilio Modena.

2 Von »Lustlosigkeit« der Frauen und Mädchen und von der »Trieblosigkeit« der Männer sprechen beispielsweise Gunter Schmidt (Hg.) (1993, S. 7).

Bereits zu Beginn meiner Gedankensammlung scheint das Vorhaben einer Würdigung Reichs also in heillose Überforderung zu münden, eine Situation, die mir aus der Arbeitserfahrung an der Salzburger Sexualberatungsstelle bekannt ist und die dort nicht selten zum Widerwillen führte, sich noch einmal mit Reichs Ideen auseinanderzusetzen. Andererseits war Wilhelm Reich – zumindest der Reich der ›Wiener Phase‹ – für uns, die wir 1986 in Österreich erstmals nach der Zwischenkriegszeit wieder eine Sexualberatungsstelle ins Leben riefen, *das* Vorbild schlechthin. Den radikal-aufklärerischen Gehalt der Psychoanalyse mit sexualpolitischem Engagement in Verbindung zu bringen, erschien uns in einem Land wie Österreich, und insbesonders in einer von dumpfem, katholischem Provinzialismus durchdrungenen Kleinstadt wie Salzburg, damals besonders dringlich und auch spannend. Vielleicht ist es der von der Größenidee einer absehbaren Weltrevolution getragene Sprachgestus Reichs, der ebenso beflügelnd wirken, wie er jene Überforderung erzeugen kann, die sich bis zum Widerwillen steigert, dieser unbequemen Person auch nur ›zuzuhören‹? Was sollen wir denn heute mit den Ideen von der Mobilisierung der Massen durch politisierende Sexualaufklärung anfangen, wenn die Massen längst massenmedial-befriedigt vor dem Fernseher oder dem Videogerät sitzen und dort problemlos (und fast gratis) eine ›Perversion‹ nach der anderen vor Augen geführt bekommen? Zunächst entstehen also Fragen, wenn es um die Bestimmung der möglichen Aktualität des sexualpolitischen Erbes Wilhelm Reichs geht. Weitere Erschwernisse treten hinzu:
In Sexualwissenschaft und Psychoanalyse wurden im vergangenen Jahrzehnt fast unüberschaubare, teilweise monströs-ambitionierte, teilweise gefällig flache Gedankengebäude produziert, die in den seltensten Fällen Bezüge zueinander aufwiesen. Und dort, wo der Versuch einer Zusammenführung unternommen wird, wie etwa in den kulturphilosophischen Schriften Judith Butlers (1991), gerät der Diskurs in solch schwindelerregende Höhen und abgründige Tiefen, daß die Leserinnen und Leser mitunter nur im ›freien Fall‹ folgen können. Sexualität wird dabei eine Art subversive Kraft zur Schaffung des Verrückten, Verdrehten, Ausgeschlossenen – Politik gerät zur Umdeutung des Symbolischen oder zur Dekonstruktion. Der anatomische, triebhafte Körper wird dabei als immer unwichtiger erachtet: der Körper *ist* letztlich das, was über ihn gesprochen wird; das Geschlecht erscheint im

wesentlichen als diskursiv-hergestelltes Konstrukt. Die Begriffe ›Sexualität‹ und ›Politik‹ finden bei Butler jedoch immerhin noch Verwendung, was bei anderen postmodernen Theoretikerinnen und Theoretikern nicht mehr selbstverständlich ist.

In den Niederungen der Praxis hat ›Sexualpolitik‹ inzwischen dem unverfänglicheren Vorhaben der ›Sexualaufklärung‹ Platz gemacht: eine weniger spektakuläre, möglichst wertfrei gestaltete, an Pädagogik, Gesundheitsbewegung und Sozialarbeit orientierte Disziplin im Rahmen moderner Dienstleistungen. Verstreut arbeiten diverse Sexualaufklärerinnen und Sexualaufklärer in verschiedenen Institutionen, vornehmlich Schulen, Jugendzentren, (Familien-)Beratungsstellen, und versuchen dort mehr oder weniger unermüdlich, ein offenes Klima zur Besprechung von Themenkreisen herzustellen, die noch immer als heikel gelten. Sie werden als gruppendynamisch versierte Animateurinnen und Animateure ohne einheitlichen wissenschaftlichen oder gar sexualpolitischen Ansatz längst toleriert und nicht selten zur Behebung institutionell erzeugter Langeweile eingesetzt, wie etwa zur Überbrückung der letzten Schulstunden vor den Ferien. Mehrheitlich geht es dabei um Wissensvermittlung mit Selbsterfahrungs-Charakter jenseits des Prüfungsstoffes. In der Regel gilt die Bemühung, mit dem Pornographie-Vorwurf, mit religiösen Gefühlen und mit institutionellen Gesetzen nicht in Konflikt zu geraten. Eltern und Lehrerinnen und Lehrer werden entlastet. Eigene Schuld- und Schamkonflikte können gegebenenfalls in der Supervision bearbeitet und entschärft werden. Welche besonderen Fähigkeiten oder trieblichen ›Veranlagungen‹ erfordert diese Arbeit? Unter der Voraussetzung einer generell kurzfristigen Beziehungsaufnahme zwischen einander bis dahin unbekannten Menschen muß es gelingen, unbefangen und ohne Hemmungen sprachlich Sexuelles zu verhandeln. Über ›alles‹ soll ohne Peinlichkeit gesprochen werden. Die Expertinnen und Experten zeigen sich in ihrer diesbezüglichen Kompetenz und wirken damit entweder vorbildhaft oder entmutigend auf die Gruppe. Sie werden für ihre Arbeit nach Stundensätzen entlohnt. Unter dieser Prämisse der Bescheidenheit gelingt dann bisweilen auch die Plazierung (system-)kritischer Gedanken.

Stellen wir dieser schematischen und etwas polemischen Charakterisierung nun jenen vergleichsweise scham-losen, sexualpolitischen Impetus gegenüber, der Ende der zwanziger Jahre bei

Wilhelm Reich eng mit revolutionären Menschen- und Weltveränderungsidealen verknüpft war, womit einerseits die systemstabilisierende bürgerliche Sexualreform unterminiert und andererseits, in Übereinstimmung mit Lenin, das »oberflächliche und unwissenschaftliche, vom Wesentlichen ablenkende sexuelle Herumgeschwätz« (Reich 1932, S. 71) verhindert werden sollte. In gedanklicher Diszipliniertheit erläutert Reich dies in seiner Aufklärungsschrift »Der sexuelle Kampf der Jugend« mit den Worten:

»Die Frage steht also so: Sexuell herumdiskutieren dürfen wir nicht; die sexuelle Frage ausschalten dürfen wir auch nicht; ohne darüber zu sprechen, können wir sie aber nicht klären. Was bleibt also übrig? Wir müssen eben politisch über diese Frage sprechen. Und dann werden wir *richtig diskutieren* und darnach *richtig handeln*« (Herv. U. K.). Ehe wir weitere Einzelheiten besprechen und Beweise dafür anführen, daß dies der einzige Ausweg ist, müssen wir auch noch den tieferen Grund nennen, warum wir uns heute vor dieser Frage drücken.
Wo sind wir alle erzogen worden? Unter welchen Bedingungen sind wir aufgewachsen? Wir sind in Familien aufgewachsen und sind im kapitalistischen System aufgezogen worden. Man wird nun einwenden, es sei ein großer Unterschied zwischen proletarischen und bürgerlichen Familien. So einfach liegt die Sache nicht. Wir müssen erst fragen, in welcher Hinsicht die proletarische Familie proletarisch und in welcher sie gut bürgerlich ist. Wir brauchen nicht lange nachzudenken, um die Antwort herauszubekommen; es genügt, wenn wir die einzelnen Elemente der Lebens- und Denkweise gesondert betrachten. Haben wir uns von der bürgerlichen Eigentumsideologie freigemacht? Ja, weitgehend, weil in den Besitzverhältnissen ein scharfer Unterschied ist zwischen Bürger- und Arbeiterfamilien. Haben wir uns von der Religion ganz freigemacht? Da liegt die Sache schon nicht mehr einfach. Es gibt Tausende proletarischer Familien, die religiös sind, und je weiter wir in das kleinbürgerliche Proletariat vordringen, desto tiefer sitzt die Religion. Und wie ist es mit der Sexualmoral? (...) Die bürgerliche Sexualmoral, deren wesentlichstes Stück ist, das Sexualleben nicht natürlich, selbstverständlich, im klaren Zusammenhang mit der jeweiligen Gesellschaftsordnung zu sehen, es zu verneinen, Scheu und Angst davor zu haben, steckt uns Kommunisten viel tiefer in den Knochen als wir alle glauben. Wir dürfen uns vom Gegenteil der sexuellen Scheu, dem sexuellen Herumgetue, nicht täuschen lassen. Das ist bürgerliches Sexualleben mit umgekehrtem Vorzeichen« (Reich 1932, S. 125 ff.).

Die Diskussion über die sexuelle Praxis wird hier eng mit radikaler Kritik an der bürgerlichen Gesellschaftsordnung verknüpft; letztlich dient sie der politischen Agitation am Vorabend der

Machtergreifung Hitlers. Nicht individuelles Glück, Hygienefragen oder Neurosenprophylaxe stehen deshalb bei Reich im Zentrum des Interesses, sondern die Befähigung der Jugendlichen zum revolutionären Kampf, der mit sexuell gehemmten Menschen nicht zu führen sei. Die Vermittlung von »Wissen, politischem wie sexuellem, nach dem sie dürsten« (ebd., S. 79) an die über die Sexualfrage mobilisierbaren ›Massen‹ von Jugendlichen wird in der Reichschen Vision unter anderem zu einem organisatorischen Problem, dem er mit verschiedenen Mitteln zu begegnen versucht.

1928 erfolgt die Gründung der »Sozialistischen Gesellschaft für Sexualberatung und Sexualforschung« in Wien und die Errichtung von sechs »Proletarischen Sexualberatungsstellen«. Hierbei wurde Reich von verschiedenen Mitarbeiterinnen und Mitarbeitern unterstützt (vgl. Fallend 1988, S. 117f.). Die öffentliche Aufklärungsarbeit war jedoch um seine Person zentriert – er galt als ausgezeichneter Rhetoriker (vgl. ebd., S. 124), der es auch in Großveranstaltungen ohne Mühe verstand, sein zumeist jugendliches Publikum zu fesseln und zum Fragenstellen anzuregen. Trotz der großen Resonanz zerbrach jedoch sein eigener revolutionärer Optimismus schnell; begründet war dies zum einen in schweren Konflikten rund um den Stellenwert seines sexualpolitischen Engagements innerhalb der Kommunistischen Partei, aus der er 1933 ausgeschlossen wurde, zum anderen im Siegeszug der Nationalsozialisten, der nicht aufzuhalten war und der Reich ins Exil zwang.

Wesentlich scheint mir, daß sich Reichs sexualpolitischer Ansatz von wichtigen Fundamenten der psychoanalytischen Theoriebildung entfernt hatte, darin auch nicht mehr verankert war, obgleich das entsprechende Vokabular von ihm noch verwendet wurde. Für die Klärung der Sexualfrage im Kapitalismus sieht sich Reich vielmehr auf die Brauchbarkeit marxistischer Erkenntnisse verwiesen. Sein gedanklicher Horizont wird erweitert durch Hinzuziehung aktueller Forschungsergebnisse aus Ethnologie, Soziologie und Biologie. Ausgehend von einem vorfindbaren »sexuellen Elend der Massen« wird die Funktion der Familie als entscheidendes Vehikel zur Sexualunterdrückung in der herrschenden patriarchalen Ordnung in den Blickpunkt gerückt.[3]

3 Vgl. vor allem die Schriften Reichs über »Sexualerregung und Sexualbe-

Laut Juliet Mitchell wandte sich Reich in dieser Phase seines Denkens auch gegen die Vorstellung, daß die Befreiung der Sexualität »ein Tagesziel sei, das um seiner selbst willen angestrebt werden müsse. In der Tat wies er immer wieder darauf hin, daß unter dem Kapitalismus nur eines möglich sei: die Politisierung der Sexualität« (1985, S. 242).

Der Bezugspunkt seines sexualpolitischen Engagements war zur damaligen Zeit kein utopischer – er wurde ganz klar in den realen, sozialen Errungenschaften der russischen Revolution verortet, aus der sich auch die Bestimmungen für ›richtig‹ und ›falsch‹ ableiten ließen.

»In der kapitalistischen Gesellschaft gibt es keine sexuelle Befreiung der Jugend, kein gesundes, befriedigtes Sexualleben; willst du die sexuelle Not beseitigen, so kämpfe für den Sozialismus. Denn der Sozialismus verwirklicht die sexuelle Lebensfreude – ganz unabhängig von der Meinung einzelner, die in sexuellen Dingen unklar sind – indem er zunächst die Herrschaft derjenigen beseitigt, die die Augen zum Himmel verdrehen, wenn sie von Liebe sprechen, in Wirklichkeit aber die Sexualität der Jugend zerbrechen« (Reich 1932, S. 84).

Mit diesen an die Jugendlichen als Hoffnungsträger gerichteten Sätzen endet Reichs Aufklärungsschrift »Der sexuelle Kampf der Jugend« (1932).

Worin besteht bei ihm nun die von mir behauptete Aufgabe wesentlicher Fundamente psychoanalytischer Theoriebildung im Kontext der Sexualpolitik? Und was bedeutet dies? Die Triebtheorie der Psychoanalyse setzt ein prinzipiell konflikthaftes Verhältnis zwischen (Trieb-)Wunsch und Realität voraus – unabhängig und auch ohne begriffliche Vorstellung davon, durch welche gesellschaftlichen Kräfte die Struktur dieser Realität bestimmt ist. Der Gegensatz zwischen Lust und Verbot wird von Freud als genauso grundsätzlich wie derjenige zwischen Individuum und Kultur, als quasi allumfassendes ›notwendiges Übel‹ innerhalb der Menschwerdung angenommen. Hinzu kommt die komplizierte Aufschlüsselung in verschiedene Phasen der menschlichen Sexualentwicklung, die Annahme unterschiedlicher erogener Zonen,

friedigung« (Orig. 1929) und »Die sexuelle Revolution« (Orig. 1936); hier findet sich eine umfassende historisch-materialistische Analyse zur Veränderung der Funktion der Familie in den verschiedenen Stadien des Kapitalismus.

Objekte und Ziele des Triebes, der wiederum nicht lediglich als eine physiologisch wirksame Kraft betrachtet, sondern als psychische Repräsentanz analysiert und diskutiert wird. Gegensätze zwischen einzelnen Trieb-Elementen beziehungsweise zwischen Subjekt und Außenwelt können vielleicht kurzfristig ausgeglichen werden, es werden sich jedoch neue Widersprüche bilden, die zu weiteren Ich-Leistungen auffordern. Die Einschränkungen, die die äußere Realität der individuellen Triebentwicklung auferlegt, variieren zwar in bezug auf den Schweregrad von Frustration und Traumatisierung, sie sind jedoch nicht generell zu verhindern oder aufzulösen: Jeder sexuelle Wunsch bleibt so in seiner Eigenart von einer konflikthaften Geschichte geprägt, welche an die frühen, kindlichen Befriedigungserfahrungen anschließt. Weiterhin wird dieser sexuelle Wunsch von der erwachsenen Bezugsperson, die darauf reagiert beziehungsweise mit eigenen Wünschen dem Kind gegenüber antwortet, mit-erzeugt.[4]
So, wie der Begriff ›Sexualität‹ in der Psychoanalyse durch Unschärfe charakterisiert ist, bleiben auch die psychoanalytischen Aussagen über die Möglichkeiten einer normalen, gesunden, genitalen Sexualentwicklung insgesamt eher vorsichtig und diffus, ganz zu schweigen von Überlegungen zum gesellschaftlichen – kapitalistischen oder sozialistischen – Hintergrund der Triebschicksale. Die Beschäftigung mit der äußeren Realität und deren Gesetzen ist bis heute eines der ausgelagerten Themen und deshalb einer der großen blinden Flecken der psychoanalytischen Theoriebildung geblieben, die deshalb in der Regel dazu tendiert, die Trieb-Phänomene beschränkt auf Individualität und Wiederholungszwang zu begreifen.
Anders bei Reich: Die Grundzüge seiner ›Sexualpolitik‹ erscheinen vereinfacht auf der einen, vielschichtig, komplex und visionär auf der anderen Seite. Vereinfachungen im Sinne der Reduktion komplizierter Zusammenhänge betreffen in erster Linie seine Sexualtheorie. Hier finden wir die Idee einer ursprünglichen, natürlichen, bereits in den frühesten Entwicklungsstadien präsenten, genitalen (Hetero-)Sexualität, die sich von allen anderen sexuellen Empfindungen unterscheidet und nach orgastischer Entladung strebt, die in ihrer ungestörten, gesunden Ausprägung frei von

4 Diesen Standpunkt vertritt am deutlichsten Jean Laplanche (1988).

Phantasien sei.[5] Werde die natürliche Genitalität behindert und im Rahmen sexualverneinender Erziehung unterdrückt, entstünden Neurosen, Perversionen, Prostitution, Gewalt usw. Sexualbejahende Erziehung und sexuelle Befriedigung seien daher die beste Neurosenprophylaxe. Für Reich sind die ›natürlichen‹ sexuellen Wünsche also identisch mit ihrem physiologischen Ursprung. An vielen Stellen seiner frühen, also noch explizit psychoanalytischen Arbeiten fällt weiter auf, daß Reich ›Trieb‹ und ›Unbewußtes‹ abwechselnd für ein und dasselbe Phänomen verwendet, das Unbewußte also tendenziell als Reservoir der Triebe auffaßt. Die Herstellung oder Wiederherstellung genitaler Befriedigung wird – auf der Ebene der individuellen therapeutischen Behandlung einerseits und auf der Ebene des umfassenden Kampfes gegen sexuelle Unterdrückung andererseits – als oberstes Ziel gesetzt. Genitalität (= reife Sexualität) wird nicht als eine bereits immer von den äußeren Verhältnissen beziehungsweise Liebesobjekten durchdrungene, mögliche Qualität menschlichen Ausdrucks von Lust gefaßt, sondern von Reich als etwas Ursprüngliches, Naturhaftes, Ungestörtes angenommen, das am ehesten in mutterrechtlichen Kulturen auffindbar gewesen sei.

Im Gegensatz zum Theoretisieren über die Sexualität ›an sich‹ geht Reich meines Erachtens bei seinem Bestreben nach Politisierung der Sexualfrage weniger vereinfachend vor, wenngleich durch die polarisierende Gegenüberstellung von gesunder, natürlicher Genitalität und repressiven, krankmachenden, kapitalistischen Verhältnissen auch hier Beschränkungen entstehen, die sich im Spätwerk Reichs immer mehr zuspitzen. Voraussetzung für das Bestreben nach Politisierung der Sexualfrage, das in der zweiten Hälfte dieses Jahrhunderts im wesentlichen durch die Frauenbewegung aufgegriffen wurde, ist bei Reich die historisch angelegte Analyse des Widerspruchs der Familie. Neben Kirche und Schule begreift er sie als die wichtigste »Werkstätte der bürgerlichen Gesellschaft zur Erzeugung braver, gehorsamer Untertanen« (Reich 1932, S. 57). Wird die Familie einerseits als notwendi-

5 »Er weist darauf hin, daß er sich in allen seinen Arbeiten gegen die psychoanalytische Unterscheidung zwischen Genitalität und Prägenitalität sowie gegen die Vorstellung von Partialtrieben gewandt habe. Reich sollte entdecken, daß prägenitale Sexualität ebenso wie Phantasien ein Zeichen psychischer Gestörtheit sind« (Mitchell 1985, S. 195).

ger Garant für die Stabilität einer patriarchalen, privatwirtschaftlichen Ordnung verstanden, so müsse auf der anderen Seits ihre systematische Zerstörung durch die Folgen wirtschaftlicher Not und Ausbeutung gesehen werden; dieser Widerspruch führe zugleich zur Festigung wie zur Untergrabung ihrer Macht.
So geläufig, ja veraltet diese Analysen uns mittlerweile erscheinen mögen, so spektakulär und neuartig waren sie im Kontext umfassender Sexualaufklärung, Verhütungsmittelabgabe, praktizierter Abtreibung und Sexualfragestunden Ende der zwanziger Jahre. Reichs sexualpolitisches Projekt richtete sich primär an Jugendliche aus proletarischen Verhältnissen. Sie sollten ihr bisher als privat und selbstverschuldet begriffenes Unvermögen, ihre sexuellen Nöte und Ängste im Kontext des gesellschaftlichen Interessensgefüges verstehen können. Im Prozeß dieses Verstehens würde Gemeinsamkeit erzeugt werden und Bewegung im Sinne kollektiver Anstrengungen zu revolutionärer Veränderung. »Gesprächen über die hochgespannte politische Situation konnte und wollte ich gar nicht ausweichen. Im Gegenteil: Mich interessierte die Verflechtung des großen politischen mit dem kleinen persönlichen Leben«, resümiert Reich diesen Standpunkt in seiner Autobiographie »Menschen im Staat« (1995, S. 126). Besondere Brisanz kommt seinem Engagement am Vorabend des ›Dritten Reichs‹ zu. Seinen Zeitgenossen, vor allem aber den Psychoanalytiker-Kolleginnen und -Kollegen, an Weitblick und Scharfsinn um vieles voraus, fällt es Reich leicht, die »sexuellen und libidinösen Mittel von Gläubigkeit und Mystik« (1933/1981, S. 187) zu dechiffrieren, mit deren Hilfe es den Nationalsozialisten scheinbar mühelos gelang, die sexuell neurotisierten und politisch verunsicherten ›Massen‹ zu faszinieren und die Folgen der sexuellen Misere für Zwecke der autoritären Massenbildung und Massenagitation auszunützen (ebd., S. 188). Mit seinen sexualökonomischen Versammlungen und Organisationen versuchte Reich damals, der »reaktionären Verseuchung« auf wissenschaftlich begründeter Basis entgegenzuarbeiten und die Gründe für das »Leiden im unterjochten Menschen bewußt zu machen. Es geht also nicht darum zu helfen, sondern Unterdrücktheit bewußt zu machen, den Kampf zwischen Sexualität und Mystik ins Licht des Bewußtseins zu rücken, ihn unter dem Drucke einer Massenideologie zum Auflodern zu bringen und in soziale Aktion zu überführen« (1933/1981, S. 175).

Nicht nur die Politisierung der Sexualfrage ist das Anliegen, sondern auch die Analyse der ›Sexualisierung‹ von Politik, wie sie etwa im ›Führer‹-Kult zum Ausdruck kam. Die Errichtung eines autoritären, faschistischen Staates war dadurch allerdings weder in Deutschland noch in Österreich aufzuhalten.

Wie gelangen wir nun von dieser Analyse der politischen Situation zu Beginn der dreißiger Jahre in die neunziger Jahre dieses Jahrhunderts, um die eingangs gestellte Frage nach der möglichen Aktualität Reichs zu beantworten? Die Notwendigkeit einer Koppelung von sexueller und politischer Aufklärungsarbeit geriet erst im Kontext der sogenannten Studentenrevolte Ende der sechziger Jahre wieder ins Visier sozialistischer Theorie und Praxis (vgl. Reiche 1969). Ein dem sexualpolitischen Engagement Wilhelm Reichs vergleichbares Projekt hat es jedoch nicht wieder gegeben. Die Verknüpfung von Forderungen nach größerer sexueller Freiheit und Selbstbestimmung mit klassenkämpferischen Aufrufen zum Umsturz des (mittlerweile nahezu weltumfassenden und scheinbar alternativlosen) kapitalistischen Systems erscheint deshalb aus heutiger Perspektive fast undenkbar, ja lächerlich, ewiggestrig. Das liegt gewiß nicht daran, daß wir das Stadium einer ur-demokratischen, klassenlosen Gesellschaft erreicht hätten, die ohne physische Ausbeutung einzelner Menschengruppen, ungleiche Verteilung des Eigentums, Gängelung der Sexualtriebe etc. funktionieren würde. Vielmehr befinden wir uns, was das Spektrum ›linker‹ Ideen zur radikalen gesellschaftlichen Umgestaltung betrifft, in einem Stadium größter Ratlosigkeit.

Die ›sexuelle Misere‹ hat sich unter veränderten historisch-ökonomischen Bedingungen in Westeuropa und den Vereinigten Staaten nach dem Zweiten Weltkrieg ebenfalls verändert, wobei es zur Erfassung ihrer Qualitäten zunächst nicht möglich ist, ohne grobe Pauschalisierungen auszukommen. Einen gedanklichen Meilenstein zur kritischen Durchleuchtung dessen, was fälschlicherweise als ›sexuelle Revolution‹ gehandelt worden ist, setzte zweifellos Herbert Marcuse mit dem Begriff der »repressiven Entsublimierung«.[6] Die Deutung dieses Konzepts ergibt in Kürze: neue

6 Marcuse entwickelte seine diesbezüglichen Gedankengänge erstmals 1955 in »Triebstruktur und Gesellschaft«, die er dann 1964 in »Der eindimensionale Mensch. Studien zur Ideologie der fortgeschrittenen Industriegesellschaft« nochmals explizierend aufgriff.

Formen der Unterdrückung des Triebes im Gewand falsch verstandener, das heißt instrumentalisierter sexueller Freiheit; Vereinzelung; kontrollierte Erzeugung, Vermarktung und Befriedigung von Bedürfnissen im Rahmen von Warenproduktion und -tausch. Der Begriff dient also dazu, die Trugbilder sexueller ›Freiheit‹ zu entlarven. Dem von Marcuse systematisch durchleuchteten Zusammenhang von (scheinbarer) sexueller Freizügigkeit mit Manipulation und Konformismus kann sich bis heute keine gesellschaftsbezogene Analyse sexueller Verhältnisse entziehen, sei es in Zustimmung, sei es in Abwandlung oder Ablehnung. Dabei wurden Reichs Recherchen zur Funktion der Sexualunterdrückung von Marcuse in einer »Kritik des Neo-Freudianischen Revisionismus« prinzipiell gewürdigt, letztlich jedoch für zu oberflächlich befunden:

»Aber Reichs Auffassung der sexuellen Hemmung und Unterdrückung bleibt undifferenziert; er vernachlässigt die historische Dynamik der Sexualtriebe und ihrer Verschmelzung mit den Destruktionsimpulsen (Reich lehnt Freuds Hypothese eines Todestriebes und die ganze Tiefendimension ab, die sich in Freuds später Metapsychologie abzeichnet). So wird für Reich die sexuelle Befreiung *an sich* zum Allheilmittel für persönliche und soziale Nöte. Das Problem der Sublimierung verliert bei ihm an Bedeutung. Zwischen repressiver und nicht-repressiver Sublimierung besteht kein wesentlicher Unterschied, und der Fortschritt der Freiheit erscheint als bloße Freisetzung von Sexualität« (Marcuse 1955/1984, S. 235).

Den hier unterstellten Fortschrittsgedanken hatte Reich während der gesamten Phase seines sexualpolitischen Engagements zwar explizit nicht vertreten, er lagerte ihn jedoch mehr oder weniger aus dem vorfindbaren, kapitalistischen System aus und projizierte ihn auf die Leinwand der Lebensfreuden im Sozialismus (beziehungsweise zurück auf die romantische Vorstellung einer ursprünglich ›natürlichen‹ Gesellschaft). Marcuse hält hingegen entschieden an Freuds Überzeugung von der menschlichen Sublimierungsfähigkeit als Kulturnotwendigkeit fest. Für die fortgeschrittenen Industriegesellschaften konstatiert er einen Prozeß kollektiver Entsublimierung: die Mobilisierung bisher unterdrückter sexueller und aggressiver Impulse unter gesellschaftlicher Bereitstellung schneller, kommerziell erzeugter Befriedigungsangebote, die seitens der Konsumentinnen und Konsumenten mit einem Abbau von Ich-Leistungen einhergehe.[7] Im Gegenzug gerät Sublimierung, also die Umleitung sexueller Energien auf andere, schöpferische Gebiete, bei Marcuse zur letzten progressiven Bastion im Kampf gegen den ›Verfall‹ des Individuums innerhalb der Konsumgesellschaft:

»Im Gegensatz zu den Vergnügungen der angepaßten Entsublimierung bewahrt die Sublimierung das Bewußtsein der Versagungen, die die repressive Gesellschaft dem Individuum auferlegt, und hält damit an dem Bedürfnis nach Befreiung fest. Freilich wird alle Sublimierung durch die Macht der Gesellschaft erzwungen, aber das unglückliche Bewußtsein dieser Macht durchbricht bereits die Entfremdung. Freilich nimmt alle Sublimierung die gesellschaftliche Schranke der Triebbefriedigung hin, aber sie überschreitet diese Schranke auch (...) Sublimierung erfordert ein hohes Maß an Autonomie und Einsicht; sie vermittelt zwischen Bewußtem und Unbewußtem, zwischen primären und sekundären Vorgängen, zwischen Intellekt und Trieb, Versagung und Rebellion. In ihren vollendetsten Weisen, wie im Kunstwerk, wird Sublimierung zur Erkenntniskraft, welche die Unterdrückung besiegt, indem sie sich ihr beugt« (Marcuse 1964/1994, S. 95).

Reich hingegen, der physische Ausbeutung und sexuell-körperliche Verwahrlosung (vor allem der proletarischen Schichten) vor Augen hatte, konnte schon der Sublimierungstheorie Freuds wenig abgewinnen – dem ›Hohelied an die Sublimierung‹ von Herbert Marcuse hätte er vermutlich vollends widersprochen. Er ging davon aus, daß soziale Leistungen als Ergebnis von Sublimierung hauptsächlich von zielgehemmten prägenitalen und aggressiven Triebanteilen gespeist werden. Bei mangelnder Befriedigung der unsublimierten Libido staue sich diese auf, meinte er, und in der Folge fließe sie den unreiferen, prägenitalen Triebanteilen zu:

»Da die Anziehungskraft des Infantilen aber in dem Maße wächst, wie die reale Sexualbefriedigung mangelhaft ist, da ferner die Sublimierungen ohnedies von der Gesellschaft aufgezwungene Betätigungen der Libido sind, leuchtet ein, daß der ganze stolze Bau der Sublimierungen so leicht zusammenbrechen kann, wie wir es bei sovielen akut auftretenden Arbeitsstörungen sehen können.« Und weiter: »Es ist noch nicht untersucht, ob die Leistung eines Bergarbeiters mehr oder weniger psychische Energie verbraucht als die eines Wissenschaftlers. Der narzißtische Befriedigungswert

7 Unter anderen, noch radikaler gefaßten Perspektiven wurde dieser Gedankengang beispielsweise von Pier P. Pasolini in den »Freibeuterschriften« (1978) aufgegriffen.

der Bergarbeiterleistung steht aber sicher – gleicher Energieverbrauch vorausgesetzt – weit unter dem Niveau der wissenschaftlichen. Das dürfte libido-ökonomisch nicht gleichgültig sein« (Reich 1985, S. 162).

Wir sehen also auch anhand dieses Zitats die immer gleichen, vereinfachenden Schlußfolgerungen Reichs bezüglich notwendiger, genitaler Sexualbefriedigung einerseits, seine um das ›Wesen‹ der Klassengesellschaft erweiterte, differenzierende Betrachtungsweise psychischer Mechanismen andererseits.
Es kann an dieser Stelle nun nicht weiter um eine vertiefende Auseinandersetzung mit den Differenzen zwischen Reich und Marcuse gehen, die sich zu unterschiedlichen Zeitpunkten und im jeweils unterschiedlich konkretisierbaren, gesellschaftlich-ökonomischen Raum mit Phänomenen von Triebstruktur und (Wunsch-) Befriedigung beschäftigt haben. Gemäß ihrer theoretisch und auch biographisch unterschiedlichen Voraussetzungen gelangten beide Denker zu stellenweise fast entgegengesetzten Perspektiven hinsichtlich der Möglichkeiten sexueller Befreiung. Für Reich ist die vollständige sexuelle Befriedigung des Einzelnen nur unter dem Primat von Genitalität und Heterosexualität im Rahmen einer klassenlosen Gesellschaft denkbar. Marcuses idealistisches Plädoyer zur Befreiung zielt hingegen auf die Transformation der unter »das genitale Supremat gezwungenen Sexualität« ab, wodurch die »Erotisierung der Gesamtpersönlichkeit« (1955/1984, S. 199) im Rahmen eines nicht-repressiven Realitätsprinzips erreicht werde, das dann auch die Möglichkeit nicht-repressiver Sublimierung erlauben soll: »Die Triebe werden nicht nur von ihren Zielen ›abgelenkt‹, sondern sie werden in Tätigkeiten und Beziehungen befriedigt, die nicht im Sinne ›organisierter‹ genitaler Sexualität sexuell und doch libidinös und erotisch sind« (1955/1984, S. 205 f.). Die menschliche Arbeit könne durch Reaktivierung der prägenitalen, polymorph-perversen Erotik dann dem Spiel ähnlich werden; Sublimierung und Befriedigung würden so in der Entwicklung libidinöser Arbeitsbeziehungen zusammen›spielen‹.
Das Vorhaben Marcuses kann also im weitesten Sinn als philosophische Untermauerung eines utopisch-sozialistischen Lebens- und Gesellschaftsentwurfs verstanden werden. Die Absicht politisierender Sexualaufklärung, die zum revolutionären Klassenkampf befähigen soll, fand darin in expliziter Form keinen Platz.

Jedoch steckt auch in Marcuses Analyse der Ideologien des fortgeschrittenen Industriekapitalismus das Rüstzeug für eine Art radikaler Opposition. Diese richtet sich – vereinfacht gesagt – gegen Zwang, Unterdrückung und Kontrolle, die der scheinbar totalen individuellen Freiheit innerhalb der neueren, nach-faschistischen, westlichen Kapitalismen inhärent zugrunde liegen. Die Kategorie des ›Scheins‹ bildet dabei einen Fokus der Aufmerksamkeit.

Was läßt sich nun, nach Betrachtung dieser beiden historisch bedeutsamen Projekte zur Befreiung der ›Sexualität‹ beziehungsweise des ›Eros‹ über die Aktualität sexualpolitischer Aufklärungsarbeit im – hypothetisch – als post-sexuell charakterisierten Zeitalter abschließend sagen?

Es ist meiner Ansicht nach nicht mehr ohne weiteres möglich, an der Idee des Klassenkampfes via politisierender Sexualaufklärung ›der Massen‹ anzuknüpfen; ebensowenig ist an der wohlwollenden Unterstellung festzuhalten, der Sozialismus werde die sexuelle Lebensfreude verwirklichen. Gemessen am Enthusiasmus, der sich aus den großen Ideen von revolutionärem Umsturz und gesellschaftlicher Neugestaltung speiste und Reichs Theorie und Praxis der damaligen Zeit zugrunde lag, erscheinen heutige Bemühungen einer sexual-*politischen* Aufklärung nur noch als Abklatsch. Im damaligen Jargon, der die Abgrenzung sexualpolitischer Agitation gegenüber einer ›bürgerlichen‹ Sexualreform betonte, laufen sie ohnehin Gefahr, so oder so mitzuwirken die bestehende Unfreiheit zu stabilisieren. Dennoch sind Standortbestimmung und erneute Abgrenzung auch in der gegenwärtigen Phase, die sich durch Vorgaukelung angeblich unbegrenzter Möglichkeiten auch im sexuellen ›Sektor‹ auszeichnet, keinesfalls überflüssig und obsolet geworden. Bei aller Desillusionierung bezüglich revolutionärer Entwicklungen wäre es unverantwortlich, ›Sexualaufklärung‹ als Wissensvermittlung nun gänzlich jenen (S)Experten zu überlassen, die sie nur noch als Animation zur besseren Freizeitgestaltung oder als erzieherisches Vorhaben mit Selbsterfahrungscharakter propagieren.

Der gesamte Komplex ›aufklärerischer‹ Auseinandersetzung mit Sexualfragen scheint ohnehin zu einer Domäne von Pädagogen geworden zu sein, die über den Tellerrand des Bestehenden nicht mehr hinausblicken können. Dies belegen und illustrieren zum Beispiel die Ausführungen von Ulrike Schmauch, die den »heutigen sexualpädagogischen Reflexions- und Kenntnisstand« folgendermaßen charakterisiert und verteidigt:

»Aufklärungsmedien und Sexualpädagogik haben sich in ihrer Haltung Jugendlichen gegenüber während der letzten drei Jahrzehnte verändert: das Predigen – erst repressiv, dann sexualrevolutionär – wurde abgelöst durch Benennen, Akzeptieren und Einfühlen. Neuere Texte akzeptieren, daß z. B. BRAVO-Idole, Filmstars, Pornofilme und Mode – kurz, die Produkte der glitzernden kapitalistischen Bilder- und Warenwelt – für Jugendliche attraktiv sind. Zwar sind nachdenkliche Fragen eingestreut, die jugendliche Lust am Ausprobieren aber wird anerkannt. Das schnell wechselnde Gebrauchen und Verwerfen von Idolen, Klischees und Moden wird nicht ideologiekritisch bewertet, sondern eher nachsichtig betrachtet als Ausdruck pubertätstypischer Schwankungen im Körperselbst und als Experimentieren mit neuen Idealen« (1994, S. 351).

Schmauch grenzt sich hier in polemischer Kritik an der Neuauflage von Günter Amendts »Sex Buch« (1993) einerseits von sogenannten sexualrevolutionären Ansätzen ab. Sie verwirft Ideologiekritik als ›Predigen‹ (nachdem sie es mit dem repressiven Predigen gleichgesetzt hat) und verweist auf die Ablösung dieser Ideologiekritik durch ›Benennen, Akzeptieren, Einfühlen‹. ›Nachdenkliche Fragen‹ würden heute in den Aufklärungsdiskurs nur noch eingestreut. Auch ein im weitesten Sinne psychoanalytischer Zugang findet bei Schmauch Verwendung. Die ganze Angelegenheit fügt sich dennoch nett und sanft in das Anforderungsprofil für ›den‹ jungen Menschen in der modernen Industriegesellschaft, deren ›Segnungen‹ man nachsichtig, anpassungsbereit und vor allem kaufkräftig auf den Leim gehen soll.
Um dieser Art verharmlosenden, affirmativen Sexualpädagogik nicht das Wort zu reden, werde ich deshalb auch keine didaktisch umsetzbaren Vorschläge unterbreiten, wenn ich abschließend eine an psychoanalytischen Theoremen wie an sexualpolitischem Engagement orientierte Haltung skizziere. Ich versuche dies aus der Perspektive einer Person darzustellen, die sich als Initiatorin oder Initiator jenes Engagements begreift, welches meinem Verständnis nach mit Sprachfindung für Unaussprechliches, weil Unbewußtes, zu tun hat. Ich halte es hierbei für grundsätzlich möglich und notwendig, nahezu jede sexuelle Frage in ihrer *politischen* Dimension auszuloten, das heißt, so darüber nachzudenken, daß unvermutete Bezüge zum Feld der (Waren-)Produktion, zur Zirkulation, zu Profit und Ausbeutung, Macht und Ohnmacht, zu

widersprüchlichen Interessen zwischen den Geschlechtern und zu gesellschaftlichen Klassen herstellbar werden.

Im Zuge dessen, was ich oben den ›schamlosen, sexualpolitischen Impetus‹ Wilhelm Reichs genannt habe, bildet diese theoretische Schiene jedoch nur *ein* Fundament. Sie würde für sich genommen wohl genau jenes Predigen im sexualrevolutionären Priestergewand nach sich ziehen, das Schmauch in ihrer Polemik gegen Amendt angesprochen hat. Anders gesagt: Diese Art der analysierenden Betrachtung komplexer Zusammenhänge, für die sinnvollerweise nur der Modus des Vortragens (oder Schreibens) in Frage kommt, kann allzu schnell zu Rationalisierung und Intellektualisierung führen, also der Abwehr von konflikthaften Triebwünschen dienen, die beim Reden über Sexuelles *auch* eine Rolle spielen, jedoch nach Möglichkeit bewußt zu machen wären. Die Verführung ist groß, sich in ›guter, alter Manier‹ wieder auf die Organisationsfrage zu stürzen und nach ›dem‹ politischen Subjekt zu suchen, das den Widerstand gegen die neuen, gewandelten Formen sexueller Unterdrückung tragen könnte.[8] Diese Gefahren vor Augen, kehre ich zur Skizzierung einer an Psychoanalyse und Sexualpolitik orientierten Haltung zurück, wobei ich in beabsichtigter Ungenauigkeit davon ausgehe, daß alle möglichen gesellschaftlichen Orte geeignet sind (oder wären), diese Haltung zu praktizieren.

Das entscheidende Moment liegt in der Eröffnung eines kollektiven, gruppenbezogenen Raumes, der es erlaubt, Unbewußtes bewußtwerden zu lassen; ein Raum, in dem die ›Bewegung‹ zum Ziel eines Erkenntnisprozesses wird, der sich nicht primär an das singuläre ›Ich‹ richtet, sondern dazu auffordert, Gemeinsamkeiten herzustellen beziehungsweise die Hintergründe unterschiedlicher Interessenlagen durchschaubar werden zu lassen. Folge dieses Erkenntnisprozesses wäre die Wahrnehmung und Vermittlung des Gegensatzes und Zusammenwirkens von innerer und äußerer Realität.[9] Auf dieser Wahrnehmungsqualität könnte ein Bewußtsein gründen, das offen ist für Empfindungen, Vorstellun-

8 Reimut Reiche nennt dieses Vorhaben 1969 »Abwehr repressiver Entsublimierung«.

9 Innere Realität meint den Bereich der Phantasien, Wünsche, Triebe usw.; äußere Realität meint hier die konkreten Geschlechter- und Klassenverhältnisse.

gen, Erinnerungsbilder, Chaos, Fremdes, Irrationales – ein ›poetischer‹ Prozeß des Erkennens, der auf das kreative (anstatt destruktive) Lösen erkannter Widersprüche abzielt (vgl. Körbitz 1990, S. 196).

Folgende Geschichte aus unserer ›dezentralen‹ Arbeit an der »Salzburger Sexualberatungsstelle«, die sich mir besonders eingeprägt hat, könnte das Gemeinte veranschaulichen: Gemeinsam mit einem Kollegen wurde ich 1988 zu einem offenen Gesprächsabend über Sexualität an ein Salzburger Jugendkulturzentrum eingeladen, das viele Jugendliche aus sogenannten Gastarbeiterfamilien besuchten. Es war uns vorher zu Ohren gekommen, daß dort männliche Jugendliche deutlich den Ton angaben, während sie den Mädchen zahlenmäßig stark unterlegen waren. Mit den Mitarbeiterinnen und Mitarbeitern des Zentrums hatten wir vereinbart, zuerst nach Geschlechtern getrennte Diskussionen (offene Fragestunden) in zwei kleineren Gruppen durchzuführen, um uns danach im Plenum zum Austausch zu treffen. In diesem Plenum, von dem ich nun in geraffter Form berichte[10], versammelten sich ungefähr dreißig Personen – etwa zwei Drittel Mädchen, ein Drittel Jungen –, eine Betreuerin, ein Sozialarbeiter und wir beide:

Mir ist ziemlich mulmig zumute. Die Atmosphäre ist aufgeladen-erregt, von der Dynamik her angespannter als zuvor im überschaulicheren Rahmen unter ›Geschlechtsgenossinnen‹. Worüber ›wir‹ denn so gesprochen hätten, will einer der Burschen wissen. Die Frage wird von zwei Mädchen zurückgegeben: ›Zuerst ihr!‹ Nach längerem Witzeln mit Kollegen rückt der Initiant der Diskussion damit heraus, sie hätten darüber gesprochen, ob es das wirklich gibt: Zwitter – mit Riesen-Busen und so 30 cm langen Schwänzen. Allgemeines Gelächter. Nein, eigentlich hat noch niemand einen Zwitter gesehen. Wie sie darauf kämen, fragen die Mädchen. In einem Pornoheft sei so einer abgebildet gewesen, lautet die Antwort. Mein Kollege weist auf die Möglichkeit hin, daß solche Bilder auch künstlich hergestellt werden können. Darauf folgt eine längere phantasievolle Debatte, wie und zu welchem Zweck dieses Bild vielleicht montiert worden sein könnte. Videos haben die männlichen Jugendlichen alle auch schon gesehen, aber

10 Ich stütze mich hierbei auf ein im Anschluß an die Diskussionen verfaßtes Erinnerungsprotokoll.

da gab es keine Zwitter. Wo sie die Filme anschauen würden, frage ich sie. Zu Hause. Einer erzählt, daß er am Wochenende mit Onkel, Vater und Großvater mütterlicherseits Pornos anschaue. Die Familie stammt aus dem vormaligen Jugoslawien. Mich interessiert, was die Frauen dazu sagen? Sie wissen nichts davon, und sie würden es wohl ›blöd‹ finden. In der weiteren, erstaunlich offenherzigen Diskussion ergibt sich, daß sich die Männer schämen würden, wenn die Frauen dabei wären. Eine Pause entsteht. Und die Mädchen, worüber haben sie eigentlich geredet – wirft mein Kollege von der Sexualberatungsstelle neugierig ein. Nach langem Schweigen, viel Kichern und Nachfragen erzählt eine Teilnehmerin, es sei darum gegangen, daß sie sich hier im Jugendzentrum nicht wohl fühlten, jedoch nicht wüßten, wo sie sonst hingehen sollten. Es laufe immer so ein Aufriß-Schmäh; vier ältere ›Typen‹, alles Ausländer, würden den Laden total dominieren. Letztes Jahr sei eine Kollegin während einer Tanzparty im Stiegenhaus vergewaltigt worden. Sie kam seither nicht mehr hierher. Die Sache sei bis heute nicht aufgeklärt. Verdächtigt wird ein junger Türke. Wir fragen nach, wie es zu diesem Verdacht gekommen sei. Die weitere Diskussion bewegt sich auf der Ebene von Gruppenphantasien. Aggression und Konflikte werden deutlich, vor allem unter den männlichen Jugendlichen, wobei der Gegensatz Inländer–Ausländer eine große Rolle spielt: Die österreichischen Jungen verurteilen weniger den Gewaltakt an sich, vielmehr beneiden sie ihre ausländischen Kollegen um deren Erfolg bei Frauen. Die Mädchen sind eher zurückhaltend-anklagend. Einige von ihnen müssen zu diesem Zeitpunkt bereits nach Hause. Mein Kollege und ich beschränken uns während dieser Phase darauf, die sich abzeichnenden Phantasien und Konflikte aufzugreifen, vorsichtig zu interpretieren beziehungsweise sie assoziativ mit dem Geschehen in den Kleingruppen zu verknüpfen. Im Plenum gibt es Auseinandersetzungen über die Verhältnisse hier im Jugendzentrum, aber auch in den Familien. Vor allem einige türkische Mädchen würden zu Hause aus religiösen Gründen nichts über Sexualität erfahren und hätten heute eigentlich auch nicht hierherkommen dürfen. Sie haben ihr Kommen geheimgehalten. Nach Überwindung der anfänglichen Hemmung und einiger weiterer Klippen im Gruppenprozeß scheint nun soviel Gesprächsstoff vorhanden zu sein, daß sich unser Eingreifen als ›Experten in Sachen Sexualität‹ erübrigt. Gegen Ende der etwa zweistündigen

Plenumsdiskussion überlegen zwei Mädchen, wie sie ihre Freundin, die heute nicht hier sein durfte (alle drei sind Österreicherinnen), in ihren Kämpfen mit den Eltern um das abendliche Weggehen unterstützen könnten. Die gesamte Gruppe verfolgt dieses Thema aufmerksam und scheint davon angesprochen zu sein.

Ohne ›handfestes‹ Wissen (etwa über AIDS, Verhütungsmittel, Selbstbefriedigung, Sexualvorgänge) vermittelt zu haben, beenden wir den Abend und verabschieden uns, erschöpft, aber keinesfalls unzufrieden. Mitgebrachte Broschüren finden reißenden Absatz.

Im Rückblick auf den Beginn des Plenums, an dem die zu Verwirrung führende, zunächst recht einsame Beschäftigung der Burschen mit dem industriell hergestellten Zwitter-Bild im Zentrum stand beziehungsweise der Kontaktaufnahme mit dem ›anderen Geschlecht‹ im Rahmen der Großgruppe dienen sollte, erschien mir die Beendigung der Diskussion geradezu revolutionär. Ohne den Gruppenprozeß weitläufig interpretieren zu können, sei das Geschehen in Kürze folgendermaßen umrissen:

Die individuellen Sexualängste und -konflikte der Teilnehmerinnen und Teilnehmer konnten im kollektiven Raum der Gruppe während unserer Anwesenheit trotz großer Widerstände relativ gefahrlos dargestellt werden. Sie konnten auf eine Art und Weise bearbeitet werden, die über die Bewußtwerdung kultureller, konkreter Beschränkungen und Widersprüche den Zugang zu triebhaften Wünschen auf verschiedenen Niveaus erlaubte. Andererseits geriet auch die Notwendigkeit der Aneignung und Umgestaltung gesellschaftlicher Räume ins gemeinsame Blickfeld, wobei die Initiative hierzu von zwei Vertreterinnen des anfänglich eher passiv und gehemmt wirkenden, diffus-verschworenen Frauenblocks ausging. Diese überraschende Wendung erschien mir ›revolutionär‹. Die Entwicklung wurde von unserer Seite nicht durch dozierende Vermittlung ideologiekritischer Positionen ermöglicht, sondern durch das Einnehmen jener Haltung, deren Darstellung Anliegen dieser kleinen Skizze war. Es geht dabei um eine Haltung, die in einem Koordinatensystem von Zeit (Geschichte), Raum (Institution) und Triebwünschen (Körper) verankert ist und die sich nicht mit dem manifest Deutlichen zufrieden gibt. Ideologiekritik bildet hierfür einen wesentlichen Bezugspunkt. Im Unterschied zur Agitationsarbeit Reichs wird

sie dem Gruppengeschehen jedoch nicht ›verordnend‹ vorangestellt, sondern daraus abgeleitet, wobei der Beschäftigung mit Phantasien zentraler Stellenwert zukommt.
Im Laufe dieser und ähnlicher Diskussionsrunden entfalten sich erfahrungsgemäß breite Spektren aktueller, sexualpolitisch bedeutsamer Themenkreise. Diese sollten unserer Ansicht nach von den Gruppen jedoch nicht bloß konsumiert und damit abgewehrt werden, sondern gemeinsam entwickelt und angeeignet. In einer gesellschaftlichen Realität wie der unseren, in der die öffentlichen ›Diskurse‹ über Sexuelles pervertiert zu sein scheinen, mag es hierbei scheinbar zunächst um eine ›Rückwärtsbewegung‹ gehen: Ein intimer, in verschiedener Hinsicht abstinenter Rahmen wird geschaffen, in dem die Voraussetzungen für sexuell-triebhaftes Geschehen durch die Arbeit am Widerstand geklärt werden. In diesem Rahmen können Wünsche, (Schein-)Befriedigung und die Verunsicherung durch Bilderflut und obszöne Sprachgewalt öffentlicher Medien in Erscheinung treten. Die Bewußtmachung von repressiven Momenten kann in der Regel an den zum Teil überaus verwirrenden Normsetzungen anknüpfen und bis zur Verweigerung des ›sexuellen Leistungsprinzips‹ führen. Nicht nur die Orientierung auf Bearbeitung individueller, unbewußter Konflikte ist mir in diesem Zusammenhang wesentlich[11], sondern auch das Erkennen, Benennen und Unterwandern von Ideologien. Somit wäre – immerhin – die Möglichkeit dazu gegeben, daß Hemmungen (zwischen und unter den Geschlechtern) in Neugier umschlagen und stumm-angeeignete Bilder über genitales Funktionieren in beweglichere, breitere erotische Ausdrucksformen überführt werden können.

Literatur

Amendt, Günter (1979), *Das Sex Buch*, Berlin: Elefanten Press 1993.

Butler, Judith (1991), *Das Unbehagen der Geschlechter*, Frankfurt am Main: Suhrkamp.

Fallend, Karl (1988), *Wilhelm Reich in Wien. Psychoanalyse und Politik*, Wien/Salzburg: Geyer Edition.

11 Dies ist im Rahmen einer nicht-therapeutischen Gruppenarbeit im öffentlichen Raum, wie sie in dem Beispiel geschildert wurde, ohnehin nur marginal umsetzbar.

Körbitz, Ulrike (1990), »Feminismus als Erkenntnis, Bewegung, Institutionskritik«, in: K. Bachinger et al. (Hg.), *Feministische Wissenschaft. Methoden und Perspektiven*, Stuttgart: Akademischer Verlag Heinz, S. 191-203.

Laplanche, Jean (1988), *Die allgemeine Verführungstheorie*, Tübingen: edition diskord.

Marcuse, Herbert (1955), *Triebstruktur und Gesellschaft*, Frankfurt am Main: Suhrkamp 1984.

– (1964), *Der eindimensionale Mensch. Studien zur Ideologie der fortgeschrittenen Industriegesellschaft*, München: dtv 1994.

Mitchell, Juliet (1985), *Psychoanalyse und Feminismus*, Frankfurt am Main: Suhrkamp.

Pasolini, Pier Paolo (1978), *Freibeuterschriften. Die Zerstörung der Kultur der Einzelnen durch die Konsumgesellschaft*, Berlin: Wagenbach.

Reich, Wilhelm (1929), *Sexualerregung und Sexualbefriedigung*, Wien: Münster.

– (1932), *Der sexuelle Kampf der Jugend*, Berlin/Wien/Leipzig: Verlag für Sexualpolitik.

– (1933), *Die Massenpsychologie des Faschismus*, Frankfurt am Main: Fischer 1981.

– (1936), *Die sexuelle Revolution*, Frankfurt am Main: Fischer 1982.

– (1985), *Frühe Schriften 2. Genitalität in der Theorie und Therapie der Neurose*, Frankfurt am Main: Fischer.

– (1995), *Menschen im Staat*, Frankfurt am Main: Stroemfeld.

Reiche, Reimut (1969), *Sexualität und Klassenkampf. Zur Abwehr repressiver Entsublimierung*, Frankfurt am Main: Neue Kritik.

Schmauch, Ulrike (1994), »Alte oder neue Sexualaufklärung? Über ›Das Sex Buch‹ von Günter Amendt«, in: *Zeitschrift für Sexualforschung* 7, S. 350-358.

Schmidt, Gunter (Hg.) (1993), *Jugendsexualität. Sozialer Wandel, Gruppenunterschiede, Konfliktfelder*, Stuttgart: Enke.

Anna Bergmann
Sexualhygiene, Rassenhygiene und der rationalisierte Tod
Wilhelm Reichs ›sexuelle Massenhygiene‹ und seine Vision von einer ›freien‹ Sexualität[1]

Für Sandrina Khaled

1926 publizierte der Frauenarzt und Sexualreformer Theodor Hendrik Van de Velde den noch in den fünfziger Jahren populären Klassiker der sexuellen Aufklärung unter dem Titel »Die vollkommene Ehe«. Van de Velde instruiert in dieser Schrift aus wissenschaftlich-medizinischer Perspektive »die in physiologisch-technischer Hinsicht zu größerer Vollkommenheit gebrachte Ehe« (1926/1991, S. 17). Er entwirft präzise Zeitpläne für die optimale Orgasmuskurve, erklärt Regeln für den richtigen Handgriff zur rechten Zeit, präsentiert die Anatomie und Physiologie des Küssens und beschreibt die »Vorgänge im Muskelapparat« während der »Vergattung«. Medizinisches Wissen gibt Auskunft über die »Normallage«, »Strecklage«, »Beuge- und Reiterhaltung«, »Hintere und vordere Sitzhaltung«, »Knielage« etc. Sexualität erhält hier unter Anleitung eines ärztlichen Fachmanns den Status einer Turnübung oder – wie Atina Grossmann sagt – von »harter Arbeit«; sie wird dem Gesundheitsparadigma unterworfen, und der Orgasmus gerät »dabei zum eugenischen Maßstab« (1983, S. 40 f.). In diesem sexualreformerischen Konzept verkommt Sexualität zu einem maschinell geregelten Gesetz und ist weit davon entfernt, in Chaos oder Ekstase zu verfallen. Sie wird integriert in das mechanistische Körpermodell, das der Objektivität seines ›Gegenstandes‹ absolut sicher zu sein scheint und sich folglich jeder Kontingenz entzieht: Anatomie und Physiologie schaffen so eine hygienische Ordnung.

Im letzten größeren von insgesamt vier Kapiteln befaßt sich Van de Velde mit seinem Ideal der ›Vollkommenheit‹, mit der »Hygiene der Hoch-Ehe« (1926/1991, S. 215-267). Darin sind neben

1 Ich danke Rainer Herrn (Berlin) für Hinweise.

Menstruation, Schwangerschaft, Geburt sowie Krankheiten auch »die Pflege und Reinigung der Paarungsorgane« rubriziert. Für den Mann ist unter Punkt I. vermerkt:

»Morgens und abends *genaue* Reinigung der Eichel, der Innenfläche der Vorhaut, und besonders der Eichelrinne, unter völliger Zurückstreifung der Vorhaut. Die Reinigung hat mit einem kleinen vorher angefeuchteten Wattebausch (jedesmal ein frischer!), mit reinem Wasser zu geschehen (...) IV. Nach der Vergattung oder nach Ablauf des Nachspiels muß eine Waschung des Penis und eine genaue Reinigung der Eichel, wie unter I. beschrieben stattfinden« (1926/1991, S. 254).

Der Mann hat genau fünf Punkte zu beachten, die sich exklusiv mit seinem Geschlechtsorgan befassen, während für die Frau ganze acht zu berücksichtigen sind. Im Gegensatz zu ihm hat sie nämlich noch auf eine »genaueste Reinigung des Anus nach dem Stuhlgang« zu achten; und unter Punkt V heißt es: »Die Reinlichkeit soll während der Menstruation auf die Spitze getrieben werden. Häufiger Wechsel der Vorlagen; nur völlig reine Vorlagen, Wäschewechsel einmal, besser noch zweimal täglich« (1926/1991, S. 255). Für beide Geschlechter gilt:

»Reines Wasser. Ist kein Leitungswasser vorhanden, dann vorher abkochen. Kein Schwamm! Kein Puderbausch! Wollene Unterwäsche, welche die Geschlechtsorgane bedeckt, ist zu vermeiden.
Eine Berührung der Genitalien, sowohl der eigenen wie der des Partners, darf (besonders bei der Frau) nur mit reinen Händen stattfinden.
Ich muß meine Leser in ihrem eigenen Interesse dringend bitten, die gegebenen Vorschriften nicht als übertrieben zu beachten. Es kann sich rächen, falls man sie außer acht ließe. Und die Hoch-Ehe ist nur unter ihrem Schutz durchführbar« (1926/1991, S. 256).

Dieses hygienische Programm droht mit dem Tod, der potentiell von der Frau ausgeht, weil er in Form von Fäkalien und Menstrualblut im weiblichen Körper steckt, während sich der Mann nur äußerlich vor einer solchen Todesgefahr schützen muß. Diese Vorstellung steht in der jüdisch-christlichen Tradition, in der die Frau für die menschliche Sterblichkeit, für die Vertreibung aus dem Paradies verantwortlich gemacht wurde. Als Repräsentationsfigur des Todes haben Frauen in der abendländisch-patriarchalen Kultur diesen Status bis heute nicht verlassen (z. B. im Weltbevölkerungsdiskurs, der die weibliche Fruchtbarkeit in eine Todeslogik des Weltuntergangs und der globalen ›Umweltverschmutzung‹ stellt).

So waren es auch in der Mehrzahl Frauen, die in der christlichen Hexenverfolgung als Todesbringerinnen verbrannt wurden. Der Hexenwahn und die zur selben Zeit stattfindenden Judenpogrome, denen immer große Pestepidemien vorausgingen (vgl. Delumeau 1978/1989), können auch als gesellschaftliche Rituale zur Reinigung der Gesellschaft vom Tod in der frühen Neuzeit verstanden werden. Das wissenschaftliche Konzept der Hygiene als säkularisierte Version dessen oder als »das Produkt der Dekonstruktion der Sterblichkeit« (Bauman 1992/1994, S. 231), die Bauman als »oberste Strategie der Moderne« (ebd., S. 223) kennzeichnet, repräsentiert bis hin zur rassistischen Vernichtungspolitik des Nationalsozialismus der hygienischen Logik zufolge eine »lebensdienliche und lebenssteigernde Tat«, die allerdings – so Bauman – nur als »Ersatzventil für den großen metaphysischen Schrecken der Sterblichkeit« (ebd., S. 231; vgl. auch Gilman 1992, S. 281 ff.) fungieren kann. Am radikalsten manifestiert sich dieser Zusammenhang zwischen dem nationalsozialistischen Massenmord und dem ihm zugrundeliegenden hygienischen System in der Tötung durch die ›Dusche‹ mit dem Schädlingsbekämpfungsmittel Zyklon B.[2] Auch die Semantik der ›Euthanasie-Aktion‹ von 1940, in der die medizinische Patiententötung als »Desinfektion« (vgl. Rainer 1995, S. 82) bezeichnet wurde – verweist auf das Hygieneparadigma in der Menschenvernichtung.

Die Sexualreformbewegung der zwanziger Jahre verfügte zwar über ein weites politisches Spektrum, aber ausnahmslos alle ihre Vertreter beanspruchten das Paradigma der Hygiene (griech.: Gesundheitslehre) – so auch Wilhelm Reich. Im großen und ganzen begrüßte Reich Van de Veldes Aufklärungsbuch. Nur monierte er – als radikaler Kritiker der Ehe als Institution bürgerlicher Zwangsmoral –, daß Van de Velde nur die »Erotisierung *im Rahmen* der Ehe« (Reich 1936/1971, S. 59; vgl. auch S. 152) erlaubte. Darüber hinaus kennzeichnete Reich sein eigenes Projekt der gesellschaftlichen Revolutionierung als »sozialhygienische« oder »mentalhygienische« Aufgabe (1936/1971, S. 10, S. 9). Seinem Ideal einer von allen moralischen und gesellschaftlichen Zwängen befreiten Sexualität gab er den Titel des »hygienischen Geschlechtslebens« (1936/1971, S. 125).

In den zwischen 1918 und 1935 entstandenen Aufsätzen über die

2 Hinweis von Angelika Ebbinghaus (Hamburg).

»sexuelle Revolution«, die 1936 unter dem Titel »Die Sexualität und der Kulturkampf« und 1945 unter dem Titel »The Sexual Revolution« als Buch publiziert wurden, vergleicht Reich die von ihm angestrebte »Umerziehung der Massenstruktur« mit der »Bekämpfung einer Epidemie«:

»Man versucht ihrer dadurch Herr zu werden, daß man die einzelnen Opfer der Seuche genauestens untersucht und den Bazillus sowie seine Wirkungen feststellt, die für alle Opfer der Seuche in gleicher Weise zutreffen. Der Vergleich läßt sich noch ein Stück weiter verfolgen. Auch bei einer Seuche wirkt eine Schädigung auf einen von vornherein gesunden Organismus ein. Bei einer Cholera etwa wird man sich nicht mit der Heilung des einzelnen Kranken begnügen, sondern man wird gleichzeitig die Stelle, von der die Verbreitung des Bazillus ausgeht, isolieren und sie als Epidemiequelle zu vernichten trachten. Im krankhaften seelischen Gehaben der durchschnittlichen Menschen der Masse fällt uns die Ähnlichkeit mit dem unserer Kranken auf« (1936/1971, S. 27).

Keineswegs zufällig wurden in den zwanziger Jahren die Sexualreformbewegung und die Sexualwissenschaft, in die Reich einzuordnen ist, von Psychiatern, Gynäkologen und Venerologen dominiert, also von den medikalen Spezialisten für die Seele (den Geist), die weibliche Gebärfähigkeit (Geburt) und die Seuchen (Tod). Die Liaison von Medizin und Politik brachte es zwangsläufig mit sich, daß sich im sexuellen Befreiungsprogramm hygienischer Couleur mehr formulierte als nur eine metaphorisch gemeinte Analogie mit einem Bazillus, der isoliert und vernichtet werden muß. Bauman weist auf die bis heute einflußreiche und in vielen Variationen auftretende gesellschaftspolitische Dimension der hygienischen Logik hin:

»Der Hygiene ist durch Mittel gedient, die zur Erleichterung der Trennung gedacht sind: Besen und Bürsten, Seife, Putzmittel und Waschpulver. Bei den Stoffen, die durch die Säuberungstätigkeit abgesondert werden, handelt es sich um *Schmutz*, und sie sollten an abgelegene, ghetto- oder friedhofsähnliche, scharf bewachte Orte verfrachtet oder bevorzugt gänzlich vernichtet werden (...)
Der Rassendiskurs und die rassistische Politik der Moderne (...) lassen sich als Beispiele für die allgemeine Beschäftigung der Moderne mit Hygiene verstehen, diesem realistischen Ersatz für den unrealistischen Traum, dem Tode entgehen zu können. Das Vokabular der Hygiene und die rhetorischen, den Rassendiskurs durchziehenden Figuren sind weder grundlos noch zufällig (...); der Rassendiskurs ist, wie alle anderen zahlreichen Diskurse der Differenzierung und Trennung tatsächlich ein integraler Be-

standteil des Hygienedenkens und der von der Hygiene bestimmten Verhaltensweisen der Moderne« (1992/1994, S. 230 f., 231 f.).

Nun war Wilhelm Reich alles andere als ein Rassist. Und doch möchte ich im folgenden die These Baumans aufgreifen und die strukturelle Verstrickung seines Konzepts der »sexuellen Massenhygiene« (Reich 1936/1971, S. 11) mit der ebenfalls von Medizinern entworfenen Rassenhygiene im Zusammenhang des Dekonstruktionsversuches der menschlichen Sterblichkeit präzisieren.

1. Die Medikalisierung sozialer Prozesse und der Degenerationsdiskurs

Die große Bewegung gegen den ›Schmutz‹ als Träger und Synonym des Todes erreichte am Ende des 19. Jahrhunderts ihren Höhepunkt mit der Professionalisierung der Hygiene als medizinische Disziplin (1879: Gründung des Hygienischen Instituts in München) und ihrer parallelen Etablierung in jedem nur denkbaren sozialen und individuellen Bereich (1876: Gründung des Kaiserlichen Gesundheitsamtes in Berlin). Sei es in der Fabrik die Arbeits- und Gewerbehygiene, in der Familie die Wohnungs-, Säuglings- und Kinderhygiene, in öffentlichen Institutionen die Seuchenhygiene, Schulhygiene und Sozialhygiene (vgl. Frevert 1984) oder sei es in der Geschlechterbeziehung die Fortpflanzungshygiene und Rassenhygiene (vgl. Bergmann 1992) – all diese medizinischen Aktivitäten beförderten einen hygienischen Mentalitätenwandel, der seit Ende des 19. Jahrhunderts zu einer fundamentalen Medikalisierung von sozialen und politischen Prozessen führte.
Das erste große Konzept der Hygiene hatte Johann Peter Frank (1745-1821) mit seinem sechsbändigen Werk »System einer vollständigen medicinischen Polizey« geliefert (1779-1819). Der in der 1848er Revolution engagierte Arzt, Anthropologe und Begründer der Zellularpathologie Rudolf Virchow (1821-1902) – eine der repräsentativsten Figuren der Medizin im 19. Jahrhundert – legte 1848 eine Gesellschaftsvorstellung vor, in der unter medikalen Prämissen Politik und Medizin miteinander verschmelzen: Und zwar ging es in beiden Bereichen um die Behandlung eines ›Körpers‹. Virchow hatte sein Politikverständnis mit den Sätzen geprägt: »Die Medizin ist eine soziale Wissenschaft, und

die Politik ist nichts weiter als Medizin im großen« (zit. n. Regus 1975, S. 175 f.). Er beschrieb den Staat als einen »Organismus (...), denn er besteht aus lebenden Bürgern; man kann umgekehrt den Organismus einen Staat (...) nennen, denn er besteht aus lebenden Gliedern gleicher Abstammung« (1975, S. 54). In der Vorstellung vom ›Volkskörper‹, ›Zellenstaat‹, ›Staatsorganismus‹ manifestierte sich vor dem Hintergrund der Cholerajahre, der Tuberkulose, des Typhus, der Pocken und der Syphilis – also der großen Epidemien des 19. Jahrhunderts – die kollektive Kampfansage gegen den Tod.

Ärzte avancierten seit der Jahrhundertwende zu Experten der sozialen Frage – egal, ob es sich um die Bewertung des Pauperismus und seiner spezifischen Folgeerscheinungen wie Bettelei, Kriminalität, Alkoholismus und Massenprostitution handelte oder um politische Phänomene, wie die des Anarchismus und Feminismus, oder um die Bewertung anderer Lebensformen, wie etwa Homosexualität oder uneheliche Mutterschaft – für die Erklärung aller Phänomene, die das zivilisatorische Fortschrittsmodell gefährdeten und in dem sich der angestrebte Sieg über den Tod formulierte, hatte der medizinische Diskurs den Begriff der ›Degeneration‹ oder der ›Entartung‹ parat. An der diagnostizierten ›Degeneration‹ stellte sich die Überlebensfrage des ›Volkskörpers‹ (vgl. für das Folgende: Bergmann 1992).

Psychiater und Sexualwissenschaftler in Frankreich, Italien, England und Deutschland hatten die Degenerationslehre seit den fünfziger Jahren des 19. Jahrhunderts im Rahmen ihrer Diagnostik entwickelt und ihr damit wissenschaftlichen Respekt verschafft. Die medizinische Diagnostik der ›Degeneration‹ bzw. ›Entartung‹, die auch an den Begriff der ›Minderwertigkeit‹ assoziiert war, profilierte sich seit der Jahrhundertwende als effiziente Technik sozialer Disziplinierung, denn jede menschliche Äußerung – wie ein Mensch aussah oder dachte, liebte und arbeitete – wurde medizinisch codiert und als Normalität oder als Krankheit klassifiziert.

Bis zum Ersten Weltkrieg hatte die psychiatrische Degenerationslehre einen Katalog von als ›minderwertig‹ eingestuften Menschen formuliert, die darüber hinaus als Träger von ›Erbkrankheiten‹ und dann als besonders lebensbedrohlich für den ›Volkskörper‹ galten. Dazu zählten:

1. tödliche oder damals unheilbare Krankheiten (z. B. Tuberkulose, Syphilis und Epilepsie);

2. soziale Abweichungen (z. B. ›Arbeitsscheue‹, Bettelei, Vagabundieren, Verbrechen);
3. nicht institutionalisierte sexuelle Praktiken und Lebensformen (z. B. uneheliche Mutterschaft, Prostitution, Homosexualität);
4. psychische Leiden (z. B. Schizophrenie, Neurasthenie, manische Depression);
5. politische Konzepte und Bewegungen, die den Staat und die Geschlechterordnung kritisierten (Anarchismus, Feminismus, Sozialismus);
6. angeborene, körperliche Abweichungen (z. B. Blindheit, Spaltungen des Gaumens, Spina Bifida).

›Entartete‹ repräsentierten in der Theorie der ›Degeneration‹ eine eigene Rasse. Ihnen wurden physiognomische Merkmale – ›körperliche Degenerationszeichen‹ – von Gesicht, Kopf und auch der Geschlechtsorgane unterstellt. Sie wurden vermessen, nach Anomalien untersucht und nach Schönheitskriterien bewertet.
Einer der einflußreichsten und prominentesten Psychiater der damaligen Zeit – Emil Kraepelin (1856-1926) – betitelte in seinem Lehrbuch der Psychiatrie von 1915 ein Kapitel mit »Die Gesellschaftsfeinde« (Antisozialen), in dem er die Diagnostik der ›Entartung‹ spezifizierte und für kommende Psychiatergenerationen populär machte. Darin heißt es:

»Schon als Kinder pflegen sie zu naschen, das ihnen in die Hand fallende Geld für Karussellfahren, den Besuch von Kinos, für Süßigkeiten, Zigaretten, Bier auszugeben. Sie sind anspruchsvoll, wollen überall dabei sein, sich nichts versagen, haben ›Lust, mal ein schönes Leben zu führen‹, wie ein Kranker zur Begründung seiner von ihm begangenen Scheckfälschung erklärte. Sie fahren im Auto spazieren, rauchen stark, zechen die Nächte durch, treiben sich in Bordellen herum, halten andere frei, um sich aufzuspielen, machen prahlerische Geschenke, werfen das Geld sinnlos heraus (...) Ein 16jähriger Kranker, der seinen Angehörigen wiederholt größere Beträge entwendete, fuhr im Expreßzug 1. Klasse nach Wien und unternahm von Zürich aus für 110 Franken eine Wagenfahrt nach Luzern und der Axenstraße« (Kraepelin 1915, S. 2084).

Die nicht an den ›Geist‹ gebundenen Bedürfnisse wurden als ›psychopathisch-minderwertige Instinkte‹ pathologisiert und als nicht erziehbare ›Natur‹ entwertet. Eine der gängigsten Typisierungen von ›Degenerierten‹ bestand darin, sie als ›Triebmenschen‹ und entsprechend als ›haltlos‹, ›willensschwach‹ und ›arbeitsscheu‹ zu charakterisieren.

Der den Trieb und Körper beherrschende männliche Geist – die neuzeitliche Erfindung zur Überwindung der männlichen Sterblichkeit par excellence (vgl. von Braun 1985) – diente als Parameter für ›Gesundheit‹ respektive gesellschaftliche Normalität. Das Gegenprinzip in dieser Konstruktion repräsentierten die Frau schlechthin, Kinder sowie Männer, die ihren Geist als Instrument der Triebunterdrückung offenbar nicht nutzten.
Der Kopf avancierte zum Organ des Geistes, der Affekte, Triebe und Sexualität. Hirnvolumen, Hirngewicht und Schädelindex stellten sich als Materialisation des Geistes dar – er wurde meßbar und dadurch absolut wahrhaftig. Den Kopf als Synonym des Geistes zog man als bevorzugtes Untersuchungsorgan für die naturwissenschaftliche Erklärung und biologische Hierarchisierung von Kultur, Geschlecht und Rasse heran.
Das hygienische Prinzip konstituierte sich in der Entartungslehre unter zwei Prämissen: Zum einen benötigte es die unbedingte Konstruktion des Pathologischen als ein Prinzip des Anderen. Dieses ›Andere‹ muß mit einer tödlichen Krankheit ausgestattet sein, die schließlich das soziale Ganze bedroht und somit die kollektive Überlebensfrage aufwirft. Die behauptete Aggressivität der ›Entarteten‹ wurde mit dem Vererbungsparadigma in der Degenerationslehre medizinisch objektiviert und legte so gleichermaßen die politische wie die ärztliche Handlungsanweisung der Sterilisation nahe.
Als eigene Rasse wurde ›Entarteten‹ die Fähigkeit zugeschrieben, nicht nur sich selbst zu reproduzieren; vielmehr stellte man bei ihnen eine besondere Zeugungs- und Vermehrungskraft fest, die den ›Volkskörper‹ zu zersetzen und zerstören drohte. Da ›Degeneration‹ per definitionem als ›Erbkrankheit‹ galt, war dieses psychiatrische Theorem in eine Zeugungslogik eingebettet. So heißt es beispielsweise im »Handbuch für Geisteskrankheiten« von 1878:

»Das Schlechte, das Unsittliche wirkt degenerierend, und zwar schliesst seine unselige Wirkung nicht im Einzelleben ab, sondern der verschlechternde Einfluss vollendet sich erst in der psychischen Gesammtartung der Nachkommenschaft. ›Fortzeugend muß die That Böses gebären.‹ Im Fluch der Heredität wird es verwirklicht« (Schüle 1878, S. 266).

2. Fortpflanzungshygiene und unsterbliche Rasse

Der psychiatrische Degenerationsdiskurs lieferte die politische Handlungsanweisung und die Matrix für die medikale Normierung gesellschaftlichen Seins sowie seine hygienische Wahrnehmung für die sich seit Ende des 19. Jahrhunderts formierende rassenhygienische Bewegung, die sich in ihrer großen Mehrheit aus Medizinern, häufig Universitätsprofessoren, zusammensetzte.

Was in England der Professor für Anthropologie Francis Galton (1822-1911) im Jahre 1883 unter dem Begriff der Eugenik – die Lehre vom Wohlgeborensein – zusammengefaßt hatte, war gleichbedeutend mit dem in Deutschland konzipierten Programm der Rassenhygiene. Dieses wurde von dem Arzt Alfred Ploetz (1860-1940) mit seiner Schrift »Die Tüchtigkeit unsrer Rasse und der Schutz der Schwachen« (1895) entworfen und war gleichbedeutend mit den Begriffen der ›sexuellen Hygiene‹, ›Zeugungshygiene‹, ›Vererbungshygiene‹ oder ›Fortpflanzungshygiene‹. Ploetz ging es keineswegs um die anthropologische Klassifikation von Rassen, sondern vielmehr – wie er sich ausdrückte – um »die Hygiene einer Nation im engeren Sinne oder der gesamten menschlichen Rasse« (1895, S. 25). Rassenhygieniker verfolgten, im Gegensatz zu einem häufigen Mißverständnis, also keinen anthropologischen oder antisemitischen Rassismus, der unterschiedliche Wertigkeiten von Rassen behauptete, sondern sie standen den Eugenikern nahe; teilweise erklärten sie sich mit diesen auch identisch.

Wie schon das psychiatrische Degenerationstheorem auf dem Darwinismus basierte, so lieferten die Theorie der ›natürlichen‹ und ›geschlechtlichen Selektion‹ sowie das Prinzip vom ›Kampf ums Dasein‹ auch für das Konzept der Rassenhygiene eine zentrale Basis. Drei Aspekte der Evolutionstheorie wurden für die rassenhygienische Philosophie instruktiv:

Erstens sprach Darwin der ›Fortpflanzung‹ in der Evolution eine fortschrittsträchtige Rolle zu. Im Prozeß der ›Höherentwicklung‹, die bereits linear gedacht war, fungierte ›Fortpflanzung‹ als das zentrale Medium. Zweitens damit war zusammenhängend im Darwinismus weibliche Gebärfähigkeit für die ›Höherentwicklung‹ abqualifiziert, wohingegen ›Fortpflanzung‹ explizit zu einem kreativen männlichen Prinzip und als solches zum Motor der Evolution erhoben wurde. Und drittens hatte Darwin dazu beigetragen, das religiöse Weltbild zu säkularisieren und es durch eine Naturordnung ohne Gott zu ersetzen. Diesem nun auf Gesetzen der Natur beruhenden Ordnungsmodell lag eine neuartige Moral von Leben und Tod zugrunde, die sich in den Prinzipien des Daseinskampfes und der ›natürlichen Selektion‹ als eine ebenso rationale, wenn auch von der Natur vorgegebene wie grausame Gesetzlichkeit präsentierte. Diese Moral wurde für die ethische Begründung des Sterilisations- und später im Nationalsozialismus des Menschenopfers vorbildlich: Im Darwinismus wurde der Tod von Menschen, Tieren und sogar ganzer Gattungen, wie Günter Anders sagt, als »Sieb des Lebens« gedeutet. Dem Tod wurde nämlich

»(...) das Amt übertragen«, »dem stärkeren (und deshalb ›legitimeren‹) Leben zu einem Alleinrecht zu verhelfen, und zwar dadurch, daß er das schwächere (und deshalb ›lebens-unwertere‹) Leben durch seine Siebfächer fallen ließ. Das heißt: Da der Darwinismus das Negativum Tod in einen Beitrag zu dem Positivum ›Aufstieg des Lebens‹ ummünzte, erfüllte er die Aufgabe, eine naturalistische Theodizee für den Fortschritt in der Natur beizustellen« (1956, S. 281).

Die medizinische Technik der Sterilisation – also im wahrsten Sinne des Wortes die hygienische ›Keimfreimachung‹ – fungierte im rassenhygienischen Programm als das Mittel schlechthin, um die Todeslogik der Darwinschen Selektionsgesetze in eine hygienische Zeugungslogik zur Fabrikation einer ›unsterblichen Rasse‹ zu transformieren.

Entsprechend betonte 1923 der bekannte Rassenhygieniker der zwanziger und dreißiger Jahre Hermann Werner Siemens (1891-1969), Professor für Dermatologie, in seinem Lehrbuch für Vererbungspathologie diesen Zusammenhang:

»Es ist Darwins unsterbliches Verdienst, als erster die entscheidende Bedeutung der Selektion für die Umwandlung der Rassen (...) überzeugend dargelegt zu haben. Selektion ist aber nicht, wie vielfach noch angenommen wird, identisch mit der Tötung des Individuums. Ein früher Tod ist nur eines der Mittel der Selektion. Das Wesen der Selektion liegt allein in dem Umstande, daß das ausgemerzte Individuum der nächsten Generation nicht durch eine genügende Anzahl von Nachkommen vertreten ist (...) Jede Auslese ist also letzten Endes eine Fruchtbarkeitsauslese« (1923, S. 188).

Auf Basis der psychiatrischen Entartungsdiagnostik postulierten Rassenhygieniker die Sterilisation als Schutz- und Heilmittel für den ›Volkskörper‹ und als Prävention gegen den ›Rassentod‹. Eine Ethik, die das Überleben des ›Volkskörpers‹ versichere, erfordere die Kriminalisierung der »Fortpflanzung von Personen mit vererbbaren Krankheiten oder sonstigen Entartungsanlagen«: »Wenn ein eugenisch (...) unbrauchbarer Tuberkulöser seinen Geschlechtstrieb nicht beherrschen kann oder will (...), so kann vom Standpunkte des allgemeinen Besten ihm nicht zugebilligt werden, daß eine Produktion ihm noch vergütet wird, trotzdem sie ein Verbrechen am Ganzen darstellt«, schrieb Heinrich Poll 1921 in einer Stellungnahme für den *Beirat für Rassenhygiene* des Preußischen Innenministeriums. Um die »Fortpflanzung« »Minderwertiger« moralisch zu bekämpfen, könne der »Begriff der ›Körperverletzung‹ (...) – gleichnisweise – hier auf den Volkskörper übertragen und als Verbrechen gebrandmarkt (...) werden« (zit. n. Bergmann 1992, S. 328, Anm. 138).
Die »Vervollkommnung des Volkskörpers« verfolgte die Idee einer harmonischen Gesellschaft, die von »glücklichen, gesunden und arbeitsfreudigen« Menschen geprägt war und in der – wie Ploetz erklärte – »Noth und Elend unter den Menschen bis auf geringe Reste verschwinden« (1895, S. 239).
Die rassenhygienische Ethik präsentierte sich als eine säkularisierte Version der christlichen Paradiesvorstellung, die eine Erlösung von menschlichem Leiden, von Krankheit und vor allem von der Sterblichkeit im Diesseits durch ›Fortpflanzungshygiene‹ anvisierte. Dieser utopische Entwurf basierte auf naturwissenschaftlichem Wissen über Vererbung und – in seiner praktischen Durchführung – auf medizinischen Techniken der Geburtenkontrolle. Entsprechend forderte man die Legalität der eugenischen Sterilisation. Der Rassenhygieniker Geza von Hoffmann, der sich mit einem Sterilisationsprogramm exponierte, schrieb 1914:

»Es heißt nun die schlechtesten Fäden, ein Zehntel aller, zu fassen und abzuschneiden. Wenn jemand Beweise seiner Minderwertigkeit liefert und wenn dazu noch familiengeschichtliche Untersuchungen dartun, daß diese Minderwertigkeit auch in anderen Mitgliedern seiner Sippschaft vorkommt, so ist anzunehmen, daß in ihm ein schlechter Faden läuft: dieser muß ausgemerzt werden« (1914/15, S. 188).

Rassenhygieniker postulierten ein Ausmerzesystem – eine ›Reinigung‹ der Gesellschaft von medizinisch klassifizierten ›Degenerierten‹ – und begründeten die Rasse als ein potentielles Prinzip irdischer Unsterblichkeit. ›Keimplasma‹ hieß die neue magische Zauberformel, vor allem auch für Naturwissenschaftler, die, wie z. B. August Weismann, Carl Erich Correns oder Erwin Baur, zu dessen Erforschung selbst beitrugen. Am Keimplasma entschieden sich der ›Untergang‹ bzw. die ›Rassenvollkommenheit‹, die Sterblichkeit bzw. die ›Ewigkeit einer Rasse‹. So schrieb der Rassenhygieniker Wilhelm Schallmayer:

»Das Individuum besitzt in seinem Keimplasma etwas, was, wie Weismann ausführt, nicht zum Sterben, sondern nach menschlichen Begriffen zu unbegrenzter Fortdauer bestimmt ist (...) So wenig wie das Menschengeschlecht überhaupt, braucht also irgendein Volk jemals zufolge innerer Gesetze unterzugehen. Das Aussterben einer Art oder eines Volkes ist niemals ein Alterstod« (1903, S. 176 f.).

3. Die ›Rationalisierung der Fortpflanzung‹

1912 legte der Sozialist und Sozialhygieniker Alfred Grotjahn (1869-1931) sein Konzept der ›Rationalisierung der Fortpflanzung‹ vor, das er gegen einen potentiellen ›Rassentod‹ formuliert hatte. Seine Vorstellung ging über das rassenhygienische Programm der ›negativen Fortpflanzungsauslese‹ hinaus, weil er eine Umerziehung vom ›naiven‹ zum ›rationalen Fortpflanzungstypus‹ ins Zentrum stellte. Grotjahn ging es um die Herstellung eines ›Neuen Menschen‹, der die eugenische Norm selbst verinnerlicht hatte:

»An die Stelle dieses fehlerhaften Gebärtypus, der wenig gute Nachkommen hervorbringt, aber zahlreiche minderwertige, und der trotz dieses jammervollen Resultates ganz unverhältnismäßige Ansprüche an die Leistungsfähigkeit des mütterlichen Körpers stellt, muß ein anderer treten, der höchstens alle zwei Jahre ein Kind bietet. Das ist zu erzielen, wenn nach jeder Geburt für eine gewisse Zeit Präventivmittel zur Anwendung kommen: so mündet die Bekämpfung auch dieses Übelstandes in eine rationelle Diätetik des Geschlechtslebens mit Hilfe der Präventivmittel ein« (1921, S. 163).

Grotjahns Programm der ›rationalisierten Fortpflanzung‹ ist ohne die eigenverantwortliche Verwendung von Verhütungsmitteln un-

denkbar. Folglich entmoralisiert er aus eugenischen Gründen Antikonzeptiva, deren Gebrauch im Kaiserreich noch mit dem Weiblichkeitsbild von der Frau als Repräsentantin von ›entgeistigter Natur‹ (= ›Muttertrieb‹) kollidierte. Die von Ärzten geforderte Geburtenkontrolle führte ein neues, höchst modernes Sexualkonzept für Frauen ein, das ›Fortpflanzung‹ von Sexualität separierte und Frauen die Kompetenz eigener rationaler Geburtenplanung zusprach. Damit wurde ein Geschlechtermodell eingeführt, das dem überlieferten widersprach, denn die Differenz zwischen Mann und Frau wurde nun nicht mehr hierarchisch-polarisierend, sondern eher neutralisierend verhandelt. Grotjahn verordnete mittels Geburtenkontrolle einen Zeugungsplan für medizinisch qualifizierte »Elternpaare«, die einen Beitrag für den ›Volkskörper‹ von mindestens drei eugenisch ›einwandfreien‹ Kindern zu leisten hätten. »Nur das Volk«, dem die »Rationalisierung der Fortpflanzung« gelinge – so Grotjahn –, »wird seine Kultur mit der Sicherheit generativer Unsterblichkeit krönen können« (1921, S. 365).
Auch dieses Projekt entpuppt sich als eine Version des ›rationalisierten Todes‹, das zur Fabrikation eines ›Neuen Menschen‹ mittels eines Fortpflanzungsprogramms zu realisieren war.
Dieser ›Neue Mensch‹ schien durch seine seelische und körperliche (glückliche und gesunde) Konstitution jeder Erinnerung an die menschliche Sterblichkeit entledigt; er war eingereiht und verschmolzen mit dem ›ewigen Volkskörper‹. Dieser vom Tod gereinigte Körper wurde in seiner ästhetischen Inszenierung insbesondere in der Nazi-Kunst evident.
Zunächst möchte ich drei Charakteristika dieses Dekonstruktionsversuches des Todes festhalten, denn sie sind für die Konfrontation mit dem von Wilhelm Reich entworfenen Programm der ›sexuellen Massenhygiene‹ zentral. Zu betonen ist, daß es mir keineswegs um eine Gleichsetzung beider Modelle geht; aber so verschiedenartig ihre Strategien, inhaltlichen Akzente und vor allem politischen Konsequenzen auch waren, es bleiben einige Gemeinsamkeiten:
1. Historisch liegen die Konzepte der Rassenhygiene, Eugenik und der ›rationalisierten Fortpflanzung‹ in der Traditionslinie von aufklärerischen Vervollkommnungsbestrebungen (vgl. Dreßen 1982), in denen eine Verbesserung ›des Menschen‹ durch Erziehung im Rahmen eines großen Ganzen anvisiert wurde. Nach

dem offensichtlichen Scheitern (Pauperismus, Alkoholismus, Massenprostitution, Epidemien etc.) aller Erziehungsmaßnahmen (z.B. Zuchthäuser) übernimmt Mitte des 19. Jahrhunderts der medizinische Diskurs die Normierungsmacht unter der Überschrift ›Hygiene‹.

2. Die soziale Utopie einer glücklichen, harmonischen Gemeinschaft, die sich von den Dilemmata und Widersprüchen des Industrialisierungsprozesses mit eben den Mitteln freizumachen sucht, die genau seiner Durchsetzung dienen, indem sie die Aporie des Ideals der bürgerlichen Gesellschaft – das freie Subjekt einerseits und der entsubjektivierte funktionstüchtige Maschinenmensch andererseits – auflösen will, soll nun im Rahmen eines medikalen Kategoriensystems von Normalität und Pathologie verwirklicht werden. Dieser Entwurf konstituiert sowohl die Gesellschaft als Ganzes als auch das einzelne Individuum zu einer *Kultur des Körpers*, in dem sich potentiell tödliche Teile verbergen können. Diese zu identifizieren und zu ›bereinigen‹ wird zur Sache des medizinischen Spezialisten. ›Gesundheit‹ (als Synonym für Glück und schließlich die Präventionsformel gegen den Tod par excellence) wird nun ärztlich herstellbar. Der Arzt beseitigt in diesem Vervollkommnungsprogramm jede Inkarnation des ›Anderen‹, das die ›Gesundheit‹ oder – genauer – das ›Überleben des Volkskörpers‹ bedroht. Er avanciert damit zur Figur des Heilbringers und wird – christlich ausgedrückt – zum Erlöser von Schmerz, Leid und Tod.

3. Hervorzuheben ist, daß in diesem medikalen Gesellschaftsmodell der *Kultur des Körpers* die Dichotomisierung von Geist und Natur – also das Signum der Moderne – für die Geschlechterkonstruktion unbrauchbar wird. Waren der Mann zuvor als Repräsentant des ›körperlosen Geistes‹ erhöht und die Frau als sein Gegenprinzip, nämlich als ›triebhafte, dumme Natur‹ entwertet und ausgegrenzt, so löst sich dieses Charakteristikum der bürgerlichen Gesellschaft im Zuge des Rationalisierungsprozesses mit Beginn des 20. Jahrhunderts durch die Integration von ›Weiblichkeit‹ in das System des ›Volkskörpers‹ auf. Frauen werden spätestens in Grotjahns Konzept der ›rationalisierten Fortpflanzung‹ geistes- bzw. gesellschaftsfähig, indem sie aktiv in das ›Fortpflanzungsprogramm‹ eintreten und damit beginnen, ihre ›Natur‹ durch ›rationelle Geburtenregelung‹ selbst zu beherrschen. Die in der Geschlechterkonstruktion des 19. Jahrhunderts zugrundege-

legte Dichotomie von Geist und Materie wird jetzt tendenziell annulliert, indem in der *Kultur des Körpers* der ›Körper‹ als Materialisation des Geistes auftritt. Auf diese Weise gewinnen die ›unsterbliche Rasse‹ oder auch der ›Volkskörper‹ einen Leib (vgl. von Braun 1985). Die ›Materie‹ fungiert nun als Selbstdarstellungsmedium des männlichen Geistes, der seine abstrakte Qualität verliert; er wird lebendig, und Frauen – bisher die Inkarnation der diffamierten, aus Staat und Gesellschaft ausgegrenzten ›Natur‹ – werden in diesem Prozeß zu wichtigen Agentinnen für die Bildung und Verlebendigung des ›Volkskörpers‹. Dieser Umbruch leitet für Frauen die Ära der Naturbeherrschung am eigenen Leib mittels medizinischer, invasiver Geburtenkontrolltechniken ein.
Die Entwicklung der modernen Kontrazeptiva und ihre eugenische Assoziation ebnete den Weg für diese im 20. Jahrhundert stattfindende fundamentale Medikalisierung und parallele Disziplinierung von weiblicher Gebärfähigkeit und Sexualität.

4. Die Sexualreform und Wilhelm Reichs Konzept der ›Sexuellen Revolution‹

Während Rassenhygieniker und Vorläufer der Sexualreform wie Alfred Grotjahn vor dem Ersten Weltkrieg damit befaßt waren, ihr Programm in erster Linie theoretisch zu formulieren, waren die zwanziger Jahre davon geprägt, das bürgerliche Geschlechtermodell zu kritisieren und es praktisch und juridisch neu zu konzeptualisieren. Frauen gewannen nun das Recht, sich als rationale, orgasmus- und politikfähige Menschen gesellschaftlich zu profilieren. Die sexualpolitische Debatte wurde in der Öffentlichkeit, im Parlament, von der Sexualwissenschaft, der Frauenbewegung und der sozialistischen Ärztebewegung mit mehr oder weniger konträren Interpretationen und Standpunkten geführt (vgl. von Soden 1988; Grossmann 1985; Usborne 1989/1994).
Zwei Erfahrungshorizonte prägten die Sexualreform in Deutschland: Einmal der Erste Weltkrieg, aus dem das Phänomen der sogenannten Ehekrise hervorging und der – wie später der Zweite Weltkrieg auch – das herrschende Geschlechtermodell ad absurdum führte und es auch ideologisch zum Kollabieren brachte. Zweitens diente die Russische Revolution als politisches Vorbild

für eine fundamentale Erneuerung des Geschlechterverhältnisses. 1917/18 gab man dort die feudale Sexualordnung juridisch auf (Dekrete zur zivilen Eheschließung, Vormundschaft und Abschaffung des patriarchalen Erbrechts). Die Ehe wurde als Institution und in ihrer patriarchalen Familienstruktur mit der väterlichen Gewalt aufgelöst. Als eine der ersten Gesetzesinitiativen der Sowjetmacht war dies vor allem als Schlag gegen die Autorität der Kirche und gegen den Zarismus gedacht (vgl. Mänicke-Gyöngyösi 1993). Frauen konnten nun ohne staatliche und moralische Reglementierungen operative Abtreibungen durchführen lassen.

Unter dem Aspekt der ›Volksgesundheit‹ standen in Deutschland folgende Themen im Zentrum sexualreformerischer Ambitionen: die Prostitution im Zusammenhang mit den ›Lustseuchen‹ (Syphilis und Gonorrhoe); die Verhütungsmittel (§ 184, Abs. 3); die Abtreibung (§§ 218-220); die Ehegesetzgebung (BGB von 1900); die staatliche Reglementierung von sogenannter Schund- und Schmutzliteratur (§ 184); die staatliche Diskriminierung von unehelichen Kindern; der Mutterschutz; die Homosexualität (§ 175). Im Rahmen des sexualreformerischen Engagements unternahm man nun auch ›sexuelle Volksaufklärung‹ mit dem neuartigen Medium des Films. Interessant dabei ist, daß das sexualwissenschaftliche Interesse an solchen Filmen, in denen eine Legalisierung von Verhütungsmitteln gefordert wurde, am wenigsten der Schwangerschaftsverhinderung galt. Vielmehr ging es um die Prävention von Geschlechtskrankheiten – also um die Verhinderung des ›Volkstodes Syphilis‹. Der erste sexuelle Aufklärungsfilm dieser Art, unterstützt und finanziert von der »Gesellschaft zur Bekämpfung der Geschlechtskrankheiten«, war der 1918 unter dem Titel »Es werde Licht« entstandene Film von Richard Oswald.

Unter dem Einfluß der eugenischen und hygienischen Mentalität wurden nun auch die sozialistische und feministische Bewegung für das Projekt der ›Vervollkommnung‹ der Gesellschaft praktisch tätig: Zwischen 1919 und 1932 riefen diverse Vereine 500 Sexualberatungsstellen ins Leben (vgl. von Soden 1988, S. 9 ff.), die ›erbgesundheitliche Beratungen‹ durchführten, über Verhütungsmittel (Pessare und Kondome), Sterilisationstechniken und über die Abtreibung informierten (vgl. von Soden 1988, S. 94 ff.) sowie bei sexuellen Problemen medizinische Ratschläge erteilten. In diesem historischen Kontext steht Wilhelm Reichs Programm der ›Sexuellen Revolution‹.

1928 gründete Reich nach dem Vorbild deutscher Sexualreformorganisationen in Wien die »Sozialistische Gesellschaft für Sexualberatung und Sexualforschung« (vgl. Rackelmann 1993). 1930 zog er in die Metropole der Sexualreformbewegung, also nach Berlin um – allein hier gab es 40 Sexualberatungsstellen. Reich wollte sich in Berlin politisch als sozialistischer Arzt verwirklichen. Er bot dem ZK der KPD seine Kooperation an und schlug einen »sozialistischen Massenverband auf kommunistischer Basis« (zit. n. Rackelmann 1993, S. 53) vor. Ähnlich wie Rudolf Virchow das Verhältnis von Medizin und Politik formuliert oder wie 1909 der Rassenhygieniker Max von Gruber die ›Ärzte als Führer der Völker‹ statuiert hatte, so verstand sich auch Reich in erster Linie als Arzt, der sich mittels seines naturwissenschaftlichen Spezialistenwissens um die Gesundung des Ganzen zu kümmern hatte. Er griff aber nicht auf die rassenhygienische Rhetorik vom ›Volkskörper‹ zurück, vielmehr bediente er mit dem Begriff der ›Masse‹ das Vokabular der Arbeiterbewegung. Reich diagnostizierte eine »seelische Massenerkrankung« (1936/1971, S. 18), die er wie »eine Seuche, nach Art einer Epidemie« (zit. n. Rackelmann 1993, S. 52) in Angriff nehmen wollte. Sein Modell von Krankheit und Gesundheit orientierte sich nicht am Vererbungsparadigma, unter dem jedes pathologische Potential im menschlichen Körper verankert war und das sich als nicht beherrschbarer Trieb im konkreten Leben äußerte; vielmehr ging Reich von einer sui generis friedlichen, widerspruchsfreien, schmerzlosen und angstfreien ›Natur‹ aus, die exklusiv von außen, nämlich genau durch die gesellschaftliche Unterdrückung der ›natürlichen Triebe‹, beschädigt werde und nach dem Wirkungsprinzip einer Seuche bis hin zu einer tödlichen Massenkrankheit (z. B. als Faschismus in seiner grausamen Struktur) das Ganze erfasse (vgl. Reich 1936/1971, S. 10; seine Kritik an der Theorie der »hereditären Degeneration«, S. 14). Eine solche gesellschaftliche Deformation führte Reich auf die Unterdrückung der ›natürlichen sexuellen Energie‹ zurück, die der kapitalistisch und patriarchal organisierten Gesellschaft eigen sei. Die nicht ›abgeführte‹ sexuelle Energie sei für die Neurose verantwortlich, die jedoch wegen ihres epidemischen Charakters individuell nicht therapierbar sei. Das Onanieverbot für Kinder und Jugendliche, die monogame ›Zwangsinstitution‹ Ehe und Unkenntnisse über die Physiologie des Körpers und Verhütungstechniken, kurzum die »bürgerliche Zwangsmoral«, führten seiner Ansicht nach zur seelischen Massenerkrankung: »Die moralische Regulierung der natürlichen biologischen Ansprüche der Menschen erzeugt durch Unterdrückung, Nichtbefriedigung usw. *sekundäre, krankhafte, asoziale* Triebe.« Eine solche Umbildung der »natürlichen Triebe« könne dazu führen, »das gesellschaftliche Leben tatsächlich zu gefährden« (1936/1971, S. 44). Reich entwirft ein Normalitätsmodell, in dem z. B. auch Homosexualität als Folge von gehemmter Sexualität in Krankheit übersetzt ist (vgl. 1936/1971, S. 123 und S. 132). In seiner radikalen Pathologisierung von Welt und Geschichte geht er schließlich so weit, daß er ganze »6000 Jahre Ausbeutung, Mystizismus und Sexualunterdrückung« als »Fehlentwicklung der Natur« (ebd., S. 24) qualifiziert. Die Komplexität und Vielfalt von Kulturen, Gesellschaften und einzelner Individuen werden mit einem Satz vom Tisch gefegt: »die Menschen aller Erdteile sind in der Tat seelisch krank; sie reagieren geistig abnormal, in Widerspruch zu ihren eigenen Wünschen und realen Möglichkeiten« (ebd., S. 17).

Reich begreift die sexuelle Energie als Lebensquelle, die ›Gesundheit‹ reguliert. Er erklärt Sexualität im Rahmen des in der modernen Medizin zugrundegelegten cartesianischen Modells des Körpers als Maschine. Darin ist der Leib in einzelne Funktionen und Organe zerstückelt. Dieses Körperkonzept wurde seit Mitte des 19. Jahrhunderts im Zuge des Aufschwungs der physikalischen, tierexperimentellen Forschung, neben der Zellularpathologie Rudolf Virchows, elektrophysiologisch ausdifferenziert. Zu den Pionieren der Elektrophysiologie zählen Hermann Helmholtz (1821-1894), der Erforscher von elektrischen Fischen, Emil du Bois-Reymond (1818-1896), Ernst Wilhelm Brücke (1819-1892) und der Begründer des ›Zuckungsgesetzes‹ Eduard Pflüger (1829-1910). In der Elektrophysiologie, die auch unter dem Namen der Biophysik kursiert, kristallisiert sich prägnant die strukturelle Verbindung zwischen der Entwicklung der Medizin und der sich entfaltenden Technik im Zuge der industriellen Revolution. Auch Freuds Vorstellung vom ›psychischen Apparat‹ rekurriert auf die elektrophysiologische Schule (vgl. Sulloway 1982, S. 41 ff. u. 172 ff.). Reichs biophysikalische Erklärung von Sexualität steht ganz in dieser Tradition. So definiert er die Libido als ein »elektrisches Naturgeschehen« (Reich 1934/1984, S. 127), das er mit technischen Apparaten, an die Versuchspersonen angeschlossen werden, experimentell zu beweisen sucht. In seinem Körpermodell fungiert nur vordergründig nicht der Geist (die Vernunft) als oberstes Prinzip, sondern die sexuelle Energie, die individuell und gesellschaftlich zur Entfaltung gebracht werden müsse: »Die sexuelle Energie ist die biologische Aufbauenergie der psychischen Apparatur, die die menschliche Gefühls- und Denkstruktur bildet. ›Sexualität‹ (physiologisch Vagusfunktion) ist die produktive Lebensenergie schlechthin« (1936/1971, S. 18).

Reich postuliert ein »Recht auf sexuelle Gesundheit« (vgl. Rackelmann 1993, S. 58) und in diesem Zusammenhang fordert er die Abschaffung des § 218, die Aufhebung des moralischen Zwangs zur Ehe, eine »rationelle Geburtenregelung« (1936/1971, S. 57), wozu er die kostenlose Verteilung von Verhütungsmitteln zählt, die Überwindung der »Sexualnot« durch Wohnraum für Jugendliche sowie eine »freie sexuelle Jugendaufklärung und Erziehung« (Rackelmann 1993, S. 59).

Reichs Konzept der »Umerziehung der Massen« (1936/1971, S. 32), das die Gesellschaft durch Aufhebung der Triebunterdrükkung gesund machen soll, geht von einer widerspruchslosen Harmoniegesellschaft aus, in der schließlich »Natur und Kultur, Individuum und Gesellschaft, Sexualität und Sozialität« (ebd., S. 33) miteinander versöhnt und verschmolzen sind. Die Verwirklichung dieser Utopie stellt sich in erster Linie über Pädagogik, vor allem über die »wissenschaftlich begründete« Kindererziehung und durch die Aufklärung von Jugendlichen über die »Physiologie der Pubertät und des Geschlechtsverkehrs« her (ebd., S. 86). Dabei schwebt Reich das Weltmodell einer »sexualökonomischen Selbststeuerung für natürliche biologische Bedürfnisse« (ebd., S. 47) im Rahmen einer »planetaren Gemeinschaft der Erdbürger« und eines »Internationalismus ohne Wenn und Aber« (ebd., S. 16) vor. Die wegfallende Triebunterdrückung beseitige schließlich die Neurose als Massenepidemie und führe zu einer relativ egalitären sexuellen Praxis aller, so daß »die Einstellung zum natürlichen Geschlechtsleben (...) bei allen mehr oder minder gleichartig« (ebd., S. 30) sein werde. Reich resümiert 1949, daß in den USA die »Eltern-Erzieher-Organisationen, die das Prinzip der Selbststeuerung, und damit das der Sexualökonomie des Kindes vertreten« (ebd., S. 11), das Projekt der ›sexuellen Massenhygiene‹ bereits ins Stadium seiner Verwirklichung gebracht hätten.

Er entwirft einen Heilsplan – eine »Sexualökonomie«, die »den Widerspruch zwischen Kultur und Natur aufheben (kann), indem sie mit der Triebunterdrückung auch den perversen und asozialen Trieb beseitigt« (ebd., S. 43).

Dieses Programm der ›Sexuellen Revolution‹ steht in vielerlei Hinsicht in der Tradition der modernen Naturbeherrschung, die es sich seit der Renaissance zum Programm gemacht hat, alles Lebendige, die Natur, wie ein mathematisches Buch, als logisches Gesetz zu dechiffrieren, so daß letztlich nichts unerklärt und als Fremdes übrigbleibt. Seine Erkenntnisweise der Sexualität folgt streng der experimentellen Methode, die im sogenannten Analogieschluß verschiedene Tierarten als ein System kompatibel macht – so z. B. eine Amöbe mit einer Maus oder einen Frosch mit einem Menschen (vgl. Reich 1934/1984, S. 48 ff.). Als beliebig auswechselbares System wird ›Leben‹ als mechanisches Prinzip im Labor- und Menschenversuch in Szene gesetzt, wobei jede Artdifferenz, das aus dem Lebenszusammenhang gerissene ›Forschungsobjekt‹ sowie die Subjektivität des Wissenschaftlers methodisch nivelliert werden.

Schließlich exponiert Reich den Naturwissenschaftler als revolutionäres Subjekt der gesellschaftlichen Umwälzung und verleiht ihm die Definitionsmacht über alles soziale Leben – übrigens in einer verblüffenden Ähnlichkeit mit dem utopischen Entwurf des Begründers des naturwissenschaftlichen Experimentes, Francis Bacon (1561-1626), der in seinem Roman »Nova Atlantis« (1624) eine Gemeinschaft von Insulanern vorstellt, die unter Ausschluß von Fremden das gesamte gesellschaftliche Leben nach planbaren naturwissenschaftlichen Gesetzen gestaltet. Reich konzipiert eine Gesellschaft unter eben dieser Priorität. Die Proklamation für eine »rational wissenschaftliche Lebensordnung« legte Reich in seiner 1944 geschriebenen Einleitung zur »Sexuellen Revolution« vor:

»Die Naturwissenschaft ist vor ihre größte Aufgabe gestellt, endlich und endgültig die Verantwortung für das weitere Schicksal dieses zermarterten Menschengeschlechts zu übernehmen (...) Die Naturwissenschaftler werden, ob sie es wollen oder nicht, berufen sein, soziale Lebensprozesse zu lenken, und Politiker werden wohl oder übel lernen, nützliche Arbeit zu leisten. Der neuen rational wissenschaftlichen Lebensordnung (...) zum Durchbruch zu verhelfen (...) ist eine der Aufgaben dieser Schrift« (1936/1971, S. 16).

Daß ausgerechnet der Nationalsozialismus das erste Regime in der Geschichte der Menschheit darstellt, das unter medikalen Prämissen eine neue Lebensordnung strukturierte, bleibt in der Faschismusanalyse Reichs gänzlich unbeachtet. So gehörte das »Gesetz zur Verhütung erbkranken Nachwuchses« vom 14. Juli 1933 zu den ersten Gesetzesinitiativen der Nationalsozialisten. Wissenschaftliche Experten hatten es vorformuliert, und seine praktische Durchführung in den Kliniken (Erbgesundheitsprüfung, Sterilisationstechniken, Meldepflicht für Ärzte und Hebammen von ›erbkrankem Nachwuchs‹) hing in vielerlei Hinsicht von medizinischen Spezialisten ab (vgl. Bock 1986; vgl. zum sexualreformerischen Standpunkt Herrn 1993).
Ein wesentliches Merkmal der ›sexuellen Massenhygiene‹ ist, daß Natur in ihrer von Reich behaupteten ontologischen Qualität sich weder im Laufe der gesamten Menschheitsgeschichte noch in einer Kultur selbstmächtig entfaltet und durchgesetzt hat. Vielmehr erlangt sie ihre anthropologische Verwirklichung erst programmatisch durch Erziehung und tritt dann in Gestalt von ›Gesundheit‹ auf. Während Rassenhygiene und Eugenik von einer vererbten Natur ausgehen, die sich entweder als gefährlich oder ›gesund‹ herausstellt – woraus die Konsequenz der ›Fortpflanzungshygiene‹ folgt –, setzt Reich in der ›sexuellen Massenhygiene‹ an der Erziehung zur ›richtigen‹, das heißt ›gesunden Natur‹ an, wobei er der physiologischen Entfaltung der sexuellen Energie als dem Eigentlichen den erlösenden Stellenwert zuschreibt. Expressis verbis kennzeichnet er seine Utopie deshalb als »Verwirklichung des Lebensglücks auf Erden« (Reich 1936/1971, S. 25). Beiden Konstruktionen – der rassenhygienisch-eugenischen wie der Reichschen ›sexuellen Massenhygiene‹ – liegt eine universalistische Normierung von Welt durch ein objektivistisches Naturverständnis zugrunde. Beide utopischen Entwürfe beruhen auf einem Harmoniemodell von Gesellschaft, in dem nicht das Prinzip der *Vielfalt*, sondern das der *Vereinheitlichung* unter dem Paradigma der Gesundheit herrscht. So ist es nur allzu logisch, daß in beiden Ansätzen die Formierung des Ganzen im Zentrum steht und das Individuum von vornherein nicht interessiert. Der einzelne Mensch gerät zugunsten eines Ganzen (entweder der ›Masse‹ oder der ›Rasse‹) zum Abstraktum und wird als solches dem Ganzen geopfert. Reich entlarvt das sexuell Andere als gefährliche Pathologie (Seuche), während er den Koitus zwi-

schen Mann und Frau unter eine ›Orgasmusformel‹ (auf die ich noch zu sprechen komme) faßt und als ›natürlich‹ normiert. Für Eugeniker ist es die körperliche Verschiedenheit, die in ein Gleiches zu transformieren ist. In beiden Heilslehren, die sich auf eine ausgesprochen konträre Weise auf Natur berufen, werden Differenz und Kontingenz zur Auflösung gebracht. Anders ausgedrückt: In der Harmoniegesellschaft steht die Inszenierung einer Symbiose ohne Angst auf dem Programm, wobei es keine Berührung mit dem Anderen, das sich vor allem auch in der Sexualität und noch mehr im Tod manifestiert, geben darf.

5. Reichs Vision von einer ›freien‹ Sexualität

Eine grundlegende Voraussetzung für Reichs Vision einer ›freien‹ Sexualität bildet die Trennung von Sexualität und ›Fortpflanzung‹ mittels der technokratisch konzipierten ›rationellen Geburtenregelung‹, die Reich vor allem in der Freigabe der Abtreibung und der Legalisierung der damals gebräuchlichen Verhütungsmittel (z. B. Pessare) eingelöst sieht (vgl. Reich 1936/1971, S. 57 f.; Rakkelmann 1993). Die Tatsache, daß sich für Frauen gerade die Abtreibung (aber auch Pessare!) als eine höchst blutige, schmerzhafte und nicht selten tödliche Praktik herausstellte (vgl. Bergmann 1992, S. 163 ff.) – so auch in der Sowjetunion der zwanziger Jahre, in der Abtreibung und Verhütungsmittel staatlich legalisiert und organisiert waren –, wird von Reich gar nicht thematisiert.
Vielmehr profiliert er sich als Patriarchatskritiker. Das Patriarchat beschreibt er als ein System, das die Kleinfamilie als »Fabrik autoritärer Ideologien und konservativer Strukturen« (1936/1971, S. 88 f.) errichtet habe. Mit seiner Vorstellung von einer kollektivierten, wissenschaftlich begründeten Kindererziehung (vgl. ebd., S. 161 ff.) sowie der ›rationellen Geburtenregelung‹ entwirft er ein Programm, in dem die individuelle Mutterschaft sowie die Gebärfähigkeit der Frau letztlich als Störfaktoren für die Entfaltung der ›natürlichen sexuellen Energie‹ wegzurationalisieren wären. Die »materielle Verselbständigung der Frau« (ebd., S. 154) – also die Lohnarbeit als das Prinzip der Industrialisierung schlechthin – postuliert er als das Non plus ultra, um die Voraussetzungen der neuen Sexualökonomie zu schaffen. Die Kleinfamilie als Ort der deformierten, krankhaften Mutterschaft soll zugunsten der »Kollektivierung des Lebens« überwunden werden.

Reich problematisiert die Konflikte mit den Müttern in der Sowjetunion der zwanziger Jahre und berichtet über »Schwierigkeiten«, über die »Unfähigkeit der genital-sexuell verkrüppelten und für wirtschaftliche Selbständigkeit unvorbereiteten Frauen«, die »ihre Ersatzbefriedigung in der Herrschaft über die Kinder« fänden. »Jede, auch die für die Kinder günstige Einschränkung dieser Beziehung, empfand sie (die Frau, Einf.: A. B.) als eine schwere Beeinträchtigung« (ebd., S. 164). Bei der ›Kollektivierung des Lebens‹ sei man vor das große Problem gestellt gewesen, daß solche sexuell kranken Frauen »um Heim, Familie und Kinder« (ebd.) kämpften. Auch Reichs normatives Modell der ›Kollektivierung der Kindererziehung‹ orientiert sich an der Sexualreform der Sowjetunion in den zwanziger Jahren. Er stigmatisiert nicht nur die Mutter-Kind-Bande, sondern propagiert auch deren gewaltsame Zerstörung als Maßnahme zur Gesundung der Gesellschaft:

»In unserer pädagogischen (...) Arbeit gingen wir von der Tatsache aus, daß in der Sowjetunion den Eltern die Gewalt über die Kinder genommen und die erzieherische Sorge der Gesamtgesellschaft übertragen wurde (...) Jeder fortgeschrittene Arbeiter, jede klare Mutter anerkannte und bejahte diese Richtung des Sowjetismus. In der Masse kämpften wir gegen den Besitzinstinkt und Machtmißbrauch der Mütter den Kindern gegenüber, wandten wir alles Wissen auf, um den Müttern zu zeigen, daß ihnen die Kinder nicht ›genommen‹ werden, sondern daß die gesellschaftliche Erziehung ihnen die Lasten und Sorgen abnehmen soll« (ebd., S. 158).

Die Bande zwischen Mutter und Kind stellen für Reich ein per se reaktionär-konservatives Prinzip dar. Er charakterisiert die »familiäre Bindung«, die sich in der Russischen Revolution als »bremsender« Faktor herausgestellt habe, als ein faschistisches Attribut (ebd., S. 161).

In seiner sexualpathologisierenden Perspektive auf die Mutter, die ihr Kind der Vergesellschaftung nicht preisgeben will, nivelliert Reich die Geschlechterdifferenz, die ihren höchsten Ausdruck in der weiblichen Gebärfähigkeit und der Potentialität der Mutterschaft findet. Sein alles vereinheitlichendes Konzept von Gesellschaft macht die Negation der Geschlechterdifferenz aber zwingend notwendig. Und so ist es nur eine logische Konsequenz, wenn er ein Sexualmodell vorlegt, in dem die Gebärfähigkeit der Frau aus ihrem umfassenden leiblichen und sexuellen Zusammenhang herausgerissen und durch Geburtenkontrolle technokratisch verwaltet wird. Reich reduziert Sexualität auf den Orgasmus, der, soweit er »gesund« ist, zwischen Mann und Frau »völlig gleich« (1934/1984, S. 12) sei. Neben der »mechanischen Entspannung« (ebd., S. 13) erforscht Reich an seinen Patienten und Versuchspersonen apparativ im Labor auch die »bioelektrische Entladung« (ebd., S. 12) des Orgasmus. Dieser elektrophysiologischen Sicht auf menschliche Sexualität entsprechend interessieren Reich – ähnlich wie Van de Velde – vor allem die physiologischen Tatsachen des Orgasmus. Er benutzt Metaphern aus der Mathematik, der Mechanik und der Elektrizitätslehre (Galvani) und stellt folgende »Orgasmusformel« auf: »›Mechanische Spannung‹ – ›Bioelektrische Ladung‹ – ›Bioelektrische Entladung‹ – ›Mechanische Entspannung‹« (ebd., S. 17):

»Die erste Voraussetzung der orgastischen Funktion ist die vegetative Erregung des Genitalapparats. Das Wesen der Erektion besteht in der starken Füllung der genitalen Blutgefäße, zunächst der genitalen Arterien (Vaguswirkung). Auch die genitale Muskulatur (...) wird vagisch erregt, das heißt, sie gerät in höheren Tonus und komprimiert dabei die oberflächlicher als die Arterien gelegenen Blutgefäße (...) Bei der Frau ist der Erektionsvorgang prinzipiell von der gleichen Art wie beim Manne, auch hier ergibt sich arterielle und sekundär venöse Stauung der corpora cavernosa clitoridis und der bulbi vestibuli (der Gefäßräume des Kitzlers und der Scheidenöffnung)« (ebd., S. 17f.).

Abstrakte, entsinnlichte Elektrophysiologie und Mechanik substituieren in Reichs bio-elektrischer Untersuchung von Sexualität und Angst jede sinnliche Erfahrung, die sich der mathematischen Formel und möglicherweise der Sprache überhaupt entzieht. Der Orgasmus wird bei Reich wie schon bei Van de Velde dem Gesundheitsparadigma unterworfen. Darüber hinaus wird er als zentraler Kern gesellschaftlicher Befreiung bzw. Erlösung von Schmerz, Angst und Leiden, als physikalisch-mechanisches Gesetz, das mittels elektrischer Apparatur im Labor meßbar, herstellbar und dadurch beherrschbar wird, präsentiert:

»Im Geschlechtsakt treten zwei bio-elektrisch hochgespannte Organismen miteinander in Beziehung. Die *höheren* (Hervorh., A.B.) psychischen Funktionen erlöschen vorübergehend. Alles ist auf die Entladung vegetativer Hochspannung konzentriert. Zwei in orgastischer Wollust verharrende Körper sind nichts als ein einziger zuckender Plasmahaufen« (ebd., S. 20).

Die Liebesbeziehung wird von Reich in ein biologisches System transformiert, in dem sogar der Kuß dem elektrophysikalischen

Logos unterworfen ist (vgl. ebd., S. 110). Und die ›Orgasmusformel‹ fragmentiert Sexualität von Frauen noch einmal auf besondere Weise, da sie von der weiblichen Gebärfähigkeit völlig frei zu sein scheint. Wenn man davon ausgeht, daß die Menstruation, der Eisprung und der gesamte weibliche Zyklus sowie die Geburt und das Stillen sehr vielschichtige leibliche Ausdrucksformen weiblicher Sexualität sind, so macht Reich in seinem elektrophysiologischen Egalisierungskonzept die Sexualität von Frauen der männlichen, zyklusfreien Sexualität gleich. Sein Streben nach wissenschaftlicher Erkenntnis und technokratisch organisierter Naturbeherrschung läßt kein Geheimnis zurück. Das Rätsel der Geschlechterspannung, die vielleicht eine originäre Angstquelle in sich birgt und in der Begegnung mit dem Anderen erst entsteht, möchte Reich naturwissenschaftlich, experimentell, das heißt durch apparative Messungen restlos aufklären. In seinem Erkenntnisprogramm wird Sexualität in ein naturwissenschaftlich-logisches Ordnungsmodell des ›Körpers‹ übersetzt. Und selbst der Liebe ›auf den ersten Blick‹ will er naturwissenschaftlich auf die Spur kommen.
Als emphatischer Gegner des Mystizismus geht es Reich genau um eine fundamentale Entmystifizierung der Sexualität. Das Unaussprechliche, das Mysterium und die Kontingenz werden mit dem inquisitorischen Besteck des Naturwissenschaftlers ausgetrieben und in Wissen aufgelöst. Sieht es auf den ersten Blick so aus, als würde Reich der Sexualität einen respektablen Platz in der Gesellschaft verschaffen, so entmächtigt er sie letztlich nur, indem er Sinnlichkeit und Liebe als Logos konstituiert und vernünftig macht.

Literatur

Anders, Günther (1956), *Die Antiquiertheit des Menschen. Über die Seele im Zeitalter der zweiten industriellen Revolution*, Bd. 1, München: Beck.

Bauman, Zygmunt (1992), *Tod, Unsterblichkeit und andere Lebensstrategien*, Frankfurt am Main: Fischer, 1994.

Bergmann, Anna (1992), *Die verhütete Sexualität. Die Anfänge der modernen Geburtenkontrolle*, Hamburg: Rasch und Röhring.

Bock, Gisela (1986), *Zwangssterilisation im Nationalsozialismus. Studien zur Rassen- und Frauenpolitik*, Opladen: Westdeutscher Verlag.
Braun, Christina von (1985), *Nicht ich: Logos, Lüge, Libido*, Frankfurt am Main: Neue Kritik.
Delumeau, Jean (1978), *Angst im Abendland. Die Geschichte der kollektiven Ängste im Europa des 14. bis 18. Jahrhunderts*, Reinbek: Rowohlt, 1989.
Dreßen, Wolfgang (1982), *Die pädagogische Maschine. Zur Geschichte des industrialisierten Bewußtseins in Preußen/Deutschland*, Berlin: Ullstein.
Frevert, Ute (1984), *Krankheit als politisches Problem 1770-1880. Soziale Unterschichten in Preußen zwischen medizinischer Polizei und staatlicher Sozialversicherung*, Göttingen: Vandenhoeck & Ruprecht.
Gilman, Sander L. (1992), *Rasse, Sexualität und Seuche. Stereotype aus der Innenwelt der westlichen Kultur*, Reinbek: Rowohlt.
Grossmann, Atina (1983), »Die ›Neue Frau‹ und die Rationalisierung der Sexualität in der Weimarer Republik«, in: Ann Snitow/ Christine Stansell/Sharon Thompson (Hg.), *Die Politik des Begehrens. Sexualität, Pornographie und neuer Puritanismus in den USA*, Berlin: Rotbuch Verlag, 1985, S. 38-62.
Grotjahn, Alfred (1921), *Geburten-Rückgang und Geburten-Regelung. Im Lichte der individuellen und sozialen Hygiene*, Berlin: Oscar Coblentz.
Herrn, Rainer (1993), »Phantom Rasse. Ein Hirngespinst als Weltgefahr. Anmerkungen zu einem Aufsatz Magnus Hirschfelds«, in: *Mitteilungen der Magnus-Hirschfeld-Gesellschaft* 18, S. 53-62.
Hoffmann, Geza von (1914/15), »Das Sterilisationsprogramm in den Vereinigten Staaten von Nordamerika«, in: *Archiv für Rassen- und Gesellschaftsbiologie* 11, S. 184-192.
Kraepelin, Emil (1915), *Psychiatrie. Ein Lehrbuch für Studirende und Ärzte*, Bd. 4, Leipzig: Barth (8. Aufl.).
Mänicke-Gyöngyösi, Krisztina (1993), »Soziale Rationalisierung und Geschlechterverhältnisse in der Sowjetunion der zwanziger und dreißiger Jahre«, in: Dagmar Reese et al. (Hg.), *Rationale Beziehungen? Geschlechterverhältnisse im Rationalisierungsprozeß*, Frankfurt am Main: Suhrkamp, S. 319-343.
Ploetz, Alfred (1895), *Die Tüchtigkeit unsrer Rasse und der Schutz der Schwachen. Ein Versuch über Rassen-Hygiene und ihr Verhältnis zu den humanen Idealen, bes. zum Socialismus*, Berlin: Fischer.
Rackelmann, Marc (1993), »Was war der Sexpol? Wilhelm Reich und der Einheitsverband für proletarische Sexualreform und Mutterschutz«, in: *Mitteilungen der Magnus-Hirschfeld Gesellschaft* 19, S. 51-72.
Rainer, Bettina (1995), *Euthanasie. Zu den Folgen eines harmoniesüchtigen Weltbildes*, Wien: Wiener Frauenverlag.
Regus, Michael (1975), »Natur und Gesellschaft im Entwicklungsprozeß der Medizin als Wissenschaft«, in: Hans-Ulrich Deppe/Michael Regus

(Hg.), *Seminar: Medizin, Gesellschaft, Geschichte*, Frankfurt am Main: Suhrkamp.

Reich, Wilhelm (1934), *Die bio-elektrische Untersuchung von Sexualität und Angst*, Frankfurt am Main: Nexus Verlag, 1984.

– (1936), *Die sexuelle Revolution*, Frankfurt am Main: Fischer, 1971.

Schallmayer, Wilhelm (1903), *Vererbung und Auslese im Lebenslauf der Völker. Eine staatswissenschaftliche Studie auf Grund der neueren Biologie*, Jena: Fischer.

Schüle, Heinrich (1878), *Handbuch der Geisteskrankheiten*, Leipzig.

Siemens, Hermann Werner (1923), *Einführung in die Allgemeine und Spezielle Vererbungspathologie des Menschen*, Berlin: Springer.

Soden, Kristine von (1988), *Die Sexualberatungsstellen der Weimarer Republik 1919-1933*, Berlin: Edition Hentrich.

Sulloway, Frank J. (1982), *Freud – Biologe der Seele. Jenseits der psychoanalytischen Legende*, Köln-Lövenich: Hohenheim.

Usborne, Cornelie (1989), *Frauenkörper – Volkskörper: Geburtenkontrolle und Bevölkerungspolitik in der Weimarer Republik*, Münster: Westfälisches Dampfboot, 1994.

Van de Velde, Hendrik (1926), *Die vollkommene Ehe – Das klassische Aufklärungsbuch in der 78. Auflage*, Herrsching: Pawlak, 1991.

Wolfgang Dreßen
Handbuch der Moral für den Bürgerstand
Schwarze Pädagogen, Naturliebhaber und Lebenskünstler

»O, daß doch ihr, die ihr bei eurem mühseligen und arbeitsvollen Leben wahre Erholung, Kraftstärkung und Ermunterung des Geistes so nöthig habt, mehr Sinn und Geschmack für diese Freuden der Natur bekommen möchtet (...) Dann wird euer ganzer Geschmack sich umschaffen. Euer Hang zu mancher Thorheit wird sich verlieren. Alle eure Kenntnisse werden neues Licht, neue Vestigkeit erhalten (...) Wer also nur die Stärke des Naturtriebes messen, und bloßen Appetit und Lüsternheit daran unterscheiden lernt, der darf nie fürchten, seine Kraft zu überspannen. – Freiheit ist schwer, und gehört eine Art von moralischer Uebung dazu, wenn man in jedem Falle den eigentümlichen Hunger und Naturtrieb von Reiz, Appetit, Lüsternheit unterscheiden will (...)«
Carl Friedrich Bahrdt, Handbuch der Moral für den Bürgerstand, Halle 1789, S. 268 ff.

Alte Debatten, neue Autoritäten

In den Heften der Zeitschrift »neue kritik«, die vom Bundesvorstand des *Sozialistischen Deutschen Studentenbundes* (SDS) herausgegeben wurden, diskutierten 1968/69 Wolfgang Fritz Haug, ein Repräsentant der ›Keulen-Riege‹ – das heißt: der marxistischen Traditionalisten –, und Reimut Reiche vom SDS Frankfurt über den ›Fall‹ Wilhelm Reich. Vorangegangen war die Veröffentlichung eines Buches von Reimut Reiche: »Sexualität und Klassenkampf. Zur Abwehr repressiver Entsublimierung« (1968 a). Seit der Mitte der sechziger Jahre waren Schriften Wilhelm Reichs von antiautoritären Studenten in Raubdrucken verbreitet worden.

Damals, während der Zeit der Revolte, wurden Reichs Schriften eher als die Texte Freuds gelesen und diskutiert. Reich bot – zumindest wurde er so verstanden – die Möglichkeit, individuelles Leiden auf aktuelle gesellschaftlich begründete Triebunterdrükkung zurückzuführen. Das Mißtrauen gegenüber politischen und wissenschaftlichen Definitionsmächten ließ die Revoltierenden in Wilhelm Reich einen Verbündeten erkennen, der, so die Interpretation, den gesellschaftlichen Protest nicht durch die Macht des Therapeuten ersetzt wissen wollte. Nur durch lustvolles Handeln gegen diese Gegenwart ließe sich die individuelle und gesellschaftliche Vergangenheit aufbrechen, die durch Verdrängen verfestigt worden war und der durch eine nur analytisch oder politisch ritualisierte Erinnerung nicht beizukommen sei. Allenfalls würde durch solche Ritualisierungen die Macht der wissenschaftlichen und politischen Instanzen bestätigt, gegen die man revoltierte. Denn die Macht dieser Art der Vergangenheitsbewältigung beruhte auf der Passivisierung der Aufzuklärenden. Die Definition des ›Richtigen‹, so wurde kritisiert, bestimme eine Therapie und Politik, die gerade hierdurch Macht verstärke, auch wenn Macht in dieser Weise historisch oder analytisch erinnert werde. Solche Kritik traf auch die Opposition, soweit sie für sich Definitionsmacht im Hinblick auf das ›Richtige‹ der revolutionären Politik beanspruchte: Die mögliche politisch-revolutionäre Zukunft sei auf diese Weise gegen jedes spontane Handeln abgeschlossen. Gegen diese Art der oppositionellen Orthodoxie hatte Dieter Kunzelmann in den »Notizen zur Gründung revolutionärer Kommunen in den Metropolen« (1966) geschrieben:

»Praxis nach außen ohne experimentelle Vorwegnahme dessen, was Menschsein in emanzipierter Gesellschaft beinhalten könnte, wird zum Aktivismus als Normerfüllung« (Kunzelmann 1966, S. 196).

Reimut Reiches Schrift über »Sexualität und Klassenkampf« richtete sich nun aber nicht nur gegen die von Kunzelmann angegriffenen traditionell marxistischen Positionen, sondern auch gegen die Subversiven aus dem Umkreis der Situationisten, die in Deutschland die ersten Kommunen gegründet hatten. Schon in dieser Ende der sechziger Jahre erschienenen Schrift wurde die Integration der Revolte in das bestehende Gesellschaftssystem und in die tradierten Formen der Vermittlung von Sexualität und Arbeit sichtbar. Reiche beschrieb die Versuche einer Sexualaufklärung unter proletarischen Jugendlichen, wie sie auf den Versammlungen der »Sexpol« stattgefunden hatten, etwa wenn es um die Beschaffung von Verhütungsmitteln ging, also jene Bestrebungen Wilhelm Reichs, der Sexualaufklärung unmittelbar mit der repressiven Gesellschaftsordnung verknüpft hatte. Reimut Reiche schrieb, eine solche Verbindung wäre inzwischen hinfällig, da die damaligen Forderungen längst »vom System der partiellen sexuellen Befriedigung eingemeindet« worden seien (Reiche 1968 a, S. 10). Der Kapitalismus hätte sich die Sexualität nutzbar gemacht; Sexualität sei nicht mehr ausgegrenzt, sondern als Tauschwert ins System integriert worden. Reiche sprach in diesem Zusammenhang von »manipulativer Integration« (1968 a, S. 40) und zählte Praktiken auf, die als Tauschwerte zugelassen sind:

»Geräte und Mittel, die sich die Bürger des ausgehenden 19. Jahrhunderts nur hinter den Tapeten von Boudoirs und Bordellen vorstellen konnten, werden für das eheliche Schlafzimmer heute von Beate Uhse – oder in der sadistischen Variante von spezielleren halb-geheimen Versandindustrien – serienmäßig hergestellt und verbreitet« (1968 a, S. 97).

Anders als zur Zeit der »Sexpol« müsse die Kritik nun nicht mehr an traditionell begründeten Verboten ansetzen, wobei Reiche »Tauschwert« weniger als Analyse, denn als Ausgrenzungsbegriff benutzte; vielmehr sei jetzt die »bürgerliche Kultur« zu retten:

»Die bürgerliche Kultur ist nicht nur der herrschende Ausdruck von Repression und Manipulation. Sie ist auch die Summe und der Ausdruck aller gesellschaftlichen erworbenen und erzwungenen Fähigkeiten der Naturbeherrschung, des Denkens, der Herrschaft über Sprache, Reflektion und Körper (...) Repressive Entsublimierung heißt für ein materialistisches Verständnis nichts anderes, als daß ein historisch bereits erreichtes Niveau der Kultur (also der Sublimierung) wieder abgebaut wird« (1968 a, S. 158).

Darum geht es bei Reiche also schon 1968: Bewahrung des Fortschrittes gegen seine Auswüchse. Und so bleibt auch Naturbeherrschung ein Damm gegen die »Perversionen« der »Tauschwertsexualität«. Repression innerhalb dieses Zivilisierungsprogramms wird zur – bestenfalls bedauerten – Notwendigkeit, keinesfalls jedoch als konstitutiver Teil dieser Zivilisierung kritisiert. Aus dieser Sicht erklärte Reiche denn auch die Antiautoritären zu »Maschinenstürmern«, ein Begriff, mit dem die noch nicht industrialisierten Arbeiter von den seinerzeit bereits »verfleißigten«

Arbeitern beschimpft worden waren, wenn jene nicht nur theoretisch, sondern auch praktisch am bürgerlichen Fortschrittsprogramm zweifelten und Maschinen zerschlugen. Bei Reiche heißt es:

»Die Kommune repräsentiert nur am deutlichsten eine Tendenz, die (...) in der gesamten anti-institutionellen und anti-autoritären Protestbewegung (...) enthalten ist: Der manipulativ gesteuerten Zerschlagung der Kultur von oben einen Typus der maschinenstürmerischen Zerschlagung dieser Kultur von unten entgegenzusetzen« (1968 a, S. 158).

Bemerkenswert ist Reiches Verkürzung der »repressiven Entsublimierung« oder der, wie Herbert Marcuse sie auch nannte, »institutionellen Entsublimierung«. Marcuse verstand darunter eine »Bewältigung der Transzendenz (...) in der einen verbleibenden Dimension technologischer Rationalität« und charakterisierte das damit einhergehende »glückliche Bewußtsein« als »den Glauben, daß das Wirkliche vernünftig ist (...)« (Marcuse 1967, S. 98 ff.). Solche in der technologischen Gesellschaft real idealisierte Welt will Reiche nicht aufgeben. Er arbeitet mit an der Institutionalisierung der Revolte und bereitet ideologisch bereits 1968 die Rückkehr der Revoltierenden in die ›geschlossene‹ Realität vor. Dies allerdings war nur möglich, soweit Erinnerung – auch im Freudschen Sinne verstanden – aufgegeben wurde. So bleibt zum Beispiel in der zitierten Schrift Reiches der Nationalsozialismus ausgeklammert. Herbert Marcuse dagegen zitiert im »Eindimensionalen Menschen« an zentraler Stelle Ionesco mit den Worten: »Die Welt der Konzentrationslager (...) war keine besonders entsetzliche Gesellschaft. Was wir dort sahen, war das Bild, in gewissem Sinne die Quintessenz der höllischen Gesellschaft, in der wir jeden Tag stecken« (1967, S. 98 ff.).
Reiches Buch schließt mit einem Lob auf das »erreichte Niveau der Naturbeherrschung«, der eine »revolutionäre Anthropologie« folgen müsse (1968 a, S. 171). Dabei wird auch Wilhelm Reichs Konzept der »Freiheit« kritisiert, da diese inzwischen als Tauschwert realisiert sei; gerade dadurch aber sei die Zivilisierung der bürgerlichen Kultur verraten worden. Denn: »(...) praktische genitale Sexualität und befriedigende Arbeit« – eine Arbeit, die auf Naturbeherrschung basiert – seien »nicht wesentlich miteinander verkoppelt« (Reiche 1968 b, S. 101). Der Zwang wird zugegeben, und das hierzu notwendige Opfer wird eingefordert. Reiche steht damit der Position Freuds näher als der Wilhelm Reichs, dem er

die Behauptung vorwirft, daß die Befreiung der Sexualität immer auch bedeute, daß »Maschinen (...) ohne Zwang« zu bauen seien. Dieser Entwurf könne über die Schiene ›Sexualität‹ nicht erreicht werden (1968 b, S. 101).

Wilhelm Reichs Hoffnung basiert auf der Vorstellung von einer ›Natur‹, in der allgemeine, aber ›natürliche‹ Selbstregulierung Zwang überflüssig mache. Reich versteckt damit den realen Zwang der Zivilisierung hinter einer ideal konzipierten ›Natur‹, die von ihm wissenschaftlich erkannt wird, während Reimut Reiche an eine solche Maske nicht glaubt, Zwang also konstitutiv für Kultur hält. In beiden Fällen wird die eindimensionale, transzendenzlose technologische Gesellschaft nicht verlassen, sondern festgeschrieben. Der traditionelle Marxist Wolfgang Fritz Haug warf Reimut Reiche in der eingangs zitierten Diskussion deshalb einen »Dezisionismus spontaner Normenkonformität« vor. Denn mit der »repressiven Entsublimierung« sei es im Kapitalismus nicht weit her, und sexuelle Freiheit sei in diesem System überhaupt nicht möglich: »Die volle Freiheit der Sexualität ist mit der ökonomischen Herrschaft des Kapitals nicht zu vereinbaren« (Haug 1969, S. 100). Nach solcher Einsicht in die Grenzen der Warengesellschaft beginnt Haug einen Wettlauf mit Reiche, bei dem es offensichtlich darum geht, wer von beiden denn nun schneller und genauer die Grenzen des Erlaubten setzen kann. So folgert Haug zum Beispiel:

»In der Selbstbefriedigung ist die Wirklichkeit wieder nur als Phantasie gegeben, kaum anders als in der Warenästhetik (...) In der Verklärung solcher Armut zur Autonomie verlängert sich ein letzter Rest von Herrenmoral (...)« (1969, S. 106 ff.).

Immerhin sei Reiches Aufsatz doch nützlich, denn er biete die Möglichkeit, antiautoritären Zumutungen zu begegnen. Insgesamt ging es bei dieser Diskussion zwischen Reiche und Haug offenbar um die Frage, wie die Revolte vor ihren eigenen Folgen bewahrt werden könnte. Gelöst werden sollte ein Modernisierungsproblem der bürgerlichen Gesellschaft: Wie können die offensichtlichen Beschränkungen einer traditionell bürgerlichen Gesellschaft überwunden werden, ohne daß deren spezifisches Disziplinierungsobjekt – das bürgerliche Subjekt – in Frage gestellt werden muß?

Haug zog sich vor diesem Problem in die Kategorien eines (damals auch staatlich verordneten) Marxismus zurück, der die Modernisierungsfähigkeit des Kapitalismus als nur eingeschränkt gegeben behauptete. Reiche sah die Möglichkeit repressiver Entsublimierung, beschränkte sie aber auf den allgemeinen Tauschwertcharakter und konnte so über diese Kritik Modernisierungs- und Askeseforderungen miteinander verbinden. Die Genese technologischer Rationalität und des sie tragenden Subjekts wurden dabei ausgeklammert. Und so blieb auch die Möglichkeit zur affirmativen Reich-Rezeption bestehen, denn Reich hatte die traditionellen Schranken sexueller Freiheit in der kapitalistischen Gesellschaft ja basierend auf dem Konzept einer als ›natürlich‹ behaupteten Selbstregulierung kritisiert. Aufgrund solcher Ab- und Aufspaltungen der antiautoritären Bewegung konnte die Revolte dann uneingeschränkt als Modernisierungsmotor der bürgerlichen Gesellschaft eingesetzt werden (vgl. Dreßen 1989). Diese Rolle bleibt der – nunmehr integrierten – Opposition erhalten. Debattiert wird heute wiederum über die Möglichkeit einer gesellschaftlichen Selbstregulierung. Nur geht es dabei nicht gegen traditionelle Beschränkungen, sondern um die Gefahren, die drohen, wenn solche Beschränkungen zu schnell aufgegeben werden. Denn aus den nächsten Schritten technologischer Rationalisierung folgt *nicht* die allgemeine Integration, sondern die dauerhafte Ausgrenzung.

Anders als vor dreißig Jahren gelingt es heute aber kaum, Auschwitz in dieser Debatte zum Problem der Modernisierung zu vergessen. Vor dieser Wiederkehr des Verdrängten rettet sich das ›aufgeklärte‹ Subjekt, indem es sich hinter selbstgesetzten Grenzen verschanzt: Auschwitz war ein Rückfall in die Barbarei, ins ›Fremde‹, vor dessen unheimlicher Macht uns das Projekt des modern zivilisierten Subjekts ja gerade retten will. Diese Argumentation bekämpft und beerbt das nationalsozialistische Programm zugleich: Schon damals sollte der oder das ›Andere‹ bekämpft, restlos aus einer gereinigten Welt entfernt werden.

So wird heute zum Beispiel behauptet, es sei in Auschwitz darum gegangen, hinter eine bereits erreichte Stufe der Zivilisation, die in der jüdischen Tradition die Unantastbarkeit des Lebens verteidigt habe, zurückzukehren. Dieses Argument bedient sich eines bekannten Musters: Erst die Zivilisation, erst die notwendige Verinnerlichung des Opfers, hat uns befreit – und schützt uns gegen das Chaos der ›Natur‹:

»Schließlich bricht das Gesetz des Judentums das Gesetz von Mutter Natur, der Lebensheiligkeit, Nächstenliebe, Gerechtigkeit und Minderheitenschutz ja entschieden fremd sind. Die ›Natur‹ aber werde am Judentum Rache nehmen und habe dafür Hitler selbst die Exekution übertragen (...)« (Heinsohn 1995 a, S. 139).

So argumentieren heute die Revoltierenden der sechziger Jahre. In der Wiederholung des Zivilisationsmythos teilen sie – wenngleich kritisch (so doch unerkannt) – die Naturauffassung der Nationalsozialisten: ›Natur‹ fordert Opfer. In kritischer Wendung heißt dies: Indem wir sie bekämpfen und überwinden, brechen wir die Macht der ›barbarisch-dämonischen Natur‹.
Der Begriff der ›Natur‹, den die Nationalsozialisten vertraten, war nicht ›un‹wissenschaftlich, bedeutete keinen Rückfall hinter das ›wissenschaftliche‹ Denken. Vielmehr orientierte er sich am Paradigma einer heilsversprechenden Medizin und Anthropologie, die bereits vor 1933 ein Opferrecht eingefordert und realisiert hatten. Das Selbstopfer wurde dabei im Opfer des Anderen rationalisiert.
Der aktuelle Sinn der Argumentation, der Nationalsozialismus sei vorzivilisatorisch, ein Rückfall in die Barbarei, wird in heutigen Diskussionen deutlich. So heißt es etwa, ›Neonazis‹ seien zu liberal erzogen worden. Anknüpfend an Elias' affirmative Zivilisationsgeschichte verteidigt Claus Leggewie deshalb einen »Begriff von Autorität (...) im Sinne einer grenzsetzenden, die junge Generation sorgsam in die Welt einführenden Instanz, welche Freiheit erst verbürgt« (1993, S. 123). Und Heinsohn (1995 b) argumentiert, die Schwarzen in Ruanda seien in eine Art Naturzustand zurückgefallen und hätten sich deshalb gegenseitig massakriert.
Dieses Argument einer im Völkermord der Tutsi oder Hutu zum Ausdruck kommenden Barbarei dient zunächst einmal der eigenen Entlastung: Über Kolonialismus oder über die verschärften Leistungskriterien und Opferzumutungen innerhalb der technologischen und kapitalistischen Rationalisierung der ersten, zweiten und dritten Welt, über erneute Aussonderungsdiskurse und -praktiken muß von diesen »Erziehern des Menschengeschlechts« erst gar nicht geredet werden. Denn unsere Freiheit liegt nun einmal in der Affirmation der Grenzen setzenden Institutionen und des sich nach diesem Modell begrenzenden Subjekts. Unsere ›mögliche‹ Freiheit bleibt so auf die Diskussion über die Praktikabiliät der jeweiligen Grenzziehungen beschränkt.

Da der Nationalsozialismus aber nicht in diesem Sinne als ein nur taktisches Mißgeschick in der Auswahl seiner Opfer begreifbar ist (obwohl die Opferhierarchien im ritualisierten Gedenken auch dies nahelegen), muß er in den Bereich des ganz Anderen abgespalten werden. Das Gedenken wird dann durchaus nützlich: Vor dem Rückfall bewahrt die Autorität des auch politischen Erziehers, der sich »leider« gerade als Pazifist auch bewaffnen muß. Die Orwellschen Sprachregelungen, die auf einen »Großen Bruder« angewiesen sind, erweisen sich gegenüber einer solchen universalen Aufgabe als vergleichsweise harmlos.

Schwarze Pädagogen und Naturliebhaber

Wenn der Nationalsozialismus als ein Rückfall in die Barbarei interpretiert wird, als Beweis für eine nicht durchgängig gelungene Zivilisierung, so steht einer solchen Analyse Wilhelm Reichs Einsicht entgegen. Der Nationalsozialismus war für ihn der Beweis einer »biologischen Versteifung des Menschen«, einer Entfernung von seiner ›Natur‹. Freud hat gegen ein solches Naturverständnis in seiner Auseinandersetzung mit dem Nationalsozialismus, in »Der Mann Moses und die monotheistische Religion« (1937/39), vom »Sieg der Geistigkeit über die Sinnlichkeit« geschrieben, über die notwendige Zivilisierung, die von den Juden seit Moses geleistet worden sei:

> »In einem neuen Rausch moralischer Askese legte man sich immer neue Triebverzichte auf und erreichte dabei wenigstens in Lehre und Vorschrift ethische Höhen, die den andern alten Völkern unzugänglich geblieben waren« (1937/39, S. 245).

Moses wird bei Freud zwar getötet, aber eine solche Revolte befreit nicht, das Bewußtsein und die Erinnerung an die Schuld bestätigen vielmehr die »ethischen Höhen«. Dieser Schuldzusammenhang wird in einer gelungenen Zivilisierung phylo- und ontogenetisch wiederholt: »Das Über-Ich ist Nachfolger und Vertreter der Eltern (und Erzieher), die die Handlungen des Individuums in seiner ersten Lebensperiode beaufsichtigt hatten (...)« (1937/39, S. 224). Eine solche Geschichte folgt erst aus der zu überwindenden und mit Schuld beladenen ›Natur‹. Damit wendet sich Freud gegen einen Rassismus, der ›Natur‹ zwar bekämpft, sich aber mit einer guten ›Natur‹ legitimiert. Freud erhofft sich eine Überwindung des Opfers durch Verinnerlichung, ›Natur‹ muß überwunden werden. Nicht die Verlagerung des Schuldzusammenhangs auf einen Anderen, sondern die Annahme der Schuld garantiert Sittlichkeit. Bis 1897 hatte Freud hingegen noch außerhalb dieses Schuldzusammenhangs argumentiert. Den Wünschen des Kindes standen bis dahin die Verhaltenszumutungen der Eltern, besonders die des Vaters, entgegen. Aus erzwungener Anpassung folgte die Neurose. Danach allerdings wird der Vater von Freud freigesprochen, womit die Wünsche des Kindes und dessen Revolte zum Problem werden. Zwang und Autorität werden in der historischen Erzählung Freuds nicht verschwiegen: sie bleiben konstitutiv.

›Natur‹ wird bei den Nationalsozialisten zum Leitbild, wird aber zugleich zur pädagogischen Kategorie, mit deren Hilfe der Zwang einerseits selbstverständlich, andererseits nach außen abgelenkt werden soll. Diesem Konzept der ›Natur‹ entspricht seit der Aufklärung der Garten. In seiner Untersuchung über die Moderne und den Holocaust schreibt Zygmunt Bauman:

»Die Problemstellungen (...) entsprechen einer ›Natur‹, die ›beherrscht‹, ›gebändigt‹ und ›gebessert‹ oder ›umgestaltet‹ werden muß wie ein Garten, dessen Planung notfalls gewaltsam durchzusetzen und zu sichern ist (in der Terminologie besteht eine strenge Trennung zwischen ›Kulturpflanzen‹ und ›Unkraut‹, das ausgemerzt werden muß)« (1992, S. 32).

Die von Freud gelobte Verinnerlichung des Opfers war durchaus nicht phylogenetisch dauerhaft verankert. Der Ausnahmezustand direkter Gewalt, die unverhüllte Opferung, blieb in der bürgerlichen Gesellschaft gegenwärtig. Der Nationalsozialismus ging, einem wissenschaftlichen und technologischen Produktionswahn folgend, noch einen Schritt weiter. Auf Dauer sollte eine Welt produziert werden, die eine Abschaffung des Leids und die Angst vor dem Tod zu nehmen versprach, in der ›Natur‹ neu geschaffen werden sollte. Eine solche Naturbeherrschung bedeutete die grenzenlose Erweiterung des Opfers. Auf Dauer gestellt bedeutet sie die durchgängige Abschaffung des Lebens. Dieses Projekt wurde keineswegs aufgegeben, sondern bleibt aktueller wissenschaftlicher Ehrgeiz der Humangenetik bis heute, die auf der Rassenhygiene von einst basiert. Wenn nichts ›Anderes‹ mehr existiert, kann eines Tages auch der Zwang überflüssig werden.

Freud steht in der Tradition der Aufklärung, die einerseits den ›Garten‹ erträumte, den Zwang aber auch noch zugab und die Möglichkeit der Revolte wieder in einen Schuldzusammenhang verwies. Die Rücksichtslosigkeit der Nationalsozialisten bestand demgegenüber darin, daß sie Schuld überwinden wollten in der restlosen Beseitigung der Wünsche. Freuds Erzählung von der Zivilisierung der Juden war bereits von Lessing in der »Erziehung des Menschengeschlechts« (1777) entworfen worden. Demnach seien die Juden von Gott wie das Kind »durch unmittelbare sinnliche Strafen und Belohnungen« erzogen worden (1777, S. 640). Die Strafe bleibt für den Aufklärungspädagogen ein leider notwendiger Vorgang, womit, im Gegensatz zur modernen nationalsozialistischen und wissenschaftlichen Utopie, ein nicht erfaßter Naturrest im Menschen noch anerkannt wird. Da heute innergesellschaftlich und weltweit die Grenzen neu bestimmt werden müssen, greifen auch die heutigen Aufklärer auf Zwang zurück, ohne jedoch die mögliche Vernichtungskonsequenz begreifen zu dürfen. Dies gelingt ihnen – in historischer Bewußtlosigkeit.
Wilhelm Reich hatte die Theorie des schuldigen Opfers kritisiert, das zur Verantwortung gezogen werden muß. Hier liegt der entscheidende Gegensatz zu Freud; und hieraus folgt auch eine skeptische Haltung gegenüber den Erziehungszumutungen. In einer frühen Schrift aus dem Jahre 1926 schreibt Reich, sich auf Freud berufend, zwar noch von notwendigen Versagungen, aber:

»Man versteht (...) leicht, daß es nicht so sehr darauf ankommt, daß die kulturellen Forderungen sich im Kinde einwurzeln, als auf welche Weise das geschieht, ob die Versagungen derart sind, daß sie mit dem Luststreben ein gangbares Kompromiß schließen können« (Reich 1926; Ausgabe unpaginiert).

In seiner 1933 erstmals erschienenen Schrift »Die Massenpsychologie des Faschismus«, die im folgenden nach der Übersetzung der 1942 erschienenen dritten Auflage zitiert wird, erklärt Reich die nazistische ›Natur‹ dann wie folgt:

»Die faschistische Ideologie trennt (...) die orgastische Sehnsucht des Menschen von den im autoritären Patriarchat erzeugten Strukturen ab und ordnet sie jeweils verschiedenen Rassen zu: Nordisch wird gleichbedeutend mit licht (...), asexuell, rein; dagegen ›vorderasiatisch‹ gleich triebhaft (...), geschlechtlich (...), orgastisch« (1942, S. 95).

Die ›faschistische‹ Natur basiert auf Abspaltung, Trennung. Durch ›Abwehr des Dionysischen‹ soll sich eine ›reine‹ Natur gegen eine ›dämonische‹ Natur durchsetzen lassen. Deutlich trennt sich Reich von Freud, dem es ebenfalls um Abwehr der ›dämonischen‹ Natur geht, wobei allerdings Freud gegen den Rassismus ausdrücklich nicht unter Berufung auf ›natürliche‹ Argumente zu Felde zieht. Auch die Juden hätten nur mit Zwang erzogen werden können, schreibt er im »Mann Moses« (1937/39). Reich argumentiert gegen den Rassismus, die ›Abwehr des Dionysischen‹ unterdrücke die Möglichkeit eines freien Lebens: »Die Sexualhemmung versperrt dem durchschnittlichen Jugendlichen den Weg zum rationalen Denken und Fühlen« (Reich 1942, S. 125).

Sollte nach traditioneller Lesart gerade die »Sexualhemmung« das »rationale Denken und Fühlen« ermöglichen, so wird diese Hemmung von Reich als Hindernis für Rationalität erkannt. Ohne weitere Analyse der Rationalität bleibt jedoch das Ziel gleich: Zum Ideal werden der »sexuell vollwertige, sexualökonomisch organisierte junge Mensch«, die »gesunde Sinnlichkeit« (1942, S. 159f.) erklärt.

Anders als Freud beruft sich Reich gegen den Rassismus auf »die natürliche Ordnung des sexuellen Lebens« (1942, S. 168). Indem die Funktionalität von Ordnungskategorien zur Natur erklärt wird, hat Reich den Zwang hinweggezaubert und gleichwohl die Ordnung bestätigt. Die »mögliche künftige Ordnung der menschlichen Gesellschaft« wird so »aus natürlich von jeher vorhandenen und sich entwickelnden Prozessen abgeleitet«: »(...) die Arbeitsdemokratie ist eine entdeckte bio-soziologische natürliche Grundfunktion der Gesellschaft«, heißt es in der 1942 erschienenen dritten Auflage der »Massenpsychologie des Faschismus« (1942, S. 280). Und Freiheit wird als wissenschaftliche Aufgabe erkannt: »Unsere Antwort ist wissenschaftlich-rational.« Es kommt deshalb darauf an, »die Herausarbeitung der ärztlichen, pädagogischen und sozialen Werkzeuge, die Freiheitsfähigkeit immer gründlicher und umfassender herzustellen« (1942, S. 288).

Reich lehnt Zwang ab, bleibt aber innerhalb der Argumentation einer Definitionsmacht, die ihre Macht hinter der Kategorie ›Natur‹ versteckt. Und diese ›Natur‹ wird auf eine entscheidende Funktion reduziert und auf diese Weise entlang präziser Kriterien kalkulierbar: »die spezifisch biologische Energie, das Orgon« (1942, S. 297).

Reich behauptet zwar eine Kritik der »maschinellen Zivilisation«, der »patriarchalischen Ordnung«; trotzdem läßt er die wissenschaftliche Definitionsmacht unangetastet. In Reichs ›Natur‹ wird gesund gelebt, und solche Gesundheit ist objektiv erkennbar. Vor allem aber wird in der von ihm propagierten Gesellschaft rational gearbeitet: »Man kann sich als Arbeitender mit einem beliebigen Techniker, Industriearbeiter, Arzt etc. in einer Diskussion über Arbeitsfunktionen immer gut verständigen. Sowie aber die Rede auf Ideologien kommt, geht das Einverständnis in die Brüche« (1942, S. 335).

Die Ideologie wird nicht innerhalb des Arbeitsbegriffes selber analysiert, der, ausschließend patriarchal strukturiert und an Naturbeherrschung gebunden, ein »Triumph des Kopf-Baumeistermodells« (vgl. dazu Neusüß 1992) bleibt. So kann Reich selbst einen Henry Ford – »der erste amerikanische Erbauer des Automobils« – loben und in seiner Unterscheidung des »arbeitenden und nichtarbeitenden Kapitalisten« (1942, S. 339) die antisemitische Unterscheidung der Nationalsozialisten zwischen ›raffendem und schaffendem Kapital‹ wiederholen.

Der Nationalsozialismus wird von Reich, völlig losgelöst von dem damit verbundenen destruktiven Fortschritt der Wissenschaft und der Technologie, auf bloßen Irrationalismus reduziert. Solche Aufspaltung blendet den historischen Prozeß der Zivilisierung und dessen Gewaltförmigkeit einfach aus. Reichs Zukunftsgesellschaft produziert eine ›Gemeinschaft‹ ›arbeitsdemokratisch‹ organisierter ›Gesunder‹, wobei sich diese Produktion als Natur legitimiert (1942, S. 342). Die »Lebensfunktion und die ›menschliche Natur‹« stehen den »wissenschaftlichen Arbeitern« zur Verfügung und werden von ihnen »erobert« (zit. n. Laska 1981, S. 113). In solcher Selbstbeherrschung versteckt sich das patriarchalische Produktionsprojekt, das auch von Reich mit Tierexperimenten, Laboreinrichtungen und Akkumulatoren aufgenommen worden ist. Der forschende Mann Wilhelm Reich träumte davon, die Atmosphäre eines Tages direkt zu beeinflussen. Da solche Überwältigung hinter der Maske einer idealisierten ›Natur‹ versteckt ist, kann Reich gleichzeitig die schwarze Pädagogik von der Aufklärung bis zu Freud ablehnen. Reich zeigt also die Möglichkeit auf, Macht so selbstverständlich werden zu lassen, daß die Spuren der Macht gänzlich aus dem Bewußtsein verschwinden.

Die Kategorientafeln Kants und die präzisen Anweisungen de Sades verfolgten eine Natur, die nur durch Beherrschung erreicht werden konnte. Sie ist das Andere, als dessen Gegensatz sich der zivilisierte Mann definiert. Der für die Konstituierung des modernen Subjekts notwendige Feind ›Natur‹ liefert den Rohstoff – und muß dauernd verhandelt und verleugnet werden. Diese gleichzeitige Destruktion und Selbstdestruktion sichert den Fortschritt intensivierter Selbstregulierung. Die Debatten der Pädagogen des 18. und 19. Jahrhunderts etwa über die Onanie zeigen diesen Drang zur vollständigen Erfassung und Verleugnung, um Sittlichkeit durchzusetzen. Der entsprechende Diskurs wird bei Wilhelm Reich scheinbar in Richtung Freiheit verschoben. Zwang wird ausdrücklich geleugnet – das heißt, jeder Ausschluß wird hinter der Behauptung der befreiten Natur der gesunden und rationalen Arbeiter versteckt. Solche ›Natur‹ ist konstruiert: Die Menschen schaffen sich selbst, getrennt von natürlicher Geburt, das patriarchalische Projekt einer Idealisierung der Welt.

Reichs Gegner, die Nationalsozialisten, zielten darauf, Geschichte an ein Ende zu bringen. In einer letzten Anstrengung mußte zu diesem Zweck ›Natur‹ bezwungen werden, um – eingeordnet – frei zu werden. Sie blieben damit in der Tradition der schwarzen Pädagogen, bestanden auf Zwang, während jene Pädagogen, weil sie Freiheit versprachen, den Schuldzusammenhang nicht auf einen ›natürlichen Feind‹ projizieren konnten. Erst die Entfremdung ermöglicht Freiheit, wie der nationalsozialistische Anthropologe Arnold Gehlen versprach. Deshalb muß der Feind als Trieb oder feindliche Rasse gegenwärtig bleiben. Der oder das Fremde bleiben konstitutiv, gerade weil sie bekämpft werden. Destruktion und Selbstdestruktion finden in der immer erweiterten Fremdbestimmung kein Ende. Solche Regulierungsversuche folgten schon immer aus der Erfahrung der Vergänglichkeit erster Natur. An ihrer Stelle wurde eine zweite Natur konstruiert, die vom Tod befreit wurde. Diese Strategie der Zivilisierung basiert auf Todesangst.

Freud hat die Spuren des Zwangs nachgezeichnet und aufbewahrt, ebenso wie die Rebellion und die daraus folgende Schuld. Gehlen hat dagegen die ›Kristallisation‹ eines Endes der Geschichte erhofft, in dem solche Spuren getilgt sein sollten. Insgeheim wußte

er aber um die Vergeblichkeit, wenn er in einem 1974 veröffentlichten Aufsatz, in dem er ausdrücklich vor den militanten Folgen der Revolte warnt, eine Natur-Metapher benutzend, schreibt, die »zivilisatorischen Strukturen (...) könnten durch Termitenarbeiten beschädigt werden«. In seiner Skepsis zitiert er Freuds »Unbehagen in der Kultur« (1930) und fordert »endlich Wachsamkeit, denn die Barbaren sind mitten unter uns« (Gehlen 1975, S. 122 ff.).
Diese »Barbaren« hatten Ende der sechziger Jahre Wilhelm Reich wiederentdeckt, der die Natur der Freiheit gegen traditionelle Zwänge versprochen, aber eben auch eine Rationalisierung der Naturbeherrschung entworfen hatte. Das Opfer war dabei nicht aufgegeben, sondern nur versteckt worden, während Reimut Reiche (1968) das Opfer neu eingefordert hatte. Er entkam damit der Zivilisationsfalle, Leiden selbstdestruktiv zu überwinden, sowenig wie Reich. Und deshalb waren auch Arnold Gehlens Befürchtungen vor den »Barbaren« ganz und gar grundlos. Am »Ende der Geschichte« wird nur noch darum gerungen, wer zu den »Barbaren« zu zählen sei. Diskutiert werden Grenzziehungen – nicht die Grenze selbst.

Politik und selbstbestimmtes Leben

Solche Grenzziehungen wurden schon von Thomas Hobbes diskutiert. Eine Anwendung dieser Überlegungen für die Gegenwart versuchte dann Carl Schmitt in seinem eigenen »Leviathan« (1938). In beiden Fällen sollten behauptete natürliche Mängel oder Gefahren politisch gebannt werden. Hobbes' »Leviathan« konnte, so Carl Schmitt, wegen der darin getroffenen »Unterscheidung von innerem Glauben und äußerem Bekenntnis« angegriffen werden (1938, S. 85). Aber grundlegend bleibt bei Hobbes, daß Jesus *der* Christus sei; der Messias ist erschienen, die Zeitachse ist damit unumkehrbar festgelegt. Ohne diese Basis – hier liegt für Carl Schmitt der jüdische Vorteil – kann der innere Glauben subversiv benutzt werden. Es geht ihm also darum, dieses mögliche Einfallstor zu versperren.
Carl Schmitt hatte das Problem gezeigt, seine Lösungsvorschläge blieben jedoch dezisionistisch staatlich. Die Nationalsozialisten gingen gegenüber einem solchen unvollkommenen faschistischen

Staat einen Schritt weiter. Sie radikalisierten das Problem und beantworteten es mit einer ›völkischen Natur‹: »Während für das nationalsozialistische Denken Staat und Recht nur völkische Lebensfunktionen sein könnten, betont der Faschismus scharf den Eigenwert des Staates (...)« (Koellreutter 1935, S. 65). Die ›Natur‹ soll als Volk den gefährlichen Innenraum besetzen. Seine »Lebensfunktionen« sind aber zu offensichtlich über direkten Zwang bestimmt. Ohne die Belohnung, trotz aller Opfer auf der Erlösungsseite der Natur zu stehen, geht der Glaube verloren.
Wilhelm Reich schreibt von einem dauerhaften »Widerspruch von Arbeit und Politik«. Gegen jede Politik gerichtet stellt er fest: »Die Klarstellung und Aufhebung chaotischer Zustände, gleichgültig ob es sich um einen sozialen, tierischen oder toten Organismus handelt, erfordert langwierige wissenschaftliche und praktische Arbeit« (1942, S. 321). Der Politiker wird zum irrationalen Ideologen erklärt und steht damit im Gegensatz zum rationalen Arbeiter. Dessen Rationalität wird in einer behaupteten ›Natur‹ verankert, einer kosmischen Urenergie, der Orgonenergie, die Leben ermöglicht. Erst unpolitisch kann der Innenraum restlos besetzt werden, wie dies in früheren Zeiten bereits theologisch versucht worden war. Die allgemeine Selbstregulierung gelingt dem ›natürlichen‹ Menschen dieser von Reich visionierten zweiten Natur, der damit das Problem Nietzsches gelöst hat weiterzuleben, obgleich Gott gestorben ist. Wie Reichs Gesundheitsbegriff, so liegt auch seiner Apotheose der Wissenschaft ein Asketismus zugrunde, der hinter der dauernden Anwesenheit von Sexualität versteckt wird. Adorno schrieb über diese Art der Weltkonzeption:

> »Der Positivismus verinnerlicht die Zwänge zur geistigen Haltung, welche die total vergesellschaftete Gesellschaft auf das Denken ausübt, damit es in ihr funktioniert. Er ist der Puritanismus der Erkenntnis. Was dieser in der moralischen Sphäre bewirkt, das sublimiert sich im Positivismus zu den Normen der Erkenntnis« (1969, S. 67).

Michel Foucault hat in »Sexualität und Wahrheit« (1977) ein Subjekt vorgestellt, das sich solcher Anforderung in einer subjektiv autonomen Lebenskunst verweigert. Solche ›Kunst‹ richtet sich gegen bisherige Zivilisierung in der Entscheidung zum Eigensinn. Und dieser richtet sich immer gegen Politik, die verbindliche Normen setzt. Auch von Reich wird Politik kritisiert, aber nur,

um Normalität widerspruchsloser zu verankern, eine Abfolge, die den Modernisierungsschritten der bürgerlichen Gesellschaft durchaus entspricht.
Die Reich-Rezeption der Revoltierenden der sechziger Jahre widersprach ihrer späteren Integration in keiner Weise. Dennoch läßt sich der Anspruch der Antiautoritären nicht auf eine normalisierte Natur reduzieren. In der Zeitschrift »Unverbindliche Richtlinien« hieß es 1963 über subversive Aktionen, »unzählig erlebte Mikrorebellionen«, die sich gegen Politik richteten:

»Organisierte Bildung zerstört den Aufbau erträumter Welt (...) Jede Gelegenheit, nicht in den Bildungsapparat eingeschleust zu werden, muß ausgenützt werden (...) Durch die Nichtexistenz eines Einspruchs von oben fällt auch die Sortierung des Materials nach repressiven Gesichtspunkten weg (...) Die Substanz der potentiell-spielerischen Freiheit entscheidet sich für die verschwiegenen Sternstunden der Menschheit, die im Zeichen der Empörung oder des radikal anderen Zustands standen« (Goeschel 1968, S. 51 ff.).

In solchem Durchhalten der Negation wird der auch säkularisierte Anspruch theologischer Politik, Jesus sei *der* Christus, wie immer Jesus auch genannt wird, aufgegeben. Das ganz Andere bleibt namenlos und fordert deshalb keine weiteren Opfer. Die Mikrorebellionen richten sich auch gegen die künstlichen Paradiese zweiter Natur, die Befreiung versprechen, ohne dieses Versprechen einlösen zu können. Bei Foucault heißt es dazu:

»Glauben wir nicht, daß man zur Macht nein sagt, indem man zum Sex ja sagt; man folgt damit vielmehr dem Lauf des allgemeinen Sexualitätsdispositivs (...) Gegen das Sexualitätsdispositiv kann der Stützpunkt des Gegenangriffs nicht das Sex-Begehren sein, sondern die Körper und die Lüste« (1977, S. 187).

Wilhelm Reichs Verfolgung durch die amerikanische Gesundheitsbehörde folgte einem allgemeinen Mißtrauen gegen Linke und Emigranten. Dabei hatte sich Reich bei seiner Suche nach Grenzen, die seine Wissenschaft sichern sollten, den Konservativen längst angenähert. Im »Kampf der USA« gegen die Sowjetunion sah er beispielsweise den »Kampf des Lebens« (zit. n. Greenfield 1995, S. 116). Seine Annäherung an die Linke während der Zeit der Weimarer Republik hatte er aufgegeben. Die wissenschaftliche Definitionsmacht erforderte eine dann auch wiederum politische Grenze. Und jetzt wird die Säkularisierung Gottes von

Reich auch ganz offen ausgesprochen. Im Gefängnis rechtfertigt er sich: »Ich habe ›Unrecht‹ getan, indem ich die grundlegende Naturkraft entdeckt und praktisch verfügbar gemacht habe, die jahrtausendelang in vielen Sprachen Gott genannt worden ist (...)« (1995, S. 333).

In der erlebten Krise äußert Reich den Verdacht des geheimen Opfers, der Verschwörung, die ihn zu Fall gebracht habe: »Wenn sich die US-Regierung von den roten Faschisten dazu verführen läßt, gegen die Orgonomie vorzugehen, dann ist das so, als würde sie sich selbst eine Schlinge um den Hals legen (...)« (1995, S. 117). Wenn trotz aller Anstrengungen das Paradies nicht erreicht worden ist, so kann der Anspruch gerettet werden, indem ein Komplott geheimer Mächte konstruiert wird, die sich gegen Reich verschworen hätten. Diese Konstruktion verbindet Reich mit den Komplott- und Verschwörungsphantasien der Antisemiten.

Die alten Grenzziehungen sind noch immer aktuell. Sie werden aber innerhalb einer umfassenden Rationalisierung, die den überkommenen Integrations- und Erziehungsangeboten keinen ökonomischen Platz mehr läßt, neu diskutiert. An der Suche nach neuen Möglichkeiten, die Welt zu rationalisieren und zu beherrschen, beteiligen sich die Zivilisationsuniversalisten neuester Provenienz ebenso wie die Esoteriker, die von Reichs imaginierter ›Natur‹ begeistert sind. Adorno wandte sich gegen jede Behauptung, endlich wäre der Name des Jesus gefunden (oder der Name der Natur oder der des entscheidenden politischen Prinzips): »(...) der mikrologische Blick zertrümmert die Schalen des nach dem Maß des subsumierenden Oberbegriffs hilflos Vereinzelten und sprengt seine Identität, den Trug, es wäre bloß Exemplar« (Adorno 1966, S. 398).

Wie Hans-Jürgen Krahl, einer der antiautoritären Theoretiker, den Messias mosaisch interpretierte, wäre »Erkenntnis« erst »die Liebe zum unterdrückten Besonderen (...) Der Messias (...) ist die Vergangenheit der gegenwärtigen Geschlechter als das Verlassen des Ursprungs. Der Ursprung ist die Fiktion der Faschisten« (Krahl 1971, S. 357 f.). Nur in solcher Solidarität mit den Geopferten wäre die Wiederholung des Opfers zu vermeiden. Sie wären noch nachträglich gegen jede behauptete ›Natur‹ zu verteidigen – ob sie das Paradies nun direkt oder indirekt als Folge des zu leistenden Verzichts versprach. Politische Praxis bleibt bestimmt von solcher Opfermagie. Nicht in einem »Handbuch der Moral«, sondern im »Handbuch der Lebenskunst« setzte 1968 der französische Situationist Raoul Vaneigem das Spiel, das »heute das Gesicht des Aufstandes angenommen« hat, gegen die Politik. Das Spiel,

> »(...) das der Wille, außerhalb der offiziellen Normen zu leben, notwendig macht (...) Die Leidenschaft des Spiels schließt den Rückgriff auf das Opfer aus (...) Wenn der Begriff des Opfers auftaucht, wird das Spiel zum Kult, seine Regeln zu Riten (...) Das Ritual muß durchbrochen, das Verbot überschritten werden (...) Das Spiel ist Prinzip der Entwendung, die Freiheit, den Sinn all dessen zu ändern, das der Macht dient (...)« (1974, S. 151 f., S. 406 f., S. 433).

Solche Eigenbestimmung kann sich auf keine allgemein verbindliche Natur berufen. Hinter deren Begriff wird immer dann Normalität versteckt, wenn sie widerspruchslos durchgesetzt werden soll. Und sie kann sich auf keine institutionalisierte Politik stützen, die sich immer aus einem Mangel der behaupteten ›Natur‹ bestimmt.

Literatur

Adorno, Theodor W. (1966), *Negative Dialektik*, Frankfurt am Main: Suhrkamp.

– (1969), »Einleitung«, in: T. W. Adorno et al. (Hg.), *Der Positivismusstreit in der deutschen Soziologie*, Neuwied: Luchterhand, S. 70-80.

Bauman, Zygmunt (1992), *Dialektik der Ordnung*, Hamburg: Europäische Verlagsanstalt.

Bahrdt, C. F. (1789), *Handbuch der Moral für den Bürgerstand*, Halle: Hemmerde u. Schwetschke.

Dreßen, Wolfgang (1989), »Destruktive Produktivität und verzweifelte Erlösung«, in: *Niemandsland*, 8/9, S. 177-188.

Foucault, Michel (1977), *Sexualität und Wahrheit*, Bd. 1: *Der Wille zum Wissen*, Frankfurt am Main: Suhrkamp.

Freud, S. (1930): »Das Unbehagen in der Kultur«, in: GW XIV, S. 419-506.

– (1937/39), Der Mann Moses und die monotheistische Religion, in: GW XVI, S. 103–246.

Gehlen, Arnold (1975), »Ende der Geschichte?«, in: A. Gehlen, *Einblicke*, Frankfurt am Main: Klostermann, S. 115-133.

Goeschel, Albrecht (Hg.) (1968), *Richtlinien und Anschläge. Materialien zur Kritik der repressiven Gesellschaft*, München: Hanser.

Greenfield, Jerome (1995), *USA gegen Wilhelm Reich*, Frankfurt am Main: Zweitausendeins.
Haug, Wolfgang Fritz (1969), »Sexuelle Verschwörung des Spätkapitalismus?«, in: *neue kritik* 51/52, S. 87-108.
Heinsohn, Gunnar (1995 a), *Warum Auschwitz? Hitlers Plan und die Ratlosigkeit der Nachwelt*, Reinbek: Rowohlt.
– (1995 b), »Post-Genocial Reconcilation in Rwanda: Are there Lessons from Germany?« (unveröff. Manuskript).
Koellreutter, Otto (1935), *Deutsches Verfassungsrecht*, Berlin: Junker u. Dünnhaupt.
Krahl, Hans-Jürgen (1971), »Projektion und Konstitution«, in: H.-J. Krahl, *Konstitution und Klassenkampf*, Frankfurt am Main: neue kritik.
Kunzelmann, Dieter (1966), »Notizen zur Gründung revolutionärer Kommunen in den Metropolen«, in: W. Dreßen et al. (Hg.), *Nilpferd des höllischen Urwalds*, Gießen: Anabas, 1991, S. 196-199.
Laska, Bernd A. (1981), *Wilhelm Reich*, Reinbek: Rowohlt.
Leggewie, Claus (1993), »Jugend, Gewalt und Rechtsextremismus«, in: Otto Martin (Hg.), *Rechtsradikale Gewalt im vereinigten Deutschland*, Opladen: Leske, S. 120-146.
Lessing, Gotthold Ephraim (1777), »Die Erziehung des Menschengeschlechts«, in: G. E. Lessing, *Werke*, Bd. III, München/Wien: Hanser, 1982, S. 637-658.
Marcuse, Herbert (1967), *Der eindimensionale Mensch*, Neuwied: Luchterhand.
Neusüß, Christel (1992), *Die Kopfgeburten der Arbeiterbewegung oder Die Genossin Luxemburg bringt alles durcheinander*, Osnabrück: Montage Verlag.
Reich, Wilhelm (1926), *Eltern als Erzieher. I: Der Erziehungszwang und seine Ursachen*, Stuttgart: Plakat, 1970.
Reich, Wilhelm (1942), *Die Massenpsychologie des Faschismus*, Köln: Kiepenheuer & Witsch, 1986.
Reiche, Reimut (1968 a) *Sexualität und Klassenkampf. Zur Abwehr repressiver Entsublimierung*, Frankfurt am Main: neue kritik.
– (1968 b), »Wilhelm Reich: Die sexuelle Revolution«, in: *neue kritik* 48/49, S. 92-101.
Schmitt, Carl (1938), *Der Leviathan*, Hamburg: Hanseatische Verlagsanstalt.
Vaneigem, Raoul (1974), *Handbuch der Lebenskunst für die jungen Generationen*, Düsseldorf: Projektgruppe Gegengesellschaft.

Emilio Modena
Hommage à W. R.
Psychoanalyse und Politik vor der Jahrtausendwende

»Oftmals wurde geehrt und ausgiebig
Der Genosse Lenin. Büsten gibt es und Standbilder.
(...)
So aber ehrten ihn die Teppichweber von Kujan-Bulak:
(...)
(Sie beschlossen,)
Mit dem Geld für die Büste Petroleum zu kaufen und
es auf den Sumpf zu gießen hinter dem Kamelfriedhof,
Von dem her die Stechmücken kommen, welche
Das Fieber erzeugen.
So also das Fieber zu bekämpfen in Kujan-Bulak, und zwar
Zu Ehren des gestorbenen, aber
Nicht zu vergessenden
Genossen Lenin.
(...)
So nützten sie sich, indem sie Lenin ehrten und
Ehrten ihn, indem sie sich nützten, und hatten ihn
Also verstanden.«
(Aus: B. Brecht »Die Teppichweber von Kujan-Bulak ehren Lenin«)

Er hat die Funktion des Orgasmus erforscht und die Charakteranalyse begründet, er hat die Massenpsychologie des Faschismus untersucht und danach gefragt, was Klassenbewußtsein ist, und er hat die Bioenergetik eingeführt, bevor er sich in der Orgonometrie verlor: Wilhelm Reich. Seine Initialen stehen auch für Welt-Revolution. Für uns Nachgeborene wurde er vor allem durch die leidenschaftliche Art zum Vorbild, mit der er sich in der psychoanalytischen Bewegung und in der Kommunistischen Partei engagierte. Seine Kompromißlosigkeit machte ihn zwar für beide großen Organisationen zum unverdaulichen Querkopf, der ausgestoßen werden mußte, doch gerade das machte ihn für uns Achtundsechziger so sympathisch, daß wir seine Schriften aus dem ›Papierkorb der Geschichte‹ hervorkramten und zu studieren begannen.

Mit einer Handvoll Gleichgesinnter hatte ich Anfang der sechziger Jahre an der Zürcher Universität die *Fortschrittliche Studentenschaft Zürich* (FSZ) aus der Einsicht heraus gegründet, daß die damaligen kommunistischen Parteien und Verbände ihre revolutionäre Kraft eingebüßt hatten, ›revisionistisch‹ geworden und bürokratisch erstarrt waren. Anderseits war das einst liberale Bürgertum an der Limmat seit dem Ungarn-Aufstand 1956 derart antikommunistisch, ja sogar faschistoid geworden, daß schon der Besuch eines Gastspiels der Peking-Oper als Landesverrat ausgelegt wurde. An der Hochschule herrschte ein politisches Klima, das zwanzig Jahre später von der achtziger Jugendbewegung treffend als ›Eiszeit‹ bezeichnet worden ist. Nur eine Sammelbewegung der verschiedensten Unzufriedenen und ein neues Denken konnten die erstarrten Fronten zum Schmelzen bringen.
Die Psychoanalyse, mit der ich dank meinem Stiefgroßvater Rudolf Brun[1] gewissermaßen familiär verbandelt war, spielte damals für mich noch keine wesentliche Rolle. Vor lauter revolutionärem Tatendrang hatte ich noch keine Zeit gefunden, Freud ernsthaft zu lesen (außerdem studierte ich als Werkstudent Medizin und hatte früh eine Familie gegründet); ich hatte aber die positive Einstellung meiner Eltern zur Psychoanalyse als einer fortschrittlichen bürgerlichen Wissenschaft übernommen und war auch selbst von den verschiedenen Begegnungen mit dem Großvater in seiner Villa am Zürichberg beeindruckt. Der ›Daddy‹ imponierte mir als

1 Der Neurologe, Psychoanalytiker und Ameisenforscher Rudolf Brun war in den Jahren unmittelbar vor und nach dem Zweiten Weltkrieg einer der wenigen, die in der Schweiz die Freudsche Psychoanalyse hochhielten. Sein Hauptwerk war die »Neurosenlehre«, die auch ins Englische und Französische übersetzt worden ist (Brun 1942). Außerdem war Brun einer der Pioniere des Dialogs von Psychoanalyse und Marxismus und der Lehranalytiker des ›Utoquais‹, das heißt von Paul Parin, Goldy Parin-Matthèy und Fritz Morgenthaler.

gescheiter und vermögender Privatgelehrter. Außerdem versprach die von ihm vertretene Wissenschaft die Lösung mancher Rätsel der Sexualität; und sie war aufgrund eines sich viele Jahre hinziehenden Rechtsstreites Rudolf Bruns mit der *Neuen Zürcher Zeitung*, die ihn wegen seiner Verurteilung des Einsatzes biologischer Waffen durch die USA im Korea-Krieg verleumdet hatte, in meinen Augen eindeutig als ›progressiv‹ ausgewiesen. Ich behielt also noch für längere Zeit ein ungebrochen positives Vorurteil der Psychoanalyse gegenüber. Die Entidealisierung wurde erst nach 1968 eingeleitet, als ich nach bestandenem Staatsexamen mich für eine ›Lehranalyse‹ bei Paul Parin angemeldet und ans *Psychoanalytische Seminar Zürich* (PSZ) gegangen war. Durch Berthold Rothschild – der damals als Oberarzt am ›Burghölzli‹, der psychiatrischen Universitätsklinik, arbeitete und mich anläßlich des Verlustes einer Anstellung wegen meiner Teilnahme an den ›Zürcher Unruhen‹[2] politisch unterstützt hatte – lernte ich Piero Galli und Marianna Bolko kennen. Piero hatte schon eine persönliche Analyse bei Benedetti in Basel absolviert und machte gerade eine zweite Tranche bei Morgenthaler. Er pendelte zwischen Mailand – wo er den *Gruppo Milanese per lo Sviluppo della Psicoterapia*[3] gegründet hatte – und Zürich hin und her. Hier scharte er eine Gruppe von psychoanalytischen Studiosi (damals noch ›Kandidaten‹ genannt) um sich, aus der 1969 die ›Plattform‹ hervorging.[4]

2 Der Kampf ging in Zürich einen Monat nach dem Pariser Mai um ein leerstehendes Gebäude an der Bahnhofbrücke, welches von den Jugendlichen als ›autonomes Jugendzentrum‹ beansprucht wurde. Die Unruhen, welche niemand in diesem Ausmaß für die Schweiz für möglich erachtet hätte, waren die ersten gewalttätigen Auseinandersetzungen mit der Polizei seit einer Generation. Das ›Establishment‹ reagierte faschistoid mit Verhaftungen, Landesverweisungen, Entlassungen etc.

3 Die *Mailänder Gruppe für die Entwicklung der Psychotherapie* hatte in Italien eine Pionierfunktion; hier wurde als einem der ersten sozialen Orte in Europa psychoanalytisches Denken außerhalb der *Internationalen Psychoanalytischen Vereinigung* gefördert.

4 Die international gegründete ›Plattform‹-Bewegung reduzierte sich sehr bald auf zwei Pole: Zürich und Buenos Aires. Während die progressiven argentinischen Psychoanalytikerinnen und -analytiker durch die Militärdiktatur vertrieben wurden, konnten wir in Zürich 1977 ein von der *Schweizerischen Gesellschaft für Psychoanalyse* unabhängiges Seminar aufbauen, welches mit seiner basisdemokratischen Verfassung im internationalen Maßstab wohl einzigartig dasteht (Modena 1988).

Die Diskussion und die seminarpolitischen Aktivitäten im Kreis der ›Plattform‹ waren für mich die logische Fortsetzung der politischen Arbeit in der FSZ an der Universität. Hier wie dort ging es um die Demokratisierung der Institution, um die Mitwirkung der Studierenden an der Unterrichtsgestaltung und um Autonomie. Ich war aber zugleich auch im Zürcher Nach-68er-Denkprozeß der revolutionären Linken engagiert und propagierte im Rahmen einer außeruniversitären Sammelbewegung der *Fortschrittlichen Arbeiter, Schüler und Studenten* (FASS) die Notwendigkeit des Parteiaufbaus. Diese Arbeit mußte ich allerdings – im Unterschied zur Tätigkeit am Psychoanalytischen Seminar – nach der Androhung der Landesverweisung von seiten der Fremdenpolizei wegen meiner Teilnahme an der 68er Bewegung klandestin leisten. Zusammen mit wenigen Genossinnen und Genossen von der ehemaligen *Jungen Sektion* der *Partei der Arbeit* und ebenso wenigen Kommilitoninnen und Kommilitonen der FSZ wurde die *Revolutionäre Allianz Zürich* gegründet, die sich kurze Zeit später in *Revolutionäre Aufbauorganisation Zürich* (RAZ) umbenannte.
Von besonderer Genugtuung war mir hierbei die Teilnahme meines früheren Marxismus-Lehrers, des weithin als kommunistischer ›Chefideologe‹ denunzierten Konrad Farner[5], welcher sich noch kurz vor seinem Tod von der *Partei der Arbeit* distanziert hatte und mit uns mit der chinesischen Kulturrevolution sympathisierte. Im ›Plattform‹-Kreis waren damals die wenigsten Kolleginnen und Kollegen derart ›politisiert‹. Und meine neuen Freunde Rothschild und Galli standen den traditionellen kommunistischen Parteien nahe. Rothschild trat denn auch bald in die *Partei der Arbeit* ein und wurde während einiger Jahre deren Zürcher Gemeinderat. Diese politische Differenz erzeugte zwischen uns ein sehr ambivalentes Verhältnis: Auf der einen Seite herrschte weitgehende Übereinstimmung in bezug auf die psychoanalytische Institution, auf der anderen Seite aber heftige Divergenz betreffend die kommunistische Partei. So entstand nach der Gründung der ›Plattform‹ 1969 bei einigen Psychoanalytikerinnen und Psychoanalytikern in Ausbildung (wie wir die ›Kandidaten‹ umbenannt hatten), welche der RAZ – oder anderen Parteiaufbauor-

5 Konrad Farner war einer der ganz wenigen profilierten Intellektuellen der deutschschweizer *Partei der Arbeit*. Er war in der Schweiz einer der Pioniere des Dialoges zwischen Christen und Marxisten.

ganisationen[6] – nahestanden, das Bedürfnis nach einem eigenen Kreis.

Die ›Wilhelm-Reich-Gruppe‹ 1972

Die ›Reich‹- oder ›Sexpol‹-Gruppe war ein lockerer Zusammenschluß ohne programmatischen Anspruch. Wir wollten als revolutionär gesinnte Marxisten die Grundlagen der Freudschen Psychoanalyse ernsthaft diskutieren, ein Diskurs, der weiter und tiefer gehen sollte, als es uns in der größeren ›Plattform‹-Gruppe möglich erschien. Während diese ein Sammelsurium verschiedenster ideologischer Richtungen darstellte, von den Radikaldemokraten bis zu den Marxisten-Leninisten, glaubten wir, als relativ Gleichgesinnte schneller zu einer gemeinsamen Position gelangen zu können. Wilhelm Reich imponierte uns nicht nur, weil er in einer Person Marxismus und Psychoanalyse vereinigte und in der Lage gewesen war, sich mit den kommunistischen Kritikern der Psychoanalyse in der *Dritten Internationale* schlagfertig auseinanderzusetzen, sondern vor allem, weil es ihm mit der Sexpol-Bewegung gelungen war, dem Primat der Praxis – der uns besonders wichtig war – Folge zu leisten. Er erschien uns als der erste Kommunist, welcher die Fragen der Subjektivität des Menschen wirklich ernst genommen hatte. Dies versprach Aufschluß über den ominösen ›subjektiven Faktor‹, der für das Scheitern so mancher revolutionärer Initiative in der Geschichte verantwortlich gemacht wurde, und mit welchem wir uns auch in der politischen Praxis der Parteiaufbauorganisationen konfrontiert sahen. Es war uns damals unbegreiflich, daß die schweizerischen Proletarier in ihrer großen Mehrheit lieber den Sozialdemokraten und den bürgerlichen Parteien folgten, als auf unsere doch so richtigen Parolen zu hören!

Im Herbst 1972 trafen sich – wie aus meinen wenigen erhaltenen Protokollen hervorgeht – »Hans, Hans-Peter, Konstanze, Maya, Mario, Ursula« und ich zu den ersten Diskussionsrunden. Die Themen, die uns beschäftigten, waren zunächst erkenntnistheore-

6 Die RAZ gehörte zu den gemäßigten maoistischen Gruppen; andere Kolleginnen und Kollegen sympathisierten mit der *Kommunistischen Partei der Schweiz*, der *Marxistischen Liga* oder der *POCH*.

tischer Natur. Wir fragten nach dem Verhältnis von Wissenschaft und Realität, von Wissenschaft und Philosophie, von Wissenschaft und Methode. Und wir fragten weiter nach dem Verhältnis von Positivismus und Dialektik, von Empirismus und Hermeneutik, von Marxismus und Psychoanalyse. Wir diskutierten die verhaltenstheoretische Kritik an der Psychoanalyse (Skinner) und verfolgten die Diskussionen der späten zwanziger Jahre zwischen Marxisten verschiedener Observanz über den Stellenwert der Psychoanalyse für eine revolutionäre Politik. Mein damaliger Standpunkt geht am besten daraus hervor, wie ich unsere Diskussion über die Reich-Sapir-Kontroverse[7] unter der Überschrift »Marxismus und Psychoanalyse – Thesen zum Abschluß der Diskussion Reich-Sapir um die Verwendbarkeit der Psychoanalyse« damals zusammengefaßt habe[8]:

»1. W. Reichs Arbeit ›Dialektischer Materialismus und Psychoanalyse‹ (1929) und I. Sapirs Entgegnung ›Freudismus, Soziologie, Psychologie‹ (1930), beide erstmals in der theoretischen Zeitschrift der Komintern *Unter dem Banner des Marxismus* veröffentlicht, stellen vor dem Hintergrund des aufkommenden Faschismus im kapitalistischen Europa und der stalinistischen Konsolidierung der Revolution in der Sowjetunion den Höhepunkt der marxistischen Kritik an der Psychoanalyse dar. Beide Aufsätze sind von Kommunisten geschrieben, die bei der Entfaltung der Klassenkämpfe ›kein Stückchen Schnur‹ an die Bourgeoisie abtreten wollen. Beide Autoren wissen um die ausschlaggebende Bedeutung des subjektiven Faktors im historischen Prozeß; die Frage ist, was die Untersuchung der Individualpsyche zu seiner Erhellung beitragen kann und ob die psychoanalytische Theorie geeignet ist, diese Untersuchung zu befördern.

2. Der Marxist Reich verteidigt die Psychoanalyse gegen die Psychoanalytiker und gegen Freud selbst: Wie jede Wissenschaft wird auch sie von der bürgerlichen Gesellschaft ihrem Herrschaftsinteresse dienstbar gemacht. Jung, Adler, Rank stellen nur ihre sichtbarsten metaphysischen Verfälschungen dar, während Freud selbst mit der Entwicklung der Todestriebtheorie die dialektisch-materialistische Grundlage seiner Lehre auf den Kopf stellt. Deren Kernstück bleibt zum einen die Trieblehre – insbesondere die Lehre von der Sexualverdrängung – als materielles Substrat des Seelenlebens, zum andern die Dialektik zwischen Unbewußtem und äuße-

7 Vgl. den von Sandkühler (1970) eingeleiteten Sammelband. Die ganze Kontroverse wird besser dokumentiert bei Gente (1970), der allerdings gerade die wichtige Entgegnung Reichs auf Sapir ausläßt.

8 Es folgt ein Auszug aus dem Diskussionsprotokoll.

rer Realität. Die Hauptseite dieses Widerspruches liegt im Gesellschaftlichen; so ist das Realitätsprinzip als Anpassungsvorgang an die Gegebenheiten der herrschenden Klasse zu verstehen, der Ödipus-Komplex als typischer Konflikt der bürgerlichen Gesellschaft, mit deren Überwindung – im Sozialismus – er hinfällig wird.

3. Die solchermaßen von allem idealistischen Machwerk gereinigte Wissenschaft ist berufen, die psychische Auswirkung der Produktionsverhältnisse, das heißt die Bildung der Ideologien im Menschenkopf durch die Erforschung der Zwischenglieder im Sozialisationsprozeß (im Detail) zu klären. Untersuchungsgegenstand ist doch der vergesellschaftete Mensch, dessen Psyche außer den Repräsentanzen seiner gesellschaftlichen Beziehungen auch die Erinnerungsspuren an den gewaltsamen Prozeß seiner Realitätsanpassung enthält. Damit ist die sozialpsychologische Relevanz der Psychoanalyse gegeben. Weder kann die Psychoanalyse ohne den Sozialismus, noch kann der Sozialismus ohne die Psychoanalyse auskommen. So wie diese unter bürgerlicher Herrschaft verkommen muß, braucht sie jener beim Aufbau einer klassenlosen Gesellschaft.

4. Im Gegensatz zum engagierten Psychoanalytiker W. Reich, der seine kommunistische Privatmeinung vertritt, hat es I. Sapir übernommen, die Psychoanalyse abschließend zu diskutieren. Durch ihn spricht die Partei, seine Meinung ist Lehrmeinung. Der Psychoanalyse weist er den ihr zustehenden Platz zu: Als Individualpsychologie – soweit sie nicht Freudismus ist, also idealistisches Machwerk – läuft sie sogar der Pawlowschen Reflexologie den Rang ab; ihre Entdeckungen – Trieblehre inkl. Sexualverdrängung, das Unbewußte, die Neurosenlehre – werden anerkannt, soweit sie den Einzelmenschen betreffen und therapeutisch ausgerichtet sind.

Jeder Versuch jedoch, die Psychoanalyse zur Untersuchung soziologischer Phänomene heranzuziehen, wird kategorisch als unbefugtes Eindringen in marxistisches Territorium zurückgewiesen. Die Psychoanalyse hat zwar eine materielle Grundlage, sie ist aber in einem entscheidenden Punkt – in ihrer Strukturlehre – undialektisch. Wenn das Ich als bloßer Puffer zwischen Triebgeschehen und Realitätsdruck begriffen wird, kann es im marxistischen Sinn nicht handelndes Subjekt der Geschichte sein. Die soziologischen Exkurse der Psychoanalytiker müssen daher logischerweise zu idealistischer Geschichtsklitterung führen, siehe zum Beispiel Freuds entsprechende Schriften. Die Psychoanalyse – auch, ja gerade Reich – überwertet in der Dialektik zwischen Natur und Gesellschaft die biologische Seite, ist biologistisch. Ihre metaphysische Ich-Psychologie korreliert mit ihrem positivistischen Realitätsbegriff. Die marxistische Psychologie gilt es noch zu schaffen.

5. Nach der Niederlage sowohl des Faschismus in Europa wie der Revolution in der Sowjetunion (um den Preis der friedlichen Koexistenz) stellt sich für Kommunisten abermals die Frage, ob die Psychoanalyse für den

Klassenkampf zu gebrauchen sei. Gerade in einer Zeit der sich objektiv verschärfenden Widersprüche in der monopolkapitalistischen Produktion, aber der extremen ideologischen Schwäche und Zersplitterung der revolutionären Arbeiterbewegung, stellt sich die Frage nach dem ›Stückchen Schnur‹ mit besonderem Nachdruck. Von der Reichschen Argumentation gilt es meines Erachtens im Auge zu behalten, daß jede analytische Untersuchung eines Individuums zugleich auch Analyse der gesellschaftlichen Verhältnisse und Interaktionen seiner Sozialisationsperiode sowie seiner aktuellen Austauschverhältnisse als produktiver (oder eben unproduktiver) Arbeiter ist; und daß zwischen Rationalem und Irrationalem eine durch die Einwirkung der (gesellschaftlichen Klassen-)Realität umkehrbare dialektische Funktion besteht. Von Sapir gilt es zu behalten, einmal die prinzipielle Skepsis gegenüber der ganzen psychoanalytischen Theoriebildung, die von Grund auf marxistisch überdacht werden sollte, dann besonders die Kritik am Biologismus in der Psychoanalyse, der von der Zeit ihrer Erfindung durch Freud bis heute die korrekte dialektische Erfassung psychischer – besser: psychosozialer – Realität im Interesse der herrschenden Produktionsverhältnisse erschwert.«

Leider scheiterte die Hoffnung auf Gemeinsamkeit der ›Revolutionäre‹ gegenüber den ›Liberalen‹ und ›Revisionisten‹ in der Gesamt-›Plattform‹ allzu früh an unserer Engstirnigkeit, der Kehrseite unserer Ernsthaftigkeit. Wir reproduzierten im Kleinen die Spaltungslogik der Parteiaufbauorganisationen und zerstritten uns über einige Thesen, die Mario Erdheim vorgetragen hatte. Sie sind nicht protokolliert, und ich kann mich inhaltlich auch nicht an sie erinnern. Ich erinnere mich aber sehr wohl an meine (und nicht nur meine) Empörung darüber, daß man ›als Marxist sowas denken konnte‹. Tief gekränkt verließ Mario unsere Sitzungen, gefolgt von Maya Nadig, was den Auftakt zur Auflösung der Gruppe bildete. Ursula Hauser engagierte sich bald in einer anderen Untergruppe der ›Plattform‹, der ›Merde‹ (Hauser 1994), Hans-Peter Meyer und ich zogen uns in eine jeweils eigene ›splendid isolation‹ zurück. Ich begriff, daß die viel langsamere und umsichtigere Arbeitsweise Piero Gallis trotz der damit verbundenen Frustrationen die einzige Möglichkeit darstellte, im Psychoanalytischen Seminar zu wirklichen Veränderungen zu gelangen. Erst viel später, nach seiner Rückkehr nach Italien, ergriff ich gemeinsam mit Ursula Hauser noch einmal die Initiative zur Formierung einer ›Plattform‹-Linken, was schließlich 1977 zur Aussperrung des PSZ aus den Räumen der *Schweizerischen Gesellschaft für Psychoanalyse* und zur Gründung des neuen Seminars

an der Tellstraße (heute Quellenstraße) führte (Kurz 1993). Mario Erdheim und Maya Nadig blieben während längerer Zeit der ›Plattform‹ fern und gingen eigene Wege an der Universität.
Erst zehn Jahre später war ich in der Lage, meinen damaligen Dogmatismus zu verstehen. Einer Einladung von Pierre Franzen von der Redaktion der marxistischen Zeitschrift *Widerspruch* folgend, formulierte ich an einem Symposium zum 100. Todestag von Karl Marx 1983 einige Thesen, die implizit selbstkritisch gemeint waren. Die Politik der ›Parteiaufbauorganisationen‹ war mittlerweile überall gescheitert. Ich war wenige Jahre vor ihrem endgültigen Zusammenbruch aus der RAZ ausgetreten, führte seit 1974 zusammen mit Ursula Hauser eine psychoanalytische Privatpraxis und war stark am neugegründeten PSZ engagiert. Unter dem Titel »Subjektivität und Klassenkampf« (Modena 1983) vertrat ich die Meinung, daß der Marxismus mit Marx neu kritisch verstanden und angewendet werden müsse. Der Stellenwert der Psychoanalyse erschien mir nunmehr von Peter Brückner als ›Hilfswissenschaft der Geschichte‹ zutreffend beschrieben. Nach vielen Jahren psychoanalytisch orientierter psychotherapeutischer Praxis hatte ich endlich meine eigene psychoanalytische Identität gefunden. Ich hatte begriffen, daß nur derjenige das fremde Subjekt wirklich verstehen kann, der seine eigene Subjektivität ernst nimmt; ferner, daß zwischen Sein und Bewußtsein ein hochdifferenzierter psychischer Apparat geschaltet ist, welcher von unbewußten Wünschen und Phantasien angetrieben oder auch gebremst wird. Mit diesen Erkenntnissen ausgerüstet, versuchte ich die von Wilhelm Reich initiierte Entwicklung einer Theorie der Subjektivität weiterzuführen und leitete die fünf ›Todsünden‹ der revolutionären Bewegung – Dogmatismus, Voluntarismus, Spontaneismus, Ökonomismus und Bürokratismus – vom psychoanalytischen Strukturmodell des Menschen ab.
Infolge des eigenen Narzißmus neigt man ganz selbstverständlich dazu, das Eigene als Norm zu erleben, und erwartet unbewußt, daß sich die anderen gemäß dieser Norm benehmen. Ein abweichendes – aggressives oder sexuelles – Verhalten irritiert und verunsichert uns, was die verschiedenen Abwehrmechanismen des Ich auf den Plan ruft. Im politischen Bereich führt die Unfähigkeit, eine Vielzahl von Lösungsmöglichkeiten in einer gegebenen Situation wahrnehmen oder zumindest nebeneinander gelten lassen zu können, zur Intoleranz und zum Dogmatismus. Ferner ist

in der Linken das Vorurteil weit verbreitet, man könne sich ändern – wenn man nur wolle. Diese viktorianische Einstellung aufzugeben bereitet extreme Mühe, weil sie die Aufgabe oder zumindest die Relativierung unserer unbewußten Größen- und Allmachtsphantasien erfordert. Immerhin hat sich in der Generation nach 1968 in der Psychiatrie, der Erziehung und der Rechtsprechung in der Schweiz die Einsicht verbreitet, daß ein Nicht-Können fast nie ein Nicht-Wollen bedeutet, sondern Ausdruck von spezifischen Umständen ist, die es im Einzelfall zu analysieren gilt. Die Übertragung der Formel des Alles-Könnens-wenn-man-nur-will ins Politische führt zwangsläufig zum Voluntarismus und damit zur Selbstüberforderung. Das damit meist verbundene Scheitern linker Projekte führt zu unnötigen Selbstvorwürfen und endet in Mutlosigkeit und Depression – oder bei der Suche nach Sündenböcken.

Als Psychoanalytiker lernt man auch, daß Veränderungen sehr viel Zeit brauchen. So wie die Herstellung eines Kunstwerkes, der Bau eines Hauses, die Erziehung eines Kindes Hunderte und Tausende von Arbeitsstunden in Anspruch nehmen, so benötigt auch die Analyse der hauptsächlichsten Abwehr- und Anpassungsmechanismen eines erwachsenen Menschen entsprechend viel Zeit. Für eine revolutionäre Politik heißt das, daß der Klassenkampf einen langen Atem braucht ... Ungeduld führt zum Spontaneismus und damit längerfristig wieder in die Niederlage. Denn eine in Jahrzehnten gewachsene, vielschichtige Struktur, sei es ein psychisches oder ein Gesellschaftssystem, kann nicht mit ein paar heftigen Stößen zu Fall gebracht und schon gar nicht in kurzer Zeit umstrukturiert werden. Außerdem sind die Persönlichkeitsstrukturen der Menschen außerordentlich vielfältig: Je nach dem Zusammenspiel mit der äußeren Realität können nicht nur narzißtische und neurotische, sondern auch Borderline-Persönlichkeiten und sogar Psychotiker über lange Zeit recht stabil funktionieren. So sind die wesentlichen Antriebe in einer durchschnittlichen Bevölkerung sehr unterschiedlich; während sich der eine nach der Verschmelzung mit einer womöglich göttlichen Geliebten verzehrt, möchte der andere um nichts in der Welt in seiner privaten Phantasiewelt gestört werden; wünscht sich dieser über alles Macht und Kontrolle, gilt jenem Ehre und Ansehen am meisten; während ein dritter nach Besitz giert, ist ein vierter von einem Gerechtigkeitswahn beseelt etc. – Kommunisten müßten zunächst einmal zur Kenntnis nehmen, daß es kein allgemeingültiges Glück gibt. Eine ökonomistische Politik, die einseitig gewisse Bedürfnisse privilegiert – wie berechtigt diese im einzelnen auch sein mögen (zum Beispiel mehr Geld) – kann auf die Dauer nicht überzeugen. Der ›kleine Mann‹ wird sich mit der Zeit jenen Parteien zuwenden, die seine Phantasie beflügeln und ihm die Befriedigung narzißtischer Bedürfnisse wie Ansehen, Prestige, Macht verheißen – wenn nicht real, so doch wenigstens identifikatorisch. Schließlich müßten die linken Politiker den Psychoanalytikern glauben, daß der innerseelische Konflikt zwischen frühen selbstbezogenen und später anerzogenen Bedürfnissen (zwischen Egoismus und Altruismus zum Beispiel) nie ein für allemal zu einer Lösung gelangt. ›Gelegenheit macht Diebe‹ – das gilt auch bei demokratischer Einstellung. Sobald in einer Institution Verhältnisse geschaffen werden, die eine Machtausübung ohne Gewissensbisse ermöglichen, setzt sich der versteckte Sadismus durch. Und was für die anderen Institutionen gilt, gilt insbesondere auch für eine autoritär strukturierte Parteiorganisation. Wir alle kennen die Geschichte des Stalinismus. Sie wird sich wiederholen, solange diese Probleme in der sozialistischen und revolutionären Bewegung unreflektiert (verleugnet oder verdrängt) bleiben und nicht aktiv durchgearbeitet werden.

Wenn ich heute – 1995 – wieder Wilhelm Reich lese, bin ich nach wie vor fasziniert von seinem Engagement und seiner Fähigkeit, Psychoanalyse und Sozialkritik zu verbinden. Er hat mit erstaunlicher Klarsicht wichtige Erkenntnisse formuliert, wie den Zusammenhang von Sexualstörungen, Neurosen und neurotischem Charakter oder die Förderung destruktiver Aggressionen in der Gesellschaft aufgrund der Sexualverdrängung. Er hat in den frühen dreißiger Jahren den Dogmatismus und die einseitig ökonomisch ausgerichtete Propaganda der KP kritisiert, Anhaltspunkte für eine am konkreten Erleben der Menschen ausgerichtete Politik gegeben und den Massenzulauf zum Nationalsozialismus aus dessen stärker gefühlsorientierten politischen Ausrichtung verstanden (Reich 1934).[9] Und er hat den Schiffbruch der Revolution in der Sowjetunion mit dem entstehenden Stalinismus erkannt.

9 Ich halte Wilhelm Reichs Schrift «Was ist Klassenbewusstsein – Ein Beitrag zur Neuformierung der Arbeiterbewegung« (1934) für absolut

Wilhelm Reich hat sich aber zugleich schon früh, schon in den zwanziger Jahren, in eine biologistische Sackgasse verrannt, deren letzter Akt folgerichtig die ›Entdeckung des Orgons‹ sein sollte. Und er ist – vor allem in seinen späteren Schriften – von einer zwanghaften Rechthaberei getrieben, die einem oft die Lektüre vergällt. Offensichtlich war mit ihm als Zeitgenossen nicht gut Kirschen essen ... Was bleibt, ist das historische Beispiel und die Thematisierung der Dialektik von Psychoanalyse und Marxismus, der pionierhafte Versuch, die Psychoanalyse als kritische Theorie des Subjekts zur Konkretisierung der Theorie des subjektiven Faktors anzuwenden. Und darüber hinaus auch das in der Geschichte der Arbeiterbewegung einzigartige Verdienst, mit seinem sexualpolitischen Engagement eine mögliche praktische Anwendung der Theorie der Subjektivität in die Praxis umgesetzt zu haben. Wilhelm Reich als Revolutionär zu ehren kann nur heißen, da weiterzudenken und -zuarbeiten, wo er – von den Nationalsozialisten verfolgt und gleicherweise von Psychoanalytikern wie Kommunisten geächtet – aufgegeben und schließlich unter dem Eindruck der Stalinschen bürokratischen Pervertierung des Leninismus die Flucht in die Esoterik angetreten hat. Auch darin war er beispielhaft für so manche anderen Genossinnen und Genossen, die ihr Heil nach dem Zusammenbruch ihrer Idealisierung linker Politik zum Beispiel in der ›Zürcher Schule‹, einer aus dem *Verein für Psychologische Menschenkenntnis* (VPM) hervorgegangenen Psychosekte, oder bei seiner Heiligkeit, dem Baghwan, gesucht haben ... Wobei allerdings Wilhelm Reich zugute zu halten ist, daß er auch in seiner esoterischen Spätphase die Utopie der Weltrevolution aufrechterhalten hat, die er sich als allmähliche Überwindung der ›emotionalen Pest‹ (womit er, ausgehend von den Nazis, schließlich alle Politiker meinte) durch eine freie Assoziation der Arbeiter (›natürliche Arbeitsdemokratie‹) vorstellte.

exemplarisch! Wilhelm Reich ist der erste, der das Versagen des Sozialismus vor dem Faschismus unter anderem auf das Fehlen einer »marxistischen politischen Psychologie« (S. 8) zurückführt und der darangeht, eine solche Psychologie zu entwickeln. »Während wir den Massen großartige historische Analysen und ökonomische Auseinandersetzungen über die imperialistischen Gegensätze vorlegten, entbrannten sie für Hitler aus tiefsten Gefühlsquellen. Wir hatten, um mit Marx zu sprechen, die Praxis des subjektiven Faktors den Idealisten überlassen, wir waren mechanische und ökonomistische Materialisten geworden (...)« (S. 8 f.).

Psychoanalyse und Politik vor der Jahrtausendwende

1 Zur Interdependenz von Psychoanalyse und Politik

Noch 1972 vertrat ich (im oben zitierten Diskussionsprotokoll) mit Wilhelm Reich die Meinung, daß »weder (...) die Psychoanalyse ohne den Sozialismus noch (...) der Sozialismus ohne die Psychoanalyse auskommen« kann. Aus heutiger Sicht muß ich diesen apodiktischen Satz relativieren. Wie ich an anderem Ort gezeigt habe (Modena, 1992), kann jede Methode zu Recht den Anspruch erheben, Freudsche Psychoanalyse zu sein, die das interpretative Paradigma als Kernstück ihrer Metapsychologie aufrechterhält. So müssen sich so unterschiedliche Schulen wie die Ich-Psychologen, die Kleinianer, die Objektbeziehungstheoretiker, die Selbst-Psychologen, die Lacanianer u. a. m. das Freudsche Erbe teilen. Sie haben nur jeweils andere im Freudschen Werk enthaltene Gesichtspunkte besonders emphatisch weiterentwickelt oder aber Theorielücken mit jeweils eigenen theoretischen Konstrukten zu schließen versucht. Und auch der Individual-, der analytischen Psychologie und der Daseinsanalyse ist eine weitgehende Verwandtschaft zur Psychoanalyse nicht abzusprechen – auf psychotherapeutischer Ebene sind gar, wie in der Nacht, ›alle Katzen grau‹. Ich meine damit eine medizinalisierte Psychoanalyse, die sich auf Symptombehebung und Anpassung reduziert. Diese hat den kulturkritischen Impetus und die emanzipative Funktion der Gründerzeit eingebüßt. Ich denke aber, daß den psychoanalytischen Pionieren, und insbesondere Sigmund Freud selbst, diese Attribute gewissermaßen in den Schoß gefallen sind: Es war nicht wirklich das eigene gesellschaftskritische Bewußtsein, das ihrem Wirken eine kritisch-emanzipatorische Funktion verlieh, sondern vielmehr die Anfeindung von außen. Die radikale Thematisierung des Sexuellen gereichte im viktorianischen Zeitalter und noch bis in die fünfziger Jahre unseres Jahrhunderts zum umstürzlerischen Skandalon – sie wird jedoch im Spätkapitalismus unserer Epoche durch Werbung und Sexindustrie längst schon kommerziell angeboten. Die ›repressive Entsublimierung‹ der Sexualität, wie sie Marcuse analysiert hat, hat jenen gesellschaftskritischen Bonus der Psychoanalyse längst aufgezehrt. Und darüber hinaus ist auch eine wachsende Tendenz zur Verflüchtigung des Sexuellen in der Praxis der psychoanalytischen

Zunft selbst zu verfolgen (Parin 1986). Subversiv im politischen Sinn kann in der Massengesellschaft höchstens noch die große Kur genannt werden, die sich nicht an den Symptomen orientiert, sondern eine vorurteilsfreie tiefe Beziehung künstlich herstellt, in welcher das Ich des Analysanden sich neu finden und individuell stärken kann. Aber auch da kommt es wohl darauf an, um was für ein Ich (klassenspezifisch) es sich handelt. Ich habe einmal mit einem sehr sympathischen Triestiner Großbürger eine analytische Therapie gemacht, der nebenbei gesagt keinen Rappen für die Kur zu bezahlen brauchte, weil er als Direktor einer großen Versicherungsgesellschaft so geschickt versichert war: Dieser entwickelte in der Spätphase der Behandlung unter anderem den Wunsch, eine große Yacht zu erwerben. Er hatte aber Hemmungen, weil ihm sein Gewissen verbieten wollte, ein größeres Segelschiff zu fahren als seine Vorgesetzten. Zum Gelingen der Kur gehörte es, daß er im Rahmen der Hierarchie seiner Versicherungsgesellschaft aufgestiegen ist und die Yacht erwarb ... Die Analyse hat mir persönlich Spaß gemacht, aber soll ich behaupten, daß sie darüber hinaus auch kritisch-emanzipatorisch war?
Heute denke ich, daß die Psychoanalyse den ›Sozialismus‹ bzw. eine kritische Theorie der Gesellschaft nur insofern braucht, als ein Anspruch auf gesellschaftskritische Wirkung gestellt wird. Dann wird allerdings sofort das Fehlen einer analytischen Gesellschaftstheorie sowohl in der Metapsychologie als auch in der Theorie der Technik zum Problem – Realität wird ja gemeinhin zur durchschnittlich zu erwartenden Außenwelt reduziert.[10] Von links kritisch betrachtet erweisen die Freudschen Kulturschriften – trotz ihrer Genialität und ihrem beispielhaften Charakter bei der Anwendung der Psychoanalyse auf Gesellschaftliches – ihren Konservativismus: Die Entwicklung in Geschichte und Gesellschaft wird zirkulär begriffen, als Wiederkehr des Immer-Gleichen, und derart unverändert und unveränderbar an Schüler und Patienten tradiert.

10 Heinz Hartmann ist einer der wenigen Theoretiker der Psychoanalyse, die sich überhaupt mit dem Problem der äußeren Realität beschäftigen. Paul Parin hat in seiner Arbeit über den notwendigen Einbezug der Gesellschaftskritik in die Deutungstechnik bei ihm anknüpfen können. Im übrigen gilt für das Verständnis der gesellschaftlichen Realität in der Psychoanalyse wohl dasselbe, was Friedrich Engels im »Anti-Dühring« für die Philosophie ausführt: Wer keine explizite Philosophie im Kopfe habe, habe die schlechteste ...

Noch rechtzeitig vor Ende des Jahrhunderts ist das Weltsystem des bürokratischen Sozialismus zugrunde gegangen. Aber sein Verschwinden (die chinesische Variante der Pervertierung des Sozialismus übt derzeit keinen fühlbaren Einfluß auf die europäischen Verhältnisse aus) hat nicht die autonome und libertäre Neue Linke gefördert, sondern durch das Erstarken des Weltkapitals ganz im Gegenteil der postmodernen Ideologie des Neoliberalismus Hebammendienste geleistet. Die ›Neuen Philosophen‹ haben allenthalben Konjunktur und benützen Versatzstücke der psychoanalytischen Theorie dazu, die Ideologie der Gegenaufklärung zu untermauern. Darüber hinaus haben die neue bürgerliche Arroganz und Aggressivität, die sich das Kapital aufgrund des Wegfallens der ›kommunistischen Gefahr‹ erlauben kann[11], durch die Verlegung der Industrie in die Schwellenländer der Dritten Welt und durch die Politik der Deregulierung und Reprivatisierung in den Metropolen eine schleichende Wirtschaftskrise ausgelöst, die zusammen mit der Neuen Armut und dem Anschwellen der Arbeitslosigkeit das Terrain für den Vormarsch der Neuen Rechten geschaffen hat. Sollte das Europa-Projekt der Monopole in absehbarer Zeit scheitern, steht heute der Faschismus als Kettenhund der Reaktion wieder bereit.

Die Neue Linke, die in den siebziger und achtziger Jahren eine recht breite Entfaltung erlebt hat, aber in hunderterlei verschiedenen Initiativen aufgespalten blieb, schaut dieser Entwicklung der Neuen Rechten weitgehend machtlos zu. Es ist ihr bisher nicht gelungen, über die Förderung der Grünen und der Sozialdemokraten hinaus eine eigene glaubhafte systemüberwindende Perspektive zu entfalten. Hatte nicht Lenin (1902) gemeint, daß die Arbeitermassen aus eigener Kraft es nicht schaffen könnten, über ein ›trade-unionistisches‹ Bewußtsein hinauszukommen, und daraus die Notwendigkeit der Bildung einer revolutionären Organisation abgeleitet? Leider ist der Involutionsprozeß der kommuni-

11 Das Wegfallen der ›kommunistischen Gefahr‹ ist nur der eine Grund; der andere ist die ungeahnte Entfaltung der industriellen Produktivität aufgrund der ›Dritten technologischen Revolution‹. Das Nachhinken des sozialistischen Lagers bei der Einführung der neuen Technologien hat ihm das Genick gebrochen.

stischen Parteien seit den sechziger Jahren nur noch weiter gediehen, vielleicht am klarsten in Italien sichtbar, wo sich die einst mächtige KP in eine »Partei der Linken« umgetauft hat und eine zentristische Politik verfolgt. Als tragisch erscheint mir allerdings die Tatsache, daß jene Gruppen, die den revolutionären Kampf nicht aufgegeben haben – wie die beachtlich aktive und parlamentarisch erfolgreiche *Rifondazione Comunista* –, die neue Partei exakt nach dem alten Muster wiedergegründet haben. Damit ist schon jetzt für die Zukunft absehbar, daß sie sich mit zunehmendem politischen Erfolg wieder in ähnlicher Weise wie die alte KP in dogmatischer und bürokratischer Richtung entwikkeln werden.

Was not täte, wäre eine ›Partei neuen Typs‹ – die alte bolschewistische Frage nach dem Parteistatut, das heißt nach der Organisationsform der revolutionären Organisation stellt sich vor der Jahrtausendwende also wieder neu. Diese Frage kann aber heute nur auf der Grundlage der Beherzigung der subjektiven Faktoren in Gesellschaft und Geschichte eine Antwort finden. Ich habe als Beitrag zu diesem Umdenken im Anschluß an Wilhelm Reichs »Was ist Klassenbewusstsein?« (1934) versucht, eine psychoökologische Politik zu definieren (Modena 1986). Einerseits unter dem Eindruck der andauernden Erfolge der Frauenbewegung – der es gelungen war, das Private öffentlich zu machen – und anderseits beflügelt von der politischen Kreativität der Zürcher Jugendbewegung der Jahre 1980/81 fiel es mir jetzt nicht mehr schwer, eine radikale Kritik an den K-Gruppen zu leisten. Ich erkannte unsere damalige Politik als einseitig über-ichhaft und tendenziell größenwahnsinnig; wir hatten mit dem Auszug aus der Universität das uns eigene Terrain verlassen und agierten nunmehr *stellvertretend* für die Dritte Welt und/oder für das Proletariat, anstatt für eigene Anliegen zu kämpfen. Das konnte nur im Sektierertum enden, denn: *Nur eine ich-gerechte Politik hat Aussicht auf längerdauernden Erfolg*. Darunter ist eine Politik zu verstehen, die bewußt und zielgerichtet den grundlegenden menschlichen Bedürfnissen Rechnung trägt, das heißt: Libido, Aggression, Transzendenz und Utopie in ihre Strategie und Taktik einbezieht.

Soll die gemeinsame politische Arbeit lange dauern, was sich für revolutionäre Zielsetzungen beinahe von selbst versteht, muß den persönlichen Beziehungen unter den Mitgliedern größte Aufmerksamkeit geschenkt werden. Nur sich einander affektiv zuneigende und vorwiegend libidinös statt aggressiv verbundene Menschen können über längere Zeiträume sinnvoll miteinander auskommen, einander verstehen und zusammenwirken. Die Frage ist allerdings, wie das hierfür notwendige zärtliche Gemeinschaftsgefühl herzustellen sei, welches die affektive Voraussetzung zu solidarischem Handeln darstellt. Sicher muß in politischen Arbeitsgruppen oder Zellen der Aussprache über sexuelle Interessen und Spannungen genügend Raum gegeben werden. Wenn Neid und Eifersucht unterschwellig die Atmosphäre vergiften, verliert die Gruppe unweigerlich ihre Aufgabe aus den Augen, zerstreitet sich und kann ganz auseinanderfallen. Dann sind einige ›Psycho‹-Sitzungen, eventuell unter Beizug von ›Politpsychologen‹, dringend notwendig. Der schon seit längerem in den großen kapitalistischen Konzernen gebräuchliche Einsatz von Psychotechniken müßte auch, bei entsprechender Anpassung der Methoden, für die Linke im Hinblick auf die Optimierung ihrer Politik selbstverständlich werden.

Fast noch mehr als die Libido wird in politischen Gruppierungen, die sich für eine sozialistische Umwälzung der Gesellschaft stark machen, die Aggression verleugnet und verdrängt. Für Revolutionäre, die eigentlich per definitionem eine aggressive Zielsetzung haben, ist das paradox! Dabei wirken persönliche Hemmungen und internalisierter christlicher Glaube unter dem Deckmantel des Kommunismus unheilvoll zusammen. Es wird in einer Art Pseudodebilität nicht verstanden, daß Aggression zunächst eine positive Lebenskraft ist, die vorwärtsdrängt: ad-gredo, ich schreite voran. Die Aggression (oder ›Aggredo‹) ist die Triebenergie des Selbsterhaltungstriebes, so wie die Libido jene der Arterhaltung ist. Schon der Säugling ergreift die Mutterbrust (und saugt sie leer). Und wer den Geschmack einer Birne kennenlernen will, muß hineinbeißen ... Erst ein übertriebenes Maß an Versagung durch die Erziehungspersonen und die soziale Umwelt pervertiert die aggressive Lebenskraft zur destruktiven und fixiert den in der analen Phase der Kindheit noch phasenadäquaten Sado-Masochismus zu einem Charakterzug. Für den politischen Bereich gilt, daß man/frau um so erfolgreicher sein wird, je besser es gelingt, die eigenen Aggressionen zuzulassen, bewußt zu erleben und möglichst gekonnt nach außen zu artikulieren. Nur wenn die Aggredo enttabuiert wird, kann man/frau über die ganze Palette aggressiver

Gefühle verfügen, von der offenen Wut über einen zum Beispiel bösartigen Klassenfeind bis zum leisen Ärger etwa über einen schwach gewordenen Genossen. Dabei wird man auch nicht vergessen dürfen, daß keine Revolution ohne Gewalt auskommen kann. Dafür ist nicht einmal in erster Linie die zu erwartende offene, brutale Repression des Staates verantwortlich als vielmehr die immer und überall wirkende strukturelle Gewalt (Galtung). Diese bedingt ebenso strukturell revolutionäre Gegengewalt: ›Gegen Gewalt hilft nur Gegengewalt!‹ Ethisch gesehen kann es nie darum gehen, jede Gewalt zu verurteilen oder zu legitimieren, die Frage ist, welche Gewalt, in welchem Maße in welcher konkreten Situation gegen welche andere Gewalt sinnvoll und gerecht erscheint.

Ein weiteres linkes Tabu betrifft die Transzendenz. Leider haben weder Marx noch Freud verstanden, daß das transzendente Bedürfnis nach Gemeinschaft, das heißt nach Geborgenheit und Zugehörigkeit zu einer Gruppe, zur Essenz des Menschlichen gehört und daher prinzipiell unaufhebbar ist. Ich denke, daß ein Stück symbiotische Libido aus der frühesten Mutter-Kind-Beziehung (nach Konrad Lorenz das ›extrauterine‹ Früh-Jahr des Menschen), wo sich das Kind noch nicht als ein eigenständiges Wesen erlebt, sondern mit der Mutter lustvoll verschmilzt (oder sie bei Versagungen völlig ablehnt), in der weiteren Entwicklung nicht nur auf die Paarbeziehung übertragen wird, sondern auch auf die Familien-Gruppe und später auf die Gleichaltrigen-Gruppe (Peer Group) und den Freundeskreis übergeht. Auch nach geglückter Individuation kann kaum jemand völlig allein und selbstbezogen überleben. Das ganze Leben hindurch bleibt die Notwendigkeit nach wechselseitiger Identifikation und Bestätigung bestehen, nach Wärme und Sicherheit. Sobald der Heranwachsende zudem ein Todesbewußtsein entwickelt hat, werden diese Bedürfnisse nach Zugehörigkeit und Aufgehobensein in der Gruppe noch zusätzlich durch die Todesangst verstärkt. – Alle Kulturen haben durch Rituale, oft unter Zuhilfenahme von Drogen, für die Befriedigung transzendenter, mit anderen Worten ›mystischer‹ oder ›religiöser‹ Bedürfnisse gesorgt. Auch Atheisten können sich dieser anthropologischen Konstante nicht entziehen. Und was gibt es übrigens Transzendenteres (Mystischeres) als die Parole ›Sozialismus oder Tod‹?

Schließlich krankt die linke Bewegung trotz ihrer breiten Entfaltung seit 1968 an ihrer Orientierungs- und Ziellosigkeit. Die

Neuen Sozialen Bewegungen sind jeweils nur auf einem schmalen gesellschaftlichen Sektor aktiv und zuständig, die linken Parteien wenig glaubwürdig. Eine totalisierende Sicht eines neuen, echt freiheitlichen und gemeinschaftlichen – eben sozialistischen – Gemeinwesens, die man der bürgerlichen Demokratie entgegensetzen könnte, fehlt oder wird unter Hinweis auf Totalitarismus-Gefahr abgelehnt. Aber ohne eine allgemein glaubhafte ›konkrete Utopie‹ leidet man/frau an Identitätsschwäche, was bald zum Motivationsschwund führt. Von daher erscheint mir die Entwicklung utopischer Entwürfe auf allen Gebieten von ausschlaggebender Bedeutung. Man sollte sich weniger schämen, mit den eigenen Träumen an die Öffentlichkeit zu treten. Triebtheoretisch gesehen ist die bürgerliche Konsumgesellschaft durch eine weitgehende Fixierung der Massen auf anales Erleben (Besitzstreben und Abgrenzung von den anderen) charakterisiert. Ohne umgekehrt in Konsumfeindlichkeit zu verfallen, müßten von links mehr die phallisch-narzißtischen und genitalen Interessen propagiert werden. Sexuelle und Liebesbeziehungen in allen Varianten, Spiel und Fest müßten in unserem Alltag neben den schon gebräuchlichen Sublimierungen (Kunst, Wissenschaft, Sport) einen viel größeren Raum einnehmen. Nur eine kräftige erotische Utopie vermag für die Zukunft die Vorherrschaft des Thanatos im real existierenden Kapitalismus zu brechen.
Heute – 1996 – geht es in der Linken über die Entwicklung einer psychoökologischen Politik hinaus auch darum, aus der Niederlage des sozialistischen Weltsystems nach 40 Jahren Kalten Krieges (von 1950-1990) zu lernen.

3 Probleme des Leninismus in psychoökologischer Sicht

3.1 Aus der wirtschaftlichen Niederlage lernen

Einer der wichtigsten ideologischen Faktoren, die zur Niederlage des COMECON gegenüber den kapitalistischen Ländern beitrugen, war die chronische, obstinate Fehleinschätzung der Lernfähigkeit und Opferbereitschaft der Menschen. Wenn ich dies betone, glaube ich nicht, die anderen – historischen und gesellschaftlichen – Faktoren zu verkennen, wie die Tatsache, daß die

Machtübernahme durch den Sozialismus vor allem in industriell und sozial unterentwickelten Gebieten stattgefunden hat, und daß der Zweite Weltkrieg im Osten einen Trümmerhaufen hinterließ, während die US-amerikanische Wirtschaft durch die Kriegslieferungen boomen konnte (eine grundlegende wirtschaftliche Asymmetrie übrigens, die sich durch die ganze Zeit des nachfolgenden Kalten Krieges hindurch weiter entfalten konnte; während die Rüstungsausgaben die sozialistischen Länder mit ihrem Aufholbedürfnis schwer belasteten, trugen sie im Westen wesentlich zur Hochkonjunktur bei). Ich denke auch an den grundlegenden Unterschied zwischen dem westlichen Neokolonialismus und dem Sozialimperialismus; letzterer hat in ökonomischer Hinsicht unendlich viel weniger von der Ausbeutung der Dritten Welt profitiert. Schließlich ist mir auch die Tatsache bewußt, daß durch die politische Etablierung einer Neuen Klasse (Djilas) mit ihrem auch in der Wirtschaft quasi-totalen Machtanspruch eine wichtige Motivation für den ›sozialistischen Wettbewerb‹ an der gesellschaftlichen Basis verlorenging. Aber trotz alledem ist die erschreckend niedrige Arbeitsproduktiviät der sozialistischen Planwirtschaften noch nicht zureichend erklärt.
Es gilt die Tendenz der Individuen, sich im Hier und Jetzt möglichst bequem einzurichten, das Trägheitsprinzip im Psychischen, zu verstehen und ernst zu nehmen. Ohne einen gewissen Zwang ist niemand zu außerordentlichen Anstrengungen bereit – jedenfalls nicht kontinuierlich über längere Zeit. Jede und jeder versucht, sich im Rahmen der vorgefundenen objektiven Realitäten möglichst angenehm und das heißt, mit möglichst geringem Energieaufwand einzurichten. Diese dem psychischen Apparat eingeschriebene Tendenz[12] wird allerdings durch ein vertikal bürokratisiertes Herrschaftssystem, in welchem ein jeder die Verantwortung an die obere Instanz delegieren kann, noch zusätzlich gesteigert.
Der sogenannte freie Markt ist der Planwirtschaft nicht nur des-

12 Meine in diesem Zusammenhang erfolgende Betonung des ›Trägheitsprinzips im Psychischen‹ entspricht der Freudschen Annahme eines Nirwana-Prinzips. Abgesehen davon bin ich nicht der Meinung, daß die Triebe gewissermaßen ›konservativ‹ seien und zu einem möglichst inerten Zustand der Psyche hinzielten. Ich meine vielmehr, daß die Triebe aktiv zu ihrem Ziel hintreiben. Das postulierte Trägheitsprinzip im Psychischen resultiert aus der Dynamik von Trieb und Verdrängung, von Besetzung und Gegen-Besetzung.

wegen überlegen, weil es für eine zentralisierte Behörde außerordentlich schwierig ist, den Überblick und damit die Entscheidungskompetenz über ein äußerst differenziertes modernes Wirtschaftsgebilde aufrechtzuerhalten – im Kapitalismus ist jeder gezwungen, den Überblick über die eigenen Existenzgrundlagen zu behalten –, sondern vor allem deswegen, weil er Millionen von Individuen dazu zwingt, kompetitiv und innovativ zu bleiben. Wer das nicht auf irgendeine Art schafft, kommt in kürzester Zeit unter die Räder und landet in der Gosse oder – in der ›sozialen Marktwirtschaft‹ – bei der öffentlichen Fürsorge und in der Neuen Armut. Von daher ist auch die Bedeutung der selbständig Erwerbenden neu zu überdenken.

Die Klasse der Gewerbetreibenden sollte in den bisherigen sozialistischen Planwirtschaften ja tendenziell ausgemerzt werden. Dabei sind es gerade die Menschen dieser Schicht, die aufgrund forcierter Selbstausbeutung – gezwungenermaßen – große Beiträge für das globale Volkseinkommen leisten. Man muß sich die Frage stellen, ob das neu-alte Kleinbürgertum nicht völlig zu Unrecht in der sozialistischen Bewegung als grundsätzlich reaktionär verteufelt worden ist.[13] Hat es nicht vielleicht gerade eine falsche sozialistische Politik in die Todfeindschaft zur Linken getrieben? Ja, wenn man denn den Gewerbetreibenden verspricht, sie im Sozialismus ökonomisch zu eliminieren, wie soll man sie für die Revolution gewinnen? Dabei hat sich in allen sozialistischen Ländern gezeigt, daß das Verbot einer selbständigen Wirtschaftstätigkeit zu einer katastrophalen Unterversorgung im Dienstleistungssektor und in der Lebensmittelversorgung geführt hat. Wir sind gerade gegenwärtig Zeugen davon, wie schwer sich das sozialistische Kuba mit einem Umdenken in dieser Frage tut. Aber eine Überwindung der dortigen Wirtschaftskrise ist nur auf der Grundlage einer breiten Entfaltung der Kreativität der Massen denkbar, zu welcher auch die freien Bauernmärkte und die neu zugelassenen selbständigen Berufe im Handwerks- und Dienstleistungsbereich gehören.

13 Mao Tse-tung hat für die chinesische Gesellschaft zu unterscheiden versucht, welche Schichten innerhalb des Kleinbürgertums revolutionär, welche anderen konterrevolutionär und welche schließlich für die Revolution noch zu gewinnen wären. Darüber hinaus darf man nicht vergessen, daß die Vordenker der Revolution fast alle aus dem Kleinbürgertum stammten.

3.2 Zur Vorbeugung der Reproduktion der Herrschaft in der revolutionären Organisation

Dieselbe psychische Trägheit, die individualpsychologisch zur Anpassung an die jeweils vorgefundene Realität führt, erzeugt massenpsychologisch die Institutionalisierung der Herrschaft. Das Phänomen des bürokratischen Sozialismus, welches in Verbindung mit einer totalitären, menschenverachtenden Haltung im Stalinismus gipfelte, ist nicht bloß den sozialistischen Planwirtschaften eigen. Wir können seine Existenz ganz ubiquitär in allen Systemen feststellen. In »Massenpsychologie und Ich-Analyse« (1921) hat Freud dies für die großen gesellschaftlichen Institutionen, wie Heer und Kirche, dargestellt. Hauptcharakteristika sind die wechselseitige Identifizierung der einfachen Mitglieder dieser Organisationen und die Über-Ich-Delegation. Durch die mindestens teilweise institutionalisierte Aufhebung der Rivalitätsaggression auf der horizontalen Ebene und durch das Überflüssigwerden des innerseelischen Kampfes zwischen Ich und Über-Ich aufgrund einer ebenso institutionalisierten vertikalen Unterwerfungshaltung wird der psychische Apparat stark entlastet. Ich habe diesen Effekt an anderer Stelle das »Behagen in der Sekte« (Modena 1990) genannt. Man könnte von einer symmetrischen Entsprechung von Herrschaftsbedürfnis der Führung und Unterwerfungsbedürfnis der Basis sprechen (vgl. Reich 1933). Ein solches sado-masochistisches Gleichgewicht erweist sich in der Praxis als enorm haltbar und gegen Eingriffe von außen als sehr widerstandsfähig, wenn es sich einmal etabliert hat. Ich kenne es aus meiner therapeutischen Arbeit vor allem aus der Beratungstätigkeit mit geschlagenen und mißhandelten Frauen. Oft versucht sich das Opfer bewußt aus einer solchen verhängnisvollen Abhängigkeit zu lösen, vermag sich aber aufgrund seiner unbewußten masochistischen Einstellung nicht zu befreien. Die Analyse und das Durcharbeiten dieser Zustände gehört zu den schwierigsten Aufgaben der Psychotherapie.
Was bereits im individualpsychologischen Setting so schwer zu verändern ist, wird in der Institution zur schier unlösbaren Aufgabe. Denn in der Institution verschmelzen die unbewußten sado-masochistischen Tendenzen der Teilglieder mit existenziell wichtigen narzißtischen und ökonomischen Bedürfnissen. »Weggehen ist nicht so einfach« (Pletscher 1977)! – Und wenn die

Existenz gefährdet ist, hat das Ich die unbewußten Mechanismen der Verleugnung, Verdrängung, Rationalisierung, Intellektualisierung u. a. m. zur Verfügung, die ihm zur Selbsttäuschung dienen. Wenn es unter großen seelischen Schmerzen aller Beteiligten und oft auch unter Mobilisierung aggressiver Reserven bis hin zur offenen Gewalt gelungen ist, das institutionelle System zu verändern (Auswechseln der Führung oder Spaltung), sind in der Regel nur die inhaltlichen Zielsetzungen modifiziert worden, ohne wirkliche Strukturänderung – oder es sind zwei strukturell gesehen identische neue Institutionen entstanden. Mit anderen Worten, wer die institutionalisierte ›emotionale Pest‹ (Reich) fürchtet, muß ihrer Institutionalisierung vorbeugen.

Die Frage ist, ob und wie eine Institution geschaffen werden kann, die sich nicht automatisch im oben beschriebenen Sinn sado-masochistisch konstituiert. Und da die revolutionäre Organisation – wie wir aus der Geschichte lernen konnten – keine Ausnahme von der allgemeinen massenpsychologischen Institutionalisierungslogik darstellt, müssen wir Organisationsfragen einen geradezu paradigmatischen Wert beimessen. Lenin hat die bolschewistische Partei aufgrund eines Aktivitätskriteriums ihrer Mitgliedschaft, die zugleich in einer Massenorganisation aktiv tätig sein sollte, gegen die Menschewiki durchgesetzt. Damit befand er sich auf dem massenpsychologisch gesehen richtigen Weg: Nur wenn Gewähr dafür besteht, daß die Organisationsbasis stark und aktiv bleibt, kann der immer drohenden Unterwerfungstendenz etwas entgegengehalten werden. Nur genügte Lenins Aktivitätskriterium zur Vorbeugung der Reproduktion der Herrschaft bei weitem nicht. Es führte vielmehr dazu, daß sich die revolutionäre Organisation als Elitepartei konstituierte, die im Verlauf des geschichtlichen Prozesses – mit zunehmendem Erfolg und besonders nach der Machtübernahme – die Herrschaft über die Massenorganisationen errang, womit die von ihrem Schöpfer als grundlegend demokratisch gedachte ›Diktatur des Proletariates‹ zur totalitären Parteidiktatur über die ganze Gesellschaft entarten konnte.

Psychoökologisch gesehen ist weiter daran zu denken, daß die Regression der Individuen in der Großgruppe wegen der in der Masse auftretenden starken unbewußten Ängste (Bion 1971)[14] ein

14 Vgl. die von Bion (1971) analysierte Gruppen-Dynamik, insbesondere

ubiquitärer Prozeß ist. Das Individuum allein ist zu schwach; es muß sich mit dem anaklitischen (bedürfnisbefriedigenden) Objekt und/oder mit dem Aggressor – dem Janusgesicht der Führung – identifizieren. Von daher denke ich, daß nur eine Organisationsstruktur, die auf Kleingruppen aufbaut, in der Lage ist, auf die Dauer genügend Widerstand zu leisten. Nur in einer Kleingruppe von drei bis acht Personen können sich die einzelnen Mitglieder mit der Zeit so gut gegenseitig kennenlernen, daß eine wirkliche Vertrauensbasis und damit eine ›Arbeitsgruppe‹ im Bionschen Sinn entstehen kann. Das gegenseitige Vertrauen stellt sich nicht automatisch ein; es ist das Resultat einer Auseinandersetzung, die Anziehung ebenso wie Kampf aller gegen alle beinhaltet. Die immer auftretenden libidinösen und aggressiven Spannungen sowie die narzißtischen Bedürfnisse nach Geltung und Macht müssen durchgearbeitet werden – je bewußter, desto besser! Ist eine solche psychoökologische Arbeit über genügend lange Zeit geleistet worden, entsteht ein echtes Gemeinschaftsgefühl, welches sich in einem zärtlich-solidarischen Verhalten der Gruppenmitglieder untereinander äußert. Eine solche Gruppe ist dann nach außen enorm widerstandsfähig und kann sich ganz verschiedenen Realitätsbedingungen anpassen – sie ist gleichermaßen für eine offen demokratische wie für eine gezwungenermaßen klandestine Politik geeignet. Ich stelle mir die neue revolutionäre Organisation als eine Konföderation solcher Basisgruppen vor.

Das zweite Problem betrifft die Führung. Ich habe an anderer Stelle (Modena 1986) darauf hingewiesen, daß sich hierfür besonders begabte, aber narzißtisch gestörte Persönlichkeiten eignen, die im Organisationskorsett ihre Minderwertigkeitsgefühle kompensieren können. Dies bedeutet, daß diese Menschen Macht und Ansehen (Prestige) aus ihrer besonderen neurotischen Verfaßtheit heraus brauchen, um sich wohlfühlen zu können. Sind einmal ihre narzißtischen Defizite kraft ihrer Stellung ›verschwunden‹, werden die führenden Politiker niemals wieder freiwillig von der politischen Bühne abtreten, weil sie unweigerlich in die alte existenzielle Verunsicherung zurückfallen müßten. Mit anderen Worten, sie bleiben an ihren Sesseln ›kleben‹ … Es muß also

seine ›Grundannahmen‹ versus ›Arbeitsgruppe‹: Die Arbeit an der kollektiv vereinbarten Aufgabe ist nur möglich, wenn zuvor die verschiedenen Ängste überwunden worden sind.

durch Implementierung genügender Sicherheitsvorkehrungen organisatorisch verhindert werden, daß sich ein einzelner begabter Narziß in der Führungsrolle etabliert und zur massenpsychologischen Projektionsfigur wird. (Was ich hier für den Führerkult skizziere, gilt für die subalternen Führer auf allen Stufen der Organisationshierarchie!) Die absolute Macht des Diktators beruht nur zum kleineren Teil auf dem ihm ergebenen Repressionsapparat und auf seiner ungehemmten (gewissenlosen) Bereitschaft, diesen zu seiner persönlichen Herrschaftssicherung einzusetzen. Zum anderen – vermutlich immer weit größeren Teil – ist sie zugeschriebene Macht. Kein Herrscher kann sich auf die Dauer an der Macht halten, wenn seine Untergebenen aufhören, an ihn zu glauben (Parin 1996).[15] Darum wird in allen totalitären Regimes, unabhängig von ihrer politischen Couleur, der Personenkult um den Herrscher mit großem Aufwand betrieben. Organisatorisch muß aber auch verhindert werden, daß eine kleine verschworene Gruppe sich in der Führungsposition festsetzen kann. In einem solchen Fall würde ihre oben beschriebene innere Gemeinsamkeit lediglich zur besseren Beherrschung des Apparates und damit der ganzen Organisation führen.

Was tun? Ich kann an dieser Stelle nur allgemeine Hinweise geben. Auf alle Fälle scheint mir klar, daß die von der bürgerlichen Demokratie in zwei Jahrhunderten entwickelten Mechanismen der Gewaltentrennung, der Kontrolle der Exekutive, der Transparenz des Entscheidungsprozesses etc. nicht nur in der revolutionären Organisation übernommen, sondern dort weiter perfektioniert werden müssen. In wichtigen Fragen erscheint mir zum Beispiel die Entscheidungsfindung via Ermittlung des relativen Mehrs als völlig unzureichend; es müßten vielmehr qualifizierte Mehrheiten

15 Im Märchen von des Kaisers neuen Kleidern wird ganz exemplarisch die Suggestibilität der Massen dargestellt. Wenn sich einmal der Glaube an die Herrschaft hergestellt hat, ist es sehr schwer, wieder damit zu brechen. Paul Parin hat in seinem Vortrag über »Ex-Jugoslawien: Vom National-Kommunismus zum ›National-Sozialismus‹«, den er am 3. 11. 95 im PSZ hielt, die psychische Entlastung durch die teilweise Selbst-Aufgabe in der Masse wie folgt beschrieben: »Während das individuelle Gewissen an Führer und Nation delegiert worden ist und individuelle Schuldgefühle wegen irgendwelcher Untaten nicht mehr auftreten, erspart die narzißtische Erhöhung auch das Gefühl der Scham« (Parin 1996).

und Minderheiten zum Zug kommen und sehr viel Zeit für das notwendige ›Palaver‹ eingeräumt werden, bis ein Ausgleich gegensätzlicher Positionen erreicht ist. Durch Minimierung vertikaler Delegation und Maximierung des Prinzips gebundener Mandate, sowie durch schnelle Rotation der Führungsgremien muß die Bildung von Machthierarchien erschwert bzw. ihre fortwährende Auflösung gewährleistet werden. In der revolutionären Organisation – die ja definitionsgemäß die Staatsmacht erobern will – muß die Demokratie vorgelebt werden, die später in der Gesellschaft gelten soll. Man kann nicht das ›Absterben des Staates‹ propagieren und gleichzeitig dulden, daß sich eine Neue Klasse via Parteidiktatur die quasi-totale gesellschaftliche Macht sichert. Nur eine in sich durch und durch demokratisch strukturierte Organisation ist meiner Meinung nach legitimiert, zugunsten einer glaubhaften und psychoökologischen Kriterien standhaltenden Utopie die bestehende Ordnung umzustürzen.

3.3 Der Teufelskreis von Wissen und Glauben

Als mich die Salzburger *Werkstatt für Gesellschafts- und Psychoanalyse* im Frühjahr 1991, zwei Jahre nach der ›Wende‹, zu einem Podiumsgespräch zum Thema »Wie den Verhältnissen trotzen? Bezugspunkte und Perspektiven eines (politischen) Widerstandes« einlud, war ich tief melancholisch und wußte nicht recht warum. Ich vermutete, daß meine wie endogen wirkende Verstimmung etwas mit dem Niedergang des ›real existierenden Sozialismus‹ zu tun hatte. So geriet die Vorbereitung meines Diskussionsbeitrages zu einem weiteren selbstanalytischen Versuch: Ich rekurrierte auf meine persönliche Geschichte und versuchte, Mut daraus zu schöpfen. War nicht schon meine Mutter im italienischen Antifaschismus gegen die deutsche Besatzungsmacht und deren einheimische Verbündete aktiv und erfolgreich gewesen? Und war nicht mein Stiefvater trotz allen Anfechtungen gegen die *Partei der Arbeit* in der Schweiz der kommunistischen Idee treu geblieben? Und hatte ich nicht persönlich erlebt, wie sich in Zürich die Linke von einer Handvoll unentwegter Jungkommunisten (um 1956) zu einer breiten und phantasievollen Bewegung (nach 1968) entwickelt hatte? – Doch auch der anschließende und an und für sich gelungene Versuch, meinen Ich-Über-Ich-Konflikt durch die blasphemische Formulierung von »10 Geboten für Revolutionäre«[16] projektiv zu erledigen, schlug fehl. Die Depressivität hielt an und löste sich mit der Zeit ebenso geheimnisvoll auf, wie sie entstanden war. Erst zwei Jahre später (ab 1993) war ich endlich in der Lage zu verstehen. Im Verlauf einiger zusammen mit Robert Heim für unsere *Stiftung für Psychotherapie und Psychoanalyse* organisierten Kolloquien zum Thema »Psychoanalyse und Religion«[17] wurde mir bewußt, daß ich trotz besseren Wissens religiös an die sozialistischen Ideale geglaubt hatte! Obschon ich ein früher Kritiker des Stalinismus gewesen war, verlor ich mit dem Zusammenbruch des sozialistischen Weltsystems gewissermaßen Glaubensbekenntnis und Kirchenzugehörigkeit zugleich ... Der Glaubensverlust hatte jene Melancholie verursacht. Doch diese Erkenntnis war ihrerseits schwer zu verstehen, denn ich war seit meiner Frühadoleszenz Atheist gewesen und hatte

16 Die »10 Gebote« waren:
1. Hüte dich vor dem Gefühl des ›no future‹, verwechsle deine persönliche Krise nicht mit jener der Welt.
2. Du kannst die Zukunft nicht voraussehen – verhalte dich also stets so, wie wenn die Revolution möglich wäre.
3. Jede Einzelheit ist von Bedeutung, jede Beziehung ist ernst zu nehmen – bilde kleine und große Netze des Widerstandes.
4. Beachte stets den Primat der Praxis; Marxismus wie Psychoanalyse sind nur Anleitungen zum Denken und Handeln, keine abgeschlossenen Lehrgebäude!
5. Nimm dich selber nicht als Maß für alle anderen: Askese und Dogmatismus sind kontrarevolutionär im Kleinen wie im Großen.
6. Sei trotzig und unverschämt, aber nicht schamlos; geh mit Zärtlichkeit auf deine Genossinnen und Genossen ein und mit Zorn gegen die Macht vor.
7. Verwechsle Toleranz nicht mit Standpunktlosigkeit, sei offen aggressiv, jedoch nicht nachtragend.
8. Nimm dir Zeit zum Lieben, zu Festen, zum Trauern.
9. Nimm deine Träume ernst, bilde persönliche Utopien und tausche sie mit deinen Freunden und Freundinnen aus.
10. Nimm dir Kleines vor, das du mit wenigen Gefährten realisieren kannst; sei kein Held – außer wenn es unbedingt nötig ist!

17 Die 1979 gegründete gemeinnützige *Stiftung für Psychotherapie und Psychoanalyse* will das Bewußtsein des Proletariats mit den Mitteln der Psychoanalyse erforschen. Vgl. zum Beispiel die Gruppenarbeit »Zur Frage des Bewußtseins von Arbeitern und Angestellten in der Mikroelektronik-Industrie« (1989).

keinerlei persönliche Probleme mit den Religionen gehabt, weder mit dem väterlicherseits existierenden Bezug zum Judentum noch mit dem mütterlicherseits tradierten Katholizismus noch mit dem in der Schweiz via Stiefvater vorgefundenen Protestantismus. Meine Religiosität, die sich in dem Glauben an die sozialistischen Ideale niedergeschlagen hatte, mußte also tiefere Wurzeln haben. Ich entdeckte, daß die Religiosität eine anthropologische Konstante ist, die in einem aus triebhaften oralen Quellen gespeisten Zugehörigkeitsbedürfnis des Menschenkindes wurzelt. Das Kind muß aus inneren Quellen wie aus äußeren Gründen der Existenzsicherung zu seiner Primärgruppe – in der Regel der Familie – mit Leib und Seele dazugehören; deswegen entwickelt es als erstes kognitives System den Glauben. Das Wissen kommt später. Piaget zufolge ist man erst in der Latenzzeit ab 7/8 Jahren in der Lage, reziprok zu denken und sogar erst in der Frühadoleszenz mit 11/12 Jahren zu selbständigen wissenschaftlichen Abstraktionen fähig (Piaget 1974).[18] Das ontogenetisch ältere, objektorientierte (libidinös besetzte) kognitive System des Glaubens wird durch das spätere, selbstzentrierte (mit neutralisierter Energie arbeitende) Wissen nicht etwa abgelöst, sondern lediglich ergänzt. Dadurch erhält sich eine lebenslange Dialektik zwischen Wissen und Glauben (Modena 1993). Das schon einmal bei der Diskussion der Institutionalisierungsprozesse erwähnte Trägheitsprinzip im Psychischen bewirkt auf dem Gebiet der Erkundung der Umwelt bzw. der Wissensaneignung, daß das neu erworbene Wissen fortlaufend affektiv gesichert werden muß, indem es zum Glauben erhoben wird: Was ich heute aufgrund meiner Erfahrung an Wissen erwerbe, das werde ich morgen glauben. Da es sich um automatische, vorbewußt ablaufende Prozesse handelt, wird meistens auch die psychische Instanz der Selbstbeobachtung und -kritik unterlaufen. Um das, was ich zu wissen glaube, kritisch zu hinterfragen, muß ich schon ziemlich viel analytische Arbeit inve-

18 In meiner Arbeit »Religiosität und Gemeinschaftsgefühl – Thesen zur Weiterführung einer materialistischen Religionskritik« (Modena 1993) baue ich auf die Untersuchungen von Piaget auf. Ich denke allerdings, daß das Kind schon ab seinem zweiten Lebensjahr, in dem Maß wie seine Individuation fortschreitet, erste subjektive Erfahrungen macht, die mir kognitiv in einem weiteren Sinn als logisch erscheinen (evtl. ›prälogisch‹ nach Piaget). Vgl. zum Beispiel das von Freud (1920) beschriebene ›Fort-da‹-Spiel eines eineinhalbjährigen Kindes.

stieren. Mit der Zeit schottet sich aber das zum Glauben gewordene Wissen immer mehr ab und erstarrt schließlich zum Dogma. Dieser Prozess der Dogmatisierung wird von außen durch die Verleihung von Privilegien aller Art, von der durch den Glauben verliehenen narzißtischen Gratifikation über die Ausübungsberechtigung von Macht bis hin zu ökonomischen Vorteilen, zusätzlich befestigt. Ein aktuelles Beispiel: Das somatische Wissen des Arztes stattet ihn mit einem hohen Sozialprestige aus und ermöglicht ihm ein überdurchschnittliches Einkommen. Nun ist aber die apparativ-medikamentöse Medizin in vielen Bereichen von der viel billigeren ›Sprechmedizin‹, der ›talking cure‹, überholt worden; viele traditionell eingestellte Ärztinnen und Ärzte können das nicht ›glauben‹ ... Was für den Arzt und für jeden anderen gilt, gilt auch für den Revolutionär.

Die Praxis der Gesellschaftsveränderung hat also noch mit einem weiteren, in der gesellschaftlichen Natur des Menschen angelegten Widerspruch zu kämpfen, der Dialektik von Wissen und Glauben. Man muß damit rechnen, daß jede noch so fortschrittliche Idee mit der Zeit zum Dogma erstarrt und religiös geglaubt wird. In den Ländern des ›real existierenden Sozialismus‹ ist genau dies mit der kommunistischen Idee geschehen. Während der Kommunismus mit vielerlei religiösen Ritualen gefeiert wurde, bis hin zur Einbalsamierung der verstorbenen Führer, hatten in der gesellschaftlichen Praxis seine Todfeinde, Bürokratie und Staatskapitalismus, das Sagen. Wieder stellt sich die Frage, ob und gegebenenfalls was sich gegen den psychologischen Zwang zur Dogmatisierung tun läßt. Ich fürchte, daß für den einzelnen allein das Gebot der ›unendlichen Analyse‹ (Freud 1937) die Möglichkeit eröffnet, mindestens teilweise diesem Wiederholungszwang zu entgehen. Nur die Fähigkeit zur Einsicht in die Notwendigkeit begründet die Möglichkeit der Freiheit! – Und für die Masse?

Vielleicht muß jede neue Generation die Zeit zu gesellschaftlichen Veränderungen nutzen, bis die neuen revolutionären Ideen selbst wieder verbraucht und religiös geworden sind – und sich dann ihrerseits mit den nachfolgenden Neuen auseinandersetzen. Oder könnte der Teufel mit dem Belzebub ausgetrieben werden? Wenn schon alles mit der Zeit religiös wird, wäre es nicht besser, ganz bewußt eine neue – diesseitige und egalitäre – Religion zu stiften? Der neue Glaube müßte an den konkret existierenden Bedürfnissen der Menschen anknüpfen – wie das Wilhelm Reich in seiner Schrift »Was ist Klassenbewusstsein?« (1934) als erster gezeigt hat – und diese mit einer erotischen und mit einer sozialen Utopie verbinden. Er müßte durch Berücksichtigung der psychoökologischen Gesichtspunkte fähig sein, die von den Autoren Gugenberger und Schweidlenka (1993) aufgrund ihrer historischen Mythenforschung erhobenen Forderung an die Politik zu erfüllen, das Bedürfnis der Massen nach Identität, Gemeinschaft und Naturverbundenheit (IGN) zu befriedigen.[19] Dieser Glaube müßte allerdings – wenn er sich gegen die rivalisierenden Glaubenssysteme durchsetzen soll – auch über eine suggestive und die ozeanischen Gefühle der Menschen ansprechende Liturgie verfügen (hier wäre sowohl von der katholischen Kirche als auch von den vielfältigen neureligiösen Kulten des New Age zu lernen). Ich könnte mir zum Beispiel durchaus eine Verbindung von urchristlichen Traditionen mit tantrischer Philosophie vorstellen. Und wäre der Kult der großen Göttin oder die Anbetung von Yoni und Lingam für das alltägliche Liebesleben der Menschen nicht im Reichschen Sinne befreiend? Der Marxismus als sozio-ökonomisches Wissen und Anleitung zum revolutionären Handeln ginge dabei nicht verloren. Der biblische Satz, wonach der Glaube Berge versetzen könne, und die marxistische These, wonach die Ideologie zur materiellen Gewalt werde, wenn sie die Massen ergreift, erweisen sich bei einer unvoreingenommenen Analyse als identisch.

All jene Genossinnen und Genossen, die nun behaupten, ich sei wie Wilhelm Reich (und viele andere) auf meine alten Tage hin religiös geworden, oder die gar zu einem Scherbengericht gegen mich aufrufen werden, möchte ich zu einer ernsthaften Gewissensprüfung einladen: Wie halten sie es mit dem Glauben und mit den ozeanischen Gefühlen? Erschauern sie vielleicht in Vollmondnächten oder bei Orgelklängen oder eingehakt im ›Schwarzen Block‹ vorwärts stürmend? Lieben sie vielleicht insgeheim das Alpenglühen oder gar klammheimlich die Musik Richard Wagners? Und wie halten sie es mit der Astrologie, mit dem I-Ging; glauben sie an die geheimnisvolle Kraft von Vitamin-

19 In ihrer ausgezeichneten Studie wagen die Autoren die Prognose, daß in Zukunft in Europa jene politische Kraft siegen wird, welche es verstehen wird, das Bedürfnis der Massen nach IGN zu befriedigen.

kuren oder an die seelische Purifikation durch fleischlose Kost? Und an die allgemeine Relativitätstheorie? Nein? – Dann werfen Sie den ersten Stein![20]

Literatur

Bion, W. R. (1971), *Erfahrungen in Gruppen*, Stuttgart: Klett.

Brun, R. (1942), *Allgemeine Neurosenlehre – Biologie, Psychoanalyse und Psychohygiene leibseelischer Störungen*, Basel: Schwabe.

Freud, S. (1920), »Jenseits des Lustprinzips«, in: GW XIII, S. 1-69.

– (1921), »Massenpsychologie und Ich-Analyse«, in: GW XIII, S. 71-161.

– (1937), »Die endliche und die unendliche Analyse«, in: GW XVI, S. 59-99.

Gente, H.-P. (1970), *Marxismus, Psychoanalyse, Sexpol*, 2 Bde., Frankfurt am Main: Fischer.

Gugenberger, E./R. Schweidlenka (1993), *Die Fäden der Nornen – Zur Macht der Mythen in politischen Bewegungen*, Wien: Verlag für Gesellschaftskritik.

Hauser, U. (1994), (LeserInnen-Brief) – »›Merde‹, ein Nachtrag zur Geschichte der Plattform«, in: *Journal* Heft 29, S. 62-64.

Kurz, T. (1993), »Aufstieg und Fall des Psychoanalytischen Seminar Zürich von der Schweizerischen Gesellschaft für Psychoanalyse«, in: *Luzifer-Amor* Heft 12, S. 7-54.

Lenin, W. I. (1902/1951), *Was tun? – Brennende Fragen unserer Bewegung*, Berlin: Dietz.

Modena, E. (1983), »Subjektivität und Klassenkampf«, in: *Widerspruch* 5, S. 62-66.

– (1986), »Psychoökologie – Versuch einer Synthese von psychoanalytischen und ökologischen Überlegungen im Hinblick auf die Optimierung linker Politik«, in: A. Pritz (Hg.), *Das schmutzige Paradies*, Wien/Köln/Graz: Böhlau.

20 Wie ich soeben in der Wochenendausgabe des *Tages-Anzeigers* vom 11./12. 11. 1995 gelesen habe, hat der Orden der Jesuiten in Edlibach (Schweiz, Kanton Zug) das *Institut für spirituelle Bewußtseinsbildung in Politik und Wirtschaft* eingeweiht. Danach sagte der Jesuitenpater und Zen-Lehrer Niklaus Brandschen vor den Medien: »An sich ist klar, daß Spiritualität nicht in der Innerlichkeit endet, sondern eine politisch und wirtschaftlich relevante Dimension hat. Kontemplation muß sich in der Aktion bewähren.« Wie man sieht, ist die ideologische Vorhut der katholischen Kirche schon vorbildlich am Werk, während unsereiner noch mit der Ungeheuerlichkeit des Gedankens einer linken Religiosität kämpft.

– (1988), »Die Veränderung der Psychoanalyse in Zürich 1968-1988«, in: *Widerspruch* Heft 15, S. 73-84.
– (1990), »Das Behagen in der Sekte«, in: *INTRA* 6, S. 25-27.
– (1992), »Die politische Funktion der Psychoanalyse zwischen Ausgrenzung und Anpassung (Grundsätzliches zur Vogt-Parin-Kontroverse)«, in: *Psychoanalyse im Widerspruch* 8, S. 89-105.
– (1993), »Religiosität und Gemeinschaftsgefühl – Thesen zur Weiterführung einer materialistischen Religionskritik«, in: *Widerspruch* Heft 26, S. 89-105.
Parin, P. (1986), »Die Verflüchtigung des Sexuellen in der Psychoanalyse«, in: Psychoanalytisches Seminar Zürich (Hg.), *Sexualität*, Frankfurt am Main: Syndikat/EVA.
– (1996), »Ethnisierung der Politik (Ex-Jugoslawien: Vom National-Kommunismus zum ›National-Sozialismus‹)«, in: *Widerspruch* Heft 30, S. 87-102.
Piaget, J. (1974), *Abriß der genetischen Epistemologie*, Olten: Walter.
Pletscher, M. (1977), *Weggehen ist nicht so einfach – Gewalt gegen Frauen in der Schweiz*, Zürich: Limmat.
Reich, W. (1929), »Dialektischer Materialismus und Psychoanalyse«, in: H. J. Sandkühler (Hg.) (1970), *Psychoanalyse und Marxismus*, S. 137-188.
– (1933), *Die Massenpsychologie des Faschismus*, Kopenhagen: Sexpol.
– (1934/1968), *Was ist Klassenbewusstsein? – Ein Beitrag zur Neuformierung der Arbeiterbewegung*, Kopenhagen: Sexpol/Amsterdam: de Munter.
Sandkühler, H. J. (Hg.) (1970), *Psychoanalyse und Marxismus – Dokumentation einer Kontroverse*, Frankfurt am Main: Suhrkamp.
Sapir, I. (1930), »Freudismus, Soziologie, Psychologie«, in: H. J. Sandkühler (Hg.) (1970), *Psychoanalyse und Marxismus*, S. 189-246.
Stiftung für Psychotherapie und Psychoanalyse, Zürich (1989), »Zur Frage des Bewußtseins von Arbeitern und Angestellten in der Mikroelektronik-Industrie. Ein Werkstattbericht von Heini Bader, Stefan Dietrich, Emilio Modena und Katharina Petersen«, in: Psychoanalytisches Seminar Zürich (Hg.), *Die Gesellschaft auf der Couch*, Frankfurt am Main: Athenäum, S. 215-266.

Zeittafel

1897 24. März – Reich als erstes Kind von Cecilia und Leon Reich in Dobrzanica/Galizien geboren. Kurz nach der Geburt zieht die Familie nach Jurinetz (Bukowina), wo Leon Reich Ländereien besitzt und Rinderzucht betreibt.

1910 September – Selbstmord der Mutter, nachdem Reich seinem Vater das Liebesverhältnis seiner Mutter mit einem seiner Hauslehrer verraten hat.

1914 Tod des Vaters. Reich übernimmt das Landgut.

1915 5. Oktober – Abitur.
November – Beginn des Militärdienstes.

1916 Kriegseinsatz an der Isonzofront.

1918 Juni – Erkrankung (Psoriasis vulgaris). Reich kommt zur Behandlung nach Wien. Lebenslanges Leiden an dieser Hautkrankheit.
September – Beginn des Medizinstudiums an der Universität Wien.

1919 Teilnahme am »Sexuologischen Seminar« von Otto Fenichel.

1920 22. Februar – Reich ist erstmals Gast bei einer Sitzung der Wiener Psychoanalytischen Vereinigung (WPV).
13. Oktober – Antrittsvortrag in der WPV: »Der Libidokonflikt in Peer Gynt«.

1921 23. November – Reich schlägt in der Sitzung der WPV die Gründung eines »Technischen Seminars« vor. Von 1924 bis 1930 steht dieses Seminar unter seiner Leitung.

1922 17. März – Reich heiratet seine vierte Analysandin Annie Pink.
Juli – Abschluß des Medizinstudiums. Mitarbeit im »Wiener Psychoanalytischen Ambulatorium«.

1924 Geburt der ersten Tochter Eva.

1926 Reichs Bruder Robert (geb. 1900) stirbt an Tuberkulose.

1927 Februar – Reich erkrankt an Tuberkulose. Einige Monate Kuraufenthalt in Davos.
15. Juli – Massendemonstration und Justizpalastbrand in Wien, nachdem Frontkämpfer, die bei einer sozialdemokratischen Kundgebung zwei Menschen getötet hatten, freigesprochen worden waren. Über 80 Tote. Politischer Wendepunkt in der Nachkriegsgeschichte Österreichs.

1928 Geburt der zweiten Tochter Lore.
Dezember – Reich gründet zusammen mit Marie Frischauf-Pappenheim die »Sozialistische Gesellschaft für Sexualberatung und Sexualforschung«. Eröffnung von Sexualberatungsstellen.

1929 September – Reise in die Sowjetunion.
Dezember – Gemeinsam mit den sozialdemokratischen Arbeitern

Rudolf Schurk, Franz Hrach und Josef Lipp initiiert Reich das »Komitee revolutionärer sozialdemokratischer Arbeiter«.

1930 16. Januar – Ausschluß aus der Sozialdemokratischen Partei Österreichs.

November – Reich übersiedelt nach Berlin.

1931 Gründung des Verlags für Sexualpolitik.

1932 1. Januar – Eintragung in Freuds kürzester Chronik: »Schritt gegen Reich.«

Mai – Reich lernt die Tänzerin Elsa Lindenberg kennen. Sie ist seine Lebensgefährtin bis Anfang 1939.

1933 30. Januar – Hitler wird von Hindenburg zum Reichskanzler ernannt.

Anfang März – Reich flüchtet nach Wien.

15. März – Ausschaltung des österreichischen Parlaments. Errichtung des autoritären christlichen Ständestaates unter Engelbert Dollfuß.

März – »Charakteranalyse. Technik und Grundlagen für Studierende und Analytiker« erscheint im Eigenverlag, nachdem sich der Internationale Psychoanalytische Verlag geweigert hatte, das Buch zu publizieren.

1. Mai – Reich emigriert nach Kopenhagen.

10. Mai – Nationalsozialistische Bücherverbrennung.

26. Mai – Verbot der Kommunistischen Partei Österreichs.

Sommer – Reichs Name wird aus der Mitgliederliste der Deutschen Psychoanalytischen Gesellschaft (DPG) gestrichen. Er wird darüber nicht informiert.

Oktober – Reich nimmt mit Leo Trotzki Kontakt auf.

November – Ausschluß Reichs aus der Kommunistischen Partei Deutschlands.

1. Dezember – nach öffentlichen Protesten muß Reich Kopenhagen verlassen. Er übersiedelt – nach einer mehrwöchigen Urlaubsreise, die ihn u. a. nach Paris und London führte (Treffen mit Ernest Jones, Bronislaw Malinowski) – nach Malmö in Schweden.

1934 12.-15. Februar – Bewaffneter Aufstand österreichischer Arbeiter gegen das austrofaschistische Regime unter Engelbert Dollfuß. Über 1000 Tote.

4. April – Treffen von Otto Fenichel, George Gerö, Nic Hoel, Edith Jacobsohn und Reich in Oslo, bei dem über das gemeinsame Vorgehen der Linksopposition innerhalb der Internationalen Psychoanalytischen Vereinigung beraten wird.

Mai/Juni – Das erste Heft der von Reich herausgegebenen *Zeitschrift für politische Psychologie und Sexualökonomie* erscheint.

26.-31. August – 13. Internationaler Psychoanalytischer Kongreß in

Luzern. Endgültiger Ausschluß Reichs aus der Internationalen Psychoanalytischen Vereinigung.
Oktober – Reich geht auf Einladung von Harald Schjelderup (Professor für Psychologie) nach Oslo.
Ende 1934 – Ausbau der charakteranalytischen Lehrtätigkeit sowie Weiterentwicklung der Technik zur Vegetotherapie.

1935 Anfang – Reich beginnt mit elektrophysiologischen Experimenten am Physiologischen Institut der Universität Oslo.

1936 Februar – Reich errichtet ein Institut für »Sexualökonomische Lebensforschung«.
März – Beginn der Freundschaft mit A. S. Neill, der bei Reich eine Vegetotherapie macht.
Ende 1936 – Erforschung von Bionen (Energiebläschen, die Übergangsstufen zwischen lebloser und lebender Substanz darstellen sollen).

1937 Mai – Beginn der journalistischen Angriffe gegen Reichs Bion-Versuche.

1938 Frühjahr – Höhepunkt der Pressekampagne gegen Reich in Norwegen. Einschränkung der wissenschaftlichen Arbeit.
12. März – Einmarsch deutscher Truppen in Österreich.

1939 19. August – Emigration nach New York.
3. September – Ausbruch des Zweiten Weltkriegs.
Weihnachten – Beginn der Beziehung zu Ilse Ollendorff.

1940 Frühjahr – Beginn der Lehrtätigkeit an der New School for Social Research (bis 1941).
Herbst – Bau des ersten Orgon-Akkumulators.

1941 13. Januar – Unterredung mit Albert Einstein in Princeton. Einstein untersucht Reichs Theorien an einem Orgon-Akkumulator und kann diese nicht bestätigen.
Mai – erste Behandlung von Krebs-Patienten mit dem Orgon-Akkumulator.

1942 Anfang – Reich gründet mit Theodore Wolfe die Orgone Institute Press sowie die Vierteljahresschrift *International Journal for Sex-Economy and Orgone-Research*.
Landkauf (»Orgonon«) in Rangeley, Maine. 1945 Bau des ersten Labors.

1944 3. April – Geburt des Sohnes Peter in New York.

1945 13. April – Reich gründet die Orgone Institute Research Laboratories als Vertriebsorganisation für Orgon-Akkumulatoren.

1946 28. Mai – Reich erhält die U.S.-Staatsbürgerschaft.

1947 26. Mai – Es erscheint ein diffamierender Artikel von Mildred Brady in *The New Republic*. Beginn der Angriffe gegen Reich.
Ende 1947 – Erste Ermittlungen der Food and Drug Administration gegen Reich wegen der Orgon-Akkumulatoren.

1948 30. Juni – Reich läßt notariell beglaubigen: »Am 26. Juni 1948, 13.00 Uhr, ist es mir gelungen, durch die motorische Kraft der Orgonenergie, die ich am 8. August 1947 mittels eines Geigerzählers entdeckt hatte, einen Motor in Bewegung zu setzen.«
30. August bis 3. September – 1. Orgone Conference auf dem Besitz »Orgonon«.
Ende 1948 – Gründung der American Association for Medical Orgonomy (AAMO).
1948/49 Bau eines Observatoriums auf »Orgonon«.
1949 Reich gründet das Orgonomic Infant Research Centre.
Das erste Heft der Vierteljahresschrift *Orgone Energy Bulletin* erscheint (ab 1954 unter dem Titel *CORE* (= *Cosmic Orgone Engineering*).
9150 Mai – Reich übersiedelt nach Rangeley, Maine.
Dezember – Erste Experimente mit radioaktivem Material (»Oranur« = orgone radiation against nuclear radiation).
1951 13. September – Scheidung von Ilse Ollendorff.
Oktober – erster schwerer Herzanfall.
1952 März – Wegen radioaktiver Strahlung muß »Orgonon« evakuiert werden.
1953 Juli – Beginn der Wolkenbrecher-(»Cloudbuster«)-Experimente.
1954 Februar – Gerichtliche Verfügung durch die Food and Drug Administration gegen den Vertrieb von Orgon-Akkumulatoren.
August – Ende der Beziehung mit Ilse Ollendorff.
Oktober bis April 1955 – »Cloudbuster«-Expedition in die Wüste von Arizona.
1956 3.-7. Mai – Gerichtsprozeß.
25. Mai – Wegen Mißachtung der gerichtlichen Verfügung wird Reich zu zwei Jahren Gefängnis verurteilt.
Juni – Unter Aufsicht von Agenten der Food and Drug Administration werden Reichs Orgon-Akkumulatoren zerstört und seine Schriften verbrannt.
1957 11. März – Ablehnung von Reichs Berufung. Einlieferung ins Bundesgefängnis von Danbury, Connecticut.
3. November – Reich stirbt in der Bundesstrafanstalt von Lewisburg, Pennsylvania an Herzversagen.

Bibliographie der Schriften Wilhelm Reichs[1]

1919

a) »Die Spezialisierung des Ärztestandes. Eine Erwiderung«, in: *Wiener Medizinische Wochenschrift* 28, S. 1400-1402.
b) »Zur ›Aufklärung‹ im Kampfe gegen die Geschlechtskrankheiten. Bemerkungen zu dem Aufsatze von Kurt Finkenrath«, in: *Zeitschrift für Sexualwissenschaft* 6, S. 391-393.

1920

a) »Libido Konflikte und Wahngebilde in Ibsens ›Peer Gynt‹« (Antrittsvortrag in der Wiener Psychoanalytischen Vereinigung am 13. Oktober 1920), in: W. Reich, *Frühe Schriften, 1*, Köln, 1977, S. 19-77.
b) »Über einen Fall von Durchbruch der Inzestschranke in der Pubertät« (Aus dem Seminar für Sexuologie in Wien), in: *Zeitschrift für Sexualwissenschaft* 7, S. 220-236.

1921

a) »Kindliche Tagträume einer späteren Zwangsneurose«, in: *IZP*[2] 7, S. 460-467.

1 Dieses Schriftenverzeichnis erhebt keinen Anspruch auf Vollständigkeit. Es erlaubt jedoch einen chronologischen Einblick in das Gesamtwerk Wilhelm Reichs, das zu seinen Lebzeiten erschienen ist. Für Hinweise danken wir Günter Hebenstreit. Die Zusammenstellung beruht auf eigenen Recherchen sowie den Angaben von Bernd A. Laska: »Bibliographie zu Wilhelm Reich«, in: *wilhelm reich blätter* 1 (1980), S. 38 ff.; Martin Wolkerstorfer: *Wilhelm Reichs Erkenntnismodell*, Diss., Salzburg 1984; James DeMeo: *Bibliography on Orgone Biophysics. Selected Citations of Books and Articles by Wilhelm Reich and Others on the Orgone Energy. Covering the Period 1934-1986*, Miami, Florida 1986.

2 *Internationale Zeitschrift für Psychoanalyse.*

1922

a) »Trieb- und Libidobegriff von Forel bis Jung« (Aus dem Seminar für Sexuologie in Wien), in: *Zeitschrift für Sexualwissenschaft* 9, S. 17 ff.; S. 44-50; S. 75-85.
b) »Der Koitus und die Geschlechter« (Aus dem Seminar für Sexuologie in Wien), in: *Zeitschrift für Sexualwissenschaft* 8, S. 343-352.
c) »Der Koitus und die Geschlechter« (Autoreferat), in: *IZP* 8, S. 369.
d) »Zwei narzißtische Typen« (Zum Teil Antwort auf den Artikel von Franz Alexander ›Kastrationskomplex und Charakter‹, der in derselben Zeitschrift erschienen ist), in: *IZP* 8, S. 456-462.
e) »Über Spezifität der Onanieformen«, in: *IZP* 8, S. 333-337.
f) »Grenzen der Erinnerungstätigkeit in der psychoanalytischen Kur« (Autoreferat), in: *IZP* 8, S. 538.

1923

a) »Zur Trieb-Energetik«, in: *Zeitschrift für Sexualwissenschaft* 10, S. 99-106.

1924

a) »Über Genitalität. Vom Standpunkt der psychoanalytischen Prognose und Therapie«, in: *IZP* 10, S. 164-179.
b) »Zur Triebenergetik« (Autoreferat), in: *IZP* 10, S. 200.

1925

a) *Der triebhafte Charakter. Eine psychoanalytische Studie zur Pathologie des Ich*, Wien.
b) »Weitere Bemerkungen über die therapeutische Bedeutung der Genitallibido« (Nach einem Vortrag auf dem VIII. Internationalen Psychoanalytischen Kongreß in Salzburg am 23. April 1924 mit dem Titel: »Die therapeutische Bedeutung der genitalen Libido«), in: *IZP* 11, S. 297-317.
c) »Der psychogene Tic als Onanieäquivalent« (Aus dem Wiener psychoanalytischen Ambulatorium), in: *Zeitschrift für Sexualwissenschaft* 11, S. 302-313.
d) »Eine hysterische Psychose in statu nascendi«, in: *IZP* 11, S. 211-222.

1926

a) »Über chronische hypochondrische Neurasthenie mit genitaler Asthenie« (Vortrag auf dem IX. Internationalen Psychoanalytischen Kongreß, Homburg, am 4. September 1925 mit dem Titel: »Zur Struktur und Genese der ›hypochondrischen Neurasthenie‹«), in: *IZP* 12, S. 25-39.
b) »Eltern und Erzieher, 1. Der Erziehungszwang und seine Ursachen«, in: *ZfpP*[3] 1 (H. 3), S. 65-74.
c) »Eltern als Erzieher, 2. Die Stellung der Eltern zur kindlichen Onanie«, in: *ZfpP* (H. 7/8/9 = Sonderheft »Sexuelle Aufklärung«), S. 263-269.
d) »Über die Quellen der neurotischen Angst. Ein Beitrag zur Theorie der psychoanalytischen Therapie«, in: *IZP* 12, S. 422-431.

1927

a) *Die Funktion des Orgasmus. Zur Psychopathologie und zur Soziologie des Geschlechtslebens*, Wien.
b) »Zur Technik der Deutung und der Widerstandsanalyse. Über die gesetzmäßige Entwicklung der Übertragungsneurose« (Abschließendes Referat, gehalten am 14. Juni 1926 im »Seminar für psychoanalytische Therapie« in Wien), in: *IZP* 13, S. 141-159.
c) »›Strafbedürfnis und neurotischer Prozeß‹. Abschließende Erwiderung auf Alexanders Entgegnung«, in: *IZP* 13, S. 171.
d) »1. Bericht über das ›Seminar für psychoanalytische Therapie‹ am Psychoanalytischen Ambulatorium in Wien (1925/26)«, in: *IZP* 13, S. 241-244.
e) »Diskussion der ›Laienanalyse‹«, in: *IZP* 13, S. 307-310.

1928

a) »Über Charakteranalyse« (Nach einem Vortrag am X. Internationalen Psychoanalytischen Kongreß in Innsbruck im September 1927), in: *IZP* 14, S. 180-196.
b) »Über die Onanie im Kindesalter« (Nach einer Diskussionsbemerkung in der Wiener Psychoanalytischen Vereinigung am 2. November 1927), in: *ZfpP* (II. Sonderheft »Onanie«), S. 149-152.
c) »Wohin führt die Nackterziehung?«, in: *ZfpP* 3 (H. 2/3. = Sonderheft »Nacktheit und Erziehung«), S. 44-50.
d) »Die Rolle der Genitalität in der Neurosentherapie«, in: *Allgemeine ärztliche Zeitschrift für Psychotherapie und psychische Hygiene* (hg. v. Robert Sommer) 1, S. 672-681.

3 *Zeitschrift für psychoanalytische Pädagogik.*

e) »11. Bericht über das ›Seminar für Psychoanalytische Therapie‹ in Wien, 1926-1928«, in: *IZP* 14, S. 438-440.

1929

a) *Sexualerregung und Sexualbefriedigung*, Wien: Schriften der Sozialistischen Gesellschaft für Sexualberatung und Sexualforschung in Wien, 1.
b) »Dialektischer Materialismus und Psychoanalyse«, in: *Unter dem Banner des Marxismus* 3, S. 736-771.
c) »Der genitale und neurotische Charakter. Untersuchungen über die libido-ökonomische Funktion des Charakters«, in: *IZP* 15, S. 435-455.
d) »Die Stellung der Psychoanalyse in der Sowjetunion. Notizen von einer Studienreise in Rußland«, in: *Die psychoanalytische Bewegung* 1 (H. 4), S. 358-368.
e) »Erfahrungen und Probleme der Sexualberatungsstellen für Arbeiter und Angestellte in Wien«, in: *Der sozialistische Arzt* 5, S. 98-102.

1930

a) *Geschlechtsreife, Enthaltsamkeit, Ehemoral. Kritik der bürgerlichen Sexualreform*, Wien.
b) »Über kindliche Phobie und Charakterbildung«, in: *IZP* 16, S. 353-362.

1931

a) »Die Sexualnot der werktätigen Massen und die Schwierigkeit der Sexualreform«, in: Josef K. Friedjung et al. (Hg.), *Sexualnot und Sexualreform. Verhandlungen der Weltliga für Sexualreform. IV. Kongress abgehalten vom 16. bis 23. September 1930*, Wien.
b) »Die charakterologische Überwindung des Ödipus-Komplexes« (Vortrag auf der Tagung der Deutschen Psychoanalytischen Gesellschaft in Dresden, am 28. September 1930), in: *IZP* 17, S. 55-71.
c) »Über den epileptischen Anfall«, in: *IZP* 17, S. 263-275.
d) »Die seelischen Erkrankungen als soziales Problem«, in: *Der sozialistische Arzt* 7 (ohne Seitenangabe).
e) »Die Auflösung der Familie?«, in: *Die Warte* 12, S. 2 f.
f) »Die Sexualstörungen der Frau«, in: *Die Warte* 12, S. 8.

1932

a) *Der Einbruch der Sexualmoral. Zur Geschichte der sexuellen Ökonomie*, Berlin.
b) *Der sexuelle Kampf der Jugend*, Berlin.
c) »Der masochistische Charakter. Eine sexualökonomische Widerlegung des Todestriebes und des Wiederholungszwanges«, in: *IZP* 18, S. 303-351.
d) »Abschließende Bemerkung zur ›Gegenkritik‹ Bernfelds«, in: *IZP* 18, S. 386f.
e) »Was ist Psychoanalyse?«, in: *Die Warte* 1, S. 12f.

1933

a) *Charakteranalyse. Technik und Grundlagen für Studierende und Analytiker* (o. O.).
b) *Massenpsychologie des Faschismus*, Kopenhagen.

1934

a) »Zur Anwendung der Psychoanalyse in der Geschichtsforschung«, in: *ZPPS*[4] 1, S. 4-16.
b) (Pseudonym: Ernst Parell) »Was ist Klassenbewußtsein? Ein Beitrag zur Diskussion über die Neuformierung der Arbeiter-Bewegung«, in: *ZPPS* 1, S. 16-29; S. 90-107; S. 226-255.
c) »Abhandlungen zur personellen Sexualökonomie. Der Orgasmus als elektrophysiologische Entladung«, in: *ZPPS* 1, S. 29-43.
d) (Pseudonym: Ernst Parell) »Einwände gegen Massenpsychologie und Sexualpolitik«, in: *ZPPS* 1, S. 62-70; S. 146-152.
e) »Ein Widerspruch der Freud'schen Verdrängungslehre«, in: *ZPPS* 1, S. 115-125.
f) »Abhandlungen zur personellen Sexualökonomie. Der Urgegensatz des vegetativen Lebens«, in: *ZPPS* 1, S. 125-142.
g) »Roheims ›Psychoanalyse primitiver Kulturen‹«, in: *ZPPS* 1, S. 169-195.
h) »Abhandlungen zur personellen Sexualökonomie. Die vegetative Urform des Libido-Angst-Gegensatzes«, in: *ZPPS* 1, S. 207-225.
i) »Zur Geschichte der Sexpol-Bewegung«, in: *ZPPS* 1, S. 259-269.
j) »Einige Gedanken über freundschaftliche Kritik oder ›Der Stein von Eslöv‹«, in: *ZPPS* 1, S. 289f.

4 *Zeitschrift für politische Psychologie und Sexualökonomie.*

1935

a) *Psychischer Kontakt und vegetative Strömung. Ein Beitrag zur Problematik der Leib-Seele-Beziehungen*, Kopenhagen.
b) »Überblick über das Forschungsgebiet der Sexualökonomie«, in: *ZPPS* 2, S. 5-13.
c) (Pseudonym: Jonny) »Zur massenpsychologischen Wirkung des Kriegsfilms«, in: *ZPPS* 2, S. 26-31.
d) (Pseudonym: Walter Roner) »Die Funktion der ›objektiven Wertwelt‹«, in: *ZPPS* 2, S. 32-43.
e) (Pseudonym: Ernst Parell) »Ein Gespräch mit einem Frisörgehilfen«, in: *ZPPS* 2, S. 46-48.
f) (anonym) »Der Ausschluß Wilhelm Reichs aus der Internationalen Psychoanalytischen Vereinigung«, in: *ZPPS* 2, S. 54-61.
g) »Geschichte der deutschen Sexpol-Bewegung II«, in: *ZPPS* 2, S. 64-70.
h) (Pseudonym: Ernst Parell) »Unterschiede zwischen liberalistischer und revolutionärer Sexualpolitik«, in: *ZPPS* 2, S. 99-103.
i) (Pseudonym: Ernst Parell) »Wie wirkt Streichers sadistische Pornographie?«, in: *ZPPS* 2, S. 129-133.
j) »Der Kampf um die neue Moral. Die Bremsung der Sexualrevolution in der UdSSR«, in: *ZPPS* 2, S. 145-166.

1936

a) »Der kulturpolitische Standpunkt der Sexpol«, in: *ZPPS* 3, S. 1-7.
b) »Ein Briefwechsel über dialektischen Materialismus«, in: *ZPPS* 3, S. 8-22.
c) (Pseudonym: Ernst Parell) »Die Sexpol als Organisation der dialektisch-materialistischen Psychologie«, in: *ZPPS* 3, S. 22-24.
d) »Fortpflanzung eine Funktion der Sexualität, 1. Teil«, in: *ZPPS* 3, S. 24-31.
e) (Pseudonym: Waller) »Au secours de la famille«, in: *ZPPS* 3, S. 38-43.
f) »Gespräch mit einer vernünftigen Mutter«, in: *ZPPS* 3, S. 52-61.
g) »Charakter und Gesellschaft«, in: *ZPPS* 3, S. 136-150.
h) »Unser Glückwunsch an Freud«, in: *ZPPS* 3, S. 150-156.

1937

a) *Experimentelle Ergebnisse über die elektrische Funktion von Sexualität und Angst*, Kopenhagen.
b) I. *Orgasmusreflex, Muskelhaltung und Körperausdruck. Zur Technik der charakteranalytischen Vegetotherapie.* II. *Der dialektische Materialis-*

mus in der Lebensforschung. Bericht über die Bion-Versuche, Kopenhagen.
c) »Einige aktuelle Fragen der zweiten Front«, in: *ZPPS* 4, S. 1-12.
d) (Pseudonym: Jonny) »Der Film ›The Shape of Things to Come‹ – Zum Problem der politisch organisierten Wissenschaft«, in: *ZPPS* 4, S. 12-19.
e) »Der Orgasmusreflex«, in: *ZPPS* 4, S. 76-88.
f) »Aus dem ›Internationalen Institut für Sexualökonomische Forschung‹«, in: *ZPPS* 4, S. 88-90.
g) »Der dialektische Materialismus in der Lebensforschung – Bericht über die Bion-Versuche«, in: *ZPPS* 4, S. 137-148.
h) »Dialektisch-materialistische Facharbeiter contra geistige Irrlichter der sozialistischen Bewegung«, in: *ZPPS* 4, S. 149-161.
i) »Nachbemerkung zu ›Der sexuelle Kampf der Jugend‹«, in: *ZPPS* 4, S. 225.

1938

a) *Die Bione – Zur Entstehung des vegetativen Lebens*, Oslo.
b) »Selbstverständlichkeiten ...«, in: *ZPPS* 5, S. 4-6.
c) »Die drei Grundelemente des religiösen Gefühls«, in: *ZPPS* 5, S. 7-13.
d) »Über Massenpsychologie«, in: *Gegen den Strom* 1 (Nr. 3), New York.

1939

a) *Bion Experiments on the Cancer Problem*, Kopenhagen.
b) *Drei Versuche am statischen Elektroskop*, Oslo.

1942

a) *The Discovery of the Orgone, Vol. I: The Function of the Orgasm*, New York.
b) »About the History and the Activities of our Institute«, in: *IJ*[5] 1, S. 1-10.
c) »The Orgasm Reflex. A Case History«, in: *IJ* 1, S. 55-64.
d) »Biophysical Functionalism and Mechanistic Natural Science«, in: *IJ* 1, S. 97-107.
e) »The Discovery of the Orgone (part 1). Experimental Investigations of Biological Energy«, in: *IJ* 1, S. 108-130.
f) »The Carcinomatous Shrinking Biopathy«, in: *IJ* 1, S. 131-155.
g) »The Natural Organization of Protozoa from Orgone Energy Vesciles (Bions). Experimental groundwork for an understanding of cancer biopathy«, in: *IJ* 1, S. 193-225.

5 *International Journal of Sex-Economy and Orgone-Research.*

1943

a) »Experimental Orgone Therapy of the Cancer Biopathy (1937-1943)«, in: *IJ* 2, S. 1-92.
b) »Give Responsibility to Vitally Necessary Work«, in: *IJ* 2, S. 93-96.
c) »The Biological Miscalculation in the Human Struggle for Freedom«, in: *IJ* 2, S. 97-121.
d) »Work Democracy versus Politics«, in: *IJ* 2, S. 122-140.
e) »Notice from the Orgone Institute Regarding Orgone Accumulators«, in: *IJ* 2, S. 194-197.

1944

a) »Thermical and Electroscopical Orgonometry. (The discovery of the orgone, part 2)«, in: *IJ* 3, S. 1-16.
b) »The masochistic character«, in: *IJ* 3, S. 38-61.
c) »Rational and Irrational Discussion of Orgone Biophysics«, in: *IJ* 3, S. 74-79.
d) »Orgonotic Pulsation: The Differentiation of Orgone Energy from Electromagnetism, Presented in Talks with an Electrophysicist«, in: *IJ* 3, S. 97-150.
e) »The ›Living Productive Power, Working Power‹ of Karl Marx«, in: *IJ* 3, S. 151-164.

1945

a) »Anorgonia in the Carcinomatous Shrinking Biopathy. A Contribution to the Problem of Cancer Prevention«, in: *IJ* 4, S. 1-33.
b) »Some Mechanisms of the Emotional Plague«, in: *IJ* 4, S. 34-53.
c) »Outline of the Present Activities of the Orgone Institute«, in: *IJ* 4, S. 96-99.
d) »Orgone Biophysics, Mechanistic Science and ›Atomic Energy‹«, in: *IJ* 4, S. 129-132.
e) »Experimental Demonstration of the Physical Orgone Energy«, in: *IJ* 4, S. 133-146.
f) »The Development of the Authoritarian State Apparatus from Rational Social Interrelationships«, in: *IJ* 4, S. 147-155.
g) »Is the Orgone Atomic Energy?«, in: *IJ* 4, S. 202 f.
h) »The Position of Sex-Economy. A Clarification«, in: *IJ* 4, S. 212 f.
i) »From the Orgone Institute«, in: *IJ* 4, S. 214.

1947

a) »Introducing the Annals of the Orgone Institute«, in: *AO*[6] 1, S. 3.
b) »Work Democracy in Action«, in: *AO* 1, S. 4-35.
c) »Our Congratulations to Freud on His Birthday (1936)«, in: *AO* 1, S. 108-114.
d) »The Expulsion of Wilhelm Reich from the International Psychoanalytic Association«, in: *AO* 1, S. 114-126.
e) »In Memoriam: Fritz Brupbacher«, in: *AO* 1, S. 140f.

1948

a) *The Discovery of the Orgone, Vol.* II: The Cancer Biopathy, New York.
b) *Listen, Little Man!*, New York.

1949

a) »Orgonomic Functionalism, Part I: Ether, God, and Devil«, in: *AO* 2, S. 1-127
b) »Introducing the Orgone Energy Bulletin«, in: *OEB*[7] 1, S. 1.
c) »Orgonotic Light Functions 1: Searchlight Phenomena in the Orgone Energy Envelope of the Earth (1942-1944)«, in: *OEB* 1, S. 3-6.
d) »A Motor Force in Orgone Energy. Preliminary Communications«, in: *OEB* 1, S. 7-11.
e) »Orgonotic Light Functions 2: An X-Ray Photograph of the Excited Orgone Energy Field of the Palms (1944)«, in: *OEB* 1, S. 49-51.
f) »Regarding the Foundation of ›The American Association for Medical Orgonomy‹«, in: *OEB* 1, S. 78-81.
g) »Some Basic Principles of Our Social Attitude«, in: *OEB* 1, S. 83 f.
h) »A Psychoanalytic Dilemma«, in: *OEB* 1, S. 85 f.
i) »Orgonotic Light Functions 3: Further Physical Characteristics of Vacor Lumination (1948)«, in: *OEB* 1, S. 97-99.
j) »Public Responsibility in the Early Diagnosis of Cancer«, in: *OEB* 1, S. 110-116.
k) »A Dilemma in Social Self-Government«, in: *OEB* 1, S. 124-127.
l) »On Criticism of the Critic«, in: *OEB* 1, S. 130.
m) »A Clarification«, in: *OEB* 1, S. 130f.
n) »Cosmic Orgone Energy and ›Ether‹«, in: *OEB* 1, S. 143-159.
o) »A Note on Basic Natural Scientific Research«, in: *OEB* 1, S. 184f.

6 *Annals of the Orgone Institute.*
7 *Orgone Energy Bulletin.*

1950

a) »Oranur Project: The Orgonomic Anti-Nuclear Radiation Project«, in: *OEB* 1.
b) »Orgonomic Functionalism, Part II: On the Historical Development of Orgonomic Functionalism«, in: *OEB* 2, S. 1-15; S. 49-62; S. 99-123.
c) »Note on Electrocopical Orgonometry«, in: *OEB* 2, S. 47.
d) »About Genital Self-Satisfaction in Children (1927)«, in: *OEB* 2, S. 63-67.
e) »Note on ›Critics‹ Again«, in: *OEB* 2, S. 94 f.
f) »Our Biosocial Base of Operation«, in: *OEB* 2, S. 97 f.
g) »Orgonomic and Chemical Cancer Research: A Brief Comparison«, in: *OEB* 2, S. 139-142.
h) »Orgonomy 1935-1950. A Brief Account«, in: *OEB* 2, S. 143-151.
i) »Orgonomic Literature Ordered from Russia«, in: *OEB* 2, S. 152 ff.
j) »On Scientific ›Control‹«, in: *OEB* 2, S. 155.
k) »›Heatwaves‹«, in: *OEB* 2, S. 158.
l) »Cancer – ›Outside the Domain‹«, in: *OEB* 2, S. 159.
m) »From the Orgone Institute«, in: *OEB* 2, S. 160.
n) »Orgonometric Equations I: General Form«, in: *OEB* 2, S. 161-183.
o) »Meteorological Functions in Orgone-Charged Vacuum Tubes«, in: *OEB* 2, S. 184-193.
p) »Children of the Future. Part I«, in: *OEB* 2, S. 194-206.
q) »The Orgone Energy Observatory (1948)«, in: *OEB* 2, S. 217-219.
r) »Correction Regarding a ›Control‹ of Reich's Cancer Experiments«, in: *OEB* 2, S. 222-224.

1951

a) *The ORANUR Experiment – First Report (1947-1951)*, Rangeley.
b) *Cosmic Superimposition: Man's Orgonotic Roots in Nature*, Rangeley.
c) *The Orgone Energy Accumulator. It's Scientific and Medical Use*, Rangeley.
d) »›Cancer Cells‹ in Experiment XX«, in: *OEB* 3, S. 1-3.
e) »The Anti-Nuclear Radiation Effect of Cosmic Orgone Energy«, in: *OEB* 3, S. 61-63.
f) »Rules to Follow in Basic Research«, in: *OEB* 3, S. 63 f.
g) »Complete Orgonometric Equations«, in: *OEB* 3, S. 65-71.
h) »The Storm of November 25th and 26th, 1950«, in: *OEB* 3, 72-75.
i) »The Leukemia Problem: Approach«, in: *OEB* 3, S. 76-80.
j) »›Discovery of Life‹ in Russia«, in: *OEB* 3, S. 112 f.
k) »A Reminder on Scientific ›Control‹«, in: *OEB* 3, S. 114 f.
l) »New Goals on the Horizon«, in: *OEB* 3, S. 116.

m) »Armoring in a Newborn Infant«, in: *OEB* 3, S. 121-138.
n) »›Dowsing‹ as an Object of Orgonomic Research (1946)«, in: *OEB* 3, S. 139-144.
o) »Three Experiments with Rubber at the Electroscope«, in: *OEB* 3, S. 144 f.
p) »Wilhelm Reich on the Road to Biogenesis (1935-1939)«, in: *OEB* 3, S. 146-162.
q) »Our Independence«, in: *OEB* 3, S. 181 ff.
r) »›Air Germs‹«, in: *OEB* 3, S. 183 f.
s) »Corroboration of Orgone Biophysics«, in: *OEB* 3, S. 184.
t) »Integration of Visual Orgone Energy Functions«, in: *OEB* 3, S. 188-200.
u) »The Geiger-Muller Effect of Cosmic Orgone Energy«, in: *OEB* 3, S. 201-234.
v) »The Orgone Energy Charged Vacuum Tubes (VACOR)«, in: *OEB* 3, S. 235-266.
w) »Orgone Energy (OR) versus Nuclear Energy (NR): Oranur«, in: *OEB* 3, S. 267-325.

1952

a) (zus. mit Ch. M. Raphael/H. E. MacDonald) »Orgonomic Diagnosis of Cancer Biopathy«, in: *OEB* 4, S. 66-128.
b) »An Experiment in Social Administration«, in: *OEB* 4, S. 130-134.
c) »Truth versus Modju. A Necessary Appendix on Social Pathology«, in: *OEB* 4, S. 162-170.
d) »DOR Removal and Cloud-Busting. Preliminary Communication«, in: *OEB* 4, S. 171-182.
e) »Orgonomic Functionalism, Part II: On the Historical Development of Orgonomic Functionalism – Orgonomic Thinking in Medicine«, in: *OEB* 4, S. 1-12; S. 186-196.
f) »Administration of Cosmic Orgone Energy«, in: *OEB* 4, S. 183-185.

1953

a) *The Emotional Plague of Mankind, Vol. I: The Murder of Christ*, Rangeley.
b) *The Emotional Plague of Mankind, Vol. II*: People in Trouble, Rangeley.
c) *The Einstein Affair, 1939-1952. Wilhelm Reich Biographical Material, History of the Discovery of the Life Energy, documentary volume A-IX*-E, Rangeley.
d) »On Laws Needed for the Protection of Life in Newborn Infants and of Truth«, in: *OEB* 5, S. 3 f.

e) »The Blackening Rocks – Melanor«, in: *OEB* 5, S. 5-27.

1954

a) »OROP Desert. Part 1: Spaceships, DOR and Drought«, in: *CORE*[8] 6, S. 1-140.
b) *Conspiracy, an Emotional Chain Reaction. Wilhelm Reich Biographical Material, History of the Discovery of the Life Energy (American Period, 1942-1954), documentary volume A-XII*-EP, Rangeley.

1955

a) *Response to Ignorance. Wilhelm Reich Biographical Material, History of the Discovery of the Life Energy, documentary supplement No. 1, A-XII*-EP, Rangeley.
b) *The Red Thread of a Conspiracy. Wilhelm Reich Biographical Material, History of the Discovery of the Life Energy, documentary supplement No. 2, A-XII*-EP, Rangeley.
c) (zus. mit E. Reich/R. McCullough) »Expedition OROP Desert, Ea: DOR Clouds Over the USA«, in: *CORE* 7, S. 4-19.
d) (zus. mit R. McCullough) »Melanor, Orite, Brownite, and Orene: Preliminary Chemical Analysis«, in: *CORE* 7, S. 29-39.
e) (zus. mit E. Reich) »Early Diagnosis of Cancer of the Uterus«, in: *CORE* 7, S. 47-53.
f) (zus. mit W. Moise) »OROP Hurricane Edna«, in: *CORE* 7, S. 84-92.
g) »The Medical DOR-Buster (1942-1955), Part 1: The Emotional Desert«, in: *CORE* 7, S. 97-113.

1956

a) »Re-emergence of Freud's ›Death-Instinct‹ as ›DOR‹ energy«, in: *OM*[9] 2, S. 2-11.
b) »Atoms for Peace vs. the Hig. Adress to the Jury«, in: *OM* 2, S. 22-35.
c) »Orgonomic Therapy of the Ocular Segment«, in: *OM* 2, S. 51-63.

8 *Cosmic Orgone Engineering.*
9 *Orgonomic Medicine.*

1957

a) *Contact with Space – ORANUR Second Report: Orop Desert Ea*, New York.

Hinweise zu den Autorinnen und Autoren

Anna Bergmann, geb. 1953. Dr. phil.; Studium der Politischen Wissenschaft an der Freien Universität Berlin; 1981-1989 Lehrbeauftragte an der Freien Universität Berlin; 1984-1988 Stipendiatin des Hamburger Instituts für Sozialforschung; 1990-1995 Wiss. Mitarbeiterin am Institut für Soziologie der Freien Universität Berlin. Zur Zeit Forschungsstelle und Habilitation an der Humboldt-Universität zu Berlin, Kulturwissenschaftliches Institut, zum Säkularisierungsprozeß des Todes in der Moderne. Buchveröffentlichung: *Die Anfänge der modernen Geburtenkontrolle* (1992). Weitere Aufsätze, vor allem zur Medikalisierung von sozialen und politischen Prozessen in der Moderne.

Johannes Cremerius, geb. 1918. Dr. med., Prof. em. der Universität Freiburg, Facharzt für Psychiatrie und Neurologie, Facharzt für Innere Medizin, Psychoanalytiker und Lehranalytiker (DPV). Veröffentlichungen: *Die Beurteilung des Behandlungserfolges in der Psychotherapie* (1962); *Die Prognose funktioneller Syndrome* (1968); *Zur Theorie und Praxis der Psychosomatischen Medizin* (1978); *Vom Handwerk des Psychoanalytikers*, 2 Bde. (1984); (Hg.) *Neurose und Genialität* (1970); (Hg.) Karl Abraham, *Psychoanalytische Studien*, 2 Bde. (1969 u. 1971); (Hg.) *Psychoanalytische Erziehungspraxis* (1971); (Hg., zus. mit S. O. Hoffmann und W. Trimborn) *Psychoanalyse, Über-Ich und soziale Schicht* (1979); (Hg.) *Die Rezeption der Psychoanalyse in der Soziologie, Psychologie und Theologie im deutschsprachigen Raum bis 1940* (1981). Zahlreiche Beiträge in Zeitschriften und Sammelbänden.

Helmut Dahmer, geb. 1937. Er lehrt Soziologie in Darmstadt. Von 1968 bis 1991 redigierte er die Psychoanalytische Monatszeitschrift *Psyche*. Seit 1988 gibt er eine zehnbändige, kommentierte Ausgabe der Schriften Leo Trotzkis heraus. Veröffentlichungen: *Libido und Gesellschaft* (1973; 2. erw. Aufl. 1982); *Politische Orientierungen* (1973); *Psychoanalyse ohne Grenzen* (1989); *Pseudonatur und Kritik* (1994). Zahlreiche Beiträge in Sammelbänden und Fachzeitschriften.

Wolfgang Dreßen, geb. 1946. Dr. phil., Professor für Politologie an der Fachhochschule Düsseldorf, dort Leiter der Arbeitsstelle Neonazismus. Zahlreiche Veröffentlichungen zur Sozialgeschichte der Erziehung und zur »Wahrnehmungsgeschichte des Fremden«.

Karl Fallend, geb. 1956. Dr. phil., Univ. Dozent am Institut für Psychologie der Universität Klagenfurt, Mitarbeiter des Ludwig-Boltzmann-

Instituts für Geschichte und Gesellschaft. Zahlreiche Veröffentlichungen zur Geschichte der Psychoanalyse, u. a.: *Wilhelm Reich in Wien. Psychoanalyse und Politik* (1988); (Hg., zus. mit J. Reichmayr) *Siegfried Bernfeld oder Die Grenzen der Psychoanalyse* (1992); *Sonderlinge Träumer Sensitive – Psychoanalyse auf dem Weg zur Institution und Profession. Protokolle der Wiener Psychoanalytischen Vereinigung und biographische Studien* (1995).

Ulfried Geuter, geb. 1950. Dr. phil., Dipl. Psych., Psychotherapeut in freier Praxis, Privatdozent für Psychologie an der Freien Universität Berlin. Veröffentlichungen: *Die Professionalisierung der deutschen Psychologie im Nationalsozialismus* (1984); *Homosexualität in der deutschen Jugendbewegung. Jungenfreundschaft und Sexualität im Diskurs von Jugendbewegung, Psychoanalyse und Jugendpsychologie am Beginn des 20. Jahrhunderts* (1994); (Hg., zus. mit M. G. Ash) *Geschichte der deutschen Psychologie im 20. Jahrhundert* (1985). Zahlreiche Beiträge für Fach- und Publikumszeitschriften sowie für Rundfunkanstalten.

Sebastian Hartmann, geb. 1958. Dr. med., Facharzt für Psychiatrie, Psychotherapie; in Weiterbildung zum Psychoanalytiker. Veröffentlichungen zu Themen der analytischen Sozialpsychologie, zur Wissenschaftstheorie der Psychoanalyse und zur Psycholinguistik.

Ulrike Körbitz, geb. 1958. Dr. phil., Psychoanalytikerin in Zürich und Salzburg; Mitbegründerin der Salzburger Sexualberatungsstelle. Veröffentlichungen zur Psychoanalyse und zur feministischen Theorie, u. a.: (zus. mit Beate Hofstadler) *Mit Stielaugen oder scheuen Blicken. Psychoanalytische Erkundungen zum Verhältnis von Frauen zur Pornographie* (1995).

Emilio Modena, geb. 1941. Arzt, Psychoanalytiker, Dozent am Psychoanalytischen Seminar Zürich. Veröffentlichungen mit den Schwerpunkten Psychoanalyse und Gesellschaft, psychoanalytische Ausbildung, Narzißmustheorie, u. a.: (Hg., zus. mit P. Passett): *Krieg und Frieden aus psychoanalytischer Sicht* (1983).

Bernd Nitzschke, geb. 1944. Dr. phil., Dipl. Psych., Lehranalytiker am Institut für Psychoanalyse und Psychotherapie Düsseldorf e. V. ; Psychoanalytiker in eigener Praxis. Veröffentlichungen: *Die reale Innenwelt. Anmerkungen zur psychischen Realität bei Freud und Schopenhauer* (1978); *Der eigene und der fremde Körper. Bruchstücke einer psychoanalytischen Gefühls- und Beziehungstheorie* (1985); (Hg.) *Zu Fuß durch den Kopf – Wanderungen im Gedankengebirge. Ausgewählte Schriften Herbert Silberers – Miszellen zu seinem Leben und Werk* (1988); (Hg.) *Freud und die akademische Psychologie – Beiträge zu einer historischen Kontroverse* (1988). Aufsätze in Zeitschriften und Sammelbänden, vor allem zur Geschichte der Psychoanalyse und zur Geschlechterpolitik.

Norbert Schrauth, geb. 1955. Arzt-Psychotherapie, Körperpsychotherapeut und Ausbilder in Stuttgart, Mitglied im Wissenschaftsausschuß der *Deutschen Gesellschaft für Körperpsychotherapie*; Forschungen über Körperpsychotherapie und Psychoanalyse, insbesondere über Beziehungen zum Körper im Werk von Ferenczi, Balint und Winnicott.

Siegfried Zepf, geb. 1937. Dr. med., Facharzt für Innere Medizin, Psychoanalytiker und Lehranalytiker (DGPT), Direktor des Instituts für Psychoanalyse, Psychotherapie und Psychosomatische Medizin der Universitätsklinik Homburg/Saar. Zahlreiche Veröffentlichungen zu Themen der Psychosomatischen Medizin, der Psychoanalyse und zu kulturtheoretischen Fragestellungen.

Personenregister

Laska